KB027391

4판

EDUCARE CURRICULUM

보육과정

이순형 외 공저

학지사

• 4판 머리말 •

[영유아보육법]이 제정된 지 20년이 지났다. 그동안 어린이집의 양적 팽창에 급급하던 보육행정이 질적 도약기로 접어든 듯하다. 보육정책이 현장을 실사하여 평가한 결과를 반영하고 정교한 법 조항을 통해 법과 현장의 문제를 일치시켰다. 그리고 전문가들이나 정부 정책담당자들도 보육의 질을 고려하여 여러 가지 노력을 하고 있다. 그중 하나가 보육과정의 통합 노력이다. 영유아보육과정과 유아교육과정을 누리과정으로 묶어 어린이집에 다니는 유아나 유치원에 다니는 유아가 모두 동일 교과과정을 접하게 되었다.

이참에 이름도 통합하고 하나의 교육과정으로 세상에 나왔으면 좋았으련만 통합 마지막 단계에서 총론 부분의 두 분야 전문가들의 의견 차이로 완전한 통합은 이루어지지 못했다. 전문가들은 때로 자신이 속한 학문 분야의 대표 주자로 나서서 전투를 벌인다고 착각하곤 한다. 행정 부처 간의 이기주의가 전문가들을 줄 세워 대리전을 치르게 하는 경우도 없지 않다. 관점을 달리 하면 모두 유아를 위해 노력하는 전문가들이다. 자기 분야의 관점만을 주장하고 손익을 계산하는 것은 편협한 소치가 아닐 수 없다.

보육을 전공하는 학생들은 아동을 사랑하고 그들의 안전과 발달을 위해 헌신하려는 자세를 가지고 그 초심을 키워 나가야 한다. 한 명의 영유아는 어느 누구의 자녀에 그치는 것이 아니라 한국인이고 한국의 미래를 짊어질 어린 나무다. 정성으로 물을 주고 햇빛을 쬐어 주며 나무를 키우듯, 우리의 어린 꿈나무들도 정성으로 돌보는 자세가 필요하다.

어린이집에서 생활하는 영유아들이 보육교사의 사랑과 정성 속에서 성장하고, 보육교사가 제공하는 자연의 지식을 배우면서 생명에 대한 경외심과 자연 탐구심을 받아들여 심신이 건강하고 탐구심이 강한 균형 잡힌 사람으로 발달할 수 있을 것이다. 이때 어린이집에서 경험하는 활동을 구성한 보육과정이 필요할 것이다. 영유아보육과정은 어린이집에서 영유아들이 보육교사와 함께 엮어 가는 생활 경험의 과정이다. 영유아가 감각 감수성과 신체운동능력을 키우고, 지적 자극을 받아들여 인지발달을 기하며, 한국어를 포함한 언어에 관심을 가지고서 소통능력을 키우고, 자신을 포함한 또래와 다른 사람에게 관심을 갖고 상호작용할 수 있게 하며, 인류 유산인 예술과 문화를 향유할 능력을 키우도록 이 책에서는 보육과정을 계획하고 다양한 내용으로 구성하려 노력했다.

특히 2013년 3월부터 시행되는 표준보육과정을 반영하고자 했다. 표준보육과정은 0세부터 5세까지 연령별로 6개 영역으로 구성되어 있으며, 영아기는 발달 속도가 다르므로 수준에 맞는 보육활동으로 구성되어 있다. 이 책에서는 표준보육과정에서 제시한 수준별, 연령별 보육과정을 반영하였을 뿐 아니라 보육현장에서의 요구도 반영하였다.

이 책은 3부로 구성되어 있으며, 각 부의 내용은 다음과 같다. 제1부에서는 영유아보육과정의 철학적 배경과 이론적 기초를 살펴보았다. 제2부에서는 보육과정의 내용을 신체, 인지, 언어, 정서, 사회관계, 과학탐구와 예술 향유 등 발달적 요구의 충족을 통해 궁극적으로 전인적 발달을 도모하려는 영유아보육의 목적에 근거하였으며, 그 체계는 2013년 공포된 표준보육과정을 따랐다. 제3부에서는 연령 및 프로그램의 종류에 따른 보육과정의 계획과 함께 교구 및 환경계획에 대해 살펴보고, 보육과정을 실행하는 데 고려해야 할 상호작용, 교수학습방법, 보육활동자료의 개발 및 활용, 영양 · 건강 · 안전관리의 기본적인 내용을 다루었으며, 보육과정의 중요한 협력체계인 부모 및 지역사회와의 협력 내용에 대해, 보육과정의 평가 내용에 대해 살펴보았다.

이 책은 영유아보육의 대상이 다양함을 고려하여 연령과 발달 수준이 다른 영아와 유아, 특수한 요구를 지닌 장애아 및 영재아와 일반 영유아의 문제를 포함해 보육과정을 구성했다. 그리고 보육현장에 있는 교사들과 대학에서 보육을 전공하고 있는 예비교사들이 쉽게 활용할 수 있도록 보육과정의 실제 운영에 중점을 두고 현장에 직접 적용하여 검증된 사례들을 풍부하게 제시하였다.

이 책이 현장에서 교사로서의 전문성 개발을 위해 노력하는 분들과 보육학, 아동학과 아동복지학을 전공하는 학부, 대학원생들에게도 도움이 되었으면 하는 바람이다.

2013년 2월

대표 저자 이순형

| 차 례 |

제3부 보육과정의 운영

제 1 부

보육과정의 기초

제1장 보육과정의 개념, 철학과 프로그램의 특성

1. 보육과정의 개념

보육과정은 보육시설에서 영유아를 돌보는 틀이자 기준으로, 추구하는 보육목적을 효과적으로 달성하게 만드는 구체적 접근양식이다. 보육의 진정한 목적이 무엇인가는 결국 영유아의 성장과 발달에 대한 철학을 전제로 하는데, 철학적 기초 아래서 아이가 어떠한 성장과정을 거치며, 어떤 상태로 성장하는 것을 목적으로 할 것인가에 대한 명확한 인식이 있어야 한다. 따라서 보육과정은 보육목적, 보육철학, 보육방법 또는 보육 프로그램으로 구성된다.

보육과정을 살펴보기에 앞서서 보육의 최종 목적인 인간형, 즉 미래의 인간상을 상정해야 한다. 오늘날 민주사회의 시민상이라면 자유의지로 객관적 판단에 입각해 스스로 행동하는 인간형을 의미할 것이다. 즉, 사회규칙의 틀 안에서 자유를 행사하고 자유결정에 대한 책임을 인식하며, 타인과 사회에 피해를 주지 않고, 타인을 배려하는 인간형이라 할 수 있다. 나아가 사회적 책임을 의식하고, 도덕적 사고를 하며, 사회적 약자를 배려하고, 인간의 미래 환경까지 인식하는 이상적 인간형을 모색할 수 있다. 이러한 이상적 인간형은 한마디로 자율적 인간을 뜻한다.

미래의 이상적 인간형으로 보육하기 위해서는 어린 시기에 보육과정의 틀이 세워져야 한다. 보육과정의 틀은 자율적 인간을 형성하기 위한 것으로, 자율적 인간은 자기 생존에 필요한 자조기술을 획득하고, 사회적으로 요구되는 역할에 필요한 지식을 습득하며, 스스로의 의지를 통해 행동하는 인간이다.

여기서 '자율적' 이라는 의미는 영유아기에 자유롭게 신체활동을 할 수 있는 능력을 갖추는 것, 사회적 관계를 맺기 위한 기술과 태도를 갖추는 것, 스스로의 생활을 해결하기 위해 자조기술과 지식을 획득하는 것, 그리고 인류역사의 산물인 문화와 지적 산물을 알기 위해 소통 수단인 언어와 문자를 익히는 것을 뜻한다.

2. 보육과정의 관점

보육과정의 관점은 전통적 보육 관점, 자율적 참여보육 관점, 보상보육 관점으로 나뉜다.

1) 전통적 보육 관점

고대에 영유아는 아버지의 부속물 내지는 가산으로 간주되었다. 여러 부족 간의 전투에서 강한 부족만이 생존할 수 있었기에 어느 집에서나 아버지와 아들은 강자여야 했다. 따라서 고대의 보육과정은 영유아를 미래의 가문 지킴이로 생각하여 그 시대에 알려진 모든 지식과 기술을 전수하고 강한 투사로 훈련시키는 것이었다. 남아는 우선 강한 신체를 위해서 체육훈련을 받아 전사로서 강한 몸과 투지를 갖추어야 했다. 그 외에 역사와 문화를 배우기 위해 문자교육을 하고, 의사소통을 위해 강한 부족의 언어를 익히게 하였다.

중세에는 신과 종교가 일상생활의 대부분을 차지하고 있었다. 그리하여 신에 대해 경건한 마음을 유지하고 임금에게 충성을 다한다는 신민의식을 가지고 있었다. 이 시기에는 신의 백성으로서 성경을 공부하고 신자로서 생활할 수 있는 능력을 갖추는 보육과정이 요구되었다.

보육의 전통적 관점에서는 성인을 성숙한 사람으로, 영유아를 미성숙한 사람으로 간주하여 영유아에게 사회가 요구하는 규율, 법, 관습에 잘 적응하도록 생활습관을 엄격히 훈련시키고 자조능력을 갖추도록 하는 보육과정을 제공했다. 영유아는 백지상태와 같아서 부모나 교사가 가르치고 훈련하는 바에 따라서 형성된다고 생각했기에 부모와 교사는 사회가 요구하는 지식과 기술을 가르쳤다. 그리고 가정의 규율과 사회의 규칙을 지키도록 요구하고, 잘 구성된 지식체계를 배우도록 강요했다. 영유아는 가정이나 학교에서 규율을 지키며, 주어진 지식을 받아들여 근면하게 공부해야 했다.

결국 전통적 보육 관점은 영유아가 가정이나 집단 및 사회의 규칙을 잘 지키고, 가르침을 잘 받아들이며, 수동적으로 학습에 참여하여 주어진 보육내용을 익혀 사회화되도록 하는 것이다. 따라서 전통적 보육 관점으로 훈련된 영유아가 능동적이며 자율적 인간으로 성장하기에는 미흡할 것이다.

2) 자율적 참여보육 관점

전통적 보육 관점에서 보육과정은 성숙한 성인이 미성숙한 영유아에게 잘 정리된 지식을 주입하여 사회화되도록 하는 것으로서, 이러한 과정은 영유아를 지식이 높은 사람으로 만들지는 몰라도 수동적인 존재로 만든다는 한계가 있다(Dewey, 1902). 듀이(John Dewey)를 비롯한 진보주의자들은 영유아가 자발적으로 참여하는 보육을 해야 자율적 인간이 된다고 생각했다. 사물을 아는 것에 그쳐서는 별다른 의미가 없으며, 그 지식을 자발적 경험에 입각해서 받아들여야 한다는 것이다. 이는 경험하지 않은 지식은 진정한 지식일 수 없다는 생각에서 비롯되었다. 진보적 관점에 따르면, 자발적으로 참여하는 보육이란 교사가 정한 활동 속에서 주어진 지식과 내용을 영유아가 그냥 받아들이기만 하는 것이 아니라, 스스로가 주도해서 찾은 활동 속에서 지식을 얻고 느끼는 것이다.

진보적 관점에서 훈련된 영유아는 놀이와 활동을 스스로 구성하고, 주도적이고 자발적으로 자기의 흥미와 관심사를 엮어 나간다. 비록 이러한 훈련으로 학습된 지식의 양과 범위가 얼마되지 않더라도 스스로 얻은 지식은 생생한 교육으로 그 효과가 오랫동안 지속될 것이다.

3) 보상보육 관점

사회가 산업사회로 발전하면서 점차 사회발전의 혜택을 받은 사람들과 그렇지 않은 사람들이 생겨나기 시작했다. 빈곤한 사람들은 상대적으로 열악한 환경 속에 머물러 있다. 특히 빈곤가정의 영유아는 출생 직후부터 영양상태가 나쁘고 열악한 주거환경에서 지적 자극을 충분히 받지 못한 상태로 성장한다. 그들은 신체발달과 인지발달이 늦으며 사회정서발달도 지체될 수 있다. 그러므로 그들이 다니는 어린이집, 학교 등 보육시설과 교육시설의 환경을 개선하여 가정의 빈곤한 환경 때문에 발생할 수 있는 발달지체를 보상해 주어야 한다. 빈곤가정의 지적 자극 부족이 가져온 발달지체를 질이 높은 보육으로 보완해 갈 수 있기 때문이다.

보상보육 관점에 의하면, 보육은 빈곤 등의 여러 가지 이유로 박탈된 환경 속에서 성장하는 영유아들에게 인지발달 지체를 보상하고 경험 부족으로 인한 사회정서발달을 보상해 준다. 다양한 지적 자극과 경험을 통해 영유아 스스로가 자신의 결손을 보상해 나간다. 이 관점에서 보육은 가정과 사회적 환경의 결손을 치유해 주는 것으로서, 결손환경으로 인한 문제를 보육으로 보상해 준다.

3. 보육과정 패러다임의 변화

보육과정은 전통적 보육 관점에서 자율적 참여보육 관점으로 변화되었다. 이 과정에서 최근 아동 중심 사상이 확산되면서 보육과정의 패러다임이 지식 중심에서 경험 중심으로, 교사 중심에서 영유아 중심으로, 지식의 양 중심에서 지식의 질 중심으로 바뀌어 가고 있다.

1) 지식 중심에서 경험 중심으로

보육과정이 전통적 보육 관점에서 자율적 참여보육 관점으로 변화되면서, 보육내용도 수동적 지식 편중에서 벗어나 능동적 활동 참여로 전환되고 있다. 일찍이 듀이는 마음에서 무엇인가를 도출하는 것을 발달이라고 말하지 않고, 진정한 의미에서 발달한다는 것은 경험이 발달하는 것이며 경험 속에서 발달하는 것을 의미한다고 설파했다. 그는 발달이 이루어지려면 흥미와 발달하고 있는 힘이 제대로 작동해야만 하는데, 그것은 좋은 교육환경이 주어질 때 가능한 일이라고 주장했다(Dewey, 1902).

2) 교사 중심에서 영유아 중심으로

듀이의 주장에 따르면, 영유아는 직접 경험을 통해 발달해 나가는데, 교사나 성인의 지도가 영유아가 직접 경험한 것을 대신할 수는 없다고 하였다. 지도란 단지 이전의 경험을 요약하는 것이며, 영유아가 자신의 경험을 질서정연하게 정리하도록 도와주는 것(Dewey, 1902)뿐이라고 주장했다. 교과는 우연히 발견된 다양한 사실을 몇 개의 일반적 원리를 중심으로 분류하고 정리해 놓은 것으로서 새로운 사실을 관찰하고 학습하는 데는 도움을 준다. 그렇지만 교과내용이 영유아의 직접 경험과 아무런 상관이 없을 때에는 영유아교육에 심각한 문제가 대두된다. 교과내용이 추상적이고 상징적인 것으로만 구성되었을 때 영유아는 경험하지 못한 내용을 개념적으로만 받아들여야 하므로 진정한 이해가 곤란하다. 게다가 학습된 지식이 과거의 경험이나 사건의 진실을 발견하고 표현하는 수단과 방법이 될 뿐이라는 데 심각한 문제가 있다. 덧붙이자면 지식 자체가 경험의 새로운 의미가 되지 못하므로 새로운 지식이 새로운 사물이나 현상에 대한 경험을 의미하지 않는다는 것이다. 따라서 교사 중심의 주입된 지식은 영유아에게 의미를 줄 수 없다.

3) 지식의 양 중심에서 지식의 질 중심으로

전통적 보육 관점에서는 많은 지식을 주는 것이 당연한 일로 생각되었다. 그러나 많은 지식 자체가 영유아에게 새로운 의미를 주는 것이 아니므로 자율적 참여보육 관점에서는 지식의 양보다는 지식의 의미와 질을 강조한다. 이러한 관점의 전환에서 몇 가지 변화를 지적할 수 있다.

첫째, 수동적 학습활동에서 자율적 참여활동으로의 변화다. 일방적으로 지식을 정리해서 영유아에게 강요하던 학습활동에서 벗어나, 영유아가 스스로 그 활동에 관심을 가지도록 유도하여 자발적으로 참여하도록 하는 방향으로 변화되었다.

둘째, 개념과 지식 중심에서 벗어나 경험활동에서 지식과 의미를 찾는 활동 중심으로 변화되었다. 영유아는 경험을 통해 개념과 지식을 획득한다.

셋째, 종전에 영유아의 활동에 사용되던 교구나 장난감은 주로 교사 및 성인이 만들거나 업체에서 생산한 인공물이었으나 최근에는 자연물로 대치되고 있다. 플라스틱으로 된 공이나 블록 대신에 솔방울, 목재블록 등 자연물을 많이 사용하는 이유는 자연에 대한 영유아의 관심을 지속시키고 자연물에 대한 이해를 돕기 위한 것이다.

넷째, 전통적으로 학습은 질서정연하게 교사가 교육하는 것을 의미했으나, 근래에는 자유로운 놀이활동을 통해 배우는 것으로 변화되었다. 놀이와 학습을 구분 짓기 어려울 정도로 자연스러운 활동 속에서 지식과 개념을 획득하도록 하는 것이다.

이상의 네 가지 보육 방향에서 알 수 있듯이, 지식의 양적 측면을 중시하는 전통적 보육 관점에서 지식의 질적 측면을 강조하는 쪽으로 전환되었다.

4. 보육과정의 원리

보육과정은 교사나 부모의 요구 중심이 아니라 어디까지나 영유아 중심으로 구성되어야 한다. 영유아 중심 보육과정의 원리는 영유아의 발달 수준에 적합하고, 영유아의 발달적 요구에 부응하며, 영유아의 권리를 존중하는 것이다.

1) 영유아의 발달 수준에 적합한 보육 원리

보육과정이 영유아의 발달 수준에 적합하게 구성되어야 한다는 원리는 미국유아교육학회(NAEYC)의 발달 수준의 적합성(DAP)과 동일한 원리다. 영유아마다 발달 수준이 다르기 때문에 모든 영유아에게 동일한 보육과정을 제공할 수 없다. 그러므로 개별 영유아의 발달 수준에 적합한 보육과정이 제공되어야 한다. 예를 들어, 발달지체아가 발달 수준에 적합한 보육을 받아야 하는 것과 마찬가지로, 영재아도 발달 수준에 적합한 보육을 받을 권리가 있음을 교사는 유념해야 한다.

2) 영유아의 발달적 요구에 부응하는 보육 원리

보육과정은 영유아의 발달적 요구에 부응하는 보육 원리에 입각해 구성되어야 한다. 영유아는 천성적으로 놀이와 자율활동을 필요로 한다. 이러한 영유아의 내적 요구를 무시하지 않고 자연 속에서 자유롭게 놀고 스스로 활동을 구성하게 하는 가운데 영유아의 내적 발달이 이루어진다(이순형 외, 2005).

한편, 보육과정은 발달의 개인차를 고려해 발달 수준에 적합한 보육이 개별적으로 이루어지도록 구성하는 것이 바람직하다. 현실적으로 개별 보육이 어렵다고 하더라도 개별 영유아의 발달 수준을 무시한 획일화된 보육은 큰 문제가 된다. 발달지체아의 발달적 요구가 다르고 영재아의 발달적 요구가 다를 것이다. 신체활동을 즐기는 영유아와 그렇지 않은 영유아의 체육수업에 대한 요구가 다를 것이다. 그리고 미술활동을 즐기는 영유아와 그렇지 않은 영유아의 미술수업에 대한 요구가 다를 것이다. 소수의 요구도 중시되어야 하는 원칙에 따라 가능한 한 영유아의 요구를 보장하는 보육과정이 구성되어야 한다.

3) 영유아의 권리를 존중하는 보육 원리

보육과정은 영유아의 생존권, 발달권, 교육권, 복지권 등을 포함한 영유아 권리를 존중하는 보육 원리를 유지해야 한다. 부모나 교사의 요구, 교사의 타성에 젖은 보육에 치중하는 것이 아니라 영유아의 권리를 보장하는 보육이 이루어져야 한다. 개별 영유아의 발달권과 교육권에 따른 요구를 수용해야 한다. 그리고 발달지체아의 권리가 보장되어야 하는 것과 마찬가지로 영재아의 권리도 보장되어야 한다.

5. 보육과정의 특성

영유아 보육활동을 위한 전체적 계획과 조직으로서의 영유아 보육과정은 그 대상과 목적, 내용과 위상 면에서 다음과 같은 다섯 가지 명백한 특성이 있다.

1) 영유아 보육과정은 대상의 범위가 넓다

보육대상은 출생 후부터 6세까지의 영아와 유아를 포함하며, 장애아와 일반아를 포함하고 보호가 필요한 상황의 영유아와 일반 가정의 영유아를 포함하는 등 모든 영유아가 해당된다. 영유아는 연령마다 발달 수준의 차이가 크고, 영아의 경우는 동일 연령대라도 월령에 따라 발달의 격차가 크다. 또한 동일 연령의 영유아는 각자 타고난 능력에 따라 발달 수준에 차이가 있고, 가정환경에 따라서도 차이가 있다. 이러한 발달 수준을 고려해 보육과정이 구성되어야 한다. 구체적으로 영아와 유아의 차이를 고려하며, 영아의 경우 월령에 따라 보육활동이 차별화되어야 한다. 또한 일반 영유아와 장애를 가진 영유아를 위한 보육과정과 이들의 통합을 고려한 보육과정이 동시에 마련되어야 하며, 보호가 필요한 상황의 영유아와 일반 가정의 영유아는 보육 요구의 우선 순위가 다르므로 특수성과 개별성을 고려한 보육과정이 구성되어야 한다.

영유아보육은 대상의 범위가 유아교육과 다르다. 보육은 출생 후부터 6세까지를 연령 범위로 하는데 그 대상은 12세까지 연장할 수 있다. 유아교육은 초기 [유아교육진흥법] 체계에서는 5세 1년 동안이었으나 나중에 [유아교육법]으로 바뀌면서 이제는 3세부터로 연장되었다. 유아교육이 학령전기 학습준비를 하는 과정으로서 중요성이 강조되는 한편, 보육은 출생 후부터 영유아기 동안 생활습관, 인지능력, 사회적응력 등의 발달이 강조된다. 이처럼 보육과정은 연령대가 넓은 영유아의 발달특성을 고려해 구성되어야 한다.

2) 영유아 보육과정은 온종일 지속되는 활동 프로그램이어야 한다

하루 종일 지속되는 보육활동을 위한 계획, 즉 영유아의 일상생활 전반을 포함하여 보호와 교육을 계획해야 한다. 영유아보육은 영유아와 가정과 부모의 요구를 수용하므로 시간 운영상 종일보육을 바탕으로 융통성 있게 운영된다. 영아의 경우는 수유시간과 배변시간, 취침시간 등이 면밀하게 고려되어 보육과정이 구성되어야 하고, 유아의 경우는 신체활동의 리듬과 식사, 간식, 취침이 고려되어야만 놀이와 학습이 효율적으로 이루어질 수 있으므로 그러한 보육과정이 계획되어야 한다.

반면, 유아교육은 반일 프로그램이 주를 이루어 왔다. 최근에 시간 연장 교육을 하지만 그것은 어디까지나 일부에 국한된 사정이고 대부분은 전통적인 유아교육체제에 따라 반일제 운영을 하고 있다.

3) 보육활동은 그 내용이 다양하다

보육은 보호, 양육과 교육의 의미를 내포하고 있다. 최근 보육을 단순한 돌봄(Care)에 교육(Education)을 첨가해 'Educare' 라는 신조어를 사용하는 것도 그러한 입장을 반영하는 것이다. 돌봄은 신체적 성장과 활동을 위한 영양, 위생, 안전 등의 의미를 가지고 있다. 교육은 그 연령대에 요구되는 발달 기대치에 적합한 수준의 지식과 기술의 획득을 의미한다. 요약하면, 보육은 생존과 생활에서 요구되는 자조기술을 획득하고 그 연령대의 발달 수준에 적합한 지식과 기술을 획득할 수 있도록 돌보고 교육하는 것을 말한다. 따라서 보육활동은 신체적 성장과 안전을 위해 수유, 음식 섭취, 휴식, 취침 등의 활동을 포함한다. 그리고 지적 발달을 위한 다양한 인지활동과 또래관계 및 사회적 관계 형성을 위한 여러 가지 대인경험의 표현활동을 포함한다. 그 외에도 영유아가 속한 사회의 역사 · 문화적 유산을 알고 음미할 수 있는 소양을 기르는 문화활동이 포함된다. 이러한 활동내용은 여러 종류의 보육 프로그램을 통해서 다양하게 전달될 수 있다.

4) 보육활동은 가정에서 부모의 역할을 대리 수행하거나 보완 수행한다

영유아 보육과정은 가정 내 부모의 역할을 대행하거나 보완하여 영유아의 보호와 교육에 초점을 두고 영유아의 일상생활 전반을 고려해서 총체적 발달을 지원하고 교육을 도모한다. 가정 및 부모의 역할을 일정시간 대리하고 보완한다는 점에서 영유아 보육과정은 가정 및 부모와의 연계를 중시한다. 그러나 부모보다는 전문적인 보육서비스를 제공할 수 있도록 영유아 보육과정이 구성되어야 한다.

그뿐 아니라 보육과정은 부모와의 협력과 연계를 모색하는 것을 포함해 구성되어야 한다. 가정에서의 보육 원리와 어린이집에서의 보육 원리가 상반될 경우에 영유아의 심리적 갈등이 초래될 수 있으므로, 보육과정에서는 부모와 교사의 보육에 대한 협력이 필요하다.

유아교육이 정규교육에 진입하기 위한 준비과정으로서 교육을 강조하는 것에 비해서, 보육은 생활교육이 부재한 가정의 영유아들의 생활습관, 영양과 위생, 인지능력과 사회적 능력의 발달 등 전반적 생활교육과 발달을 돌보는 것을 강조한다는 점이 다르다.

5) 다양한 보육유형의 보육과정이 마련되어야 한다

운영의 형태나 주체, 대상의 특성이나 수요자의 요구 등 영유아보육의 유형이 다양한 만큼 다양한 보육의 유형에 적용될 수 있는 보육과정이 마련되어야 한다. 장애 영유아의 경우에 장애의 종류나 정도에 따라서 그에 부합하는 개별 보육과정이 마련될 필요가 있다. 장기 병원입원, 장기 출장 등 부모의 특수한 사정에 따라서 영유아보육의 형태가 달라질 수 있으며, 영유아의 발달 상태와 수준에 따라서도 개별 보육의 형태가 달라질 수 있다. 이처럼 특수한 상황에 있는 영유아들에게는 맞춤형 개별 보육이 필요하다.

6. 보육과정의 연령단계별 과업

영유아는 연령단계별로 발달 수준이 다르고 특성이 다르기 때문에 연령별 보육과업이 다르다. 따라서 영유아의 연령단계별로 보육과정의 내용을 달리 구성해야 한다. 다음 내용은 2013년 3월부터 어린이집에서 실시되는 제3차 표준보육과정을 반영하여 보육과정을 구성했다.

1) 0~2세 보육과정

표준보육과정에서는 0세부터 2세까지의 영아기 보육과정이 0~1세 보육과정과 2세 보육과정으로 나뉜다.

(1) 0~1세

출생 후 1년 동안 영아의 보육은 다른 연령대의 보육과 전혀 다르다. 신체 리듬에 맞춘 수유와 식이를 통해 영양을 섭취하고, 신체발달을 도모하며, 운동능력을 기른다. 어머니를 비롯해 돌보아 주는 성인과의 상호작용을 통해서 애착을 형성한다. 그리고 또래에게 관심을 표현한다.

문제해결능력은 놀이를 통한 운동능력, 사물을 다루는 동작, 음성을 모방하고 언어를 이해할 수 있는 능력을 통해 길러진다. 이 시기에는 손 운동, 기고 걷는 운동, 음악 듣기, 음성 모방, 명칭 사용 등 언어발달 과업을 하루에 1회씩 실시한다.

1세는 신체 리듬에 맞춘 식사를 통해 영양을 섭취하고, 신체발달을 도모하며, 운동능력을 기른다. 어머니를 비롯해 돌보아 주는 성인과 지속적인 애착과 신뢰를 형성하고 또래와 상호작용을 시도한다.

일상생활 중에서 산보, 놀이, 과업을 통해 규율 있는 행동양식, 예의범절, 위생습관을 기른다. 외부세계에 대한 지식을 확대하고 언어를 발달시킨다. 문제해결능력을 길러 주기 위해서는 영아들에게 계통적 놀이와 과업 수행하기를 실시한다. 보육과정의 활동은 주로 놀이 형태로 제공되는데, 놀이 종류로는 언어발달과 외부세계에 대한 지식을 확대하기 위한 놀이, 장난감이나 조립교재를 이용한 운동 및 동작발달을 위한 놀이, 음악교육을 위한 놀이 등이 있다.

이 시기에는 교사의 활동을 통해 언어와 동작 모방능력을 키운다. 그리고 새로운 지식으로 새로운 능력을 길러 자기가 하고자 하는 일에 집중할 수 있는 습관을 기른다.

제3차 표준보육과정에서 제시한 영역별 목표는 다음과 같다.

① 기본생활

• 건강하고 안전한 일상생활을 경험한다.
  - 건강하고 편안한 일상생활을 경험한다.
  - 안전한 생활을 경험한다.

② 신체운동

• 감각 및 기본신체운동능력을 기른다.
  - 감각기능을 발달시키고 자신의 신체를 탐색한다.
  - 대소근육을 조절하고 걷기 등의 능력을 기른다.
  - 규칙적으로 신체활동에 참여한다.

③ 의사소통

• 말소리를 구분하고 의사소통의 기초를 마련한다.
  - 주변의 소리와 말소리 듣기에 관심을 보인다.
  - 표정, 소리, 몸짓으로 자신의 생각과 느낌을 표현한다.
  - 짧은 그림책이나 친숙한 환경 인쇄물에 관심을 가진다.
  - 끼적이기에 관심을 가진다.

④ 사회관계

• 친숙한 사람과 관계를 형성한다.
  - 자신과 다른 사람을 구별된 존재로 인식한다.
  - 기본 정서를 표현하고 다른 사람의 감정에 주의를 기울인다.
  - 안정적인 애착을 형성하고 또래나 교사와 함께 지낸다.

⑤ 예술경험

• 아름다움에 관심을 가진다.

- 자신의 신체와 주변의 감각자극에 호기심을 가지고 반응한다.
- 소리와 움직임으로 반응하고, 단순한 미술을 경험하며, 모방행동을 즐긴다.
- 친근한 소리나 노래를 즐겨 듣고, 자연물, 사물, 주변 환경에 관심을 가진다.

⑥ **자연탐구**

• 보고, 듣고, 만지면서 주변 환경에 관심을 가진다.
- 주변 사물에 대한 탐색을 시도한다.
- 주변에서 일어나는 수학적 상황을 지각한다.
- 감각과 조작을 통하여 주변 사물과 자연환경에 대해 지각한다.

(2) 2세

영아의 신체 리듬에 맞춘 식사를 통해 영양을 섭취하고, 신체발달을 도모하며, 운동능력을 기른다. 돌보아 주는 사람과의 애착 형성을 통해 일관된 신뢰관계를 형성한다. 그리고 또래들과 활발한 상호작용을 한다.

이 시기에는 감각, 행동적 교수활동을 시작할 수 있다. 문제해결능력을 길러 주기 위해서 언어 · 인지적 교수법이 제시될 수 있다. 교사는 언어에 의한 지시와 동작을 보여 주고 지적 실천과제를 부여하여 필요한 지식을 제공하고 바람직한 결과에 도달하기 위한 방법을 가르친다. 매일 오전 중에 2회씩 과제활동을 실시한다. 과제활동 시간은 내용에 따라서 8～15분씩으로 한다. 과제활동 시 발달 수준이 비슷한 유아들을 10～12명씩 나누어 그룹별로 실시한다. 제1그룹이 과제활동을 하는 동안 제2그룹은 자유놀이를 한다(이순형 외, 2008).

제3차 표준보육과정에서 제시한 영역별 목표는 다음과 같다.

① **기본생활**

• 건강하고 안전한 생활습관의 기초를 마련한다.
- 건강한 생활습관의 기초를 경험한다.
- 안전한 생활습관의 기초를 경험한다.

② **신체운동**

• 감각, 신체조절 및 기본운동능력을 기른다.

- 감각능력을 기르고, 자신의 신체 움직임을 탐색한다.
- 안정된 자세로 대소근육을 조절하고 기본운동능력을 기른다.
- 규칙적으로 신체활동에 참여한다.

③ 의사소통

• 의사소통능력의 기초를 기른다.
  - 다른 사람의 말과 짧은 이야기 듣는 것을 즐긴다.
  - 자신의 생각과 느낌을 말로 주고받기를 즐긴다.
  - 그림책이나 환경 인쇄물에 관심을 가지며 글의 내용에 흥미를 가진다.
  - 글자 형태 끼적이기에 관심을 가진다.

④ 사회관계

• 나를 인식하고 다른 사람과 더불어 생활하는 경험을 한다.
  - 자기 존중감을 형성한다.
  - 자신의 감정을 알고 다른 사람의 감정에 반응을 보인다.
  - 가족을 사랑하고 또래, 교사와 즐겁게 지내며 간단한 규칙 등을 지킨다.

⑤ 예술경험

• 아름다움에 관심을 가지고 예술경험을 즐긴다.
  - 주변 생활에서 예술적 요소를 발견하고 흥미롭게 탐색한다.
  - 간단한 리듬이나 노래, 움직임, 자발적인 미술활동을 자유롭게 시도하고 모방이나 상상놀이로 표현한다.
  - 주변의 환경과 자연 및 다양한 표현에서 예술적 요소를 관심 있게 보고 즐긴다.

⑥ 자연탐구

• 주변 환경에 호기심을 갖고 탐색하기를 즐긴다.
  - 호기심을 가지고 주변세계에 대해 다양하게 탐색한다.
  - 주변에서 경험하는 수학적 상황을 인식한다.
  - 다양한 탐색을 통하여 주변 사물과 자연환경을 인식한다.

2) 3~5세 보육과정(누리과정)

유아기인 3~5세 표준보육과정은 일명 누리과정으로 어린이집과 유치원에서 공통으로 활용하는 보육과정이다. 누리과정은 3세 보육과정, 4세 보육과정, 5세 보육과정으로 나뉜다.

제3차 표준보육과정에서 제시한 영역별 목표는 다음과 같다.

① 신체운동 · 건강

- 기본운동능력과 건강하고 안전한 생활습관을 기른다.
  - 감각능력을 기르고, 자신의 신체를 긍정적으로 인식한다.
  - 신체를 조절하고 기본운동능력을 기른다.
  - 신체활동에 즐겁게 참여한다.
  - 건강한 생활습관을 기른다.
  - 안전한 생활습관을 기른다.

② 의사소통

- 일상생활에 필요한 의사소통능력과 바른 언어 사용습관을 기른다.
  - 다른 사람의 말을 주의 깊게 듣는 태도와 이해하는 능력을 기른다.
  - 자신의 생각과 느낌을 말하는 능력을 기른다.
  - 글자와 책에 친숙해지는 경험을 통하여 글자모양을 인식하고 읽기에 흥미를 가진다.
  - 말과 글의 관계를 알고 자신의 생각, 느낌, 경험을 글로 표현하는 데 관심을 가진다.

③ 사회관계

- 자신을 존중하고 다른 사람과 더불어 생활하는 능력과 태도를 기른다.
  - 자신을 소중히 여기며 자율성을 기른다.
  - 자신과 타인의 감정을 알고, 자신의 감정을 적절하게 표현하고 조절한다.
  - 가족과 화목하게 지내며 서로 협력한다.
  - 친구, 공동체 구성원들과 서로 돕고, 예의 · 규칙 등 사회적 가치를 알고 지킨다.

- 우리 동네, 우리나라, 다른 나라에 관심을 가진다.

④ 예술경험

• 아름다움에 관심을 가지고 예술경험을 즐기며, 창의적으로 표현하는 능력을 기른다.
  - 자연과 주변 환경에서 발견한 아름다움과 예술적 요소에 관심을 갖고 탐색한다.
  - 자신의 생각과 느낌을 음악, 움직임과 춤, 미술, 극놀이를 통해 창의적으로 표현하는 것을 즐긴다.
  - 자연과 다양한 예술작품을 감상하며, 풍부한 감성과 심미적 태도를 기른다.

⑤ 자연탐구

• 호기심을 가지고 주변 세계를 탐구하며, 일상생활에서 수학적 · 과학적으로 생각하는 능력과 태도를 기른다.
  - 주변의 사물과 자연세계에 대해 알고자 하는 호기심을 가지고 탐구하는 태도를 기른다.
  - 생활 속의 여러 상황과 문제를 논리 · 수학적으로 이해하고 해결하기 위한 기초능력을 기른다.
  - 주변의 관심 있는 사물과 생명체 및 자연현상을 탐구하기 위한 기초능력을 기른다.

(1) 3세

유아의 신체 통제능력을 키우고 자조능력을 기른다. 감정을 통제할 수 있는 능력을 기르고 생활습관을 바르게 형성한다. 3세 유아는 가족관계를 이해하고 다양한 가족구성원들과 활발한 상호작용을 한다. 또래 간의 지위와 권력관계를 이해하고 스스로 그 관계 속에서 기능한다.

또한 과제활동을 통해 문제를 해결하고 새로운 지식을 획득하는 태도를 형성한다. 또래와 함께 이야기하고 설명하고 음악을 듣고 그림을 그리며, 서로 방해하지 않고 점토공작이나 그림 그리기를 하고 노래를 부른다.

(2) 4세

유아의 신체 통제능력을 키우고, 운동능력과 자조능력을 기른다. 균형 잡힌 식사를 하는 자세를 기르고, 생활습관을 바르게 형성한다. 이 시기의 유아는 예의를 갖출 것이 요구되며, 또래 간 권력관계 속에서 약자의 처지를 이해하고 돕는다.

과제활동을 통해 집중력과 교사의 지시에 귀 기울이면서 그에 따라 행동하는 습관을 기른다. 그리고 절도 있고 규율 바른 행동을 한다. 여기서 규율 바른 행동은 구체적으로 주어진 과제 끝까지 듣기, 과제 열심히 실천하기, 곤란 극복하기, 과제 완수하기, 다른 사람의 말 끝까지 듣기 등이다.

(3) 5세

유아의 신체 통제능력을 키우고, 운동능력과 자조능력을 기른다. 균형 잡힌 식사를 하는 자세를 기르고, 생활습관을 바르게 형성하며, 타인을 배려하도록 한다. 또한 복잡한 대인관계를 이해하고, 스스로 약자를 돕도록 한다.

이 시기에는 유아들에게 새로운 지식을 제공하여 제 기능을 발달시킴과 함께, 언어적 지시나 본보기를 통해 학습활동능력을 기르고, 지각 · 기억 · 사고 · 지식 요구를 발달시킨다. 자신의 활동을 평가할 수 있는 능력, 열심히 공부하고 일하는 습관, 물건을 아껴 쓰는 습관, 시작한 일을 끝까지 마치는 습관 등을 기른다. 5세 유아는 취학준비기로서 학습활동을 조직하고, 교사가 말하는 것을 주의 깊게 들으며, 또래의 말 가운데 잘못된 것을 고친다. 유아는 교사가 지시한 대로 실천하는 습관을 기르며, 교사가 제시한 지적 과제를 자주적으로 수행한다. 그리고 자기 활동의 결과를 바르게 평가한다.

이상의 연령별 보육과업을 기준으로 보육과정을 구성한다. 이 기준은 평균 연령단계별 과업을 중심으로 한 것으로서, 이를 바탕으로 하여 영유아 개인의 발달 차이를 고려한 보육과정을 구성해야 한다.

참고문헌

보건복지부(2013). 제3차 어린이집 표준보육과정고시 제2013-8호(2013. 1. 21.).
이순형 · 이혜승 · 이성옥 · 황혜신 · 이완정 · 이소은 · 권혜진 · 정윤주 · 한유진 · 성미영(2009). 보육학개론(3판). 서울: 학지사.

이순형 · 전가일 · 박유정 · 김정민(2008). 주제탐구표현활동자료집. 서울: 교문사.

Dewey, J. (1907). *Child and curriculum: Experience and education* (reprint: edition). Free Press.

제2장 보육과정의 목적 및 구성

이 장에서는 보육과정의 목적 및 목표, 보육과정의 구성원리, 보육과정의 구성요소와 절차 그리고 보육과정의 구성내용에 대해서 살펴본다.

1. 보육과정의 목적 및 목표

보육과정은 전문적 보육활동을 위한 기본 설계도로서 보육활동 전반에 대한 정교하고 체계적인 계획과 설계다. 보육과정의 목적과 목표는 보육과정을 무엇으로 정의하는가에 따라 다소 달라질 수 있는데, 보육을 담당하는 성인의 입장과 보육의 대상인 영유아의 입장에서 각각 정의될 수 있다. 보육하는 성인 입장에서의 보육과정은 영유아에 대한 계획으로 정의될 수 있다. 성인의 판단과 결정에 따라 영유아에게 무엇을 제시할 것이며 어떤 환경을 마련해 줄 것인지가 정해진다. 이 경우 보육자가 보육활동을 통해 영유아에게 기대하는 바가 바로 보육의 목적 및 목표가 될 것이다. 한편, 보육과정은 보육의 대상인 영유아가 경험하는 모든 것으로 정의될 수 있다. 보육이 전개되는 과정에서 영유아가 경험하는 모든 것은 성인 입장에서의 계획 및 의도와 관계가 있을 수도 있고 없을 수도 있으며 영유아마다 제각기 다를 수도 있다. 이때 보육과정의 목적과 목표는 보육활동을 통해 각 영유아에게 나타난 결과로 표현될 것이다.

보육은 영유아의 기본적 욕구를 충족시키면서 영유아 가정의 복지도 고려한다. [영유아보육법]은 영유아의 심신을 보호하고 건전하게 교육하여 건강한 사회구성원으로 육성함과 아울러 보호자의 경제적 · 사회적 활동이 원활하게 이루어지도록 함으로써 영유아 및 가정의 복지 증진에 이바지한다는 목적(영유아보육법, 2011)을 명시하고 있다. 그리고 보육내용으로는 영유아의 신체적, 지적, 정서적 및 사회적 발달을 도모하는 내용을 포함하여야 한다고 제시하고 있다. 이와 관련해 '영유아보육 프로그램' (보건복지부, 1991)에서는 보육대상 영유아의 기본적 욕구를 충족시키고, 영유아를 안전하고 건강하게 보호하며 조화로운 발달을 촉진시킬 수 있는 교육을 한다는 목적하에 건강, 안전, 영양, 교육의 네 영역에 대해 세부적인 목표를 수립한 바 있다(〈표 2-1〉 참조).

구체적 목표의 설정은 보육대상의 특성을 고려하여 차별화해야 한다. 영유아의 연령과 월령에 따른 발달 수준과 욕구 차이를 고려하며 영유아의 장애 여부에 따른 발달 수준과 장애 유형 및 정도를 고려해야 한다. 또한 보육 프로그램의 성격에 따라 목표가 달

표 2-1 영유아보육의 목표

영 역	목 표
건강	심신의 건강 유지를 위한 청결하고 쾌적한 환경 제공 아픈 유아와 심리적 결핍을 느끼는 영유아에게 따뜻한 간호와 지지 제공 질병 예방에 필요한 일의 실천 규칙적인 생활 및 건강습관에 대한 지도
안전	안전한 생활공간 제공 안전한 설비 및 놀이기구 제공 사고 예방에 필요한 일을 실천 사고 발생에 대비
영양	건강한 신체발육을 위한 영양 공급 식품의 위생적 관리 바람직한 식습관 형성을 위한 지도
교육	신체발달 의사소통 및 언어발달 감각, 지각 및 인지발달 사회적 상호작용 발달 정서적 안정감 및 인성발달

출처: 보건복지부(1991). **영유아보육 프로그램.**

표 2-2 보육대상에 따른 보육목표

영아를 위한 목표	유아를 위한 목표
건강한 몸 신체조절능력, 운동기능 정서적 안정감 형성과 건강한 자아 형성 기초적 언어능력 발달 사고능력 육성 타인에 대한 긍정적 감정 발달	신체조절능력과 안전한 생활습관 형성 기본생활습관 형성 자기에 대한 긍정적 태도 발달 사회적 지식과 태도 습득 타인 및 세계에 대한 배려와 관심 정서적 안정감과 심미감 언어능력 발달과 풍부화 합리적 문제해결능력과 태도 창의적 자기표현능력

라질 수 있고, 목적과 목표가 명시적으로 제시될 것인지도 결정된다. 〈표 2-2〉와 같이 보육대상에 따라 목표가 제시될 수 있다.

영유아보육은 영유아의 전인적 발달과 복지, 영유아 부모와 가정의 복지를 목적으로 한다. 영유아의 전인적 성장발달을 위해 영유아의 건강과 안전을 확보하고 심리적·정서적 안정감, 실험과 탐색 욕구, 의사소통의 욕구, 자신의 성취에 대한 자부심을 느끼고 자기신뢰와 독립심을 얻으며 자신 있게 문제를 해결하는 방법을 배우고자 하는 욕구, 놀이와 적당한 여가 및 삶을 즐기려는 욕구 등 발달적 요구를 충족시키도록 해야 한다. 이를 위하여 안전하고 건강한 생활을 위한 기본생활습관 형성, 신체적 건강과 건강한 자아, 타인 및 외부세계에 대한 관심, 더불어 생활하는 태도, 자신의 생각과 느낌을 표현하고 상호 소통하는 능력, 풍부한 언어적 자극과 경험, 주변의 사물과 대상에 대해 탐구하는 태도 그리고 창의적 문제해결능력을 일반 목표로 제시할 수 있다.

이러한 목표는 영아와 유아에 따라 그 초점이 달라진다.

영아의 경우는 신체적 발달과 조절능력, 정서적 안정과 안정된 애착관계의 발달, 기초적 언어능력 등이 기본적 목표가 될 수 있다. 유아의 경우는 영아를 위한 목표를 포괄하며 자조능력과 자기에 대한 긍정적 태도, 사회적 기술 및 문제해결능력, 풍부한 언어능력과 창의적 표현능력 등이 일반 목표가 될 수 있다.

2013년 고시된 제3차 어린이집 표준보육과정에는 다음과 같은 목적 및 목표가 제시되어 있다.

표 2-3 표준보육과정의 목적 및 목표

1. 표준보육과정의 목적
영 · 유아의 심신의 건강과 전인적 발달을 도와 행복을 도모하며 민주시민의 기초를 형성하는 것을 목적으로 한다.

2. 표준보육과정의 목표

0~1세 보육과정	2세 보육과정	3~5세 보육과정(누리과정)
(1) 건강하고 안전한 일상생활을 경험한다. (2) 감각 및 기본신체운동능력을 기른다. (3) 말소리를 구분하고 의사소통의 기초를 마련한다. (4) 친숙한 사람과 관계를 형성한다. (5) 아름다움에 관심을 가진다. (6) 보고, 듣고, 만지면서 주변 환경에 관심을 가진다.	(1) 건강하고 안전한 생활습관의 기초를 마련한다. (2) 감각, 신체조절 및 기본운동능력을 기른다. (3) 의사소통능력의 기초를 기른다. (4) 나를 인식하고 다른 사람과 더불어 생활하는 경험을 한다. (5) 아름다움에 관심을 가지고 예술경험을 즐긴다. (6) 주변 환경에 호기심을 갖고 탐색하기를 즐긴다.	(1) 기본운동능력과 건강하고 안전한 생활습관을 기른다. (2) 일상생활에 필요한 의사소통능력과 바른 언어 사용습관을 기른다. (3) 자신을 존중하고 다른 사람과 더불어 생활하는 능력과 태도를 기른다. (4) 아름다움에 관심을 가지고 예술 경험을 즐기며, 창의적으로 표현하는 능력을 기른다. (5) 호기심을 가지고 주변 세계를 탐구하며, 일상생활에서 수학적 · 과학적으로 생각하는 능력과 태도를 기른다.

출처: 보건복지부(2013). 제3차 어린이집 표준보육과정.

2. 보육과정의 구성원리

영유아보육은 그 대상과 목적, 내용과 위상 면에서 몇 가지 특징을 가지는데(이순형 외, 2005), 이러한 특징으로부터 보육과정 구성을 위한 몇 가지 원리를 도출할 수 있다. 보육활동을 위한 전체적 계획과 조직으로서의 영유아 보육과정은 이러한 원리를 바탕으로 구성되어야 한다.

첫째, 보육대상의 발달적 요구의 다양성이다. 보육은 발달 수준과 요구가 매우 다른 출생 후부터 만 5세까지의 영유아를 대상으로 한다. 보육과정에서 어떤 목적과 목표를 설정하고 그것을 달성하기 위해 어떠한 내용과 방법으로 보육할 것인가를 결정함에 있어서 대상 영유아의 연령과 발달 수준 및 발달의 특성을 면밀히 고려하여야 한다. 영아와 유아 간에 발달 수준이 크게 다를 뿐 아니라 영아의 경우 동일 연령대라도 월령에 따라 그 격차가 매우 크다. 따라서 영유아의 연령과 월령에 따른 발달적 차이를 고려하고 발달시기별 발달적 요구를 충족시키도록 보육과정을 구성하여야 한다. 영유아의 발달적 요구, 시기별 발달 수준과 발달적 요구를 예시하면 〈표 2-4〉, 〈표 2-5〉와 같다.

표 2-4 영유아의 발달적 요구의 종류

종 류	주요 요소
신체적 안전 요구	섭식, 배변, 취침
심리적 안정 요구	인정, 수용, 애정
환경 탐색 요구	실내, 실외 환경 탐색
사회적 관계의 확장 요구	또래간 상호작용, 교사와의 상호작용
지적 탐구 요구	수, 언어, 과학
창조의 요구	감정 및 의사표현, 공동의 정서표현

출처: 이순형 외(2000). 발달 수준별 주제탐구표현활동 프로그램의 운영, p. 13.

표 2-5 시기별 발달 수준과 발달적 요구

시기	2세 미만	2세	3~5세
발달 수준	• 감각운동 기능의 다양화	• 신체 균형 • 이동능력의 고양 • 동작의 정교화 • 급속한 언어발달 • 초기적 문자언어발달	• 신체 균형, 동작 안정 • 소근육운동 발달 • 문장구사능력 • 또래 상호작용 증가
발달적 요구	• 신체적 안전, 영양, 건강 • 신체운동 • 언어표현 및 의사소통 • 정서적 안정감 • 주변 탐색	• 신체동작 • 애착 안정 • 또래경험 • 다양한 놀이 • 자기표현 경험 • 주변 탐색	• 신체운동과 표현 • 언어 풍부화 • 인간관계 • 놀이의 다양화 • 인지적 자극 • 창조적 활동의 요구
보육 프로그램 적용	• 영양, 건강, 보건위생과 안전 • 신체활동 • 언어놀이활동 프로그램 • 주변환경 탐색 프로그램 • 실외놀이 프로그램	• 언어적 표현놀이 • 개별, 소집단활동 • 실외놀이 프로그램 • 신체활동	• 언어놀이 • 또래관계 • 성인유아관계 • 주변 탐색활동 • 다양한 놀이 프로그램 • 자기주도적 활동 • 창조적 활동 프로그램

출처: 이순형 외(2000). 발달 수준별 주제탐구활동 프로그램의 운영, p. 15 재구성.

발달 수준과 발달적 요구에 대한 초점은 영유아의 연령 외에 장애 여부나 장애유형에 의해서도 달라진다. 그러므로 일반 영유아와 장애를 가진 영유아를 위한 보육과정과 통합을 위한 보육과정이 고려되어야 한다. 장애를 가진 영유아의 통합은 교육적 측면이나 사회윤리적 측면에서 많은 긍정적 효과가 인정되고 있다. 장애를 가진 영유아의 통합보육에서도 궁극적 목적은 일반 영유아보육과 다를 바 없지만, 목표 성취를 위한 활동의 내용이나 활동의 조직, 실제적 보육과정 운영은 장애를 가진 영유아의 발달 수준을 기반으로 이루어질 것이다.

둘째, 보육수요자의 다양성이다. 보육은 영유아의 욕구와 특성만을 고려하는 것이 아니라 그들의 부모 및 가정의 요구와 기대를 포함한다. 보육수요자 가족 및 부모의 요구는 매우 다양하다. 그 가운데 특히 맞벌이 부모나 사회경제적으로 취약한 부모, 전통적 가족구조와 다른 구조를 가진 가족 등에게 보육서비스는 부모역할 기능을 의미 있게 보완해 준다. 따라서 보육과정은 요보호 상황의 영유아와 일반 가정의 영유아, 다양한 가족 상황에 있는 영유아의 발달적 · 교육적 요구를 고려해야 한다. 구체적으로 요보호 상황의 영유아와 일반 가정의 영유아는 보육 욕구의 우선순위가 다르므로 특수성과 개별성을 고려해야 한다. 그리고 발달을 위한 자극이 결여되기 쉬운 불리한 계층이나 사회문화적 소수집단에 속한 영유아를 위한 보상적 관점이 보육과정에 포함되어야 할 것이다.

셋째, 보육시간과 보육범위의 포괄성이다. 보육은 시간 면에서 다른 영유아 프로그램에 비해 장시간을 전제로 하고 기간 면에서도 장기적이다. 보육과정은 종일의 보육활동을 위한 계획, 즉 영유아의 생활시간 중 대부분 그리고 일상생활 전반을 포함하여 보호와 교육을 계획하여야 한다. 영유아의 일상생활과 삶의 장이 보육기관으로 이동되어 있을 뿐이므로 보육활동은 교육에 한정되거나 생활지도에 한정되기보다는 가정 내 부모의 역할을 대행하거나 보완하여 포괄적이고 통합적이다.

넷째, 전문적 보육과 가정 간의 긴밀한 연계성이다. 보육의 당사자는 영유아 및 부모와 보육자다. 보육활동은 가정 및 부모의 역할을 일정시간 대리하고 보완하므로 영유아 보육과정은 가정 및 부모와 연계되어야 한다. 보육과정은 부모 및 가족의 문화와 특성을 존중하고 가정 및 부모와 공조하여 보육할 것을 염두에 둔다. 나아가 부모보다 전문적이고 체계적인 보육서비스를 제공할 수 있도록 보육과정이 구성되어야 한다. 오늘날의 부모는 다양한 매체를 통해 지식과 기술과 정보를 접할 수 있지만, 자녀 양육의 경험은 매우 제한되어 있고 양육방식에 대한 지도나 상담을 위한 지원체계가 부족하다. 양육 및 교육에 대한 기대치는 높지만 부모 스스로 그러한 표준을 충족시키는 데는 한계가 있다.

전문적 활동으로서의 보육은 부모의 양육 및 교육에 대한 기대를 고려해야 하며, 부모에 대한 교육과 부모의 보육참여를 고려해야 한다.

다섯째, 보육 프로그램의 다양성이다. 실제적 보육활동은 다양한 여건과 형태를 가진다. 한 예로 보육시설의 입지나 여건이 매우 다르다. 특히 도시와 농어촌의 보육시설은 자연을 접할 기회나 실외공간의 활용 여건, 문화시설이나 경험 자료의 이용 기회 면에서 크게 다르다. 자연을 접할 기회나 실외공간의 활용은 영유아보육의 필수적 요건이므로, 다양한 여건과 형태를 가진 보육시설이 영유아의 요구와 필요에 부응하는 활동 기회를 제공할 수 있도록 보육과정이 구성되어야 한다. 이처럼 운영의 여건, 형태, 주체, 대상의 특성이나 수요자의 욕구 등 영유아보육의 유형이 다양한 만큼 이에 적용될 수 있는 보육과정이 마련되어야 한다.

여섯째, 시대적 · 사회적 변화의 예측과 대응이다. 영유아보육이 시대적 · 사회적 요구에 따라 변천해 왔듯이 영유아 보육과정도 시대적 · 사회적 요구, 가족의 요구 등을 고려해야 하며 그러한 변화를 예측하고 그에 부응할 수 있어야 한다. 현대의 가족은 그 구조와 기능이 달라졌고 향후에도 지속적으로 변화될 것이다. 변화된 가족 내에서 영유아는 그 위치나 가치가 달라졌고 부모의 영유아에 대한 양육 및 교육의 관점과 역할도 달라졌다. 영유아들이 살아가는 사회환경이나 가상공간의 환경은 영유아의 활동 및 놀이 행태를 변화시킬 뿐 아니라 영유아의 건강한 성장과 발달에 부정적 영향을 미치고 있다. 영유아의 사회 · 정서적 발달을 위해 외부체계를 필요로 하는 상황이며, 상담이나 치료를 필요로 하는 가족 속의 영유아도 있다. 사회적으로는 개인주의 가치가 팽배한 가운데 개인들이 사회적으로 조화를 이루고 함께 공존하기 위해서는 이타적 태도를 육성하는 일이 시급하다는 인식도 확대되고 있다. 보육과정은 영유아들이 살아가는 사회적 · 가족적 상황을 탐구하여 현재의 욕구를 파악하고, 향후의 변화를 예측하며, 그것을 반영해야 한다.

이상과 같이 보육과정은 보육대상인 영유아 본인과 관련된 요인 분석을 바탕으로 영유아를 둘러싼 다양한 체계의 특성과 요구를 고려하여 구성되어야 한다. 보육과정은 영유아의 연령 및 발달에 적합한, 개인적으로 적합한 그리고 포괄적이고 통합적인 보육과정이 되어야 한다.

3. 보육과정의 구성요소 및 절차

영유아 보육과정 구성자는 분명한 철학을 지닌 채 영유아에게 필요한 경험의 기회를 제공하고, 영유아가 주도할 수 있는 학습을 위한 보육과정을 구성하도록 주의를 기울여야 한다. 보육과정은 목적과 목표를 설정하고, 그 목표를 성취하기 위한 활동을 선정·조직하며, 활동과정과 결과를 평가하는 절차로 구성된다. 실제의 보육활동은 무엇을 위해 누가 무엇을 어떻게 할 것인가에 대한 계획과 설계를 바탕으로 전개되는데 이때 목적과 목표 설정, 활동의 선정과 조직, 활동에 대한 평가는 상호 영향을 주고받는다. 목적과 목표 달성을 위한 활동의 선정과 운영에 따른 평가의 결과로 목적과 목표가 수정되거나 조정될 수 있으며, 활동내용이 변화되거나 수정될 수 있다. 활동의 결과를 다각적으로 관찰하고 파악하기 위한 다양한 시도를 통해 결과에 대한 해석, 목표 성취에 대한 판단이 달라질 수 있다. 이제 보육과정의 구성요소를 기초로 보육과정의 구성방법과 절차를 알아본다.

1) 보육의 목적과 목표 수립

영유아 보육과정은 우선 보육의 목적과 목표를 수립하는 것에서 시작한다. 목표를 분명하게 인식해야 활동경험, 자료, 장비, 교수전략 등에 대한 올바른 선택과 결정이 가능하다. 보육과정은 보육의 목적과 목표를 이루기 위한 과정이며 절차인데, 이때 보육의 목적과 목표를 누가 어떻게 무엇을 기반으로 설정할 것인가가 관건이다.

일차적으로 보육의 목적과 목표는 보육서비스가 등장하게 된 배경 및 현재의 존재 이유, 보육대상 및 보육수요자의 특징과 요구를 반영하게 된다. 즉, 보육의 목적과 목표는 영유아와 부모 그리고 가정의 복지를 고려해야 하며, 보육대상 영유아의 욕구와 보육수요자의 요구를 구현한다. 영유아들은 기본적으로 영양과 휴식 및 활동 등의 신체적·생리적 욕구, 사랑과 소속감과 사회적 관계 등의 사회적 욕구, 자아 성장과 발달에 관한 심리적 욕구 등을 가지므로 보육의 목표는 이러한 욕구를 고려해야 한다. 아울러 그 욕구가 영유아의 연령에 적합한 목표로 조정되어야 한다. 더불어 영유아의 가정과 지역사회, 사회에 대한 연구를 통해 목적과 목표가 도출되어야 한다. 개별 가정과 사회에서 영유아에게 무엇을 기대하고 원하는지도 고려해야 한다.

부모가 양육기능을 수행하는 데 보육이 차지하는 역할이 증대될수록 양육 및 보호와 관련한 목표는 강화되어야 할 것이다. 한편, 사회는 복잡하고 끊임없이 변화하므로 현재 및 미래에 적응할 수 있는 역량을 기르는 것도 목표에서 중시되어야 한다. 현재 중요한 의미를 갖는 문제에 관심을 갖고 기본지식과 태도를 형성하는 것은 미래사회를 살아갈 영유아에게 중요하다. 예를 들어, 환경문제에 대한 인식, 자연환경 및 다양한 생명체와 공존하는 조화로운 삶에 대한 인식을 함양하는 것은 현시점에서 영유아기부터 비중 있게 다루어야 할 목표다.

이와 같은 맥락에서 보육과정의 목적과 목표는 보육대상 영유아의 발달과 학습에 대한 광범위하고도 전문적인 연구와 이론에 기초하여 도출되어야 한다. 즉, 보육과정의 목적은 실현 가능하고 대부분의 유아가 성취할 수 있어야 하며 알 만한 가치가 있는 지식과 이해의 발달, 과정과 기술의 발달, 성향과 태도에 대한 발달(NAEYC, 1991)을 포함하여야 한다.

2) 목표 달성을 위한 활동의 선정

보육의 목표가 설정되면 그것을 달성하기 위한 활동을 계획해야 한다. 영유아의 발달은 영유아 자신의 직접적 경험과 활동을 통해서 이루어지므로, 영유아가 무엇을 경험하기를 기대하는지 신중히 고려하여 활동을 계획해야 한다. 보육기관에서 보육담당자가 제공하는 것이 무엇인가보다는 마련된 환경에서 영유아가 무엇을 어떻게 경험하는가가 더 중요하다. 즉, 선정된 활동을 수행하더라도 영유아에 따라 경험하는 내용이 다르고 보육자의 기대와도 다를 수 있다. 보육자는 활동을 수행하기 위한 외적 환경 여건을 마련하고 조절하면서 목표 성취를 도모할 수 있다. 이와 같이 목표 달성을 위한 활동 선정이란 활동 경험을 선정하는 일과 활동을 유도할 수 있는 환경 및 외적 조건을 형성하는 일을 포함한다.

단, 보육 프로그램의 성격에 따라 목표 달성을 위한 활동을 선정하는 주체가 다소 다를 수 있다. 즉, 활동의 선정과정에 성인이 더 주도적으로 참여하거나 영유아가 더 주도적으로 참여할 수 있고, 아니면 성인과 영유아가 상호 주도적으로 참여할 수도 있다. 사전에 설계된 단원에 따라 활동이 전개되는 경우, 목표를 달성하기 위한 활동을 선정할 때 보육자가 영유아의 발달 수준과 흥미, 요구 등을 기초로 활동을 선정하고 조직한다. 그러나 교사와 영유아가 협력하여 활동 주제를 선정하거나 영유아의 흥미나 요구에 따라 활동의 주제가 선정되는 경우, 활동내용 역시 보육자와 영유아가 함께 선정의 주체가 된다. 보육자가 선정한 활동뿐 아니라 영유아가 제기한 활동이나 영유아들 사이에서 자연스럽게 발생한 활동들이 학습내용으로 통합되어 조직되는 것이다.

활동 경험을 선정하는 데 기본적으로 고려할 점은, 첫째, 목표 달성에 필요한 활동을 영유아가 직접 해 볼 수 있는 기회가 충분히 마련되도록 하고, 둘째, 영유아의 현재 발달 수준에서 수행할 수 있고 더불어 만족스러운 경험을 할 수 있는 다양한 활동으로 구성하여야 한다는 것이다. 따라서 영유아의 사전 지식과 능력을 고려하고 현재의 발달 수준, 학습 형태, 욕구, 흥미를 살펴야 한다. 어린 영유아일수록 영유아가 직접 경험했던 내용이나 이미 알고 있는 것, 그리고 할 수 있는 것과 밀접한 내용을 선정해야 한다. 영유아의 자발적 자기표현능력을 기르고자 한다면 영유아들이 언어나 동작, 미술적 표현 등 다양한 방법으로 자기를 표현할 수 있는 기회가 시간적으로나 공간적으로 충분히 마련되어야 하고 그 기회를 개별 영유아들이 충분히 가질 수 있어야 한다. 또한 다양한 매체로 표현하는 과정에서 표현의 압력에서 벗어나 자유로이 자신을 표현할 수 있을 만한 허용적 분위기도 마련되어야 할 것이다.

활동을 위한 구체적 내용은 영유아의 신체 · 정서 · 언어 · 사회성 및 인지적 발달의 모든 영역에 대한 장기적인 목적을 성취할 수 있고, 활동, 감각적 자극, 신선한 공기, 휴식, 섭식, 영양 등에 대한 유아의 생리적 욕구를 충족(NAEYC, 1991)시켜야 한다. 또한 영유아의 심리적 안전을 도모해야 한다. 즉, 놀라움, 걱정, 거부보다는 행복감, 편안함, 안락함을 느낄 수 있도록 해야 할 것이다.

3) 선정한 활동의 조직

목표 달성을 위한 활동 선정에 이어서 보육활동의 내용을 조직해야 한다. 한 번의 활동 경험이 영유아발달에 결정적인 영향을 주지는 않는다. 사고, 행동, 태도, 흥미 등은 서서히 변화한다. 보육의 목적과 목표를 달성하기 위해서는 다양하고 계속적인 활동 경험을 조직하여야 한다. 경험에 대한 계획, 활동계획, 학습계획이 잘 짜인 경우 다양한 목표를 달성할 수 있다. 특히 보육은 영아에서 취학 전까지의 영유아를 대상으로 하므로 보육활동의 시간적 · 공간적 연계성을 고려하여 활동계획을 조직하는 일이 더욱 중요하다. 예를 들어, 영아의 사회성 지도는 3세 또는 5세의 사회성 지도와 나아가 학동기의 사회성 지도 간에 연계성을 가져야 할 것이다. 영아기 보육활동에서는 영아가 상호작용에서 자율적이기를 기대하면서 유아기에 이르러서는 교사에 대한 순종과 집단에 대한 동조를 더 강조한다면 이는 바람직하지 않다. 보육활동 내용이 연결되어 지식과 기술, 태도 면에서 연결성이 있다면 영유아기의 지도에서 큰 효과를 볼 수 있지만, 시기별 활동내용이 상충되거나 일상생활과 괴리되어 있다면 지도 효과는 작을 것이다.

활동 경험을 효과적으로 배열하려면, 우선 목표 달성을 위한 활동이 반복적으로 제시되어야 하고, 영유아들이 그 활동을 반복적으로 수행할 수 있도록 해야 한다. 이때 활동과정에 수반되는 실수와 오류는 인정해 주고 영유아들에게 지속적으로 탐구하고 실험할 수 있도록 해 주는 것이 중요하다. 우연한 실수와 한두 번의 실패에 대한 교사의 비판이나 조롱은 영유아로 하여금 새로운 활동을 시도조차 할 수 없게 한다. 둘째, 동일 목표를 위한 활동이라도 영아의 활동에 비해 3~5세 유아의 활동은 질적으로 심화된 활동이 되도록 해야 한다. 특히 어릴수록 보다 구체적이고 단순한 활동을 접하게 하고 점차 추상적이고 복잡한 활동으로 나아가도록 조직해야 한다. 또한 어릴수록 이미 알고 있는 내용, 단순한 사실을 바탕으로 한 활동을 먼저 접한 뒤 점차 낯설고 새로운 내용, 개념을 포함하는 활동을 접하도록 조직해야 한다. 셋째, 목표 달성을 위한 활동이 여러 영역에서 반복적으로 경험될 수 있어야 하고 교육의 장뿐 아니라 실생활의 장에서도 경험될 수 있어야 한다. 예를 들어, 책에 대한 흥미를 기르고자 한다면, 책을 접할 기회를 충분히 마련해야 할 뿐 아니라 다양한 활동을 통해 책을 접할 기회를 마련해야 한다. 영아기에는 감각적 탐색과 접근이 가능한 책을 소개할 수 있으며, 유아기에는 자신들의 책을 직접 만들거나 책 속 이야기의 맛을 느끼고 책에서 정보를 얻는 경험을 갖도록 한다. 언어, 수, 과학, 음률, 요리, 표현 등의 활동 가운데 책을 활용하거나 접하게 할 수 있으며 가정이나 서점, 도서관, 출판사, 인쇄소 등 실생활에서 책을 접할 기회를 마련할 수 있다. 넷째, 활동들은 영유아의 사회적, 정서적, 인지적, 언어적, 신체적 발달을 도모할 수 있도록 통합적이면서 균형 있게 조직되어야 한다. 유아에게 지적 기능이나 사회적 기술 중 어느 것 하나가 우위를 점해서는 안 된다. 또한 신체적 활동에 대한 욕구가 매우 높은 영유아들에게 제한된 공간이나 시설 여건 때문에 신체적 활동 기회가 제한되어서도 안 된다. 통합적 발달을 위해 활동이 선정되고 그 활동은 실내 및 실외 활동의 형식으로, 개별활동이나 대소집단활동의 형식으로, 정적인 활동이나 동적인 활동의 형식으로 균형 있게 조직되어야 한다.

4) 보육활동의 평가

목표 선정과 활동 경험의 조직이란 그 자체가 활동 경험에 대한 사전단계의 평가라고 볼 수 있다. 즉, 목표에 부합하는 활동을 선정하고 목표 달성에 가장 적합한 방식으로 조직하는 매 단계에 평가가 개입된다. 여기서 더 나아가 개발하고 조직한 활동 경험이 실제로 의도한 목표를 얼마나 달성하고 있는가를 조사하는 과정이 요청되는데, 이것이 평가다. 기본적으로 평가란 목적이 어느 정도 실행되고 있는지 판별하는 과정이며, 평가의 과정은 계획의 강점과 약점을 찾아내는 것이자 프로그램의 기본 설계가 타당한가를 묻는 것이다.

보육과정 평가는 영유아의 발달 평가, 즉 변화의 내용과 정도를 파악하는 과정을 포함하여 보육과정 운영에 대한 평가, 보육프로그램에 대한 평가 등으로 이루어진다. 2005년 이후는 어린이집 평가인증제 도입으로 보육과정을 포함해 어린이집 운영 전반에 대한 평가가 이루어지고 보다 표준화된 보육평가체계가 작동하고 있다. 평가영역은 보육환경, 보육과정 운영, 보육교사와 보육영유아 간의 일상적 상호작용, 영유아의 건강, 영양 및 안전, 보육인력의 전문성, 어린이집 운영관리, 가족 및 지역사회와의 연계 등 7개 영역을 중심으로 구성되어 보육과정과 보육 프로그램 운영관리를 평가하는 하나의 지표가 된다.

이와 함께 각 어린이집은 자체 내에서 실행하는 보육활동에 대하여 일정한 기간별로 일정한 절차에 따라 평가를 거쳐야 한다. 보육과정의 운영에 대한 평가는 어린이집의 실정, 지역사회의 특성, 보육수요자의 요구 등에 따라 달라질 수 있는데, 우선은 요구분석 단계로부터 보육 목표와 계획에 대한 평가, 편성과 운영에 대한 평가를 포함한다. 요구분석 단계에서는 유아, 부모, 교사, 지역 당국 및 지역사회의 요구를 총체적으로 수렴·분석한다. 일례로 매 학기에 부모의 요구를 설문조사하여 이를 새학기 보육과정 편성과 운영의 자료로 삼을 수 있다. 보육 프로그램에 대한 평가단계에서는 어린이집에서 계획한 프로그램이 요구분석을 통해 밝혀진 요구와 어느 정도 부합되는지를 평가한다. 이 과정에서의 주된 과제는 사전에 설정된 목표와 이를 달성하기 위해 설계한 목표, 내용 및 방법 등을 비교 분석하는 것이다. 필요한 인적·물적 자원을 확보하기 위한 전략과 절차, 실행 가능성, 경제성 등도 분석 검토한다. 형성평가는 보육과정이 운영되는 도중에 보육 프로그램 운영이나 교수·학습방법을 개선할 목적으로, 제공되고 있는 보육 프로그램에 대한 평가를 실시하는 것이다. 또 형성평가는 보육 프로그램 진행 중에 실제로 어떠한 일이 일어났는가와 같은 교수 · 학습과정을 평가하는 데도 실시된다(양옥승 외, 1999). 어린이집에서 운영하고 있는 보육 프로그램이 계속 실시할 만한 가치가 있는지를 최종적으로 사정하기 위해 총괄평가를 실시한다. 총괄평가는 주로 보육목표와 관련된 측정 가능한 준거를 설정하여 사전에 결정된 표준과 비교하며, 요구분석, 프로그램 계획, 형성평가 과정에 관한 정보에 비추어서 성과를 해석하는 과정을 거친다. 또 어린이집뿐만 아니라 가정 및 지역사회 등 거시적인 사회문화적 생활체계와 관련지어 총체적으로 평가하는 과정을 포함한다(양옥승 외, 1999).

평가는 변화의 정도를 알아보고자 하므로 한 번 이상 이루어져야 한다. 영유아의 행동을 평가할 때도 활동 이전과 이후에 평가가 이루어져 변화가 있었는지를 측정하며, 발달적 변화를 살펴보기 위해서는 매일매일의 지속적 관찰이 평가의 기초가 된다. 이때 변화의 증거를 수집하는 방법을 신중히 고려해야 하며, 평가하는 분야에 따라 측정방법이 달라져야 할 것이다. 습관이나 기술을 평가하고자 할 때, 태도나 흥미 등의 변화를 파악하고자 할 때, 구체적 행위의 변화를 알아보고자 할 때 각기 다른 방법이 더 적절하다. 관찰법, 면접법, 설문지법, 작품수집, 다양한 기록들이 평가의 방법으로 활용될 수 있다. 더 타당하고 적절한 평가방법을 선택하는 일이 무엇보다 중요하다. 또한 평가와 관련해 염두에 두어야 할 사항은 변화 또는 목표 달성이라는 판단 기준에 관한 것이다. 이것은 목표 설정단계에서 목표의 분석을 통해 제시될 것이다. 목표가 명확하게 제시될 때 평가의 기준도 분명해진다.

평가 결과는 과정의 각 요소별로 장단점을 분석하는 기회를 주며 전체 프로그램의 장단점과 그 이유를 분석해 볼 기회를 준다. 이를 기반으로 보육과정을 수정하거나 각 과정별로 개선을 모색하며, 필요에 따라 새로 계획하고 개발하고 분석하는 가운데 지속적으로 보육과정을 개발해 나간다.

4. 보육과정의 구성내용

보육과정의 실제적 구성내용은 보육의 목적을 달성하기 위한 내용으로 구성된다. 보육의 목적은 보육대상 영유아와 그 가정 및 부모의 복지이므로 교육활동과 영양, 건강, 안전, 부모 및 지역사회 교류와 협력을 통해 영유아의 건강한 발달, 전인적 발달을 도모한다. 단, 영아기에는 어린이집에서의 초기적응과 기본생활습관, 놀이활동, 영양, 건강,

안전 및 부모교육에 더 중점을 두어야 할 것이고, 유아기에는 영양, 건강, 안전에 대한 일차적이고 기본적인 관심을 바탕으로 폭넓고 균형 잡힌 교육활동에 중점을 두고 부모 교육과 지역사회 교류도 고려해야 한다.

1) 교육

교육활동은 영유아의 신체적 · 사회적 · 정서적 · 지적 및 언어적 발달에 기여할 수 있는 경험을 제공하고, 유능하고 존중받는 사람으로서 자기존중감을 발달시킬 수 있도록 돕는다. 영유아의 전인적 발달이라는 장기 목적에 따르는 목표를 구체화하고 그 목표를

표 2-6 교육활동의 내용체계(제3차 어린이집 표준보육과정)

0~2세 보육과정		3~5세 보육과정(누리과정)	
기본생활	• 건강하게 생활하기 • 안전하게 생활하기		
신체운동	• 감각과 신체 인식하기 • 신체조절과 기본운동하기 • 신체활동 참여하기	신체운동 · 건강	• 신체 인식하기 • 신체조절과 기본운동하기 • 신체활동에 참여하기 • 건강하게 생활하기 • 안전하게 생활하기
의사소통	• 듣기 • 말하기 • 읽기 • 쓰기	의사소통	• 듣기 • 말하기 • 읽기 • 쓰기
사회관계	• 나를 알고 존중하기 • 나와 다른 사람의 감정 알기 • 더불어 생활하기	사회관계	• 나를 알고 존중하기 • 나와 다른 사람의 감정 알고 조절하기 • 가족을 소중히 여기기 • 다른 사람과 더불어 생활하기 • 사회에 관심 갖기
예술경험	• 아름다움 찾아보기 • 예술적 표현하기 • 예술감상하기	예술경험	• 아름다움 찾아보기 • 예술적 표현하기 • 예술감상하기
자연탐구	• 탐구하는 태도 기르기 • 수학적 탐구하기 • 과학적 탐구하기	자연탐구	• 탐구하는 태도 기르기 • 수학적 탐구하기 • 과학적 탐구하기

출처: 보건복지부(2013). 제3차 어린이집 표준보육과정. 참조.

달성하기 위해 연간, 월간, 주간, 일간 활동을 계획하고 실행한다. 실제적 교육활동은 장기적 목적과 목표에 따라 구조화 및 비구조화된 활동, 집단 및 개별 활동, 동적 및 정적 활동, 휴식 및 배변 등의 생리적 욕구 충족을 위한 활동을 통해 진행된다.

구체적 내용체계는 영아는 기본생활, 신체운동, 의사소통, 사회관계, 예술경험, 자연탐구 영역으로, 유아는 신체운동 · 건강, 의사소통, 사회관계, 예술경험, 자연탐구 영역으로 이루어진다.

2) 영양 및 건강

영유아의 영양관리는 영유아에게 제공되는 식단을 통해서 이루어진다. 규칙적인 식사와 간식의 제공으로 충분하고 균형 있는 영양을 공급해 주며 바른 식습관을 가질 수 있도록 돕는다. 또한 영유아의 신체적 · 정신적 건강을 위하여 예방적 서비스를 제공하고 현재 가지고 있는 건강문제를 발견하여 치료하게 해 줌으로써 영유아와 그 가족 및 지역사회의 건강을 증진시킨다.

3) 안전 및 위생

안전 및 위생과 관련해 보육인력은 안전관리의 중요성을 인식하고 실천하며, 영유아 스스로가 자신의 안전을 보호할 수 있는 능력과 기술을 가지도록 돕는다. 안전관리의 내용으로는 시설 및 설비의 안전관리, 소방안전, 교통안전 및 안전교육, 생활안전(예: 학대, 유괴, 사고, 전기, 성범죄, 동물 등) 등을 포함한다. 안전관리에 대해서는 영유아뿐 아니라 보육교직원과 부모도 주체로서 포함된다.

위생은 영유아의 건강을 위한 기본 요건으로 영유아를 대상으로 한 건강교육 속에 위생교육을 포함시키고 동시에 시설 및 급식위생을 고려한다. 시설의 정기적 소독과 정기점검은 필수이며 어린이집의 음용수 요건, 영유아의 질병과 관련한 위생점검을 실시한다.

4) 부모 교육 및 참여

부모참여는 어린이집의 사회서비스 프로그램의 일환으로 간주될 수 있으며 부모들에게 적절한 지식, 정보, 기술 등을 알려 주는 역할을 한다. 부모들이 '보조자 혹은 의사결정자' 로서 보육에 참여하도록 하고 보육과정의 관찰 등을 통하여 어린이집의 조직과 목표, 철학 등을 이해하도록 도와 보육의 효과를 높일 수 있다.

부모교육을 통해 부모는 영유아기의 발달에 대한 이해를 높이고, 자녀지도방법에 대한 지식과 정보를 얻으며, 부모역할의 중요성을 인식하고, 가족관계를 개선시키며, 자녀의 어린이집 적응을 돕고, 지역사회 환경을 개선하는 데 일조할 수 있다.

5) 지역사회 교류와 협력

지역사회 인사의 보육활동 참여, 지역사회의 어린이집 활용, 어린이집의 지역사회 시설 활용, 대중매체를 통한 지역사회와의 의사소통 등을 통하여 효율적인 보육 프로그램을 운영하도록 한다. 어린이집, 가정, 지역사회 간의 공조체제와 책임분담을 도모함으로써 영유아, 가정, 지역사회 모두의 복지에 공헌하도록 한다.

지역사회 시설에 대한 견학, 지역사회 내의 전문가 초빙, 의료검진 및 상담, 자원봉사, 물품 기증 등 지역사회의 인적, 물적 자원 활용뿐 아니라 지역주민을 위한 어린이 발표회, 부모 강연회, 바자회, 지역 어린이를 위한 프로그램 운영 등으로 지역사회와 교류할 수 있다. 지역사회와의 교류는 어린이집에 대한 지역사회의 협조와 지원의 기초가 된다.

참고문헌

보건복지부(1991). 영유아보육 프로그램.

보건복지부(2013). 제3차 어린이집 표준보육과정고시 제2013-8호(2013. 1. 21.).

양옥승 · 김영옥 · 김현희 · 신화식 · 위영희 · 이옥 · 이정란 · 이차숙 · 정미라 · 지성애 · 홍혜경(1999). 영유아보육개론. 서울: 학지사.

이순형 · 이경화 · 문무경 · 이영미 · 한유진 · 이성옥 · 권혜진 · 김영명 · 권기남 · 김혜라 · 안소영 · 임송미 · 엄성애(2000). 발달 수준별 주제탐구표현활동 프로그램의 운영. 서울: 창지사.

이순형 · 이혜승 · 이성옥 · 황혜신 · 이완정 · 이소은 · 권혜진 · 이영미 · 정윤주 · 한유진 · 성미영(2009). 보육학개론(3판). 서울: 학지사.

NAEYC (1991). Guidlines for appropriate curriculum content and assessment in programs serving children ages 3 through 8. *Young Children, 30*, 25-67.

http://central.childcare.go.kr

제3장 보육 프로그램의 종류별 특성

1. 영유아보육 프로그램

보육과정은 여러 보육 프로그램 중에서 선정된 프로그램에 따라서 다소 달리 구성될 수 있다. 보육 프로그램은 구성 당시의 사회배경, 만든 사람의 철학과 생애 그리고 사회적 요구에 따라서 지향점과 강조점이 다르다.

역사 이래로 수많은 보육 프로그램이 만들어지고 사라졌는데, 이 장에서는 많은 보육 프로그램 중에서 현재까지 보육현장에서 채택하여 사용하고 또 발전되고 있는 보육 프로그램을 선정하여 그 배경과 특성 및 내용을 간략히 소개한다. 여기 소개된 보육 프로그램은 이제까지 개발된 보육 프로그램 중에 대표적인 것으로서 각 프로그램은 고유한 특성과 장점을 지니고 있다(이순형 외, 2005).

1) 프뢰벨 프로그램

(1) 프뢰벨 유아교육의 배경

프뢰벨(Friedrich Fröbel)의 유아교육 철학은 19세기 낭만주의적 시대배경에서 태어난 것이다. 영유아를 독립적이고 자주적인 존재로 보는 프뢰벨의 영유아관은 19세기 페스탈로치의 영향을 받은 진보적인 것으로 평가된다. 프뢰벨은 자연의 아름다움에 대해서 영유아도 눈떠야 하며, 자연을 통해서 그 아름다움의 요구가 충족될 수 있다고 생각했다. 또한 생활은 자연이 가르치고 있는 법칙을 활용하는 장이라고 하여 생활의 중요성을 강조했다. 프뢰벨 프로그램에서 성장하는 영유아는 자기주도적 의지를 가진 존재이며, 교사가 지식을 가르치는 것은 영유아의 자기주도적 탐구심을 억제하는 것이므로 영유아가 스스로 길을 찾아가도록 인도해야 한다. 영유아는 자연을 통해서 신의 섭리와 우주의 원리를 깨달을 수 있으므로, 교구는 자연물을 가지고 자연을 형상화해서 만들어져야 한다.

(2) 프뢰벨 프로그램의 교구재료

프뢰벨은 수학이 자연의 법칙에 다가갈 수 있는 원리를 제공해 준다고 생각하여 수학의 기초를 바탕으로 은물이라는 교구를 만들었다. 공, 입방체, 막대기 등 다양한 기하물은 자연과 우주의 천체를 상징한다. 영유아는 은물을 이용하여 '구분' 하고 '분류' 하는 활동을 할 수 있다.

(3) 프뢰벨 프로그램의 교육 목표 및 원리

프뢰벨 프로그램의 교육 목표 및 원리는 다음과 같다.

- 영유아의 타고난 본성을 중시해야 한다.
- 영유아는 발전 가능성을 가지고 있다.
- 영유아는 발달단계를 거치면서 나선형으로 성장한다.
- 영유아는 발달하기 위해서 발달과업으로 요구되는 것을 이루려고 노력해야 한다.
- 부모, 성인은 영유아의 발달을 지원하는 인적 환경 역할을 해야 한다.
- 신이 만든 자연과 우주의 법칙에 가까이 다가가기 위하여 영유아는 수학을 통해서 그 법칙과 논리를 배워야 한다.

(4) 프뢰벨 프로그램의 교육 내용 및 활동

① 은물

프뢰벨의 교육활동은 열 가지 교구를 중심으로 구성된 인지활동 프로그램인 은물과

11부터 20까지의 수작업에 해당하는 손으로 하는 활동으로 구성된다. 은물의 첫 번째 단계에서는 단순한 구 형체를 통해 크기, 형태, 색깔, 움직임을 관찰하고 비교할 수 있는 기회를 얻을 수 있다. 두 번째 단계에서는 입체도형인 구, 원기둥, 정육면체를 이용해 면, 모서리, 꼭짓점을 비교하고 물체의 회전을 알 수 있다. 세 번째 단계에서는 입방체를 이용해 분할과 조합을 익힌다. 네 번째, 다섯 번째, 여섯 번째 단계에서는 다르게 분할된 입방체를 이용해 구성과 건축, 비례에 대한 경험을 할 수 있다. 일곱 번째 단계에서는 정사각형과 삼각형 모양의 면 평판을 이용해 고체에서 평판으로의 이동을 경험하고, 제시되는 색으로 영유아의 마음에 색감을 일깨우고 발달시키는 데 도움을 준다. 여덟 번째 단계와 아홉 번째 단계에서는 각각 직선과 곡선을 이용해 하나의 형태를 이전의 형태에서 발전시키는 방법을 경험하고, 여러 가지 각을 효과적으로 연구하는 출발점을 제시해 준다. 마지막으로 열 번째 단계에서는 점 같은 작은 막대기를 통해 구체적인 것에서 추상적인 것으로의 경험을 하게 한다.

② 일과 및 활동 구성

일과구성은 일반 프로그램들과 다르지 않고 오전, 오후 모두 은물활동이 포함되며, 밭에서 꽃이나 농작물을 키우는 노작활동이 포함된다. 프뢰벨 유치원 활동지침서에 따르면 은물활동은 인지활동에 국한된 것이 아니라 그와 관련해 여러 측면의 많은 활동을 포함하고 있으며 여러 단계로 제시하고 있다. 제시절차는 단계 1(은물 설명), 단계 2(묘사), 단계 3(활용 수준), 단계 4(훈련방법), 단계 5(교수방법), 단계 6(사물의 개념학습 또는 언어를 통한 환상화)으로 구성되어 있다.

③ 프로그램의 평가

프뢰벨의 은물교육은 유아교육 학자들이 아니라 기업에 의해 확산되고 있는 추세다. 현재 미국에서 프뢰벨의 은물 중심 유아교육 프로그램을 실시하는 유치원은 소수에 불과하다. 미국에서는 프뢰벨 정신에 입각해서라기보다는 지시적이고 공식화된 프로그램을 사용하여 프뢰벨의 교육 프로그램이 왜곡되기에 이르렀다.

(5) 프뢰벨 프로그램에서 교사 및 부모의 역할

전통적으로 프뢰벨 유치원의 교사는 영유아를 관찰하고 인도하며 그의 활동을 방해하지 않는 역할을 수행한다. 그러나 은물활동은 교사가 이끌어 나가는 대로 무한대 확장될 수 있으므로 실제로 교사의 역할은 매우 크다. 그러므로 교사에게는 유아의 이해 수준을 파악할 수 있는 민감성이 있어야 하고, 활동 가운데 적절한 지식, 노래와 정서 경험이 포함되도록 면밀하게 계획을 세워서 주도적으로 활동에 참여하듯이 이끌어 가야 한다.

(6) 한국 현장에서의 적용 및 문제점

전통적으로 프뢰벨 유치원 교사들은 자유롭게 은물을 가지고 놀게 하면서 그 놀이 속에서 은물의 특성을 스스로 탐구하게 하였으나, 근래 한국의 유치원 교사들은 조심스럽게 은물을 가지고 노는 방법을 영유아들에게 가르치곤 한다. 프뢰벨 유치원 교사들과 근래 유치원 교사들의 비교에서 알 수 있듯이 교사들의 이러한 차이는 작은 것처럼 보일지 몰라도 프뢰벨 유아교육의 본질을 달리 접근하는 것이므로, 주지적 유아교육 프로그램에 물든 교사들에 의해서는 오늘날 프뢰벨 유치원이 제대로 운영되기 어렵다(이순형 외, 2005).

2) 몬테소리 프로그램

(1) 몬테소리 프로그램의 배경

몬테소리(Maria Montessori)는 영유아가 사물을 만지거나 느끼는 과정에서 가장 잘 학습한다는 원리에 근거해 정신병원에 수용된 정신지체 영유아를 위한 교육방법을 개발하였다. 그리고 이 교육방법을 빈곤지역의 일반 영유아에게도 적용하였다. 이 과정을 통해서 몬테소리는 최상의 교육방법은 어떤 내용을 영유아에게 일방적으로 가르치는 것이 아니라, 구체적인 목적이 있는 활동을 하면서 영유아가 스스로 배우도록 하는 것임을 깨닫게 되었다. 몬테소리는 면밀한 관찰을 토대로 영유아가 자유로운 환경에서 스스로 발달해 나갈 수 있는 잠재능력을 가지고 있다는 교육철학을 세우고, 영유아가 자신의 성숙기제에 따라 스스로 학습한다는 자율교육 개념을 제시하였다.

특히 몬테소리 이론의 핵심은 민감기와 흡수정신이라고 할 수 있다. 민감기는 결정적 시기와 유사한 개념으로서 영유아가 어떤 특정한 과제를 완수하고자 하는 열망이 강하며, 완수할 수 있는 능력이 구비되어 있는 기간으로서 유전적으로 계획된 기간을 말한다. 흡수정신은 영유아가 어떤 환경에 있는 동안 그 환경을 무의식적으로 흡수하여 지식을 획득하는 능력을 말한다. 영유아는 환경과의 관계 속에서 스스로 자신을 형성해 가기 때문에 교육은 출생 후 바로 시작되어야 하지만, 강압적으로 영유아에게 무엇을 학습하게 할 수는 없다. 다시 말해서 교육은 인간이 이루어 가는 자연스러운 과정으로서 다른 사람이 지시하는 말을 들어 이루어지는 것이 아니라고 보았다.

몬테소리 교육에서 가장 중요시하는 요소는 준비된 환경, 준비된 성인, 책임을 동반한 자유로 요약할 수 있다. 준비된 환경은 영유아발달에 장애가 될 만한 요소가 완전히 배제된 채 잘 정리되어 있고, 아름답고 단순하며, 영유아의 활동과 집중에 도움이 되는 환경을 의미한다. 준비된 성인은 영유아를 환경과 연결해 주는 안내자로서 영유아 개개인의 발달상태와 내적 요구를 파악하기 위해 관찰하고 영유아의 요구에 맞는 교구를 소개해 주는 역할을 한다. 영유아는 성인이 소개해 준 교구를 가지고 독립적으로 활동하면서 스스로 학습한다. 자유는 영유아가 자신을 스스로 통제하며 논리적인 사고과정에 의해 선택한 활동을 할 수 있다는 의미다.

(2) 몬테소리 프로그램의 교육목표

몬테소리는 영유아의 학습 요구를 충족시켜 주는 환경을 조성하는 것이 자신의 교육 프로그램에서 가장 중요하다고 보았다. 민감기마다 영유아가 요구하는 것에 부합되는 교재를 제공한다면, 영유아는 그 교구를 이용한 기능을 완전히 습득할 때까지 놀라운 집중력을 가지고 스스로 반복 연습한다는 것을 관찰하여 알게 되었다. 집중하여 어떤 과제를 완수하고 나면 기쁘고 편안해지는데, 몬테소리는 영유아가 이렇게 열중해서 어떤 과제를 해결하여 정상적인 상태에 도달하는 과정을 정상화라고 말하였다.

(3) 몬테소리 프로그램의 교육 내용 및 활동

몬테소리는 유아교육과정을 일상생활, 감각, 언어, 수학, 사회적 행동 등의 영역으로 구분한다.

① 일상생활

영유아는 식기나 수저 등 일상생활 도구를 사용하면서 집중력과 독립성을 기르며 문화적으로 요구되는 예절을 배운다. 예절은 수업이 아닌 모방을 통해 자연스럽게 배운다.

② 감각

감각교구는 추상적인 개념이 구체적인 형태로 전달되도록 고안되어 있다. 그리고 교구는 정확성을 추구하는 인간의 근본 성향에 부합되는 것으로 인간의 기술발전의 근거가 되고 있는 현실을 경험하게 한다. 모든 감각교구들은 손을 사용하는데, 손과 두뇌의 협응

활동을 통해 추상적 개념과 그 개념을 구체적으로 표현한 구상체를 연결 지어 알게 한다.

③ 언어

몬테소리 프로그램에서는 자유로운 대화를 통해 언어발달이 촉진된다. 어휘력은 다양한 방식으로 길러지는데, 주위환경에 놓여 있는 모든 사물을 정확한 명칭으로 부르기도 하며 음악가, 도구, 가구, 음식, 복식, 주택, 교통기관, 동물, 식물, 도형 등 다양한 사물 그림카드 맞추기와 같이 어휘력을 확장하기 위한 게임을 하기도 한다.

④ 수학

영유아는 교구를 사용한 활동에서 십진법을 이해하는 데 필요한 기초를 형성하여 0의 기능과 일 단위부터 백만 단위까지의 위계를 이해한다. 또한 가감승제 개념의 기초를 습득하고 다양한 모양의 교구를 감각적으로 탐색하면서 기하에 관한 기초를 다진다.

⑤ 사회적 행동

몬테소리 교육은 지적 발달뿐만 아니라 영유아의 인성과 사회적 행동 발달을 무엇보다 중요시한다. 몬테소리 어린이집은 3~6세 영유아가 함께 생활하고 배우도록 구성되어 있는데, 이러한 환경이 영유아의 예의바른 행동, 다른 사람에 대한 배려, 연령이 다른 사람들과의 원만한 관계 형성 등을 가능하게 한다. 이러한 사회적 환경에서 최상의 인간 발달이 가능해지는 것이다.

⑥ 교구

몬테소리 교구의 목적은 영유아에게 어떤 기술을 가르치거나 지식을 전달하는 것이 아니며, 영유아의 자아 형성과 정신적 발달을 내적으로 돕기 위한 것이다. 즉, 영유아의 주의를 끌고 집중시키는 자극을 제공하여 그 성장을 돕도록 고안된 것이 몬테소리 교구다. 몬테소리 교구는 다음의 다섯 가지 원리를 충족해야 한다. 첫째, 몬테소리 교구를 사용하는 과정에서 일어날 수 있는 오류는 교구 중 한 측면에서만 나타난다. 둘째, 교구의 디자인이나 사용방법은 단순한 것부터 시작하여 복잡한 것으로 진행하도록 구성되어 있다. 셋째, 교구는 영유아가 앞으로 학습할 것에 대해 간접적으로 준비할 수 있도록 고안되어 있다. 넷째, 어떤 개념을 구체적으로 표현하는 교구 사용을 시작으로 점차 추상적으로 표현하는 교구로 옮겨 간다. 다섯째, 교구는 스스로 학습하도록 만들어져 있다. 오류의 통제는 교사가 하는 것이 아니고 교구에 내재되어 있다. 교구는 영유아가 사용하면서 사용방법을 스스로 터득하도록 되어 있고 자신의 실수를 인식하도록 만들어져 있다.

영유아는 자신이 선택한 교구를 스스로 가져다 사용하고, 사용을 마치면 다른 영유아를 위해서 원 위치에 다시 가져다 놓는다. 그리고 영유아가 교구를 사용하는 동안은 교사나 다른 영유아의 방해를 받지 않을 권리가 있다. 영유아가 어떤 교구를 처음 사용할 때는 교사가 기초수업을 통해 교구를 소개하고 무엇을 할 수 있는지를 제시해 준다. 기초수업은 개인수업으로 이루어지는데 정확하고 간결하며, 단순하고 객관적이어야 한다. 교구가 영유아발달에 의미가 있으려면 반복적으로 사용하는 것이 중요하다. 교사는 교구의 기본적인 사용방법만을 보여 주어야 하며, 창의적인 활용방법은 영유아가 스스로 생각해 내도록 해야 한다.

⑦ 몬테소리 교육 준비

영유아가 자신에게 부여된 자유를 활용하는 데 필요한 자기수양을 하려면 시간과 경험이 필요하므로 프로그램을 적용하기 이전에 교사가 모델이 되어 준비훈련을 한다. 예를 들어, 조용하게 책상과 의자를 제자리에 정리하거나 발끝으로 조용히 걷기 등의 훈련을 하면서 자기 행동을 통제하는 것에 집중하게 한다. 이러한 훈련이 이루어지면 점진적으로 일상생활 교육이 시작되고 교구를 사용하는 활동도 시작된다.

⑧ 환경구성

최선의 환경을 조성해 주는 것이 교육의 주요 목표이므로, 환경을 매우 중요하게 여긴다. 교실환경 조성에서 강조되는 원리는 자유로움, 구조와 질서, 현실과 자연에 대한 이해, 아름다움과 공동체의식이다.

⑨ 평가

몬테소리 프로그램은 관찰과 기록을 통해 영유아의 성취를 평가한다. 교사는 이 평가를 통해 영유아의 발달 수준에 적합한 교구나 활동을 제공하고, 영유아가 준비되었다고 판단되면 한 단계 높은 학습단계로 영유아를 안내한다.

(4) 몬테소리 프로그램에서 교사의 역할

몬테소리 프로그램에서 교사는 영유아 관찰자의 역할을 수행한다. 교사는 대부분의 시간을 영유아의 활동을 관찰하는 데 보내면서 각 영유아가 필요로 하는 것을 파악하고 새로운 과제를 할 준비가 되었는지를 가늠하는 것이 중요하다. 또한 교사는 환경제공자로서 영유아가 독립적으로 어떤 과제를 달성하고 새로운 기능을 완전히 익힐 수 있도록 필요한 교재교구를 갖춘 환경을 조성함으로써 영유아에게 수준 높은 교구 탐색의 기회를 준다. 한편, 교사는 안내자로서 때때로 영유아에게 새로운 교구와 과제를 제시하기도 한다. 이때 교사는 영유아가 특정 과제를 배워야만 한다는 생각을 하게 해서는 안 되며, 영유아가 독립적으로 학습하도록 영유아에게서 한 걸음 물러나 있어야 한다.

(5) 한국 현장에서의 적용 및 문제점

한국에서는 몬테소리 교육에 대한 선호도가 높아 교구는 상당히 많이 보급되어 있으나 교육원리나 교구사용법에 대한 인식은 낮다. 따라서 전문적인 훈련을 받은 교사 양성이 선행되어야 할 것이다(이순형 외, 2005).

3) 프로젝트 접근법

(1) 프로젝트 접근법의 배경

1886년에 듀이(John Dewey)가 세운 실험학교에서 시작된 프로젝트 접근법(Project Approach)은 교사의 안내하에 학급의 모든 영유아나 소집단의 영유아, 때로는 개별 영유아가 학습할 가치가 있는 특정 주제를 능동적으로 탐구하는 교육형태다. 이후 1960년대 후반 인간 중심 교육에 대한 요구가 높아지면서 다시 프로젝트법에 관심이 쏠렸다. 프로젝트 접근법은 듀이의 진보주의 교육철학을 바탕으로 킬패트릭(William Kilpatric)이 체계화한 '프로젝트법'을 카츠(L. G. Katz)와 차드(S. C. Chard)가 오늘날의 유아교육 현실에 맞게 재조직한 것이다(김대현 외, 1999; 지옥정, 1996).

프로젝트 접근법은 영유아의 능동적 참여, 구체적인 경험에 의한 학습, 교사 · 또래 · 부모와의 상호작용을 통한 협력학습 등의 주요한 특징이 있다. 이러한 특성은 듀이의 경험을 통한 영유아 중심 교육과 통합교육, 피아제의 새로운 지식의 인지적 구성주의, 비고츠키의 사회문화적 학습과정의 여러 요소를 부분적으로 반영하고 있다.

(2) 프로젝트 접근법의 교육목표

프로젝트 접근법은 유아의 새로운 경험에서의 이해를 통한 지식 획득, 신체적 · 인지적 · 사회적 · 의사소통능력 발달에 필요한 기술 습득, 다양한 상황에서 겪는 경험에 대해 비교적 지속적으로 나타나는 반응양식이나 행동유형을 의미하는 성향의 계발, 주관적 감정상태로서의 다양한 느낌의 발달을 주요 목표로 한다.

(3) 프로젝트 접근법의 교육과정

① 준비–도입–전개–마무리

프로젝트 접근법의 교육과정은 준비–도입–전개–마무리의 순서로 구성된다. 준비단계에서는 영유아의 관심이나 흥미에 따라 탐구할 주제를 선정하고, 영유아의 사전 경험과 교사의 지식을 기초로 예비 주제망을 구성한다. 도입단계에서는 경험 나누기 및 표현하기, 교사와 유아의 공동주제망 완성하기, 질문목록 구성하기의 활동이 이루어진다. 전개단계에서는 주제에 대한 의문점들을 해결하기 위한 활동들이 이루어진다. 중심활동은 현장견학활동이나 전문가와의 면담을 통해 주제와 관련된 지식을 조사 · 탐구하고 경험을 표현하는 활동이다. 마무리단계에서는 프로젝트 활동 결과를 전시하고 발표를 통해 프로젝트 수행과정에서 얻은 다양한 정보를 내면화하고 다른 사람과 정보를 공유한다. 이 단계에서는 마무리 행사 준비와 전시회 및 발표회 활동이 이루어진다.

② 일과구성

프로젝트 접근법의 일과구성은 일반적으로 등원 및 실내 자유선택활동시간, 간식시간, 프로젝트 활동시간, 점심시간, 낮잠시간, 실내외 자유선택활동 및 특별활동 시간, 하원시간으로 구성된다. 이는 프로젝트 진행과정에 따라 융통성 있게 조정되기도 한다. 교사가 주도적 역할을 하게 되는 프로젝트의 도입단계에서는 계획된 활동시간에만 프로젝트 활동이 이루어진다. 그리고 프로젝트가 점차 발전되면서 유아가 주도적으로 활동하는 빈도가 높아져 진행단계에 이르면 프로젝트 활동시간 이외에도 많은 시간을 프로젝트 활동에 할애하게 된다.

③ 환경구성

환경구성은 유아의 프로젝트 활동을 촉진하는 중요한 계기가 된다는 면에서 중요하다. 프로젝트 접근법을 전개하기 위해 프로젝트 활동을 수행하는 별도의 공간을 마련할 수도 있지만, 프로젝트 활동이 유아의 실생활과 분리되지 않게 자연스럽게 진행되기 위해서는 기존의 영역별 구성을 유지하는 것이 좋다. 다만, 필요시 환경구성에 변화를 줌으로써 융통성을 발휘할 수 있다.

④ 부모 및 지역사회와의 연계

프로젝트 활동에서 유아가 행동하는 모든 공간은 학습의 장이 될 수 있다(Katz & Chard, 1989). 특히 가정은 유아가 대부분의 시간을 보내는 생활공간이므로 가정과 연계된 프로젝트 활동은 부모와 자녀가 프로젝트를 공유할 수 있는 기회를 제공하여 프로젝트 진행의 활성화에 기여하게 된다. 또한 다양한 직업과 취미, 경력을 소유하고 있는 부모들이 프로젝트 활동에 전문가로서 지원할 수 있다. 한편, 프로젝트 활동을 전개하다 보면 지역사회의 도움을 받아야 할 경우가 많기 때문에 지역사회와 긴밀한 연계를 유지하는 것도 중요하다.

(4) 프로젝트 접근법에서 교사의 역할

프로젝트 접근법에서는 교사가 민감한 관찰자와 안내자 역할을 하는 것이 중요하다. 시작단계에서 교사는 유아의 다양한 생각을 격려하고, 유아의 흥미와 호기심을 유도할 수 있는 다양한 활동을 지원해 준다. 전개단계에서는 적합한 자원을 조달하고 활동 결과물을 공유하는 시간을 통해 적합한 추후활동으로 연결해 줄 수 있다. 또한 부모의 적극적인 참여를 유도하고 부모와 긴밀한 협조적 관계를 유지하는 것도 중요하다.

(5) 한국 현장에서의 적용 및 문제점

프로젝트 접근법을 한국 현장에 효율적으로 적용하는 데는 몇 가지 문제점이 있다. 우선 영유아 수에 비해 교사 수가 절대 부족하여 교사가 프로젝트 활동에 관심을 가지지 않는 개별 영유아까지 배려하며 프로젝트 활동을 진행하는 것이 어렵다. 이를 위해 교사 수를 증원하여 활동에 참여하지 않는 영유아와 상호작용할 수 있도록 배려하는 것이 필요하다. 또한 다양한 물적 · 인적 지원체계의 부족으로 인한 열악한 환경을 해결하기 위해 국가 차원에서의 충분한 재정적 지원이 필요하며, 현장견학 및 전문가와의 면담활동 등의 원활한 진행을 위해 영유아 교육활동에 대한 사회의 전반적인 인식 증진이 필요하다. 마지막으로 지속적인 교사교육이 이루어지지 않는 문제점이 있다. 타 기관 교사들과 긴밀한 관계를 유지하면서 지속적인 연합교육을 실시한다면 교사는 프로그램의 적용에 필요한 유용한 정보를 모을 수 있을 것이다(이순형 외, 2005).

4) 발도르프 프로그램

(1) 발도르프 프로그램의 배경

발도르프 교육 프로그램(Waldorf educational program)은 19세기 중엽 유럽의 자유학교운동의 흐름 속에서, 루돌프 슈타이너(Rodolf Steiner)의 인지학(Anthroposophy)적 인간학에 기초하여 시작되었다. 1919년에 최초의 발도르프 학교가 생긴 이후부터 오늘날에 이르기까지 개혁교육 또는 대안교육의 모델이 되어 왔다.

(2) 발도르프 프로그램의 교육 목표 및 원리

① 모방과 본보기 교육

7세 이전의 영유아는 모방을 통해 배우므로 교사나 부모가 모태와 같은 교육환경을 형성하여 본보기가 되어야 한다. 그래서 발도르프 유아교육기관에서는 교사가 가르치지 않고 진지한 태도로 삶에 필요한 작업을 하고, 유아가 모방을 통해 계절과 일상생활을 체험하면서 자신의 신체 형성에 충분히 몰두할 수 있게 한다(Jaffke, 2000).

② 감각중시 교육

영유아기는 신체감각이 발달하는 시기지만 현대문명의 발달로 이 감각들이 많이 손상되어 가고 있다. 그래서 발도르프 유치원에서는 자연물로 이루어진 놀잇감을 제공하고 유아에게 적합한 색깔로 된 환경을 구성하며, 유아의 신체동작 감각을 충분히 경험할 수 있는 라이겐(Reigen, 리듬 놀이)을 하고 있다.

③ 리듬과 반복을 중시하는 생활교육

리듬은 생활에 안정감을 주고 두려움을 없애 주며, 새로운 환경에 능동적으로 적응할 수 있는 힘을 주고 조화롭게 살아가게 하며, 삶의 근원적인 힘을 체험하게 하는 중요한 요소다. 따라서 교육자는 들숨과 날숨이 반복되는 하루 일과를 형성함으로써 리듬이 있는 분위기를 조성하여 생활습관을 형성하게 한다. 발도르프 유치원은 영유아에게 안정감을 주기 위해 3~4주 동안 한 가지 일을 계속해서 반복하며, 그들의 내적인 호흡작용을 고려한 반복적인 리듬이 담긴 하루 일과를 진행한다.

④ 상상력 발달을 중시하는 창의성과 감성 교육

영유아의 상상력을 제한하지 않기 위해 완벽하게 만들어진 놀잇감 대신에 나뭇가지나 나무토막 또는 눈, 코, 입이 없거나 점만 찍힌 단순하게 만들어진 인형을 제공한다. 동화도 가급적 그림 없이 들려주고 인형극의 인형도 옷의 색깔만으로 상징적으로 표현하여 상상의 여지를 남겨 둔다.

(3) 발도르프 프로그램의 교육 내용 및 활동

① 놀이와 놀잇감

발도르프 유치원에서는 구조화된 놀잇감과 비디오, TV 시청은 상상력의 시간과 기회를 빼앗아 유아가 과민하고 집중력이 떨어지게 만든다고 본다. 따라서 놀잇감은 대부분 바느질, 조각, 매듭, 바구니 짜기 등으로 교사가 직접 만들며, 건전지나 전기를 이용한 장난감이나 버튼으로 조작되는 장난감 대신 나무로 만든 블록, 나무그릇, 천연염료로 염색한 천들이 제공된다. 비디오나 TV를 보여 주지 않는 대신 요리, 설거지, 빨래, 진흙놀이, 모래놀이 등을 맘껏 할 수 있게 한다.

② 예술작업

예술작업은 주로 교사에 의해 이루어지며 인형 만들기, 절기음식 만들기, 수 놓기, 조각 바느질, 놀잇감 만들기, 명절 등 특별한 날 준비하기 등을 한다. 영유아는 교사의 진지한 예술활동을 통해 인간생활에 필요한 모든 문화적 행위, 조형과정을 직·간접적으로 체험하며 노동의 가치, 물건 제조과정, 만든 물건의 소중함, 자연과 더불어 사는 즐거움 등을 배운다. 교사는 자신의 전 작업과정을 주도면밀하게 구성하여 영유아에게 교육경험을 제공해야 한다. 또한 영유아의 자발적 참여를 위해 재료가 담긴 바구니를 항상 준비해 둔다. 영유아의 모방을 염두에 두고 작업에 임하며 지시를 통해 결과물을 요구하지 않도록 한다(Jaffke, 2000).

③ 동화 및 이야기 들려주기와 인형극

영유아에게 상상력을 발달시키며 안정감을 느끼고 반복의 즐거움을 주기 위해 2~4주간 같은 시간에 같은 동화를 그림 없이 들려준다. 인형극을 보여 줄 때도 상상력을 최대한 일깨우는 데 주안점을 둔다.

④ 라이겐(Reigen)

리듬활동의 하나인 라이겐은 시나 동화, 노래를 가지고 신체적인 움직임으로 표현하는 것이다. 의미 있는 신체적 움직임은 심리치료적 효과가 있으며, 이후 수학이나 기하학 교육에 필요한 기초능력도 발달시킬 수 있다.

⑤ 그리기

그림은 영유아의 내적 표현이며 색깔의 본질적 체험으로서 주제를 주지 않고 교사가 모범으로 그림을 그린다. 주로 크레용과 물감을 이용하며, 선을 사용하기보다는 면으로 형태가 드러나는 그림을 그려서 영유아들이 생동감 있는 그림을 경험하도록 한다.

⑥ 노래

슈타이너는 6~8세 유아의 감성에는 5도 음정으로 구성되어 꿈꾸는 듯한, 끝이 없는 듯한 음으로 이루어진 노래가 적합하다고 하면서 그러한 음정에 적당한 악기로 라이어를 개발하였다.

⑦ 환경구성

발도르프 프로그램에서는 자연스럽게 거닐 수 있는 자연적인 공간이 필수적이다. 실내환경은 밝고 넓게 트여 있고 자연적인 색감들로 채워져 있어서 영유아들의 감각과 감성이 풍부해지도록 보조하는 환경을 갖추고 있어야 한다. 계절에 따른 자연의 변화와 인간의 삶의 모습이 담긴 각종 자연물과 교사가 직접 만든 인형 등으로 꾸며진 계절탁자도 발도르프 교실의 특징이다.

(4) 발도르프 프로그램에서 교사의 역할

발도르프 교육에서 필요한 교사상은 자기수양 혹은 자기교육을 지속적으로 실천하는 교사, 영혼과 정신과 신체를 통합하는 교육을 실시하는 교사다. AWSNA(Association of

Waldorf Schools of North America)에서는 발도르프 교사가 사상가, 예술가, 과학자, 시인, 환경론자, 음악가의 역할을 감당할 수 있어야 한다고 강조하였다. 한편, 부모회와 협력하고 발도르프 학교와 마찬가지로 원장, 원감, 교사가 평등한 관계에서 의논하고 결정하는 '동료협의체(Kollegium)'의 일원이 되는 것도 교사의 역할이다.

(5) 한국 현장에서의 적용 및 문제점

한국 현장에 발도르프 프로그램을 적용할 때는 범기독교적 관점을 바탕으로 종교적 색채가 강하게 느껴지며, 슈타이너의 인지학에 대한 이해가 어렵고 한국적 토착화가 아직 충분히 이루어지지 않은 어려움이 있다. 또한 고정화된 단일연령 편성과 자연과의 교감을 강조하는 교육방침과 거리가 먼 여건의 유아시설들도 발도르프 프로그램 적용의 문제점이라 하겠다(이순형 외, 2005).

5) 포테이지 프로그램

(1) 포테이지 프로그램의 배경

1969년에 처음으로 소개된 포테이지(Portage) 프로그램은 취학 전 장애아 부모에게 영유아의 행동을 관리하고 지도하기 위해 필요한 기초 지식과 기술을 제공함으로써 영유아의 행동을 보다 효율적으로 가르치고 관리하는 데 목적을 두고 개발되었다. 현재는 정규 학교교육을 받지 않은 영유아의 부모도 사용 가능한 프로그램으로, 적극적인 부모참여의 중요성을 강조하며 중재 프로그램에서 부모가 영유아의 일차적 중재자 및 교사로 참여할 수 있는 기회를 제공한다.

(2) 포테이지 프로그램의 교육원리

포테이지 모델에서는 부모의 직접적인 참여가 강조된다. 부모는 영유아를 위한 프로그램과 서비스에 비용을 지불하는 소비자이므로 영유아가 무엇을 배우는지 알고 싶어하고 영유아를 가르치는 데 참여하고 싶어 한다. 부모를 포함한 가족의 지원은 영유아의 학습속도를 가속화시킬 수 있으며, 부모참여는 영유아의 인지발달을 촉진하므로 중시된다. 포테이지 프로그램에서 학습은 가정과 영유아의 자연스러운 환경 내에서 발생하므로 학급에서 이루어진 학습내용을 가정으로 전이시킬 필요가 없다는 점에서 유용하다. 또한 가족구성원 모두가 참여할 수 있는 기회를 제공하고, 훈련을 통해 부모가 영유아의 새로운 행동을 다루는 데 요구되는 기술을 획득할 수 있다.

(3) 포테이지 프로그램의 교육 내용 및 활동

① 정밀교수법의 활용

정밀교수법은 행동주의 원리에 입각하여 개발되었으며, 특히 장애 영유아에게 효과적인 교수법이다. 이 교수법은, 첫째, 구체적인 학습행동에 대한 정확하고 조작적인 개념정의, 둘째, 복합기술을 보다 세부적인 하위기술로 분류하는 과제분석, 셋째, 새로운 기술의 반복적 연습을 요구하는 직접적 교수법, 넷째, 향상과정을 모니터하고 중재를 평가하는 지속적 측정으로 이루어진다. 이처럼 정밀교수법은 시행착오의 과정을 감소시켜 줌으로써 발달이 급격히 이루어지는 생의 초기 영유아에게 적합한 중재 프로그램을 제공한다.

② 부모참여

포테이지 프로그램에서는 부모가 유아에 대해 가장 잘 알고 있기 때문에 유아를 직접 지도하도록 권장한다. 자녀에 대한 부모의 지식을 활용하여 부모와 가정방문 교사는 유아에게 가장 적합한 개별 교육 프로그램을 구성할 수 있다.

③ 포테이지 가정방문 모델

포테이지 가정방문 모델의 첫 번째 단계는 직접적 중재(directive intervention) 단계로, 영유아의 발달과정을 중심으로 가정에서 해야 하는 활동의 실연 및 회상, 부모에 의한 연습 그리고 과제의 목적과 예상 결과에 대한 논의가 이루어진다. 이 단계가 가정교수과정이라 부르는 핵심과정으로, 가정방문 교사와 부모는 상호 협력하여 2~3개의 행동과 과제를 일주일 단위로 수행할 목표를 설정한다. 가정방문 교사는 부모에게 학습자료, 활동 제시방법, 학습 시행횟수, 행동 강화방법, 수정절차 그리고 기록방법의 모델을 제시해 줄 수 있다. 두 번째 단계는 상호작용과 놀이(interaction and play) 단계로, 놀이활동을 제공하며, 학습한 활동을 일상생활에 통합시킴으로써 영유아가 활동을 일반화하는 것을 부모가 도울 수 있도록 안내한다. 마지막 단계는 가족지원(family support) 단계로, 가정방문 교사는 부모의 지원자 역할을 담당하여 가족이 요구하는 적절한 정보와 도움을 제공하고 가족과 신뢰할 수 있는 관계를 형성한다.

④ 포테이지 영유아발달 지침서

개별 영유아에게 적합한 포테이지 프로그램을 구성하기 위해 1976년『영유아용 포테이지 지침서』가 개발되었고, 2003년 개정판에서 일부 내용이 보완되고 구체화되었다. 개정된 지침서에서는 출생부터 6세에 이르는 연령범위를 크게 출생에서 3세까지는 영아기, 3세에서 6세까지는 유아기로 구분하고 이를 다시 세분하여 각 연령에 적합한 활동들을 제공하였다.

⑤ 평가

체계적인 영유아발달 상태를 측정하기 위해 포테이지 프로그램에서는 공식적 평가(예: 표준화된 검사도구), 비공식적 평가(예: 관찰), 교육과정 중심 평가(예: 포테이지 관찰기록표), 지속적인 평가의 네 가지 유형의 평가절차를 실시한다. 이를 통해 개별 영유아의 요구를 충족시킬 수 있는 교육과정 개발을 위한 정보를 획득한다.

(4) 포테이지 프로그램에서 교사의 역할

개별 가정을 방문하는 가정방문 교사는 부모 및 영유아와 함께 교육활동을 실시한다. 포테이지 프로그램에서 교사의 역할은 실제 영유아를 가르치는 것이 아니라 그 영유아가 학습할 내용과 학습방법 등을 부모에게 가르치는 것이다.

(5) 한국 현장에서의 적용 및 문제점

한국에서는 포테이지 모델 전체가 갖는 가정 중심 접근법으로서의 중요성보다는『포테이지 영유아발달 지침서』를 위주로 소개되었는데, 이 프로그램이 가정을 중심으로 확산되지는 않았다. 그러므로 한국 상황에 적합하도록『포테이지 영유아발달 지침서』에 대한 표준화 과정이 필요하다. 한편, 포테이지 프로그램은 가정 중심 접근이기 때문에 유아교육기관에서 실시되기에는 어려움이 있으나 장애유아 통합교육 현장에서의 활용 가능성이 있다(이순형 외, 2005).

6) 뱅크 스트리트 프로그램

(1) 뱅크 스트리트 프로그램의 배경

뱅크 스트리트(Bank Street) 프로그램이라고 널리 알려진 이 프로그램은 1916년 루시

스프라그 미첼(Lucy Sprague Mitchell)이 설립한 교육실험국에서 개발한 발달적 상호작용 접근법에서 시작되었다. 듀이의 영향을 많이 받은 미첼은 영유아의 성장을 지적 · 신체적 · 사회적 · 정서적 · 미적 영역을 아우르는 것으로 보았다. 이러한 전인아동(whole child)의 개념은 뱅크 스트리트 프로그램에서 가장 강조하는 것이다. 또한 진보주의와 정신건강을 중시하여 창조적이고 즐거운 작업 기회, 협동심 강조, 호기심을 불러일으킬 수 있는 학습 제공, 개인 특성에 대한 존중과 지지, 민주주의 사회 가치의 함양을 강조하였다.

(2) 뱅크 스트리트 프로그램의 교육 목표 및 원리

뱅크 스트리트 프로그램은 정서적 안정감과 표현력을 향상시키는 것, 영유아의 창의성과 안전감을 최대화시키는 것 외에도 인지적 숙달과 관련된 기쁨이나 자존감 그리고 영유아의 호기심을 중요하게 생각한다. 이 프로그램은 기본적으로 영유아의 유능감을 향상시키는 데 목적이 있는데, 유능감이 정서적 안녕이나 심리적 성장에 필요한 필수조건이기 때문이다. 뱅크 스트리트 프로그램은 영유아가 심층적이고 의미 있는 학습에 몰입하도록 한다(Roopmarin & Johnson, 2000). 이와 관련하여 바이버와 그의 동료들(Biber, Shapiro, & Wickens, 1977)은 다음과 같은 목표를 설정하였다.

- 직접적인 물리적 접촉과 연습을 통하여 환경에 영향을 주고자 하는 영유아의 욕구를 만족시켜 준다.
- 인지적 전략과 책략을 통하여 경험을 구성할 수 있는 잠재력을 증진시켜 준다.
- 주위환경에 대한 기능적인 지식을 증진시켜 준다.
- 영유아가 충동조절을 내면화할 수 있도록 도와준다.
- 발달단계에 따라 본질적으로 나타나는 충동을 극복하려는 영유아의 욕구를 충족시켜 준다.
- 자신의 독특하고 유능한 자아상을 발달시킬 수 있도록 도와준다.
- 지지적인 상호활동을 할 수 있도록 도와준다.

(3) 뱅크 스트리트 프로그램의 교육 내용 및 활동

① 현장학습

현장학습(field trip)은 초기부터 영유아의 학습을 깊이 있게 하기 위해, 직접 경험의 중요성을 알게 하기 위해, 개념을 구체화시키기 위해 그리고 적극적인 탐색활동을 북돋아 주기 위해 이용된다.

② 사회 교과목에 대한 강조

사회는 사람과 환경 간의 관계와 우리가 알고 있는 세상과 지역에 대해 공부하는 것으로, 학교는 기본적으로 영유아가 민주적인 생활을 경험하는 기회를 끊임없이 제공해야 한다. 또한 사회교육을 통해 사회적 · 물리적 환경에 대한 질문과 문제해결 그리고 상호작용에 대한 다양한 기회가 제공되고, 이를 통해 영유아는 자신과 세상에 대한 이해를 확장시킨다.

③ 언어의 역할 강조

말하기와 쓰기 모두 즐겁고 유용한 수단으로 제시되어야 한다. 책과 그림이 광범위하게 제공되고, 읽기는 의사소통의 수단으로 학습되며, 영유아는 언어의 발달과 사고의 발달을 상호 연결된 것으로 이해한다.

④ 과학과 수학에 대한 접근

뱅크 스트리트 프로그램에서는 과학과 수학을 사고하는 방법과 문제해결 방법으로 접근한다. 수학은 실생활에 기반을 두고 있다는 것을 강조하고, 구체적인 자료 및 교구와 상호작용하면서 수학적 경험에 대해 스스로 유능하다고 느끼게 한다.

⑤ 통합된 교과과정

뱅크 스트리트 프로그램에서는 영유아를 스스로 의미를 창출하는 존재로 여기며, 통합된 교과과정을 통해 경험과 아이디어가 상호 연결되는 것을 강조한다. 사회 교과목 프로그램은 통합된 교육을 이룰 수 있는 가장 중요한 과목이다. 또한 영유아는 독자성을 인정받는 동시에 집단의 구성원이 되는 자율적인 사고자다. 집단과의 만남을 통해 적극적인 경청자로 가르쳐 집단의 구성원 각자를 존중하도록 해서 집단의 멤버십을 굳건히 한다.

⑥ 환경구성

교실은 영유아가 적극적으로 참여하고 협동하며, 독립적으로 활동하기도 하고, 많이 표현하고 의사소통이 이루어지는 곳이다. 교구들은 영유아의 기호, 관심, 발달적 욕구에 맞는 풍부한 환경을 제공하며, 영유아의 문해기술 과정과 관련해 언어적으로 풍부한 환경을 제공해 주는 데 그 목적이 있다. 교실은 읽기 · 듣기 · 쓰기활동, 수학, 과학, 미술을 위한 영역과 교구 영역으로 구성되어 있다.

⑦ 평가

평가는 참평가와 학습자 중심 평가로 이루어진다. 평가를 할 때는 정책 차원에서 평가틀의 질을 가늠하며, 수행에 대한 적절한 질문을 해야 한다. 또 교실환경에서 평가는 시간의 경과에 따른 영유아의 행동이나 활동을 엄격하고 체계적이며 반영적으로 관찰하고 기록해야 한다. 이를 통해 교사는 개별 영유아의 강점과 요구를 파악하고 부모면담에 사용할 기초자료를 마련하여 계속적인 계획을 세울 수 있다. 이러한 방법으로 평가, 학습과 교과과정이 통합되는데, 이는 진보적인 교육의 실험적 태도에 대한 기본 전제가 된다.

(4) 뱅크 스트리트 프로그램에서 교사의 역할

교사는 영유아의 개인적 관심사와 경험을 객관적이고 질서 있는 영역의 세계와 연결해 주는 역할을 한다. 교사는 발달에 대한 지식을 가져야 하고, 각 영유아의 개별성을 이해해야 하며, 교과과정 내용을 깊이 있게 이해해야 한다. 교사의 임무는 매일의 교실활동에 대하여 내용이나 방법, 시간, 장소를 의미 있게 통합하고 분석하고 이해하는 것이다. 교사는 영유아에게 지식을 전달하기 위해서가 아니라 의미 있는 질문에 답하기 위하여, 그들의 경험을 위하여, 이용 가능한 자원을 알기 위하여, 그리고 연구의 발전을 평가하기 위하여 필요한 지식과 내용을 잘 알고 있어야 한다.

(5) 한국 현장에서의 적용 및 문제점

뱅크 스트리트 프로그램은 미국의 대표적인 영유아보육 · 교육 프로그램이지만 아직 우리나라에는 잘 알려지지 않았다. 뱅크 스트리트 프로그램의 영유아 중심 사상이나 상호작용에 대한 강조는 우리나라 프로그램에서도 강조하고 있는 것이다. 따라서 우리나라에 적용된다면 유능하고 능력 있는 영유아, 스스로 발견해 가는 즐거움을 아는 영유아, 또래 및 환경과 적극적인 상호작용을 하는 영유아로 키울 수 있을 것이다(이순형 외, 2005).

7) 하이스코프 프로그램

(1) 하이스코프 프로그램의 배경

1960년대 미시간 입실렌티의 저소득층 영유아를 지원하기 위한 인지지향적 교육과정에서 시작된 하이스코프(High/Scope) 프로그램은 와이카트(Weikart)와 동료들에 의해 발전되어 왔다. 이 프로그램은 성인이 영유아와 청소년을 보호하고 교육하기 위해 추구하는 일련의 지도원리와 실제가 포함된 영유아 및 아동 · 청소년을 위한 교육 프로그램으로서 피아제의 인지발달이론에 기초하여 '능동적 학습' 을 프로그램의 기본 전제로 삼고 있다. 1998년 이후 영국, 멕시코, 싱가포르, 네덜란드 등 세계 각국에서 적용 · 운영되고 있고, 우리나라는 2004년에 하이스코프 모델학교가 개원하였다.

(2) 하이스코프 프로그램의 교육 목표 및 원리

하이스코프 프로그램의 교육원리는 능동적 학습, 주요 경험, 계획－실행－평가과정 그리고 부모참여다. 교육목표는 우선 영유아가 사건, 개념 등과 관련된 학습에 의욕적으로 참여하는 자세를 갖도록 하며, 이후의 학교생활 및 인생에서 독립성, 책임감, 자신감을 고취하도록 돕는 것이다. 또한 영유아 스스로 행동을 계획하고 이끌어 나가며, 학습한 내용을 또래 및 교사와 이야기할 수 있도록 한다. 이와 함께 영유아와 아동의 언어능력(말하기, 듣기, 읽기, 쓰기), 사회성, 창의적 표현, 건강한 신체, 논리적 사고력과 같은 능력 및 관련 지식을 습득하도록 하는 데 교육목표를 두고 있다.

(3) 하이스코프 프로그램의 교육 내용 및 활동

① 능동적 영유아

영유아는 하루 일과 중 자신이 참여할 활동과 교재 · 교구를 직접 선택한다. 자신이 선택하고 계획한 활동에 참여하면서 영유아는 탐색, 질문 및 응답, 문제해결, 또래 및 성인과의 상호작용을 지속해 나간다. 교사는 지지적인 역할을 담당하며, 영유아의 장점을 장려하고, 영유아의 놀이를 촉진하는 적극적 상호작용 전략을 사용한다(Wortham, 2002).

② 주요 경험

하이스코프 교육과정은 유아에게 일련의 조직된 주요 경험(key experiences)을 제공한다. 교사는 자기인식, 사회적 관계, 창의적 표상, 동작, 음률, 의사소통 및 언어, 사물탐색, 수, 공간, 시간 등을 포함한 조직화된 주요 경험을 활용하여 유아 스스로 선택한 활동을 지지하고 확장시켜 준다. 그 결과 유아는 발달에 적합한 경험에 지속적으로 참여할 수 있게 된다. 교실에서 이루어지는 학습경험은 상호 배타적이지 않으며, 개별 활동은 몇 가지 형태의 주요 경험을 포함한다. 주요 경험을 이용한 접근법은 교육과정을 구조화시키고 새로운 형태의 경험에 대해서도 영유아가 개방적 자세를 취하도록 도와준다(Schweinhart, Barnes, & Weikart, 1993). 이 접근법은 교사가 유아를 관찰하고 그들을 위한 프로그램에 대해 심사숙고할 수 있는 기회를 제공해 준다. 결과적으로 주요 경험을 근거로 하이스코프 과정이 유아의 바람직한 성장과 발달을 도모하는 효과적인 방법으로 발전해 나간다.

③ 일과구성

유아가 능동적으로 학습할 수 있는 환경을 조성하기 위해서는 일정한 형태의 하루 일과가 유지되어야 한다. 하이스코프 교육과정의 중심축은 계획－실행－평가(plan-do-review) 과정으로 하루 일과 역시 계획－실행－평가와 그 외의 부수적 요소로 이루어져 있다. 이 순서를 통해 유아는 자신의 활동에 대한 생각을 적극적으로 표현하는 기회를 가진다. 계획시간, 작업시간, 정리시간, 회상시간, 소집단 활동시간, 대집단 활동시간을 포함한 각 과정에서 유아는 스스로 활동을 계획하고 실행하고 평가하게 된다. 이때 교사는 지지적 역할을 수행한다.

④ 환경구성

학습환경은 흥미 영역별로 배치되어야 하며, 모든 교구를 개방된 선반과 정리장에 배치하고, 사용 후 유아가 스스로 제자리에 갖다 놓을 수 있도록 선반과 정리장에 해당 그림을 붙여 둔다. 유아가 자신의 흥미와 관심에 따라 교구를 마음껏 활용할 수 있도록 편리하고 융통성 있는 실내환경을 제공해야 한다.

⑤ 평가

하이스코프 프로그램의 평가는 프로그램의 질적 수준을 측정하는 평가도구(PQA)를 통해 프로그램 자체에 대한 평가가 이루어지고, 이와 함께 영아용 및 유아용 관찰기록을 통해 영유아의 발달 수준이 평가된다.

(4) 하이스코프 프로그램에서 교사의 역할

하이스코프 프로그램에서 교사는 유아와 더불어 능동적 학습자 역할을 담당한다. 교사는 매일의 일과계획 및 다양한 주요 경험 활동을 진행함으로써 개별 유아에 대한 통찰력을 가지고 지지적이고 적극적인 방식으로 상호작용을 이끌어 나간다. 상호작용자로서의 교사 역할은 하이스코프 교육과정에서 매우 중시되는 것으로, 교사는 세분화된 학습 주제나 내용을 제공하는 대신, 유아가 자신의 발달 수준에 적합한 과제를 수행할 수 있도록 격려한다. 대화상대로서 교사는 개방형 질문을 통해 자유롭고 풍부한 대화를 이끌고 유아 간의 언어적 상호작용을 촉진시켜야 한다. 집단면담 등을 통한 부모와의 의사소통 역시 중요한 부분인데, 교사는 개별 유아의 정확한 정보를 부모에게 제공하고, 개별 가정의 고유한 문화에 대한 정보를 제공받아야 한다. 이를 위해서는 부모와 교사가 각자 자신이 담당하고 있는 영역에 대해 전문가라는 믿음을 가져야 한다.

(5) 한국 현장에서의 적용 및 문제점

한국에 공식적으로 하이스코프 교육과정이 도입된 것은 2004년 1월 하이스코프 한국 시범학교가 개원하면서부터다. 그러나 한국에서 한국 영유아를 대상으로 실시되고 있는 하이스코프 프로그램은 영어로 교육활동이 진행되어, 원래 교육목표보다는 조기영어교육의 측면이 더 부각되고 있으므로 프로그램 고유의 특성은 상대적으로 퇴색되었다. 따라서 능동적 학습이라는 원래의 취지를 되살리기 위해 하이스코프 교사교육 훈련과정을 개설하여 충분한 자격을 갖춘 교사를 양성해 원래의 특성대로 운영할 필요가 있다(이순형 외, 2005).

8) 레지오 에밀리아 접근법

(1) 레지오 에밀리아 접근법의 배경

이탈리아 레지오 에밀리아(Reggio Emilia) 지역에서 제2차 세계대전 직후 부모들이 시작한 레지오 에밀리아 접근법은, 영유아는 어려운 상황을 잘 극복할 수 있으며 강하고 유능하다는 영유아관을 기초로 한다. 영유아는 단지 요구가 아닌 권리를 가지는 고유한 개인으로서 잠재력이 있고, 유연성이 있으며, 개방적이고 성장하고자 하는 욕구가 있고, 호기심이 있으며, 다른 사람들과 관계를 맺고 의사소통하고자 하는 욕구가 있다. 또한 영유아는 교환과 상호성에 대해 개방적이며, 사랑을 받을 뿐 아니라 주고 싶어 하는 특성을 가지고 있다. 이에 따라 레지오 에밀리아 접근법에서는 유아의 교육에서 환경과 관계, 기록의 중요성을 강조한다.

(2) 레지오 에밀리아 접근법의 교육목표

레지오 에밀리아 접근법은 교육과정의 목표를 정해 놓고 있지 않다는 점에서 다른 일반적인 교육과정과 구분된다. 레지오 에밀리아 교육 관련자들은 영유아가 잠재력, 유연성, 개방성, 성장 욕구, 호기심, 다른 사람들과 관계를 맺고 의사소통하려는 욕구가 있다는 믿음을 갖고 있다. 그러므로 교사는 미리 교육목표를 세부적으로 수립하고 학습을 이끌어 가기보다는 영유아의 관심에 의해 시작된 프로젝트가 진행되는 과정에서 영유아가 원할 때 언제든지 필요한 지원을 제공하는 역할을 한다.

(3) 레지오 에밀리아 접근법의 교육 내용 및 활동

① 놀이

레지오 에밀리아 교사들은 항상 놀이하는 영유아를 사진 찍거나 녹화할 준비가 되어 있다. 영유아가 서로 대화하는 것을 주의 깊게 들으면서 영유아의 대화 속에서 그들의 사고, 감정, 이해, 애정에 대해 파악하고 그 내용을 다른 교사나 부모와 공유한다. 이런 대화의 결과는 레지오 에밀리아 교육과정의 가장 가시적인 부분인 프로젝트로 연결된다.

② 프로젝트

레지오 에밀리아에서 프로젝트는 사물이나 사회에 대한 호기심, 실제적인 제안, 철학적 질문에서 시작된다. 교사는 문제를 제기하거나 새로운 가능성을 제시할 수 있다. 그리고 다양한 주제 중에서 영유아가 몰입할 수 있고, 지적인 자극이 되며, 다양한 해석과 탐색이 가능하여 연구할 만한 가치가 있는 것을 선택하는 데 중요한 역할을 한다. 레지오 에밀리아의 프로젝트는 미국의 프로젝트 접근법이나 발현적 교육과정과는 다음과 같은 점에서 구분된다. 첫째, 레지오 에밀리아의 교육과정은 '영유아의 백 가지 언어'로 표현되는 언어 이외에 다양한 의사소통 방식을 통한 표현을 강조한다. 영유아의 창의력과 지적 능력에 대한 이러한 믿음은 학교마다 미술전담교사(아틀리에스타)를 두어 영유아의 상징적 언어발달 증진을 도모하고 있다. 둘째, 레지오 에밀리아 교사들은 영유아의 호기심과 질문에 기초하여 교육목표를 수립한다. 영유아에 대한 세심한 관찰과 기록을 통해 그들의 관심과 흥미에 대해 가장 잘 파악할 수 있으며, 이를 근거로 하여 프로젝트에 대한 틀이 구체화된다. 셋째, 기록은 학습과정이며 학습의 결과물이다. 레지오 에밀리아 학교 벽에는 영유아의 다양한 결과물이 전시되고, 이러한 전시물을 통해 부모는 영유아의 지식구성 과정에 대한 교사의 설명을 보면서 학교환경에서 영유아발달이 지원되는 것을 알게 된다. 결국 이것은 학교 프로그램을 지지하는 역할을 한다. 교사들 간의 협력작업에 의한 기록 판넬 제작은 프로젝트 활동에서 영유아들끼리 협력을 통해 문제를 해결하고 새로운 지식을 구성하는 것과 같은 경험을 교사들이 공유할 수 있는 기회가 된다.

③ 시민 자질 교육

레지오 에밀리아 학교는 영유아가 기술이나 지식을 습득하도록 도울 뿐만 아니라 지역사회 공동체에 참여하는 것도 배우도록 한다. 레지오 에밀리아의 영유아는 다른 사람들과의 관계를 형성 · 유지할 뿐 아니라 관계 자체의 중요성도 배우며, 프로젝트 활동 참여를 통해 협력의 중요성을 끊임없이 학습한다. 또한 서로의 지식과 경험을 보완할 수 있는 영유아들과의 활동을 통해 세상을 다양한 관점에서 볼 수 있는 기회를 일상적으로 가지게 된다.

④ 일과구성

교사는 사전에 치밀하게 계획하지 않고 매일 반복적으로 일어나는 부분을 포함한 전반적인 일과만 계획한다. 점심시간처럼 필요한 경우가 아니면 시간을 적지 않으며 각 활동에 소요될 것으로 예상되는 시간만 계획한다. 교사는 영유아가 그때마다 활동에 몰입하는지를 관찰하여 일과 진행에 관한 의사결정 시 자료로 활용한다.

⑤ 환경구성

유아교육은 지역사회 전체의 관심사이자, 책임이라는 생각에 따라 레지오 에밀리아 학교는 도시계획의 일부로 통합되고, 학교건물의 신축이나 개축은 교육조정자, 교사, 부모들이 건축가와 긴밀히 협의하여 계획한다. 학교공간은 영유아, 교사, 직원, 부모 간의 만남, 상호작용, 교환을 지원할 수 있도록 조성되어야 한다. 학교의 실내구성은 일반적으로 공동공간인 피아자[1]를 향해 개방된 교실과 아틀리에, 컴퓨터가 갖추어진 도서실, 문서보관실, 창고로 구성된다. 아틀리에에서의 작업은 레지오 에밀리아의 교육 프로그램 전체에 통합되는 것으로 본다.

(4) 레지오 에밀리아 접근법에서 보육 · 교육기관 구성원의 역할

① 교사의 역할

레지오 에밀리아 프로그램에서 교사는 관찰을 통해 얻은 자료를 바탕으로 영유아의 경험과 발달과정을 기록하고, 제3의 교사인 환경을 조성하며, 지식구성을 위해 관찰한 내용이나 영유아의 대화내용에 관해 다른 교사들과 협력하고, 부모와의 긴밀한 연계를 가져야 한다. 또한 영유아와 다른 교사 및 부모와의 의사소통을 중요하게 여겨야 한다. 이에 유능한 영유아를 지지하는 역할을 하고, 영유아 · 교사 · 부모 · 지역사회를 포괄하는 학습자 간의 상호적 공동체 형성을 지지하며, 교사와 영유아 간의 이해 교환이 강조된다.

② 교육조정자의 역할

교육조정자는 프로그램 운영이 질적 수준을 유지하도록 관리하며 교육 시스템의 행정적, 기술적, 교육적, 사회적, 정치적 영역을 통합하는 역할을 한다. 교육조정자들은 각 학교 교사들과 동등한 위치에서 협력하여 일하며, 다른 사람들과의 정보 교환을 통해 계속 변화하고 직업적으로 성장해 나간다. 교육조정자의 역할은 교육 시스템을 운영하는 데 관여하고 있는 모든 기관과 담당자들 간에 조정과 협력을 이루는 것이다.

③ 미술전담교사

미술전담교사(atelierista)는 시각예술 전공자로서 영유아와 미술재료 간의 연관과 영유아가 그 재료를 가지고 어떻게 학습하는지에 관해 깊이 이해하고 있다. 미술전담교사는 학교구성원들과 긴밀한 관계를 맺고 장기적인 프로젝트를 개발하는 데 참여한다. 영유아가 백 가지 언어를 사용할 수 있는 기회를 제공하며, 영유아의 경험에 관한 기록을 만들어 내고 전시하기 위해 협력한다. 미술전담교사는 교사가 프로젝트 활동의 틀을 만

1) 피아자(Piazza): 복도와 연결된 공동공간으로서 전시를 하거나 공동활동을 하는 장소다.

들어 가는 과정에서 이를 지원하는 핵심적인 역할을 한다.

④ 요리사와 청소부

요리사와 청소부는 교사와 같은 지위를 가지며, 교육적 경험의 한 부분이 된다. 이들은 학교의 모든 사람과 밀접한 정서적 유대를 형성한 채 학교의 인상을 결정하는 중요한 역할을 한다.

(5) 한국 현장에서의 적용 및 문제점

레지오 에밀리아 접근법을 한국 현장에 적용할 때 발생할 수 있는 문제점으로는 교사의 전문성 부족, 열악한 환경 여건, 교사인원 부족, 경제적 부담, 아틀리에 미비 등이 지적된다. 특히 레지오 에밀리아 접근법에서는 교사가 진행과정을 판단하고 결정해 나가야 하므로 장기간의 충분한 교육을 통해 교사의 전문성을 기르는 것이 필요하다(이순형 외, 2005).

9) 프로젝트 스펙트럼 접근법

(1) 프로젝트 스펙트럼 접근법의 배경

프로젝트 스펙트럼(Project Spectrum) 접근법은 1980년대 미국 교육체계의 문제점 발견 및 해결책 모색이라는 시대적 흐름 속에서 제시된 이론적 측면을 강조하는 영유아보육 · 교육 프로그램이다. 펠트만(David Feldmann)의 영역별 발달이론과 가드너(Howard Gardner)의 다중지능이론에 기초를 둔 이 프로그램은 개별 영유아가 다양한 유형의 지능 중 고유한 지능유형을 갖추고 있으므로 이에 적합한 교육경험을 제공해 주기 위해 개발된 접근법이다. 이는 미국의 학력증진정책(No Child Left Behind)과 맥을 같이 한다.

(2) 프로젝트 스펙트럼 접근법의 특징

프로젝트 스펙트럼 접근법의 특징은 우선 지능에 대한 기존의 보편적 사고를 변화시킴으로써 새로운 가능성을 제시하고 있다는 것이다. 스펙트럼은 사람들이 인지적 문제해결활동으로 생각하지 않는 신체활동이나 예술활동과 같은 활동들의 지적인 측면을 다루어 고정관념을 재고하도록 만든다. 다음으로 스펙트럼은 영유아의 수행을 평가하는 방식으로서 교사들로 하여금 영유아의 인지능력을 평가하는 기본 틀을 제공한다. 또한 스펙트럼은 교육과정에서 다중적 출발점을 제공하며, 교육과정의 내용을 보다 강조하여 내용의 폭과 함께 그 깊이도 고려하여 영유아의 관심과 흥미를 자극한다. 더불어 스펙트럼은 영유아의 강점을 발견하여 이를 칭찬함으로써 그 강점을 강화한다. 마지막으로 스펙트럼은 교사와 영유아에게 학습을 위한 부가적 언어, 즉 음악, 미술, 운동과 같은 다른 상징체계를 복합적으로 활용하여 제공한다.

(3) 프로젝트 스펙트럼의 교육활동

① 주요 능력

유아의 영역특정적 능력은 구체적 학습영역에서의 수행에 필수적인 주요 능력(key abilities)으로 정의된다. 스펙트럼의 실제 교육활동은 1998년 출판된 『프로젝트 스펙트럼: 초기 학습활동(*Project Spectrum: Early Learning Activities*)』에 상세히 소개되어 있다. 프로젝트 스펙트럼 활동은 다중지능이론의 일곱 가지 지능을 기초로 학습활동 영역을 수학, 과학, 언어, 기계 · 도구, 동작, 사회 이해, 음악, 미술의 여덟 가지로 구분하였다. 이 영역별로 주요 능력이 구성되어 있고 각 영역의 주요 능력에 따라 다양한 개별 활동들이 선정되어 있다.

② 학습활동의 유형

프로젝트 스펙트럼 접근법에서는 유아의 집단 크기, 활동에 대한 교사의 지도 및 자문 수준을 고려하여 학습활동의 유형을 유아 중심적 소집단활동, 교사주도적 소집단활동, 유아 중심적 대집단활동, 교사주도적 대집단활동의 네 가지 범주로 구분하였다. 따라서 활동 영역, 주요 능력, 학습유형에 따라 다양한 학습활동이 이루어진다.

③ 가정에서의 활동

개별 활동의 마지막 단계에서는 가정과 부모가 함께할 수 있는 '가정에서의 활동'을 제안하고 있다. 이를 통해 학급에서 유아의 강점을 발견하고 육성하는 교육이 가정과 연계하여 이루어질 수 있다.

④ 환경구성

프로젝트 스펙트럼의 환경구성은 개별 영역들 간의 탐색과 더불어 개별 영역 내에서의 탐색을 촉진하는 다양한 범위의 교재 및 교구들을 포함하는 것이 특징이다. 음악이나 운동과 같은 개별 주제 영역의 전문가들이 각자 독자적으로 주제 영역을 운영하는 대신, 학급의 교사는 자신의 학급 내에 영역별 활동센터를 구축하는 것이 바람직하다.

⑤ 부모 및 지역사회와의 연계

부모나 교사는 지역사회 단체에서 다양한 역할 모델로서 봉사하는 기회를 가짐으로써 서로 다른 유형의 전문성을 공유할 수 있다. 박물관 관람과 같은 지역사회와의 연계활동을 통해 부모는 영유아의 학습참여에 대해 구체적인 계획을 세우고, 이를 통해 단순한 보호자가 아닌 교육적 안내자의 역할을 수행하게 된다. 또 가정과의 연계를 위해 영유아가 가정에서 부모 또는 형제와 함께할 수 있는 활동과 관련해 주제를 정할 수 있다.

⑥ 평가

스펙트럼의 평가체계는 유아용 평가활동(Preschool Assessment Activities), 관찰보고서(Observational Guidelines), 스펙트럼 프로파일(Spectrum Profile)의 세 요소를 포함한다. 평가활동은 일곱 가지 지식 영역에서 열다섯 가지 활동들이 포함되며, 구조화된 일대일 평가활동과 집단 상황에서 발생하는 자발적 활동으로 구성된다. 관찰보고서는 여덟 가지 영역에 대한 관찰기록표로서 일련의 주요 능력과 핵심 요소가 기술된다. 마지막으로 스펙트럼 프로파일은 앞의 두 가지 평가과정에서 획득한 정보에 근거한 이야기 보고서다. 여기서는 검사도구가 아닌 언어를 통해 광범위한 인지능력에 초점을 맞추고 개별 영유아의 상대적 강점과 취약점이 기술된다.

스펙트럼을 평가할 때는 광범위한 영역들에서 영유아의 지적 능력을 정확히 측정했는지를 평가해야 하고, 검사도구로 개별 영역에 적합한 매체를 활용하여 평가를 실시했는지를 평가해야 한다. 또한 평가활동에서는 적절한 교구의 선택이 중요하고, 스펙트럼의 평가에서는 교수를 위한 생태학적 타당성과 적절성에 초점을 둔 맥락이 제공되어야 한다.

(4) 프로젝트 스펙트럼 접근법에서 교사의 역할

프로젝트 스펙트럼 접근법의 원활한 운영을 위해서는 다재다능한 사람보다 특정 영역에 전문성을 갖춘 교사가 적합하다. 이처럼 특정한 전문 자질을 갖춘 교사는 다른 영역에 전문적인 자질이 있는 동료 교사와 더불어 팀을 구성하여 영유아를 가르칠 수 있다는 장점이 있다(안영진, 2004).

교사는 프로그램 진행과정에서 자신의 역할을 변화시켜 나가는데, 프로그램 운영의 초기단계에서 교사는 발달의 연속성이라는 관점에서 학습을 바라보아야 한다. 또한 교사는 협동학습전략을 사용할 필요가 있고 다양한 다중지능 활동을 기록해야 한다. 프로그램이 지속됨에 따라 교사는 학습이 보다 영유아 중심이 될 수 있도록 영유아의 자율성을 촉진하는 역할을 수행한다.

(5) 한국 현장에서의 적용 및 문제점

프로젝트 스펙트럼 접근법은 이론적 측면이 강조되는 프로그램이므로 다중지능에 대한 체계적이고 깊이 있는 지식이 축적되지 않으면 진정한 스펙트럼의 실시가 어려울 수 있다. 『프로젝트 스펙트럼: 초기 학습활동』에 소개된 영역별 활동들을 토대로 한국 실정에 맞추어 적절히 수정 후 적용한다면, 영유아와 교사 모두에게 효과적인 스펙트럼 프로그램 활동이 가능할 것으로 기대된다(이순형 외, 2005).

2. 특별한 영유아보육 프로그램

영유아는 타고난 유전 정보에 따라 지적 능력과 재능이 다를 뿐 아니라, 성장하는 가정환경과 인종, 민족, 국적, 종교와 사용언어에 따라서도 다르다. 그리고 가족구조, 부모의 교육 수준과 직업 지위, 가정의 경제적 지위 등에 따라서도 다양하다. 이처럼 생활환경과 타고난 조건이 다른 영유아를 대상으로 다양한 영유아보육 · 교육 프로그램을 구성해 제공할 필요가 있다.

1) 혼합연령 프로그램

형제가 없이 혼자 성장하는 영유아가 증가하면서 사회적 발달을 우려하는 목소리가 커지고 있다. 가정에서 형제자매가 없는 외동아의 경우 어린이집에서 연령이 다른 영유아와 함께 어울리는 것이 사회적 관계를 학습하는 데 도움이 될 것이다. 이런 이유에서 연령이 다른 영유아들을 한 반에 모아서 보육활동을 하는 혼합연령 반편성이 권장되고 있다.

(1) 혼합연령 프로그램의 배경

현대사회에 일반화된 동일연령 집단 구성 모델은 사실 산업혁명 이후 대량생산시대의 산물로 새롭게 출현한 것으로서 획일적이고 균일한 교육과정이다. 그러나 핵가족화, 맞벌이 부모의 증가, 외동아의 증가 등으로 다양한 대인관계 경험의 부족이 영유아의 사회정서적 발달에 부정적인 영향을 미친다는 인식이 높아지면서 대안적인 방법으로 혼합연령 학급 구성이 제안되었다. 혼합연령 프로그램은 사회문화적 이론과 사회학습이론의 영향을 받고 있다. 사회문화적 이론에서는 영유아의 인지발달이 그들의 현재 발달 수준을 약간 넘어선 어떤 것을 하도록 도전받았을 때 가장 잘 이루어진다고 본다. 이는 비고츠키의 근접발달영역(Zone of Proximal Development) 개념으로 잘 설명된다. 더 유능한 또래와의 상호작용은 단계적 지지(scaffolding)의 역할을 하여 실제 발달 수준보다 높은 수준의 수행을 가능하게 한다. 한편, 사회학습이론의 관점에서 보았을 때 혼합연령 학급 구성은 상대적인 사회적 유능성을 가진 나이 많은 영유아들에게는 나이 어린 영유아들에게 또래 교사와 양육자로서의 역할을 하게 하며, 어린 영유아들에게는 연장 영유아의 행동을 관찰하고 모델링할 기회를 제공한다고 본다. 현재 혼합연령 집단 구성은 몬테소리 유치원, 영국의 유아학교, 독일의 상황 중심 유치원, 미국의 개방교육 등에서 볼 수 있으며 세계 각국의 영유아교육 · 보육기관에 확산되고 있다.

(2) 혼합연령 프로그램의 특성

혼합연령 집단 구성은 가장 나이 많은 영유아와 가장 나이 어린 영유아 간에 적어도 2년의 연령차가 나도록 의도적으로 구성하는 것을 말한다. 혼합연령 집단 구성은 영유아의 개별적 요구를 충족시키는 데 근거하며, 집단의 연령범위, 집단의 크기, 집단의 구성유형, 교사 대 영유아의 구성비가 다양하다.

혼합연령 프로그램은 영유아들이 다양한 대인관계를 경험할 수 있고 나이 많은 영유아들이 어린 영유아들에게 도움을 줄 수 있다는 장점이 있다. 이와 같은 혼합연령 집단 구성은 부적응행동 유아의 발달에도 기여하는데, 부적응행동 중 특히 사회적으로 위축된 유아에게 효과가 있다.

그러나 혼합연령 프로그램은 발달 수준에서 차이가 나는 영유아들의 개별적 욕구에 부응하기가 어렵다는 단점을 가지고 있다. 이러한 집단 구성은 훈련을 많이 받은 유능한 교사 2~3인의 상호 협력이 전제되어야만 교육적 효과를 거둘 수 있다. 따라서 혼합연령 프로그램의 장단점을 파악하여 각 기관의 상황과 영유아의 특성에 맞도록 교육과정을 마련해야 한다(이순형 외, 2005).

2) 장애아통합 프로그램

(1) 장애아통합 프로그램의 배경

영유아가 출생할 때 타고난 유전적 정보에 따라 외양이 다르듯이 지적 능력과 재능에서도 차이가 있을 수 있다. 보통 영유아의 수준을 기준으로 연령별 표준보육 프로그램을 구성했을 때, 정상발달을 앞선 영재아나 여러 가지 발달장애를 가진 영유아는 보통의 발달 수준을 고려한 일반보육 프로그램에서 충분한 활동을 하기 어려운 문제가 있다. 따라서 영재아를 위한 보육 프로그램과 발달장애 영유아를 위한 보육 프로그램이 별도로 구성되어야 한다.

장애 영유아가 통합교육을 받아야 하는 이유는 다음과 같다. 첫째, 철학적으로 모든 영유아는 정상적인 생활을 할 권리가 있으므로 장애를 가진 영유아도 일반 영유아가 받는 것과 똑같은 높은 질의 프로그램을 경험하도록 해야 한다는 것이다. 둘째, 법률적으로 미국에서는 장애를 이유로 일반시설에서 장애아 보육·교육을 거부할 수 없게 되어 있으므로 통합교육이 적법하다는 것이다. 셋째, 전문가와 가족 모두 장애아가 특수시설에서 보육·교육되는 것보다 일반시설의 통합된 환경에서 교육받는 것이 월등히 이롭다고 믿는다는 것이다. 통합은 기존 육아 및 교육시설과 종교시설을 활용함으로써 별도 시설이 필요 없고 비용도 절감할 수 있다. 또한 통합함으로써 소속감을 갖고 사회생활을 영위할 수 있도록 하며 사회적 기술을 배울 기회를 준다.

미국에서는 1975년에 제정된 장애 영유아교육법(Education for All Handicapped Children Act)이 1997년 전면 개정되면서 장애 영유아가 출생부터 21세까지 무상교육과 지원을 받게 되었다. 1980년대에는 일반교육 주도(Regular Education Initiative: REI)로 알려진 통합교육운동이 일어나면서 다양한 학습 요구를 가진 영유아를 보다 많이 통합하는 일반교육체제를 확립하고자 하였다. 이후 1990년대 후반 이래 발달적·문화적 다양성 수용이 유아교육의 큰 흐름이 되면서 장애 유아의 통합이 다양성을 더욱 증대시키는 흐름으로 작용하고 있다.

(2) 장애아통합 프로그램의 기본 전제

① 장애 영유아의 발달특성 이해

일반적으로 장애 영유아는 발달 영역 전반에서 지체를 가지고 있으면서 성취능력에서 발달의 불균형을 이룬다. 따라서 개별화 프로그램이 절실히 필요하며, 정상발달에서 이탈된 발달을 예방하기 위한 적절한 조기개입이 필요하다.

그러나 장애 영유아도 정상적인 발달적 욕구를 가지고 있고 정상적인 놀이 발달단계를 거친다. 다만 속도가 느리고 세분화된 발달단계를 거치며, 장애 때문에 발달이 지체되고 개별화된 욕구의 출현을 정상적인 것으로 이해할 필요가 있다. 영유아기에는 장애아라기보다는 발달지체(development delay) 또는 장애위험아(at-risk children)라는 명칭이 더욱 적절할 것이다.

② 장애 영유아의 발달에 적합한 교육방법 이해

장애 영유아에게는 일반 영유아에 대한 기본 전략과 더불어 특수교육학적 전략도 필요하다. 장애아에게는 개별화된 접근이 필수적인데, 그들이 매우 다양한 발달적 다양성과 가족문화적 다양성을 지니고 있기 때문이다. 또한 교육목표가 세분화되어 제시될 필요가 있다. 즉, 활동목표를 세분하여 익히기 쉽게 하는 것이 적합한 교육방법이다(이순형 외, 2005).

3) 반편견 프로그램

영유아가 출생하고 성장하는 가정환경은 다양하다. 인종이나 민족이 다를 수 있고 국적이 다를 수 있으며, 종교가 다르고 사회경제적 지위도 다를 수 있다. 이러한 환경의 차이는 사용하는 언어나 사고방식의 차이뿐 아니라 생활문화의 차이도 가져올 수 있다. 또한 영유아가 타고난 외모, 지능, 재능도 다르다. 이처럼 영유아가 어떤 환경과 조건 속에서 출생하고 성장하든지 사회적으로 차별받았다는 생각을 가지고 성장해서는 바람직한 발달에 이를 수 없다. 따라서 가정에서는 물론이고 어린이집에서 보육을 할 때 차별보육을 해서는 안 되고, 조건과 환경에 따라 편견을 가진 보육이 되어서도 안 될 것이다.

(1) 반편견 프로그램의 배경

반편견 교육은 영유아가 경험, 탐색, 불평형, 사회적 상호작용, 토의로부터 사회도덕적 지식을 구성한다는 구성주의 교육철학에 기초한다(Carter & Cutis, 2001; Derman-Sparks, & Task Force, 1999). 또한 기존의 서구 중심의 교육과정에서 탈피하여 모든 민족의 다양성을 존중하고 다양한 문화적 배경을 가진 유아들이 평등한 교육을 받을 수 있는 기회를 제공하는 것을 목표로 하는 사회 재건주의와 문화적 다원주의 철학에도 기초를 두고 있다. 1989년에 처음으로 문서화된 반편견 접근은 성별, 사회적 계급, 종교, 성적 지향, 장애와 같은 정체감의 다양한 측면들도 영유아의 긍정적인 자아정체감과 타인에 대한 존중감 발달에 중요한 역할을 한다고 본다. 이 관점은 학교가 영유아들에게 그들 자신을 존중하고 다양한 범위의 사람들과 평등한 관계를 맺도록 가르칠 뿐만 아니라 영유아들이 어떻게 편견과 차별을 없애는 일을 할 수 있는지를 가르쳐야 한다고 주장한다.

(2) 반편견 프로그램의 기본 전제

반편견 교육이란 인종 · 장애 · 성 · 다문화 · 차별행동 등의 편견에 대한 문제점에 직면하여 함께 고민하고 사고하면서 긍정적인 정체감과 함께 편견에 대응하는 능력을 길러 주는 교육이다.

① 반편견 교육의 시기

인간은 2세경부터 성, 인종에 관한 차이점을 인식하고, 3, 4세경이 되면 자신이 속한 가족, 문화 등에 근거한 문화적 정체성을 이해하기 시작하며 편견을 인식하고 영향을 받는다. 따라서 반편견 교육은 연령별 발달 수준에 맞추어 영유아기부터 시작해야 한다.

② 반편견 교육의 접근

반편견 교육활동은 여행객이 다양한 문화를 방문하는 것과 같은 관광적 접근(tourist approach)이 되지 않도록 주의해야 한다(Carter & Cutis, 2001). 관광적 접근은 문화 간의 색다른 차이점을 강조하고 축제 등의 특별한 이벤트를 부각함으로써 다른 문화에 속한 사람들의 실생활에 대한 이해를 왜곡시킬 수 있다. 이러한 관점은 즐거운 경험을 제공하지만 오히려 '나' 와는 '다른' 사람이 하는 것이란 인상을 주며, 편견을 조장하는 교육 방법이 될 수 있다. 반편견 접근 역시 관광적 접근과 마찬가지로 문화의 내용(what)과 방법(how)을 주시하지만, 그보다는 이유(why)에 더 주목한다는 점에서 차이가 있다. 문화적 차이점에 대한 이유는 가치, 신념체계의 차이인데, 반편견 접근에서는 이에 대한 인식과 이해를 핵심적인 것으로 보고 이를 유아에게 전달하기 위해 노력한다. 관광적 접근을 피하기 위해 다문화와 반편견에 관한 내용은 특정 기간이 아닌 연간 교육과정에 포함시킬 것을 제안하고 있다.

③ 교육과정의 운영

반편견 교육과정은 하나의 독립된 교육내용이라기보다는 일종의 접근법에 더 가깝다(Carter & Cutis, 2001). 따라서 공식적 교육과정과 함께 수업이나 교육기관의 관행으로 학생들이 은연중에 배우는 가치, 태도, 행동양식과 같은 잠재적 교육과정을 통해서도 이루어진다. 잠재적 교육과정으로서의 반편견 교육활동은 편견적 상황이 발생할 때마다 교사의 적절하고 즉각적인 개입으로 영유아들로 하여금 문제해결을 할 수 있도록 돕고 편견에 대처하는 능력을 길러 줄 수 있다. 의도하지 않은 요인이 영유아에게 영향을 미치기 때문에 교사의 민감성이 중요하며, 반편견 내용을 일과 및 환경 구성에 통합하여 운영하는 것이 바람직하다(이순형 외, 2005).

4) 영재아 프로그램

영유아의 타고난 지적 능력과 재능이 정상발달을 앞선 영재 영유아는 보통의 발달 수준을 고려한 일반보육 프로그램에서 충분한 활동을 하기 어려운 문제가 있다. 따라서 영재를 위한 보육 프로그램이 별도로 구성되어야 한다.

(1) 영재아 프로그램의 배경

① 영재아에 대한 개념 정의

영재아에 대한 정의는 학자들마다 다르지만, 공통되는 점은 이미 자신의 영재성을 구체화시킨 성인과 달리 영유아기의 영재성은 보다 잠재적이라는 것, 영유아기의 영재성은 성인기의 성취를 보장하는 것이 아니라 단지 성취 가능성을 높여 주는 것일 뿐이라는 것, 이를 감안할 때 영재아의 환경이 매우 중요하다는 것 등이다.

② 영재아의 발달특성

일반적으로 영재아는 형식적 조작기에 빨리 도달하며 또래에 비해 지적으로 조숙하다. 이들의 읽기와 쓰기능력은 일반 영유아보다 빨리 나타나며 인지양식이나 인지적 전략의 선택에서도 차이를 나타낸다. 따라서 내적 동기에 의해 독립적으로 과제를 해결하려 하며 체계적으로 해결과정과 해결책을 점검하는 인지적 전략을 선택한다. 영재아들은 과도한 흥분, 완벽주의, 지나친 자기비판을 하는 경향이 있으며, 인정에 대한 욕구, 다른 영재아와 어울리고자 하는 욕구, 학업 성취에 대한 욕구가 강하다. 영재아라는 주변의 인식은 영재아의 자기존중감을 높여 주지만, 또래나 형제자매로부터는 소외될 수 있는 부정적 측면도 있다.

③ 영재아 프로그램의 역사

영재교육의 시작은 고대 그리스부터이나 큰 진전을 보인 것은 19세기 이후다. 골턴(Francis Galton), 비네(Alfred Binet), 터먼(Lewis Terman), 홀링워스(Leta Hollingworth) 등은 영재 연구 및 교육 발전에 많은 공헌을 했다. 골턴은 지능이 유전된다고 주장하고 측정을 시도하였고, 비네는 '정신연령' 의 개념을 설정하고 IQ검사를 개발하였다. 또한 터먼은 비네의 검사를 미국 문화에 맞게 개정한 스텐포드-비네 지능검사를 만들었고, 홀링워스는 영재아의 독특한 사고방식을 지원하기 위해 생산적 습관이나 리더십과 관련된 태도나 동기 등을 발달시킬 수 있는 교육방식을 강조하였다. 1967년 스푸트니크호 발사 이후 미국의 영재교육에 대한 관심이 급증하여, 1990년대에 이르러서는 미국 대부분의 주에서 영재교육과 관련된 법률을 제정하고 영재교육에 재정적인 지원을 하게 되었다.

(2) 영재아 프로그램의 기본 전제

영재교육의 패러다임은 영재성이 표준화된 지능검사로 측정될 수 있다는 전통적인 패러다임에서 영재아의 개별 특성을 파악하고 이를 개별화된 교육계획과 내용에 반영하고자 하는 패러다임으로, 또 '다양한 수준의 재능' 과 문화적 다양성, 계층 차이 등의 맥락을 고려한 영재성의 정의를 강조하는 최근의 패러다임으로 변화해 왔다.

반타셀-바스카(VanTassel-Baska, 2000)는 영재아 프로그램 교육과정의 기본 과정을 다음과 같이 제시하였다.

• 교육과정에서 모든 학습자는 최적의 학습 수준을 이룰 수 있는 기회를 제공받아야

한다.

- 영재성이 있는 학습자는 일반아에 비해 차별화된 학습 욕구를 가지고 있다. 그러므로 교육과정은 그들의 요구를 적극적으로 반영할 수 있도록 계획되고 또 그에 맞추어 언제든지 조정될 수 있어야 한다.
- 교육과정에서 영재성이 있는 학습자의 요구는 인지적 · 정서적 · 사회적 · 심미적 영역을 통해 전반적으로 충족되어야 한다.
- 영재성이 있는 학습자를 위한 가장 좋은 교육과정은 촉진제와 심화학습을 통해 풍부하고 확장된 경험을 할 수 있도록 하는 것이다.
- 영재성이 있는 학습자에게 제시되는 교육과정의 잠재적 효과를 극대화시킬 수 있으려면 전 과정이 세심하게 계획되고 기록되고 적용될 수 있어야 한다.
- 영재성이 있는 학습자를 위한 교육과정은 '지속과정(ongoing-process)'으로서 평가의 결과를 다음 교육과정의 계획 수립과 현 교육과정의 변경에 적극 반영시켜야 한다(이순형 외, 2005).

5) 친환경 프로그램

도시환경에서 시멘트 건물만 보고 성장한 영유아가 성인이 되었을 때 바람직한 상태에 도달할 것인지가 의문으로 여겨졌다. 이에 인간은 자연 속에서 자연과 더불어 살아가는 것이 바람직한 발달환경이라는 생각에서 친환경 보육 프로그램이 개발되었다.

(1) 생태주의의 배경과 개념

생태주의는 생태학의 원리를 수용하는 사회이론과 실천을 포괄하는 용어다. 생물학자 코모너(Barry Commoner)는 생태학의 네 가지 원리로 상호 연관성의 원리, 순환의 원리, 자기지원(self-support)의 원리, 무에서 창조되는 것은 아무것도 없다는 원리를 제시하였다. 인간은 이 체계의 구성요소로서 자연과 더불어 존재하며 자연의 연관과 순환의 체계를 그 원리에 따라 이용할 수 있는 존재일 뿐이다. 생태학적 관점은 인간과 자연의 관계에 대한 대안적 관점으로서, 1970년대를 기점으로 자연과학의 경계를 벗어나 다양한 학문 분야와 연결되어 생태계 생태학의 개념, 원리, 법칙 등을 문화와 인간에 적용하는 해석의 방식으로 연구되고 있다.

(2) 생태주의의 기본 전제와 생태주의 교육의 목적

생태주의는 자연과 인간을 공존적 존재로 보는 자연친화적 자연관과 자연지배의 기술지향주의를 벗어나 자연의 생물학적 생존권을 인식하고 인간과 자연이 공존하는 삶의 영역을 개척하여 인간과 자연의 지속 가능성을 확보하자는 세계관을 바탕으로 한다.

생태주의 교육은 자연과 인간에 대한 생태적 이해와 연관성, 환경적 자각과 존중뿐만 아니라 지구적 책임감을 향상시켜 준다. 생태주의 이념을 교육적 차원에서 적용하여 자연을 합리적인 방식으로 인식할 수 있게 하는 생태적 문해력(literacy), 즉 생태학 원리에 대한 지식, 체계적 사유방식, 생태적 가치의 실천을 획득하도록 하는 것이 생태주의 교육의 목적이다(이순형 외, 2005).

참고문헌

국립교육평가원(1996). 유치원 교육평가. 국립교육평가원.

김대현 · 왕경순 · 이경화 · 이은화(1999). 프로젝트 학습의 운영. Jaffke, F. 저. 서울: 학지사.

안영진 역(2004). 프로젝트 스펙트럼 1: 다중지능이론에 의한 아동의 다양한 능력 개발 프로젝트. Jie-Qi Chen 저. 서울: 창지사.

윤선영 역(2000). 발도르프 킨더가르텐에서의 놀이와 작업. Freya Jaffke 저. 서울: 창지사.

이순형 · 이성옥 · 이완정 · 권혜진 · 황혜신 · 이혜승 · 이영미 · 정윤주 · 성미영 · 권기남(2005). 영유아보육 · 교육 프로그램의 이해. 서울: 학지사.

지옥정(1996). 프로젝트 접근법이 유아의 학습준비도, 사회정서발달, 자아개념 및 프로젝트 수행능력에 미치는 효과. 한국교원대학교 대학원 박사학위논문.

Biber, B., Shapiro, E., & Wickens, D. (1977). *Promoting cognitive growth: A developmental interaction point of view* (2nd ed.). Washington, DC: NAEYC.

Carter, M., & Cutis, D. (2001). *Training teachers: A theory and practice.* 이영애 외 편역, 반편견 교육을 위한 유아교사 교육의 새로운 접근. 서울: 창지사. (원전은 1994년)

Derman-Sparks, L., & Task Force, A. B. C. (1999). *Anti-bias curriculum: Tools for empowering young children.* 이경우 · 이은화 편역, 반편견 교육과정: 어린이에게 대응능력을 길러주는 도구. 서울: 창지사. (원전은 1989년)

Dewey, J. (2002). *Child and Curriculum: Experience and Education.* 박철홍 역, 아동과

교육과정: 경험과 교육. 서울: 문음사. (원전은 1902년)

Katz, L. G., & Chard, S. C. (1989). *Engaging children's minds: The project approach*. Norwood, NJ: Ablex.

Roopmarine, J. L., & Johnson, J. E. (2000). *Approaches to Early Childhood Education*. Upper Saddle River, NJ: Merrill.

Schweinhart, L. J., Barnes, H. V., & Weikart, D. P. (1993). *Significant benefits: The Highscope Perry Preschool study through age 27* (Monographs of the Highscope Educational Research Foundation, 10). Ypsilanti: Highscope Press.

VanTassel-Baska, J. (2000). Theory and research on curriculum development for the gifted. In K. A. Heller, F. J. Mönks, R. J. Sternberg, & R. F. Subotnik (Eds.), *International handbook of giftedness and talent* (2nd ed., pp. 345-366). Oxford: Pergamon.

Wortham, S. C. (2002). *Early childhood curriculum*. Upper Saddle River, NJ: Merrill.

제 2 부

보육과정의 내용

제4장 보육과정 구성체계

1. 보육과정의 구성방향

영유아 보육은 발달 수준과 발달적 요구가 매우 다른 출생 이후부터 5세까지의 영유아들을 대상으로 한다. 따라서 영유아의 발달적 특성을 면밀히 고려하고 발달 수준에 따른 요구의 차이가 체계적으로 반영된 보육과정의 구성이 필요하다. 이에 근거한 보육과정의 구성방향을 구체적으로 살펴보면 다음과 같다.

첫째, 보육과정의 내용체계는 크게 0~2세 영아를 위한 어린이집 표준보육과정과 3~5세 유아를 위한 누리과정으로 구분된다.

둘째, 보육과정의 기본 틀은 신체, 인지, 언어, 정서, 사회성 발달 등 영유아의 발달적 요구에의 충족을 통해 궁극적으로 전인적 발달을 도모하려는 영유아보육의 목적에 근거하여 0~2세 보육과정은 기본생활, 신체운동, 의사소통, 사회관계, 예술경험, 자연탐구의 여섯 가지 영역으로, 3~5세 누리과정은 신체운동 · 건강, 의사소통, 사회관계, 예술경험, 자연탐구의 다섯 가지 영역으로 구성된다. 그리고 각 영역의 내용범주는 영유아의 발달적 특성과 흥미와 관심을 고려하여 통합적이고 체계적으로 계획된 활동들을 직접 경험함으로써, 장단기적으로 상위 영역이 이루고자 하는 목적에 기여할 수 있는 구체

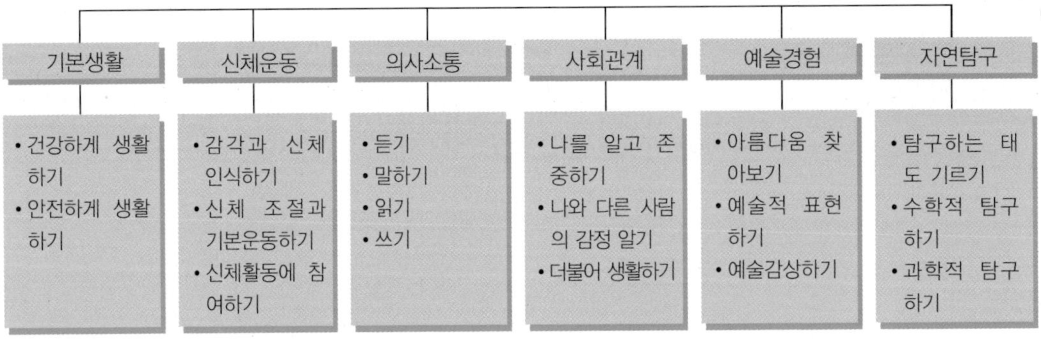

[그림 4-1] 0~2세 영아 보육과정의 내용체계

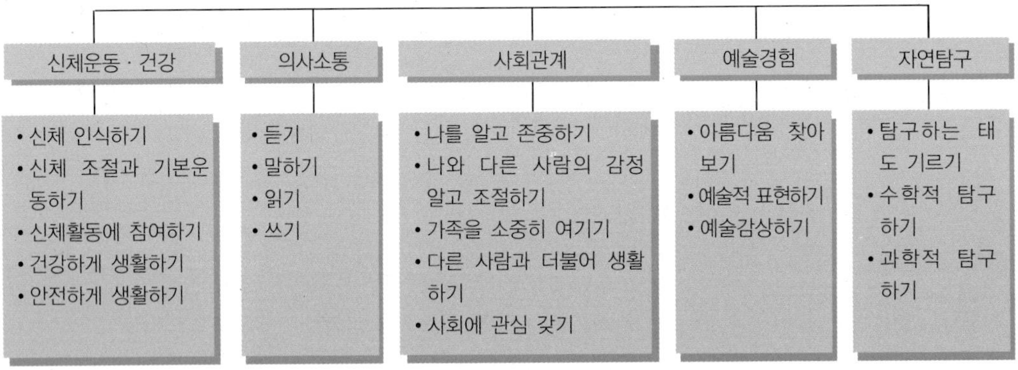

[그림 4-2] 3~5세 유아 보육과정(누리과정)의 내용체계

적인 목표의 수준으로 구성된다. 어린이집 표준보육과정의 영역별 내용체계는 각각 [그림 4-1], [그림 4-2]와 같다. [그림 4-1]과 [그림 4-2]에서 보듯이 의사소통, 사회관계, 예술경험, 자연탐구 영역은 동일하게 구성되어 있고, 0~2세 영아의 보육과정은 기본생활과 신체운동 영역으로 구분되어 있는 반면, 3~5세 유아의 누리과정은 두 영역이 '신체운동 · 건강' 영역으로 통합되어 있다. 이들 내용체계를 구체적으로 살펴보면 다음과 같다. 0~2세 영아의 보육과정의 경우, 건강하고 안전한 생활습관 형성을 돕기 위한 기본생활 영역은 건강하게 생활하기, 안전하게 생활하기의 두 가지 내용범주로, 영유아의 긍정적인 신체 인식과 기본운동능력 증진을 돕기 위한 신체운동 영역은 감각과 신체 인식하기, 신체 조절과 기본운동하기, 신체활동에 참여하기의 세 가지 내용범주로, 일상생활에 필요한 의사소통능력과 바른 언어사용 습관을 기르기 위한 의사소통 영역은 듣기, 말하기, 읽기, 쓰기의 네 가지 내용범주로, 자신을 존중하고 다른 사람과 더불어 생

활하는 능력과 태도를 기를 수 있도록 하기 위한 사회관계 영역은 나를 알고 존중하기, 나와 다른 사람의 감정 알기, 더불어 생활하기의 세 가지 내용범주로, 아름다움에 관심을 가지고 예술경험을 즐기며, 창의적 표현능력을 기를 수 있도록 하기 위한 예술경험 영역은 아름다움 찾아보기, 예술적 표현하기, 예술감상하기의 세 가지 내용범주로, 주변세계를 탐구하며 일상생활에 필요한 수학적 · 과학적으로 생각하는 능력과 태도를 기르도록 하기 위한 자연탐구 영역은 탐구하는 태도 기르기, 수학적 탐구하기, 과학적 탐구하기의 세 가지 내용범주로 구성된다. 3~5세 유아의 누리과정의 신체운동 · 건강 영역은 신체 인식하기, 신체 조절과 기본운동하기, 신체활동에 참여하기, 건강하게 생활하기, 안전하게 생활하기의 다섯 가지 내용범주로, 의사소통 영역은 듣기, 말하기, 읽기, 쓰기의 네 가지 내용범주로, 사회관계 영역은 나를 알고 존중하기, 나와 다른 사람의 감정 알고 존중하기, 가족을 소중히 여기기, 다른 사람과 더불어 생활하기, 사회에 관심 갖기의 다섯 가지 내용범주로, 예술경험 영역은 아름다움 찾아보기, 예술적 표현하기, 예술감상하기의 세 가지 내용범주로, 자연탐구 영역은 탐구하는 태도 기르기, 수학적 탐구하기, 과학적 탐구하기의 세 가지 내용범주로 구성된다.

셋째, 어린이집 표준보육과정의 각 영역의 모든 내용범주는 영유아의 발달특성을 고려하여 0~1세 영아, 2세 영아, 3~5세 유아의 세 연령집단으로 구분하고, 각 연령집단 내의 보육내용은 1수준에서 4수준까지 세분화하였다. 0~1세 영아를 위한 보육내용은 4수준으로, 2세 영아를 위한 보육내용은 2수준으로, 3~5세 유아를 위한 보육내용은 3수준으로 구분되어 총 아홉 가지 수준의 세부내용으로 구성된다. 예를 들어, 어린이집 표준보육과정 신체운동 영역의 '기본운동하기' 내용을 수준별로 살펴보면, 0~1세 영아의 1수준에서는 배밀이 등의 이동운동을 시도하며, 2수준에서는 기기, 붙잡고 걷기, 걷기 등의 이동운동을 시도하고, 3, 4수준에서는 혼자서 걷기 등의 이동운동을 시도하는 세부내용으로 구성된다. 안정된 자세로 걷기가 수월해지는 2세 영아의 1, 2 수준에서는 뒤로 걷기, 옆으로 걷기 등과 같은 다양한 형태의 걷기와 계단 오르기 등의 이동운동을 하는 세부내용으로 구성된다. 그리고 몸을 한곳에서 다른 곳으로 이동하면서 움직이는 동작이 매우 능숙해지는 3~5세 유아의 1수준(3세 연령 수준)에서는 빨리 걷기, 달리기 등의 이동동작을 시도하며, 2, 3수준(4, 5세 연령 수준)에서는 걷기, 달리기, 뛰기 등의 다양한 이동운동을 안정된 자세로 수행하는 것에 중점을 두는 세부내용으로 구성된다.

넷째, 연령별 발달특성에 따른 수준별 교육내용은 영유아의 발달과정에서 나타나는 개인차를 고려하여 적용한다. 영유아의 발달은 연속적이고 점진적으로 이루어지기 때문에 개별 영유아의 발달 수준에 적합한 보육과정의 내용은 연령에 따라 고정적이지 않다. 동일 연령 수준의 보육과정 내용에 대해 이해 수준이 빠른 영유아는 다음 수준의 보육과정을, 반대로 이해 수준이 느린 영유아는 이전 수준의 보육과정을 경험할 수 있다. 이때 보육과정의 모든 영역을 일괄적으로 적용하기보다는 영유아의 영역별 발달특성을 고려하여 다르게 적용한다. 가령, 연령 기준이나 전반적인 발달특성이 3~5세 1수준인 유아가 언어발달은 2세 2수준으로 지체되어 있다면 의사소통 영역은 어린이집 표준보육과정의 2세 2수준의 내용을 적용하는 것이 바람직하다.

2. 보육과정의 실행

여기에서는 영유아보육 · 교육 현장에서 보육과정이 어떻게 진행될 수 있는지를 알아보기 위해, 현장에서 활발하게 운영되고 있는 주제 중심 프로그램과 단원 중심 프로그램을 중심으로 실제 활동 사례와 상호작용의 특성 및 활동의 진행방법을 알아본다. 활동 사례는 주제 중심과 단원 중심 모두 '과일' 을 주제로 하며, 활동내용은 발달 수준별로 융통성 있는 적용을 돕기 위해 영아기(0~1세 4수준, 2세 2수준)와 유아기(3세, 5세) 각각 두 수준씩 총 네 가지 수준으로 살펴보고, 이 가운데 영아 4수준과 5세 유아의 활동실행 사례를 구체적으로 제시하였다.

1) 활동 사례

(1) 주제 중심

① 발달 수준별 활동내용

과일을 주제로 진행한 주제 중심 프로그램의 활동내용을 수준별로 살펴보면 〈표 4-1〉과 같다.

② 활동실행 사례

- **0~1세 영아(4수준): 바나나 주스 만들기**

영아의 발달특성으로 말미암아 교사와 영아 간의 합의나 영아의 제안을 통해 주제가

표 4-1 주제 중심 프로그램의 수준별 활동 내용

주제	단계 구분	영아		유아	
		0~1세(4수준)	2세(2수준)	3~5세(3세)	3~5세(5세)
과일	도입 단계	• 교사와 영아가 일대일로 과일 그림책을 보며 과일 이름 알아보기	• 과일그림책 함께 보기 • 과일 관련 경험 나누기 • 과일에 대한 영아의 관심을 수렴하여 교사가 주제망 구성하기	• 과일 관련 동화책 읽고 관련 경험 표상하기 –내가 좋아하는 과일에 대해 이야기하기 –그림으로 그리기 –과일 노래 불러보기 • 과일에 대한 생각 모으기 및 유목화하기 • 과일에 대해 궁금한 것 이야기하기	• 과일과 관련된 경험 표상하기 –그림으로 그리기 –지점토로 과수원 만들기 –레고로 과일가게 만들기 –과일 노래 불러보기 • 생각 모으기 및 주제망 구성하기 • 질문목록 작성하기
	전개 단계	• 과일과 친해져요 –과일그림책에서 과일 찾기 –부직포로 만든 과일 모양 붙이기 –과일 이름 듣고 해당 과일에 스티커 붙이기 • 과일 실물을 관찰했어요 –과일 만져 보기 –과일 냄새 맡아보기 –과일 먹어 보기 –과일 씨 만져 보기	• 과일 실물을 관찰했어요 –손으로 과일 만져 보기 –코로 과일 냄새 맡기 –과일 이름 알아맞히기 –큰 과일과 작은 과일 분류하기 –색깔에 따라 과일 분류하기 –씨앗을 크기에 따라 분류하기 • 과일이 맛있어요 –과일 화채 만들기	• 과일이 맛있어요 –과일 빙수 만들기 –과일 샌드위치 만들기 • 과일가게를 다녀왔어요 –사전활동 :과일가게 상상해서 그리기 :과일가게에 가서 알고 싶은 것 녹취하기 –본활동 :실물 과일 관찰하기 :궁금한 것 질문하기(녹취한 것 활용)	• 과일가게를 다녀왔어요 –사전활동 :과일가게에 가서 보고 싶은 것 표상하기 :과일가게에 가서 알고 싶은 것 기록하기 :과일 이름이 들어간 노래 찾아 부르기 –본활동 :실물 과일 관찰하기 :궁금한 것 질문하기

과일	전개 단계	• 과일이 맛있어요 –바나나 주스 만들기 –바나나 아이스바 만들기 • 과일을 만들었어요 –풍선으로 과일 만들기 –솜방망이로 포도송이 찍기 • 과일 장난감이 좋아요 –감나무에 감 달기 –멜론 돛단배 만들기 –과일모양 퍼즐(2조각) 맞추기	–과일 얼음 만들기 • 과일에 애벌레가 있어요 –과일과 애벌레 관찰하기 • 과일 노래를 불러요 –사과 같은 내 얼굴 • 과일을 신체로 표현해 봐요 –과일에 애벌레가 기어가요 –과일이 데굴데굴 굴러가요 • 즐거운 과일 게임을 해 봐요 –과일만 바구니에 담기 –과일 그림만 밟고 가기 –과일모양 퍼즐(3~5조각) 맞추기 • 과일이 좋아요 –내가 좋아하는 과일 그리기 –지점토로 과일 만들기 –수박부채 만들기	:내가 좋아하는 과일 사기 –사후활동 :과일가게에서 본 것 그림으로 표상하기 :과일가게에서 사온 과일의 수를 막대그래프로 나타내기 :신체로 과일의 모양 및 움직임 표현하기 :과일가게 아저씨에게 감사의 마음 표현하기(그림편지) • 과일을 관찰해 보았어요 –과일의 크기 비교하기 –양팔저울로 과일 무게 비교하기 –과일의 특성(맛, 냄새, 크기, 껍질 모양 등) 탐색하기 –과일의 겉과 속 관찰하여 그리기 –과일의 냄새와 맛을 언어와 신체로 표현해 보기 –과일 씨의 크기 및 개수 비교하기 • 내가 좋아하는 과일 책을 만들었어요 –내가 이 과일을 좋아하는 이유는? –과일 얼음으로 내가 좋아하는 과일 그리기 –다양한 재료를 이용하여 과일 만들어 붙이기	:일정 금액으로 과일 사기 –사후활동 :과일가게에 가서 본 것 표상하기 (사전활동과 비교) :과일가게에 가서 새롭게 알게 된 것 기록하기 :과일가게 아저씨에게 감사편지 쓰기 • 과일가게에서 사온 과일을 탐색해 보았어요 –과일의 주요 생산지 알아보기/계절 과일 알아보기 –저울로 과일의 무게 알아보기 –과일의 겉모양, 세로로 자른 모양, 옆으로 자른 모양을 관찰하고 관찰일지 작성하기 –과일의 공통점과 차이점 벤다이어그램으로 나타내기 • 과일가게에서 사온 과일로 음식을 만들었어요 –과일 송편 만들기 –과일잼 만들기 –과일 국수/스파게티 만들기 • 과일로 멋진 작품을 만들었어요 –과일 씨와 껍질로 벽화 만들기

과일	전개 단계			-내가 좋아하는 과일이 등장하는 동화 구성하기	• 과일에 핀 곰팡이를 보았어요 -복숭아에 핀 곰팡이 관찰하기 -곰팡이와 관련된 비디오 시청하기 -곰팡이가 생성되는 과정을 관찰하고 일지 쓰기 -과일에 곰팡이가 생기지 않게 하려면? • 내가 만든 과일 게임을 해 봐요 -과일 모으기 게임 -사과와 애벌레 게임 -벌과 과일 게임
	마무리 단계	• 마무리활동 -과일 그림 그리기 • 종결행사 -활동 결과물 전시회 -부모님과 함께 과일꼬치 만들기	• 마무리활동 -과일 바구니 꾸미기 • 종결행사 -활동 결과물 전시회 -부모님과 함께 과일 샐러드 만들기	• 마무리활동 -과일 수수께끼를 맞혀 봐요 • 종결행사 -초대장 만들기 -활동 결과물 전시회 -부모님과 함께 과일 생크림 케이크 만들기	• 마무리활동 -과일 주제를 진행하는 동안 새롭게 알게 된 것을 정리해 보기 -과일에 관한 동시 짓기 -과일 동화책 만들기 • 종결행사 -초대장과 포스터 만들기 -활동 결과물 전시하기 -과일음식 만들기 과정을 신체로 표현하기 -과일 관련 OX 퀴즈 맞히기

선정되기 어려우므로, 영아의 관심사를 관찰한 교사들의 협의를 통해 '과일' 주제를 선정하였다. 이는 대부분의 영아가 구강의 만족을 충족시키는 음식을 좋아하며, 특히 어린이집 간식으로 자주 나오는 과일은 접해 본 경험도 많고 대부분의 아이들이 좋아하기 때문이다.

주제의 전개상 도입단계에서 과일그림책을 보며 과일에 관한 어휘를 들어 보고 말해 본 후, 실제로 과일을 보고 만지고 냄새 맡고 먹어 보고, 간단한 요리활동으로 형태가 변형된 과일의 맛을 탐색하는 활동을 실시하였다. 과일을 다른 형태로 변형하여 맛보는 활동으로는 '바나나 주스 만들기' 활동을 하였다. 바나나를 선택한 이유는 영아들이 대부분 이름을 알고 있고, 영아들 스스로 껍질을 벗기고 바나나 속을 자를 수 있으며, 이 과정에서 소근육 발달을 도모할 수 있기 때문이다. 영아들이 스스로 껍질을 벗겨 볼 수 있도록 꼭지 부분에 칼집을 낸 후 "이건 바나나야."라고 말하며 영아들에게 제시하였다. 영아들은 껍질을 벗긴 바나나를 먹어 보고 냄새 맡고 만져 보면서 탐색하는 시간을 가졌다. 탐색하는 과정에서 자연스럽게 조각이 나고 뭉개진 바나나를 영아들이 직접 믹서기에 넣었다. 믹서기로 갈면서 "얘들아! 바나나가 어떻게 될까?"라며 영아들의 흥미를 유발했다. 영아들은 큰 소리에 놀라 도망가거나 귀를 막기도 하였지만 신기한 듯 뚫어져라 믹서기를 바라보았다. 갈린 바나나를 컵에 따라서 영아들에게 맛을 보였다. "무슨 맛이에요?" "이건 뭐예요?" 하고 영아들에게 물었더니, 대부분의 영아들은 무엇인지 정확히 알지 못했으나 그중 두세 명의 영아는 "바나나?"라며 바나나를 인식하는 듯했다. 바나나 주스 만들기 활동에 이어 여러 가지 과일을 주스로 만들어 먹어 보는 활동을 연계해 보았다. 이와 같은 활동을 통해 영아들은 자신의 오감을 활용하여 과일을 자유롭게 탐색하였고, 모양은 변형되었지만 같은 바나나임을 인식하는 경험을 가지게 되었다.

● 3~5세 유아(5세): 과일가게 놀이

여름철 오전 간식으로 수박, 포도, 복숭아, 자두 등 과일을 자주 먹는다. 유아들은 간식을 먹으며 평소에는 별 관심 없이 지나쳤던 과일에 자연스럽게 관심을 가지고 이야기를 나누기 시작했으며, 주제 중심 활동에 익숙해진 몇몇 유아들은 여러 과일을 세심하게 관찰하면서 궁금한 내용을 열심히 적기도 했다. 이렇게 유아들이 과일에 관심을 집중하자 교사는 '과일'을 주제로 활동해 볼 것을 제안하였으며, 전체 유아의 전폭적인 지지로 과일 주제가 선정되었다.

먼저 과일과 관련된 개인적인 경험을 공유하는 시간을 가졌는데, 이때 많은 유아들이 과일가게에서 과일을 사 본 경험을 이야기하였다. 이에 교사는 소꿉 영역에 과일가게를 꾸며 볼 것을 제안했고, 유아들은 스스로 역할을 분담하여 과일가게에 있는 소품들을 만들기 시작했다. 평소 지점토 만들기를 좋아하는 친구들은 지점토로 과일을 만들고, 다른 친구들은 스티로폼 공에 물감을 칠하거나 동그랗게 구긴 신문지를 예쁜 한지로 싸서 과일을 만들기도 했다. 만들어진 과일을 과일 바구니에 담는 도중에 갑자기 한 친구가 "과일을 사려면 돈이 있어야지. 내가 종이를 오려서 천 원짜리를 만들게. 그런데 백 원짜리랑 오백 원짜리는 어떻게 만들지?"라고 물어보았다. 그러자 다른 한 친구가 "지점토에 백 원짜리랑 오백 원짜리를 찍어서 만들자."라고 대답하여 지점토로 만든 동전이 탄생하게 되었다. 이 외에도 돈지갑을 만들고 과일을 운반하는 과일 트럭을 만드는 등 놀이를 진행하는 중에 과일가게에 필요한 것들이 계속 만들어졌다. 50% 세일이라는 문구가 등장하는가 하면, 과일을 산 손님에게 "맛있으니까 또 오세요."라고 말하는 유아들도 있었다. 하루는 유아들과 함께 과일가게 놀이를 하던 중 교사가 손님이 되어 과일을 사러 갔다. 교사가 "포도 얼마예요?"라고 묻자 유아는 모형 포도를 저울에 올려 놓으며, "한 근에 천 원이에요."라고 대답했다. 그런데 그 옆에 있던 다른 유아가 "근데 한 근이 얼마만큼이야?"라고 물었지만 모른다는 대답을 할 뿐이었다. 또한 수박과 포도를 셀 때 한 개, 두 개라고 칭하는 경우가 많아 교사는 유아들에게 과일가게에 가서 한 근이 얼마를 말하는지, 포도를 셀 때는 어떻게 세는지 등 각자 궁금한 것들을 물어보기로 했다. 과일가게를 방문하여 각자 과일을 사고 미리 준비한 질문을 하였다. 그곳에서 왜 모기향이 있는지, 왜 복숭아 포장은 꽃처럼 예쁜지 등의 새로운 질문을 하기도 하였다. 과일가게 주인아저씨와 유아들이 나눈 대화는 녹음기로 녹음하여 어린이집에 돌아와 함께 들어보며 질문에 대한 답을 유아들 스스로 찾아보도록 격려했다. 이와 같이 과일가게에서 과일을 사 본 경험을 놀이로 재구성하는 경험을 통해 유아들은 친구들과 함께 의견을 조율하여 결정하고, 여러 가지 소재들을 활용하여 과일 및 사물을 창의적으로 표현할 수 있는 경험을 가지게 되었다. 또한 한 근이라는 무게의 단위가 무엇을 의미하며, 과일의 종류에 따라 세는 단위가 다르다는 것을 알게 되었다.

(2) 단원 중심

① 발달 수준별 활동내용

과일을 주제로 진행한 단원 중심 프로그램의 활동내용을 수준별로 살펴보면 〈표 4-2〉

표 4-2 단원 중심 프로그램의 수준별 활동 내용

주제	영역 구분	영아 0~1세(4수준)	영아 2세(2수준)	유아 3~5세(3세)	유아 3~5세(5세)
과일	언어	• 과일그림책 보기 • 과일 이름 듣고 과일 찾기	• 과일그림책 보기 • 과일 먹어 본 경험 나누기 • 과일 보고 이름 알아맞히기	• 과일가게를 다녀와서 이야기 나누기 • 내가 좋아하는 과일에 대해 소개하기 • 과일이 등장하는 동화를 이야기로 구성하기 • 과일의 맛과 냄새를 언어로 표현하기	• 과일가게를 다녀와서 이야기 나누기 • 과일 이름 맞히기: 스무고개 게임 • 과일 글자 맞추기 • 과일에 대한 동시 짓기 • 과일 동화책 만들기
	미술	• 풍선 과일 만들기 • 솜방망이로 포도송이 찍기 • 과일 그림 그리기	• 내가 좋아하는 과일 그림 그리기 • 지점토로 과일 만들기 • 수박부채 만들기 • 과일 바구니 꾸미기	• 과일 얼음으로 과일 그림 그리기 • 색종이로 과일 모양 접기 • 과일나무 만들기 • 과일부채 만들기	• 과일즙으로 그림 그리기 • 과일 모양의 카드 만들기 • 과수원 꾸미기 • 과일 색소로 염색하기
	과학	• 과일 만져 보고 냄새 맡기 • 과일 맛보기	• 과일의 겉과 속 관찰하기 • 과일 씨 관찰하기	• 과일의 단면 모양 관찰하기 (가로/세로) • 시간 경과에 따른 과일의 변화 관찰하기	• 과일의 여러 단면 모양 관찰하기 (가로/세로/대각선) • 과일과 영양소의 관계 알아보기 • 여러 과일의 공통점과 차이점 알아보기 • 과일 벌레의 종류 알아보기 • 과일이 주스와 잼이 되는 과정 관찰하기
	수 조작	• 과일모양 퍼즐(2조각) 맞추기	• 색깔에 따라 과일 분류하기 • 크기에 따라 과일 분류하기 • 씨앗을 크기에 따라 분류하기 • 과일모양 퍼즐(3~5조각) 맞추기	• 가장 좋아하는 과일 그래프로 나타내기 • 양팔저울로 과일 무게 비교하기 • 과일 바구니 퍼즐(15조각) 맞추기	• 과일 세는 단위 알아보기 • 과일 등분하여 나눠먹기 • 색끈으로 그물망에 과일 모양 바느질하기 • 레고로 과일 모양 만들기 • 과일 바구니 퍼즐(50조각) 맞추기
	신체 음률	• 과일 노래('사과 같은 내 얼굴') 듣고 따라하기 • 과일 주워담기 게임	• 과일 노래('수박파티') 부르며 손유희 따라하기 • 과일이 굴러가는 모습 신체로 표현하기 • 과일친구 잡기 게임	• 과일 노래('멋쟁이 토마토')를 부르며 손유희하기 • 과일의 움직임 신체로 표현하기 • 과일그림 밟기 게임	• 과일 노래로 개사하여 부르기 • 카드에 적힌 과일의 맛을 신체로 표현해 보기 • 한 발로 과일그림 밟고 가기 게임 • 과일나무에서 과일 수확하기 게임
	역할 놀이		• 과일 소꿉세트 놀이	• 과일가게 놀이	• 과일가게 놀이
	요리	• 바나나 주스 만들기 • 바나나 아이스바 만들기 • 과일 꼬치 만들기	• 과일 화채 만들기 • 과일 얼음 만들기 • 과일 샐러드 만들기	• 과일 빙수 만들기 • 과일 샌드위치 만들기	• 과일 주스 만들기 • 과일 잼 만들기

와 같다.

② 활동실행 사례

● 0~1세 영아(4수준): 바나나 주스 만들기

과일을 이용한 요리활동으로 '바나나 주스 만들기' 활동을 하였다. 이 활동은 온전한 바나나의 모습을 탐색한 후 바나나를 믹서기에 갈아 모양이 변형된 바나나 주스를 맛보는 활동을 통해 모양은 변형되었지만 같은 바나나임을 인식하는 것을 목표로 하였다.

교사는 바나나 여러 개와 믹서기, 컵을 준비하였다. 먼저 영아들이 스스로 껍질을 벗겨 볼 수 있도록 꼭지 부분에 칼집을 낸 후 "이건 바나나야."라고 말하며 영아들에게 제시하였다. 칼집 낸 부분을 찾지 못한 영아들은 껍질째 먹으려 하기도 하였으나 교사가 칼집 난 부분에 손가락을 가져가서 아래로 힘을 주는 시범을 보이니 잘 따라하였다. 교사는 껍질을 벗긴 바나나를 영아들이 직접 먹어 보고 냄새 맡고 만져 보도록 하였다. "바나나 맛있어요?" "바나나 좋은 냄새 나요?"라고 질문하였으나 영아들은 바나나만 겨우 따라하거나 "응." 하고 대답했다. 그런 다음 교사가 미리 껍질을 까서 조각을 내놓은 바나나를 믹서기에 넣어 갈았다. "얘들아, 바나나가 춤을 추네. 바나나가 어떻게 될까?"라며 영아들의 흥미를 유발했고, 영아들은 큰 소리에 놀라 도망가거나 귀를 막기도 하였지만 신기한 듯 뚫어져라 믹서기를 바라보았다. 다 갈린 바나나를 컵에 따라 영아들에게 주고 맛보게 하였다. "무슨 맛이에요? 이건 뭐예요?"라고 영아들에게 물었더니, 대부분의 영아들은 무엇인지 정확히 알지 못했으나 두세 명의 영아는 "바나나?"라며 바나나를 인식하는 듯했다. 교사는 "바나나를 이 기계에 넣어서 갈았더니 바나나 주스가 되었어요. 바나나 주스 맛있지요? 이 기계에 넣으면 과일들이 모두 주스가 되어 나온대요."라며 기계의 힘에 의해 과일의 형태가 변한다는 점을 이야기하였다. 활동을 마친 후 다른 과일도 갈아서 형태의 변화를 관찰하고 맛을 보았다.

● 3~5세 유아(5세): 과일가게 놀이

'과일' 단원의 역할놀이 영역에서 실행할 수 있는 활동으로 '과일가게 놀이'를 계획하였다. 이 활동은 과일을 사고 파는 놀이를 통해 과일의 종류에 따라 세는 단위를 정확하게 사용할 줄 알고, 물건을 살 때는 돈을 지불해야 하며, 물건에 따라 가격이 다르다는 것을 알게 하는 데 목표를 두었다. 활동을 시작하기 전에 교사는 다양한 재료를 활용하여 여러 종류의 과일을 만들어 과일 바구니에 담아 두고, 종류에 따라 적당한 가격을 산정하여 가격표(예: 수박 7천 원, 복숭아 5백 원, 자두 3백 원 등)를 붙인 과일 가격 안내판을 만들어 준비했다.

교사는 먼저 2~3명의 유아에게 과일가게에 가서 과일을 사 본 경험이 있는지 물어본 후에, 미리 준비한 과일 바구니를 보여 주며 친구들과 함께 다양한 종류의 과일을 만들어 과일가게 놀이를 할 것임을 알려 주었다. 그리고 유아들에게 자신이 좋아하는 과일을 한 가지씩 정한 후에 앞에 놓인 다양한 재료들을 자유롭게 활용하여 만들어 보도록 했다. 과일 바구니에 없는 과일을 만드는 친구들도 있었지만, 유아들 대부분은 과일 바구니에 담긴 과일 중에서 자신이 좋아하는 과일을 골라 최대한 비슷하게 꾸미려고 노력했다. 과일 모형 만들기 활동이 끝나자 각자 만든 과일 모형을 친구들 앞으로 들고 나오게 했다. 그리고 "○○가 만든 과일 이름은 무엇이지요?" ("수박이에요.") "수박을 셀 때는 어떻게 세지요?" ("한 개, 두 개.") "사과를 셀 때는 ○○가 말한 것처럼 한 개, 두 개 하고 세는 게 맞지만, 수박을 셀 때는 '한 통, 두 통' 하고 세는 거예요."와 같이 교사가 질문을 하고 유아가 답하도록 했다. 이렇게 하여 유아들로 하여금 과일의 종류에 따라 세는 단위를 정확하게 사용할 수 있도록 도왔다. 다음으로 교사는 물건을 살 때는 돈을 지불해야 하며 물건에 따라 가격이 다르다는 것을 알려 주기 위해 유아들에게 "과일가게에서 내가 좋아하는 과일을 사려면 무엇이 필요할까요?"라고 질문을 던졌다. 대부분의 유아들이 돈이 필요하다고 대답했다. 이에 자신이 좋아하는 과일로 수박을 만든 친구를 앞으로 나오게 하여 미리 준비한 과일 가격 안내판을 보며 대답해 보도록 했다. "수박을 한 통 사려면 얼마가 필요하죠?" ("7천 원이요.") "그럼 천 원짜리가 몇 장 필요하죠?" ("7장이요.") 이와 같은 방법으로 유아들은 복숭아, 자두, 포도 등을 사기 위해 얼마를 지불해야 하는지를 알게 되었다. 이때 한 친구가 "선생님, 과일가게 놀이를 하려면 돈이 필요하니까 돈을 만들어야겠어요."라고 이야기하자 다른 친구들도 맞다며 빨리 돈을 만들자고 재촉했다. 교사는 좋은 아이디어임을 칭찬해 주며, 돈을 만들 때는 사용하는 돈이 다르면 안 되므로 약속을 해서 단위에 따라 동일하게 만들 것을 제안했다. 그리고는 단위가 다르게 만들어진 돈을 가지고 유아들이 만든 과일과 함께 소꿉 영역에서 자유롭게 과일가게 놀이를 하도록 격려했다. 미리 과일을 세는 단위와 가격을 지불하는 방법을 학습한 유아들은 "포도 한 송이만 주세요." "복숭아 두 개에 얼마예요?" "복숭아 한 개가 오백 원이니까 두 개면 천 원이에요."와 같이 종류에 따라 과일 세는 단위를 정확하게 사용하는가 하면, 정해진 가격을 지불하고 과일을 구입하는 모습을 보여 주었다. 교사는 놀이를 지켜보면서 간혹 과일을 세는 단위나 과일값 계산에 오류가 있는 경우에 바르게 시정해 주었다.

2) 상호작용

(1) 주제 중심

주제 중심 활동에서 교사와 영유아 간 상호작용의 특징을 살펴보면 다음과 같다.

첫째, 주제에 대한 영유아의 사전 경험과 이해 정도에 기초하여 질문을 하며 상호작용을 유도한다. 가령, 나의 몸을 주제로 질병과 관련된 활동을 진행할 경우 유아가 몸이 아파서 병원에 가 본 경험에 기초하여 "○○는 감기에 걸려서 병원에 자주 갔었구나. 그럼 ○○는 왜 감기에 자주 걸리는 걸까?" 와 같이 질문함으로써 유아들로부터 질병예방 및 건강한 생활습관과 관련된 상호작용을 유도할 수 있다.

둘째, 공동의 목적 및 목표를 달성하기 위해 대집단보다는 소집단 활동을 이용해 또래들 간의 적극적인 상호작용을 유도한다. 예를 들어, '○○반 체력증진센터' 라는 종결행사를 성공적으로 수행하기 위해 소집단으로 구성된 학급의 원아들은 집단별로 행사준비 및 행사진행을 위한 역할분담, 행사 진행방법, 부모님의 적극적인 참여를 유도하기 위한 방법 등을 구체적으로 논의한다.

셋째, 활동의 지속성과 연계성을 고려하여 상호작용함으로써 영유아가 주체적으로 활동에 참여할 수 있도록 배려한다. 또한 하나의 질문에 대해 다양한 반응 및 대답이 가능하도록 확산적 질문을 자주 한다. 가령, 환경오염의 원인과 예방법에 대해 알아보는 활동을 진행할 경우 "이제 우리 친구들은 환경오염을 예방하기 위해 무엇을 해야 하는지 잘 알게 되었어요. 그런데 우리만 노력한다고 환경오염을 막을 수 있을까요? 맞아요. 그럼 다른 사람들도 환경을 오염시키지 않도록 하려면 어떻게 하면 좋을까?" 와 같은 상호작용을 통해 환경오염 예방을 위한 다양하고 독특한 캠페인 활동을 유도할 수 있다.

마지막으로 활동의 진행과정에서 제기되는 영유아의 질문을 적극적으로 수용한다. 가령, 소화기관의 기능에 대해 알아보던 중에 한 유아가 "내 똥이 어떻게 생겼는지 궁금해요." 라고 질문을 했을 때, 교사는 활동과 연계하여 "똥의 모양이나 형태를 보면 먹은 음식이 소화가 잘 되었는지 아닌지를 알 수 있어요. 그래서 똥의 모양을 살펴보는 것은 매우 중요해요. 그럼, 내 똥의 모양이 어떤지 어떻게 알 수 있을까요?" 라고 질문함으로써 교사와 유아가 함께 문제를 해결해 볼 수 있다.

(2) 단원 중심

단원 중심 활동은 교사와 영유아 간의 상호작용에서 다음과 같은 특징을 지닌다.

첫째, 교사가 사전에 파악한 영유아의 발달 수준 및 흥미와 관심에 기초하여 계획된 활동의 목표를 달성하기 위해 미리 준비된 질문을 한다. 가령, "감기에 걸리거나 몸이 아프면 우리 친구들이 싫어하는 병원에 가서 주사도 맞고 약도 먹지요. 그럼, 감기에 걸리지 않으려면 어떻게 해야 할까요?" 와 같이 질병예방과 건강한 생활습관 확립이라는 활동목표를 실현할 수 있는 직접적이고 정형화된 질문을 한다.

둘째, 공동의 목적 및 목표 달성을 위해 소집단보다는 대집단활동을 통한 교사 주도의 상호작용이 많은 비중을 차지한다. 예를 들어, 교사는 유아들에게 "○○반 체력증진센터에서 친구들이 운동기구를 안전하게 이용할 수 있도록 하기 위해 각자 어떠한 역할을 할 수 있을지 한 가지씩 이야기해 볼까요?" 와 같은 질문을 던짐으로써, 교사가 구조화한 또래들 간의 상호작용을 유도한다.

셋째, 다양한 반응이 나올 수 있는 확산적 질문보다는 하나의 대답을 유도하는 질문을 많이 사용한다. 예를 들어, 계절의 변화를 알아보는 활동에서 "기온이 높고 공기는 습하고 비가 자주 오는 계절은 언제일까요?" 라는 교사의 질문에는 하나의 정답이 가능하다. 이러한 유형의 상호작용은 새로운 개념과 지식을 단시간 내에 획득하는 데 효율적이다.

마지막으로 활동의 진행과정에서 영유아의 개별적인 흥미와 관심이 반영된 질문을 적극적으로 수용하기보다는 주의환기 등을 통해 영유아의 관심이 계획된 활동의 범위를 벗어나지 않도록 한다. 가령, 활동 중에 한 유아가 "내 똥은 어떤 모양일까요?" 라고 질문했을 때 유아의 질문을 활동에 연계시키기보다는 "○○야, 지금은 위에서 음식이 어떻게 소화되고 있는지를 알아보고 있었지요?" 와 같이 유아가 진행 중인 활동에 다시 주의를 기울일 수 있도록 한다.

3) 활동 진행방법

(1) 주제 중심

주제 중심 프로그램은 일반적으로 준비, 도입, 전개, 마무리의 네 단계로 진행된다. 단계에 따라 진행하는 방법을 알아보면 다음과 같다.

우선 준비단계에서는 영유아의 흥미와 관심이 반영된 적합한 주제를 선정한다. 주로 영유아의 관심이나 흥미에 따라 제안되지만, 교사가 의도적으로 아동의 흥미를 유발시킬 수 있는 장치를 통해 제안하기도 한다. 주제가 선정되면 교사는 그동안의 경험과 관찰에 근거하여 영유아가 그 주제에 대해 무엇을 경험하고 무엇을 얼마나 알고 있는지를 생각하며, 교사 자신이 알고 있는 지식을 기초로 주제에 대한 여러 가지 생각이나 아이디어 등을 포함해 예비 주제망을 구성한다.

도입단계에서는 선정된 주제와 관련하여 영유아가 탐구하고자 하는 내용의 큰 줄기를 잡을 수 있도록 다양한 자료와 풍부한 경험을 제공하는 것이 중요하다. 이를 위해 영유아의 다양한 생각과 경험들을 격려하고 영유아가 주도적으로 활동의 목표와 방법을 선택할 수 있도록 지원한다.

전개단계에서는 영유아가 주도적으로 선정한 탐구과제를 직접적이고 구체적인 경험을 통해 체계적으로 실현할 수 있도록 다양한 활동을 유기적으로 연계하여 진행하는 것이 중요하다. 이를 위해 적절한 현장견학 장소를 제공하고 적합한 자원을 조달하는 한편, 또래들 간의 적극적인 협력활동과 활발한 상호작용을 촉진함으로써 영유아 스스로 문제를 탐구하고 해결할 수 있도록 자극한다. 이때 영유아의 개별적인 발달특성을 고려하여 활동의 전개가 개별적인 수준에서 융통성 있게 이루어질 수 있도록 조정하고 영유아의 능동적인 참여를 유도할 수 있는 교사의 역할이 중요하다.

마무리단계에서는 그동안 진행해 온 활동을 마무리하고 활동결과물을 토대로 영유아가 주도적으로 선정한 탐구과제를 어느 정도 이해하고 해결했는지를 검토하고 평가하는 것이 중요하다. 교사는 선정된 주제 아래 진행된 다양한 활동들이 영유아의 자율적이고 주도적인 참여 속에서 보육과정의 여섯 가지 영역(기본생활, 신체운동, 사회관계, 의사소통, 자연탐구, 예술경험)을 통합적으로 다룸으로써 심신의 조화로운 발달에 기여했는지를 함께 평가하여 이후의 주제 선정 및 활동 전개에 반영할 수 있다.

한편, 주제 중심 프로그램에서 부모는 영유아, 교사와 함께 주제 중심 활동을 이끌어가는 중요한 주체로서 준비단계에서부터 마무리단계까지 부모와 긴밀한 협조적 관계를 유지할 필요가 있다. 예를 들어, 준비 및 도입단계에서는 주제 선정의 이유 및 관련 자원을 부탁드리는 가정통신문을 통해, 전개단계에서는 현장견학활동의 지원 및 전문가로서의 자원을 통해, 마무리단계에서는 종결행사의 참여를 통해 활동의 주요 목표가 가정과의 연계 속에서 유기적으로 실현될 수 있는 기반을 마련할 수 있다.

(2) 단원 중심

단원 중심 프로그램은 일반적으로 준비, 직접경험, 평가의 세 단계로 진행된다. 단계에 따라 진행하는 방법을 알아보면 다음과 같다.

준비단계에서는 영유아의 흥미와 관심을 고려하여 단원을 선정하지만, 영유아가 흥미나 관심을 보이지 않더라도 교사가 필요하다고 생각하면 교사 주도로 단원을 선정할 수 있다. 일단 단원을 선정한 후에는 선정된 단원 아래 활동할 개념들을 유아와 함께하는 순서와 상관없이 나열하되, 개념들을 단순하거나 친숙한 것부터 복잡하거나 생소한 것의 차례로 배열한다. 예를 들어, 음식을 단원으로 선정한 경우, 주요 개념으로 크기, 모양, 색깔, 과일, 여름에 먹을 수 있는 과일, 신선도, 식중독, 영양소, 비타민 등을 나열할 수 있을 것이다. 다음으로 과일 특성 비교하기, 과일을 이용한 다양한 음식 즐겨먹기, 과일 깨끗이 씻어 먹기 등 주요 개념과 관련해서 가르칠 수 있는 기능을 고려한다. 이러한 개념과 기능에 기초하여 보육과정 여섯 가지 영역의 주요 목표가 가장 잘 실현될 수 있는 실제 활동을 월별, 주별, 일일 단위로 매우 구체적으로 계획한다.

직접경험단계에서는 준비단계에서 계획한 활동을 계획한 순서와 내용에 따라 실제 활동을 통해 경험하게 하는 것이 중요하다. 이때 하나의 단원 아래 계획한 활동의 전개는 반드시 연계성을 지닐 필요는 없다. 가령, 과일을 단원으로 활동을 전개할 때 오늘은 과일의 모양을 점토로 만들어 보고, 내일은 과일과 관련된 노래와 신체표현을 해 본다. 즉, 활동의 전개가 유기적으로 연결되기보다 교사가 계획한 의도에 따라 시간적으로 분리되어 진행된다. 또한 영유아가 활동과정에서 적극적으로 참여하는 것은 가능하나, 활동의 목표 및 방법은 미리 계획한 대로 진행되기 때문에 영유아의 흥미와 관심에 따라 활동의 흐름을 융통성 있게 조정하기는 힘들다. 이 단계에서 교사의 주 역할은 전문가이며, 유아는 계획한 내용을 학습하는 학습자의 역할을 하게 된다.

평가단계에서는 영유아가 건강생활교육의 주요 목표를 실현하기 위해 계획한 주요 개념 및 기능을 어느 정도 이해했는지에 초점을 맞추어 평가하게 되며, 주로 교사와 영유아들 간의 상호작용을 통해서 이루어진다.

3. 평가

영유아 보육과정의 구성에 대한 평가는 각 영역별로 과정 평가와 효과 평가의 두 가지로 구분하여 실시할 수 있다. 과정에 대한 평가는 교육목표 평가, 교육계획 평가, 교육활동 평가를 통해, 효과에 대한 평가는 교육목표 성취 평가와 영유아의 발달성과 평가를 통해 이루어진다. 각 평가 영역의 주요 평가내용을 항목으로 정리하여 살펴보면 다음과 같다.

1) 과정 평가

(1) 교육목표 평가

- 영유아 보육과정 각 영역의 특성이 잘 반영되었는가?
- 영유아의 발달적 요구에 적합하며 영유아의 발달 수준에서 성취 가능한 목표인가?
- 영유아 개인의 관심과 흥미, 가정환경, 지역환경과 같은 개인차를 고려하였는가?

(2) 교육계획 평가

- 영유아의 관심과 흥미, 발달 수준을 고려하여 교육내용을 선정하고 그에 적절한 방법으로 계획하였는가?
- 보육과정의 각 영역을 통합적으로 경험할 수 있도록 계획하였는가?
- 영유아가 소속된 기관의 물리적 환경 및 지역사회의 특성을 고려하여 전개 가능하도록 계획하였는가?
- 영유아에게 구체적이고 직접적인 경험이 가능한 활동으로 계획하였는가?
- 특수아(장애아, 영재아)를 고려하여 지도방안을 계획하였는가?

(3) 교육활동 평가

- 영유아의 발달 수준에 알맞게 진행되었는가?
- 영유아의 흥미와 관심에 따라 융통성 있게 재조정되었는가?
- 영유아 스스로가 적극적으로 탐색하고 선택할 수 있는 기회를 제공하였는가?
- 영유아들 간의 활발한 상호작용을 자극함으로써 영유아들의 적극적인 활동 참여를 유도하였는가?
- 영유아의 발달 수준과 교육내용을 고려하여 교수 · 학습자료를 준비하였는가?
- 영유아 스스로 자신의 활동을 평가하고 반성적으로 사고할 수 있는 기회를 제공하였는가?
- 특수아(장애아, 영재아)의 특별한 요구를 충족시켜 주기 위해 주의를 기울였는가?

2) 효과 평가

(1) 교육목표 성취 평가

- 통합적으로 다루어진 교육활동의 경험을 통해 영유아 보육과정 각 영역에서 성취하고자 하는 목표를 달성하였는가?

(2) 영유아의 발달성과 평가

- 영유아 개인의 발달 수준에 적합한 신체발달이 이루어졌는가?
- 영유아 개인의 발달 수준에 적합한 언어발달이 이루어졌는가?
- 영유아 개인의 발달 수준에 적합한 인지발달이 이루어졌는가?
- 영유아 개인의 발달 수준에 적합한 정서발달이 이루어졌는가?
- 영유아 개인의 발달 수준에 적합한 사회성 발달이 이루어졌는가?

참고문헌

보건복지부(2013). 제3차 어린이집 표준보육과정고시 제2013-8호(2013. 1. 21.).

육아정책연구소(2012). 3~5세 연령별 누리과정 지원을 위한 시도(교육)청 강사요원 중앙연수 자료집.

이순형 · 이경화 · 문무경 · 이영미 · 한유진 · 이성옥 · 권혜진 · 김영병 · 권기남 · 김혜라 · 안소용 · 임송미 · 엄성애(2000). 발달 수준별 주제탐구표현활동 프로그램의 운영. 서울: 창지사.

제5장 기본생활 보육과정

1. 개념 및 특성

1) 개념

기본생활 영역은 일생의 기초가 되는 영유아기의 건강과 영양에 관한 올바른 지식과 기술을 습득하고, 자신과 타인을 보호하기 위한 안전한 생활을 실천하며, 일상 속에서 공동생활의 기본이 되는 예절과 질서, 절약을 습관화하도록 함으로써, 영유아 스스로 자신의 건강과 안전을 지키고 즐겁고 원만한 사회생활을 할 수 있게 돕는 영역이다. 기본생활 보육과정을 통해 형성되는 기본생활습관은 심신의 조화로운 발달을 도모하고 사회적으로도 건전하게 성장 · 발달할 수 있게 하는 기본이 된다. 특히 영유아기는 '세 살 버릇 여든 간다.' 는 속담이 말해 주듯 올바른 생활습관 형성의 결정적 시기라는 점에서 기본생활 보육과정은 더욱 중요한 의의를 지닌다. 한편, 이러한 기본생활습관은 각본처럼 짜인 의도된 경험이 아닌 일상 속에서의 친숙한 경험을 통해 보다 자연스럽게 형성될 수 있는데, 기관에서의 하루 일과를 살펴보면 안전하게 등하원하기, 안전하게 놀이하기, 손 씻기 후 간식 먹기, 점심 맛있게 먹기, 양치질하기, 화장실 다녀오기, 낮잠 자기 등 기본생활과 밀접하게 관련되어 있다. 따라서 영유아보육 · 교육기관에서는 기본생활 영역의 건강하고 안전한 생활에 관한 내용이 하루의 일과 속에서 자연스럽게 통합될 수 있도록 노력해야 한다.

2) 특성

영유아가 건강하고 안전하며 바르게 생활하는 습관을 가질 수 있도록 도와주는 기본생활 영역은 건강하게 생활하기와 안전하게 생활하기의 두 가지 내용범주로 구성된다.

건강하게 생활하기는 바른 식생활, 적당한 수면과 휴식, 청결과 위생 등을 바탕으로 건강을 증진하기 위한 내용범주다. 영유아 시기는 자아발달과 병행하여 식품을 선택하고 결정하는 데 적극적인 역할을 수행하게 되면서 음식에 대한 선호가 분명해지고 일생동안 지속될 수 있는 식습관이 형성되는 시기(이자형 · 김일옥 · 천기정, 2002)로, 건강한 식품에 대한 기호와 바른 식사예절을 토대로 올바른 식습관을 형성하는 것이 중요하다. 그러나 영유아는 발달특성상 자신의 영양섭취 문제를 확인하고 스스로 식습관을 조절하는 데 어려움이 있다. 이에 건강한 생활 영역에서는 단순한 영양 공급의 차원을 넘어 영유아에게 요구되는 영양의 균형 있는 섭취와 바른 식습관 형성을 도와주는 것에 강조를 둔다.

아이들의 뇌는 새로운 정보로 가득한 주변 환경에 쉽게 지치므로 잠을 자면서 뇌세포를 쉬게 해 줄 필요가 있을 뿐더러, 잠을 충분히 자야 면역력이 강해져 질병에 잘 걸리지 않는다. 그러나 요즘 아이들은 바쁜 부모의 생활 흐름에 맞추다 보니 밤늦게 자고 일찍 일어나기 때문에 잠이 부족한 경우가 많다. 특히 기관의 종일제 프로그램에 따라 일찍 등원하고 늦게 하원해야 하는 영유아들은 더욱 그렇다. 따라서 잠이 부족한 영유아들에게 적당한 수면 및 휴식 시간을 제공하는 것이 중요하며, 건강한 수면 및 휴식을 취할 수 있도록 올바른 습관을 형성하는 것이 중요하다. 한편, 영유아는 발달특성상 세균에 대한 저항력이나 면역력이 약하다. 또한 대부분의 영유아들이 물체를 입으로 빨거나 손가락을 입에 넣는 등 세균의 전염을 촉진하는 버릇을 가지고 있어 감염성 질병에 걸릴 위험이 매우 높다. 따라서 보건위생의 체계적 관리를 통해 질병을 사전에 예방하는 것이 중요하며, 이를 위해 건강한 생활 영역에서는 영아들을 대상으로 영아 자신의 몸을 청결히 하는 습관의 기초를 형성할 수 있도록, 유아들을 대상으로 자신의 몸과 주변을 청결히 하는 습관을 확립할 수 있도록 배려해야 한다.

안전하게 생활하기는 위험한 상황에 대해 알고 적절하게 대처하는 능력을 길러 자신과 타인을 안전하게 보호하기 위한 내용범주다. 안전을 위협받는 상황에서는 정상적으로 성장하기 어렵다(Morrison, 1998)는 측면에서 안전한 생활을 습관화하는 것은 영유아의 건전한 성장 발달에 있어서 기본이라 할 수 있다. 그런데 안타깝게도 영유아는 호기심이 많아 자신의 행동을 잘 제어하지 못하는가 하면, 자기중심적 사고로 자신의 행동이 가져올 수 있는 위험한 상황을 제대로 예측하지 못한다. 바로 이러한 영유아의 행동 및 인지특성으로 인해 영유아는 안전사고에 매우 취약하다. 따라서 안전한 생활 영역에서는 안전한 환경의 제공을 통해 물리적 환경으로 인한 안전사고를 철저히 예방하는 것은 기본이고, 정기적인 안전교육을 통해 영유아 스스로 안전한 생활을 실천할 수 있게 도와주는 것에 초점을 맞추고 있다. 특히 최근 어린이 성폭력, 유괴, 학대 등이 심각한 사회적 문제로 대두되면서 영유아를 대상으로 발달 수준을 고려하여 위험한 사람으로부터 스스로를 안전하게 보호할 수 있는 능력 키우기가 중요하게 부각되고 있다.

2. 목적 및 목표

기본생활 영역의 목적은 건강하고 안전한 생활습관을 통해 자신의 건강을 스스로 관리하고 위험으로부터 자신을 보호하는 능력을 기르는 것이다. 이러한 기본생활 영역의 목적은 다음과 같은 목표로 구체화될 수 있다.

① 청결과 위생, 수면과 휴식, 바른 식생활과 의생활 및 심신의 건강을 바탕으로 발달을 촉진하고 건강을 증진한다

영유아는 몸과 주변의 청결, 적당한 수면과 휴식, 바른 식생활과 의생활, 건강한 정신을 통해 질병을 예방하고 건강을 증진할 수 있다. 또 영유아의 심신이 건강해야 적절한 발달을 할 수 있고 일과에 원만하게 적응하여 즐겁게 생활할 수 있다. 이처럼 건강한 생활은 영유아가 누려야 할 기본 권리인 동시에 가족과 교사가 당연히 제공해야 할 의무다. 이를 위해 보육교사는 일관된 관찰과 적절한 보살핌을 제공해야 한다. 영유아기는 환경적 변화에 대한 적응력과 질병에 대한 저항력이 성인에 비해 약하기 때문에 세심한 보살핌이 요구되며 끊임없는 관심과 지도를 통해 건강한 생활습관을 형성하게 하는 것이 중요하다. 이에 기본생활 영역에서는 영유아의 건강한 생활습관 형성을 돕기 위해

0~1세 영아 수준에서는 몸을 깨끗이 하고 즐겁게 먹고 건강한 일상생활하기를, 2세 영아 수준에서는 몸을 깨끗이 하고 바른 태도로 먹고 건강한 일상생활을 하며 건강에 관심 갖기를, 3~5세 유아 수준에서는 신체와 주변을 청결히 유지하고 적절한 수면과 휴식을 취하며 바른 식생활을 실천하여 질병을 예방하고 건강을 증진시키는 것을 목표로 한다.

② 위험한 요인과 상황에 대해 알고 안전하게 대처하는 능력을 길러서 자신과 타인을 보호한다

영유아가 생활하는 환경에는 언제나 위험요인이 산재해 있어 영유아가 환경적인 위험요인을 파악하고, 안전하게 대처하여 놀이하는 것이 중요하다. 한편, 학대, 납치, 유괴 및 성폭력 등의 사회적인 범죄도 영유아의 안전을 위협하고 있다. 영유아가 이러한 환경 속에서 안전하게 살아가기 위해서는 안전한 보육환경을 제공해 주어야 할 뿐 아니라 다양한 환경과 상황에 안전하게 대처하는 능력을 기르도록 교육을 통해 도와주어야 한다. 즉, 유아기에는 안전사고가 일어날 수 있는 다양한 상황에 대해 이해시키되 주로 성인의 감독하에 안전사고를 예방하는 수준으로, 유아기에는 다양한 안전사고 발생 상황별로 안전사고를 예방할 수 있는 구체적인 실천방안을 함께 논의하고, 모의실습 및 훈련을 통해 실천하는 방향으로 이루어지는 것이 바람직하다. 안전교육에는 놀이안전, 교통안전, 재해 및 재난으로부터의 안전, 사회적인 범죄로부터의 안전, 타인의 안전에 대한 배려 등의 내용이 포함된다. 지속적인 안전교육을 통해 영유아는 자신과 타인을 보호할 수 있는 태도를 익히고 지식을 갖추게 된다. 이에 기본생활 영역에서는 영유아의 안전한 생활습관 형성을 돕기 위해 0~1세 영아 수준에서는 놀잇감을 안전하게 사용하고 위험한 상황에 대해 인지하는 것을, 2세 영아 수준에서는 놀이기구나 놀잇감을 안전하게 사용하고 교통수단의 위험과 위험한 상황을 알고 조심하기를, 3~5세 유아 수준에서는 안전하게 놀이하고 교통안전 규칙 지키기를 실천하며, 일상생활에서 경험하는 잠재적 위험요소를 인식하고 비상시 적절히 대처할 수 있는 능력과 태도 기르기를 목표로 한다.

3. 내 용

1) 내용체계

표준보육과정에서 기본생활 영역의 내용체계는 크게 0~2세 영아를 위한 기본생활 영역과 3~5세 유아를 위한 누리과정의 신체운동 · 건강 영역으로 구분할 수 있다. 구체적으로 0~2세 영아를 위한 기본생활 영역은 건강하게 생활하기, 안전하게 생활하기의 두 가지 내용범주와 0~1세 영아, 2세 영아의 두 연령집단별 세부 수준으로 구성된다. 3~5세 유아를 위한 누리과정의 신체운동 · 건강 영역 중 기본생활 부분은 건강하게 생활하기, 안전하게 생활하기의 두 가지 내용범주와 3세, 4세, 5세 유아의 세 연령 수준으로 구성된다.

각 범주의 하위내용은 발달 수준별로 구성된 구체적인 활동들을 체계적으로 경험함으로써 장단기적으로 상위 내용범주의 목표 달성에 기여할 수 있는 구체적인 목표의 수준으로 제시하였다. 예를 들어, 0~1세 영아를 위한 기본생활 영역의 '건강하게 생활하기' 내용범주는 몸을 깨끗이 하고, 즐겁게 먹고, 건강하게 일상생활하는 목표를 달성하기 위해 장단기적으로 0~1세 영아의 발달 수준에서 실현할 수 있는 몸을 깨끗이 하기, 즐겁게 먹기, 건강한 일상생활하기가 하위내용으로 선정되었으며, 각 하위내용에 대해 수준별로 세부내용이 제시되었다. 기본생활 영역의 전체적인 내용체계는 〈표 5-1〉과 같다.

표 5-1 기본생활 영역의 내용체계

내용범주	0~1세	2세	3~5세
건강하게 생활하기	• 몸을 깨끗이 하기 • 즐겁게 먹기 • 건강한 일상생활하기	• 몸을 깨끗이 하기 • 바르게 먹기 • 건강한 일상생활하기 • 질병에 대해 알기	• 몸과 주변을 깨끗이 하기 • 바른 식생활하기 • 건강한 일상생활하기 • 질병 예방하기
안전하게 생활하기	• 안전하게 지내기 • 위험한 상황에 반응하기	• 안전하게 놀이하기 • 교통안전 알기 • 위험한 상황 알기	• 안전하게 놀이하기 • 교통안전 규칙 지키기 • 비상시 적절히 대처하기

(1) 0~1세 영아

0~1세 영아를 위한 기본생활 영역은 건강한 일상생활을 하고 놀잇감을 안전하게 사용하며 위험한 상황에 대해 인지하고 주의하는 것을 목표로 하여 영아의 발달 수준에 따라 〈표 5-2〉와 같은 내용체계로 구성된다. '건강하게 생활하기' 내용범주는 몸을 깨끗이 하기, 즐겁게 먹기, 건강한 일상생활하기로 구성되고, '안전하게 생활하기'는 안전하게 지내기, 위험한 상황에 반응하기로 구성된다. 예를 들어, '건강하게 생활하기' 내용범주 중 '즐겁게 먹기'에 해당하는 세부내용을 발달 수준별로 살펴보면, 1수준에서는 편안하게 안겨서 우유(모유)를 먹고, 2수준에서는 이유식에 적응하며, 3수준에서는 고형식에 적응하고, 4수준에서는 다양한 음식을 먹어 보는 내용으로 구성된다. 그리고 '안전하게 생활하기' 중 '위험한 상황에 반응하기'의 세부내용은 위험하다는 말에 반응을 보이는 2수준에서, 위험하다고 알려 주면 주의하는 3, 4수준의 내용으로 연결된다. 이러

표 5-2 0~1세 영아의 수준별 세부내용

<table>
<tr><th>내용범주</th><th>내 용</th><th>1수준</th><th>2수준</th><th>3수준</th><th>4수준</th></tr>
<tr><td rowspan="10">건강하게 생활하기</td><td rowspan="3">몸을 깨끗이 하기</td><td colspan="4">몸이 깨끗해졌을 때 기분이 좋음을 안다.</td></tr>
<tr><td colspan="4">도움을 받아 손을 씻는다.</td></tr>
<tr><td></td><td colspan="3">도움을 받아 이를 닦는다.</td></tr>
<tr><td rowspan="3">즐겁게 먹기</td><td>편안하게 안겨서 우유(모유)를 먹는다.</td><td>이유식에 적응한다.</td><td>고형식에 적응한다.</td><td>다양한 음식을 먹어 본다.</td></tr>
<tr><td colspan="2"></td><td colspan="2">도구로 음식을 먹어 본다.</td></tr>
<tr><td colspan="4">즐겁게 먹는다.</td></tr>
<tr><td rowspan="4">건강한 일상생활하기</td><td colspan="4">수면을 충분히 취한다.</td></tr>
<tr><td colspan="4">편안하게 쉰다.</td></tr>
<tr><td colspan="4">하루 일과에 편안하게 참여한다.</td></tr>
<tr><td colspan="2"></td><td colspan="2">배변 의사를 표현한다.</td></tr>
<tr><td rowspan="4">안전하게 생활하기</td><td rowspan="3">안전하게 지내기</td><td colspan="3">안전한 상황에서 놀이한다.</td><td>놀잇감을 안전하게 사용한다.</td></tr>
<tr><td colspan="4">안전한 장소에서 놀이한다.</td></tr>
<tr><td colspan="4">차량 승하차 시 안전장구를 착용한다.</td></tr>
<tr><td>위험한 상황에 반응하기</td><td></td><td>위험하다는 말에 반응을 보인다.</td><td colspan="2">위험하다고 알려 주면 주의한다.</td></tr>
</table>

한 내용으로 0~1세 영아를 위한 보육과정을 구성하는 데 영아는 자신의 욕구를 각자 자기 방식대로 적극적으로 표현한다는 것을 알아야 하며, 교사는 영아가 보내는 신호에 민감해야 하고, 영아의 신뢰감을 증진시키기 위하여 욕구를 표현할 때 즉시 반응하고 해결해 주어야 한다.

(2) 2세 영아

2세 영아를 위한 기본생활 영역은 건강에 관심을 가지고 교통안전 및 위험한 상황을 알고 조심하는 것을 목표로 하여, 발달 수준에 따라 〈표 5-3〉과 같은 내용체계로 구성된다. '건강하게 생활하기' 내용범주는 몸을 깨끗이 하기, 바르게 먹기, 건강한 일상생활하기, 질병에 대해 알기로 구성되고, '안전하게 생활하기'는 안전하게 놀이하기, 교통안전 알기, 위험한 상황 알기로 구성된다. 예를 들어, '건강하게 생활하기' 내용범주 중 '건강한 일상생활하기'의 배변학습에 해당하는 세부내용을 발달 수준별로 살펴보면, 1수준에서는 정해진 곳에서 배변하는 것으로, 2수준에서는 화장실에서 배변을 해 보는 내

표 5-3 2세 영아의 수준별 세부내용

내용범주	내 용	1수준	2수준
건강하게 생활하기	몸을 깨끗이 하기	스스로 손과 몸 씻기를 시도한다.	
		스스로 이 닦기를 시도한다.	
	바르게 먹기	음식을 골고루 먹는다.	
		도구를 사용하여 스스로 먹는다.	
		정해진 자리에서 먹는다.	
	건강한 일상생활하기	일과에 따라 규칙적으로 잠을 잔다.	
		정해진 시간에 알맞게 휴식한다.	
		하루 일과에 즐겁게 참여한다.	
		정해진 곳에서 배변한다.	화장실에서 배변한다.
	질병에 대해 알기	질병의 위험을 안다.	
안전하게 생활하기	안전하게 놀이하기	놀이기구나 놀잇감을 안전하게 사용한다.	
		안전한 장소에서 놀이한다.	
	교통안전 알기	교통수단의 위험을 안다.	교통수단의 위험을 알고 조심한다.
	위험한 상황 알기	위험한 상황과 위험한 것을 안다.	위험한 상황과 위험한 것을 알고 조심한다.
		위험한 상황 시 어른의 지시에 따른다.	

용으로 구성된다. 그리고 '안전하게 생활하기' 내용범주 중 '교통안전 알기'의 세부내용은 교통수단의 위험을 아는 1수준에서 교통수단의 위험을 알고 조심하는 2수준의 내용으로 연결된다. 이러한 내용으로 2세 영아를 위한 보육과정을 구성하는 데 교사는 영아의 놀이 중 안전사고를 예방하기 위하여 지속적으로 영아를 관찰하고 영아가 위험한 행동을 하지 않도록 지도해야 한다. 또한 다른 영아들과 다툼이 일어나지 않도록 공간과 놀잇감 배분을 충분하고 적절하게 해야 한다.

(3) 3~5세 유아

3~5세 유아를 위한 기본생활 영역은 건강하고 안전한 생활습관을 기르는 것을 목표로, 유아의 연령별 발달단계에 따라 〈표 5-4〉와 같은 내용체계로 구성된다. 즉, '건강하게 생활하기' 내용범주는 몸과 주변을 깨끗이 하기, 바른 식생활하기, 건강한 일상생활하기, 질병 예방하기로, '안전하게 생활하기'는 안전하게 놀이하기, 교통안전 규칙 지키기, 비상시 적절히 대처하기로 구성된다.

구체적으로 '건강하게 생활하기' 내용범주 중 '바른 식생활하기'의 몸에 좋은 음식 선택하기와 관련되는 세부내용을 살펴보면, 3세 수준에서는 몸에 좋은 음식에 관심을 갖도록, 4세 수준에서는 몸에 좋은 음식을 알아보도록, 5세 수준에서는 몸에 좋은 음식을 선택할 수 있도록 내용이 연결된다. 예를 들어, 3세 유아는 간식 및 점심 시간에 새로운 음식이 나올 때마다 새로운 음식에 대해 소개한 후에 음식의 맛을 보고 이야기를 나누는 활동으로, 4세 유아는 잡지에서 오린 음식 사진을 가지고 몸에 좋은 음식과 몸에 나쁜 음식으로 분류해 보는 활동으로, 5세 유아는 모둠별로 몸에 좋은 음식 메뉴를 정하고 직접 요리해 보는 활동으로 구성해 볼 수 있다.

'안전하게 생활하기' 내용범주 중 '안전하게 놀이하기'의 미디어안전과 관련되는 세부내용을 살펴보면, TV, 인터넷, 통신기기 등을 바르게 사용하는 3세 수준에서 TV, 인터넷, 통신기기 등의 위해성을 알고 바르게 사용하는 4, 5세 수준으로 내용이 연결된다. 가령, 3세 유아 수준에서는 유아들에게 TV의 올바른 사용법을 알려 주고 교사의 도움을 받아 정해진 시간에 유아 대상의 TV 프로그램을 시청하도록 하는 활동으로, 4, 5세 유아 수준에서는 TV의 좋은 점과 나쁜 점을 알아보고 TV를 지혜롭게 활용하는 방법에 대해 어린이집 내 동생들에게 캠페인을 벌이는 활동으로 구성해 볼 수 있다.

이러한 내용으로 3~5세 유아들을 위한 보육활동을 계획하는 데 교사는 안전사고를 예방하기 위하여 보육실 내외의 위험요소를 확인하여 위험한 환경을 개선하고 유아에게

표 5-4 3~5세 유아의 연령별 세부내용

<table>
<tr><th>내용 범주</th><th>내용</th><th>3세</th><th>4세</th><th>5세</th></tr>
<tr><td rowspan="10">건강하게 생활하기</td><td rowspan="2">몸과 주변을 깨끗이 하기</td><td colspan="2">손과 이를 깨끗이 하는 방법을 알고 실천한다.</td><td>스스로 몸을 깨끗이 하는 습관을 기른다.</td></tr>
<tr><td>주변을 깨끗이 한다.</td><td colspan="2">주변을 깨끗이 하는 습관을 기른다.</td></tr>
<tr><td rowspan="3">바른 식생활하기</td><td colspan="2">음식을 골고루 먹는다.</td><td>적당량의 음식을 골고루 먹는다.</td></tr>
<tr><td>몸에 좋은 음식에 관심을 갖는다.</td><td>몸에 좋은 음식을 알아본다.</td><td>몸에 좋은 음식을 선택할 수 있다.</td></tr>
<tr><td>바른 태도로 식사한다.</td><td colspan="2">음식을 소중히 여기고 식사예절을 지킨다.</td></tr>
<tr><td rowspan="3">건강한 일상 생활하기</td><td colspan="3">규칙적으로 잠을 자고, 적당한 휴식을 취한다.</td></tr>
<tr><td colspan="3">하루 일과에 즐겁게 참여한다.</td></tr>
<tr><td>스스로 화장실에서 배변한다.</td><td>바른 배변습관을 가진다.</td><td>규칙적인 배변습관을 가진다.</td></tr>
<tr><td rowspan="2">질병 예방하기</td><td>질병의 위험을 알고 주의한다.</td><td colspan="2">질병을 예방하는 방법을 알고 실천한다.</td></tr>
<tr><td>날씨에 맞게 옷을 입는다.</td><td colspan="2">날씨와 상황에 알맞게 옷을 입는다.</td></tr>
<tr><td rowspan="7">안전하게 생활하기</td><td rowspan="3">안전하게 놀이하기</td><td colspan="2">놀이기구나 놀잇감, 도구를 안전하게 사용한다.</td><td>놀이기구나 놀잇감, 도구의 바른 사용법을 알고 안전하게 사용한다.</td></tr>
<tr><td>안전한 놀이장소를 안다.</td><td colspan="2">안전한 장소를 알고 안전하게 놀이한다.</td></tr>
<tr><td>TV, 인터넷, 통신기기 등을 바르게 사용한다.</td><td colspan="2">TV, 인터넷, 통신기기 등의 위해성을 알고, 바르게 사용한다.</td></tr>
<tr><td rowspan="2">교통안전 규칙 지키기</td><td>교통안전 규칙을 안다.</td><td colspan="2">교통안전 규칙을 알고 지킨다.</td></tr>
<tr><td>교통수단을 안전하게 이용한다.</td><td colspan="2">교통수단을 안전하게 이용한다.</td></tr>
<tr><td rowspan="2">비상시 적절히 대처하기</td><td>학대, 성폭력, 실종, 유괴 상황을 알고 도움을 요청한다.</td><td colspan="2">학대, 성폭력, 실종, 유괴 상황 시 도움을 요청하는 방법을 알고 행동한다.</td></tr>
<tr><td>재난 및 사고 등 비상시 적절하게 대처하는 방법을 안다.</td><td colspan="2">재난 및 사고 등 비상시 적절하게 대처하는 방법을 알고 행동한다.</td></tr>
</table>

다양한 종류의 안전습관을 형성할 수 있는 교육을 실시해야 한다. 한편, 유아는 운동능력과 지각판단능력이 미숙하므로 자신과 타인에게 위험한 행동을 하지 않도록 주의 깊게 감독해야 한다. 어떤 위험도 100% 예방은 불가능하므로 만일 유아에게 응급상황이 발생되었을 때 부모와 관련 기관에 신속하게 연락하여 적절한 조치를 취할 수 있어야 한다.

2) 활동 사례

기본생활 영역의 내용이 현장에서 어떻게 적용될 수 있는지를 알아보기 위해 실제 활동 사례를 살펴본다. 기본생활 영역의 두 가지 내용범주 가운데 안전하게 생활하기 내용범주에서 두 가지 하위내용을 선정하여 각 연령집단(0~1세 영아, 2세 영아, 3~5세 유아)의 세부 수준에 해당하는 활동 사례를 한 가지씩 제시한다.

(1) 안전하게 생활하기: 교통안전

① 0~1세 영아(4수준): 안전하게 지내기

활 동 명: 생명지킴이 카시트를 꼭 착용해 주세요

활동목표: 성인의 도움을 받아 차량 승차 시 카시트를 착용해야 한다는 것을 안다.

활동자료: 영아용 카시트, 어린이집 통학버스 혹은 자동차, 카시트가 장착된 차량의 내부 사진 및 그림, 동요 '간다간다'

활동준비: ① 어린이집에서 운행하는 통학버스를 활동하기 편한 곳에 주차해 달라고 부탁한다. 만일 어린이집에서 차량운행을 하지 않을 경우에는 어린이집 교직원 차량을 대여해서 준비해 둔다. ② 카시트의 개수는 가능하다면 영아 수만큼 준비한다. 원에 구비된 별도의 영아용 카시트가 없을 경우, 부모님들께 부탁하여 준비한다. ③ 카시트가 장착된 차량의 내부 사진 및 그림을 한쪽 벽에 붙여 놓고 그 앞에 실물 카시트를 놓아 둔다.

활동내용: 실제 차량에 탑승해서 미리 장착된 카시트를 교사의 도움을 받아 착용해 보는 활동이다.

꽃 도입: (영아들이 보육실의 한쪽에 설치된 카시트에 관심을 보인다.) 영아들이 카시트를

자유롭게 관찰하고 놀이할 수 있는 시간을 충분히 제공한 후에, 영아들에게 다가가 카시트의 이름 및 사용법 등에 대해 질문을 던진다. 영아들의 대답을 충분히 들은 후에, 교사가 정확한 명칭 및 용도, 사용법에 대해 자세하게 설명해 준다. 사용법에 대해 설명할 때는 실제 한 명의 영아를 카시트에 앉혀서 설명한다. 그리고 실제 차량에 가서 모든 영아가 다 함께 카시트를 착용해 볼 것을 제안한다.

※ 전개: 영아들과 함께 미리 카시트를 장착하여 준비해 둔 차량으로 이동한다. 영아들을 각각 카시트에 앉힌 후, 안전벨트를 정확하게 매어 준다. 모든 영아가 카시트를 안전하게 착용한 것을 확인한 후에, 운전기사님에게 미리 부탁하여 정해 둔 일정 코스를 운전해 줄 것을 요청한다. 이때 차량 CD 플레이어로 '간다간다' 동요를 틀어 주고 영아들과 손뼉을 치며 함께 부르며 즐겁게 이동한다.

※ 마무리: 교실로 이동하여 영아들에게 카시트에 착용했던 경험에 대해 자유롭게 이야기를 나누도록 한 후에, 자동차에 탑승할 때는 반드시 카시트를 착용해야 한다는 것을 주지시킨다. 그리고 교실의 한쪽 공간에 카시트를 상시 구비해 두고 영아들이 자유롭게 카시트를 착용하며 놀이할 수 있도록 지도한다.

② 2세 영아(2수준): 교통안전 알기

활 동 명: 안전하게 길을 건너요

활동목표: 신호등의 신호에 맞춰 횡단보도를 건너야 한다는 것을 안다.

활동자료: 개인사진, 박스(가벼운 것), 풀, 크레용, 색테이프, 교통신호등

활동준비: 영아가 그림을 그리면 완성할 수 있는 영아 전용 자동차를 만들기 위해 영아의 몸통이 들어갈 수 있을 만한 크기의 박스 윗면과 아랫면을 잘라내고 겉면은 전지를 붙여 준비한다. 교실의 한쪽 바닥에는 색테이프를 이용해 도로와 횡단보도를 만들고, 횡단보도 앞에는 교통신호등 모형을 세워 둔다.

활동내용: 영아들이 좋아하는 장난감 자동차를 직접 만들어 놀이하며 신호등 신호의 의미에 대해 알아보는 활동이다.

※ 도입: 영아들에게 전지를 붙인 박스를 보여 주며 두 다리로 움직이는 자동차임을 설명한다. 박스를 크레용과 함께 제시하여 자유롭게 그리도록 하고, 박스 겉면에 개인사

진을 붙여 준다. 완성된 장난감 자동차에 붙인 영아들의 사진을 가리키며, 자신의 사진이 있는 자동차를 타고 신호등이 있는 길을 건너가는 놀이를 할 것임을 설명해 준다.

ꕥ 전개: 먼저 영아들에게 교실 내에 도로와 횡단보도, 교통신호등이 설치되어 있음을 보여 주고, 이야기 나누기를 통해 자동차를 탄 사람과 횡단보도를 건너는 사람은 각각 어떻게 해야 하는지를 알아본다. 이야기 나누기가 끝난 후에는 영아 두 명이 한 조가 되어 한 명은 박스 자동차를 타고 운전하고 한 명은 횡단보도를 건너도록 한다. 이때 한 교사는 횡단보도의 신호등을, 다른 한 교사는 도로의 신호등을 관리하되 서로 신호등의 불이 반대가 되게 한다. 모든 영아가 한 번씩 활동을 마친 후에는, 역할을 바꿔 한 번씩 더 진행함으로써 길을 건널 때의 규칙을 모두 경험해 볼 수 있도록 한다.

[사진 5-1] 손을 들고 횡단보도 건너기

교사: 자동차가 다니는 길을 건널 때는 먼저 신호등을 보고 건너야 해요. 신호등의 색깔이 무슨 색깔일 때 건너야 할까요?

영아: 초록색이요.

교사: (신호등 모형을 보여 주며) 그래요. 이렇게 초록색 불이 켜졌을 때만 건너야 해요. 그리고 길을 건널 때는 손을 들고 누구 손을 꼭 붙잡고 건너야 할까요?

영아: 엄마요.

영아: 아빠요.
교사: 그럼, 신호등의 색깔이 빨간색일 때는 어떻게 해야 할까요?
영아: 안 돼요.
교사: 맞아요. 빨간색은 건너면 안 된다는 표시지요.

ꕥ 마무리: 영아들에게 자동차가 다니는 길을 건널 때의 안전규칙을 다시 한 번 확인시켜 주며, 교실의 도로와 횡단보도 설치공간에서 자유롭게 놀이를 하도록 한다. 아직 친구들과 함께 협동하여 놀이하기가 어려우므로 교사가 적절히 개입하여 놀이의 규칙을 설명해 주거나 함께 놀이에 참여하는 것이 바람직하다.

③ 3~5세 유아(4세): 교통안전 규칙 지키기

활 동 명: 안전하게 길을 건너요

활동목표: 신호등의 신호에 맞춰 횡단보도를 건너야 한다는 것을 안다.

활동자료: 게임판(하늘, 바다, 땅 그림) 2개, 다양한 교통수단 모형(비행기, 배, 자동차, 기차, 버스 등) 2개, 모형 버스 1대, 작은 박스 1개, 두꺼운 천고무줄, 크레용, 색종이, 풀, 색테이프, 교통신호등

활동준비: 하늘, 바다, 땅이 그려진 그림을 코팅하여 하드보드지(약 50×70cm)에 붙여 게임판을 만든다. 다양한 교통수단 모형은 교통수단이 그려진 그림을 코팅하고 뒷면에 벨크로테이프를 붙여 게임판에 붙였다 뗄 수 있게 만든다. 유아 3명 정도가 함께 탈 수 있는 버스는 큰 박스를 이용하여 만들되, 한쪽 면에 출입문을 앞뒤로 2개 만들어 타고 내리는 문을 다르게 하며, 미니 행어를 여러 개 붙여 버스에 탈 친구들이 미리 자신의 사진을 걸 수 있게 만든다. 나머지는 2세 영아 수준과 동일하게 준비한다.

활동내용: 교통수단이 다니는 길에 따라 탈것을 구분해 보고, 육상 교통수단 가운데 유아들이 자주 이용하는 자동차, 기차, 버스 중심으로 교통안전 규칙을 알아보는 활동이다.

ꕥ 도입: 육상, 해상, 항공 교통수단과 관련된 동요를 함께 불러 보며, 하늘, 땅, 바다로 다니는 교통수단이 있음을 함께 이야기해 본다. 그리고 유아들을 두 팀으로 나누고, 게임판과 교통수단 모형을 제시하여 게임판에 여러 가지 교통수단을 알맞게 붙여 보도

록 한다. 교통수단 모형이 붙어 있는 게임판을 보며, 유아들이 타 본 적이 있는 것을 물어보고 그러한 교통수단을 탈 때는 어떻게 해야 하는지 함께 알아볼 것을 제안한다.

⊛ 전개: 먼저 유아들에게 전지를 붙인 박스를 보여 주고, 크레용, 색종이, 풀 등을 제시하여 자유롭게 꾸미도록 한다. 유아들이 자신들의 자동차를 꾸미는 동안 교사는 버스로 활용할 큰 박스 꾸미기를 함께 수행함으로써 유아들의 활동 참여도를 높인다. 유아들의 꾸미기 활동이 끝나면 원하는 겉면에 유아 개인사진을 붙여 주고, 자동차 안전벨트로 사용할 천으로 된 고무줄을 어깨에 걸칠 수 있을 정도가 되게 박스에 연결해 준다. 안전벨트 달린 유아 전용 자동차가 완성되면 교실 내 도로가 설치된 공간으로 이동하여 자동차를 타고 도로를 달릴 때 어떻게 해야 할지에 대해 이야기 나누는 시간을 갖는다. 그런 다음 유아들에게 자동차를 타고 교통신호등이 있는 도로를 건너보도록 한다. 자동차 타기 활동이 끝나면 버스를 이용할 때의 안전규칙을 알아보고 미리 준비한 모형 버스를 이용하여 실제 안전규칙을 지켜서 버스를 타고 내리는 활동을 진행한다.

교 사: 우리 친구들이 여기에 붙인 것처럼 하늘에서는 비행기를 타고, 바다에서는 배를 타고, 땅에서는 자동차도 타고 버스도 타고 기차도 타요. 우리 친구들은 어린이집에 올 때 무엇을 타고 오지요?
유아 1: 자동차요.
유아 2: 버스요.
교 사: 그럼, 자동차를 탈 때는 어떻게 해야 할까요?
유아 1: 아빠 말 잘 들어요.
유아 2: 장난하면 안 돼요.
교 사: 우리 친구들이 만든 자동차에 달린 이 끈은 뭘까요? 이 끈은 우리 친구들이 다치지 않게 보호해 주는 안전벨트라는 거예요.
유아 1: 나도 했어요. 엄마가 자동차 타면 해 줘요.
교 사: 그래요. 자동차에 탈 때는 안전벨트를 꼭 해야 해요. 그럼, 왜 자동차에 탈 때는 아빠 말씀도 잘 듣고 장난도 치면 안 되고, 안전벨트도 꼭 매야 할까요?
유아 1: 다쳐요.
유아 2: 피나요.
유아 3: 위험해요.

⊛ 마무리: OX퀴즈 형식을 통해 교통수단을 이용할 때 지켜야 할 규칙을 함께 점검

[사진 5-2] 위험상황에서의 대처방안을 알아보는 막대인형극 놀이

해 보는 시간을 갖는다. 버스 및 자동차는 도로와 횡단보도를 설치한 교실공간에 계속 비치해 두고 자유놀이 시간에 활용할 수 있도록 한다. 버스 및 자동차를 이용한 교통놀이에 익숙해지면 교실 바닥에 색테이프를 이용해 기찻길을 만들어 주고 자동차 여러 대를 연결하여 기차를 만들어 놀이를 확장해 줄 수 있다. 또한 추후 실외놀이터나 옥외놀이터에서 자동차 및 자전거를 탈 때의 안전규칙을 알아보는 활동으로 확장할 수 있다.

(2) 안전하게 생활하기: 놀이안전

① 0~1세 영아(3수준): 안전하게 지내기

활 동 명: 한 줄 기차로 이동해요

활동목표: 순서를 지켜 안전한 상황에서 놀이할 줄 안다.

활동자료: 원형 디딤판, 전기 색테이프, 유아 사진

활동준비: 원형 디딤판은 각 영아가 깔고 앉을 수 있을 정도의 크기로, 다양한 색상의 도화지를 원형으로 오리고, 각 원형 디딤판마다 개별 영아의 사진을 붙여서 코팅하여 오린다. 곡선 부분은 원형 디딤판과 동일한 색깔의 전기 색테이프로 감싸서 영아들이 다치지 않게 주의한다.

활동내용: 한 줄 기차를 만들어 놀이하면서 안전한 상황에서 놀이하는 것의 즐거움을 느껴 보는 활동이다.

⊛ 도입: 교사를 마주보고 둥글게 둘러앉은 영아들에게 실외놀이터로 이동해서 놀이하는 시간을 가질 것임을 알려 준다. 그리고 교실에서 외부로 이동을 할 때 어떻게 이동해야 하는지를 설명한다.

교　사: 이제 우리 친구들과 함께 어린이집 실외놀이터에 갈 거예요.
영아들: 와~.
교　사: 실외놀이터에 갈 때는 어떻게 해야 하지요?
영　아: 한 줄~ 기차.
교　사: 그래요. 한 줄 기차로 줄을 서서 걸어가야 하지요. 한 줄 기차를 만들지 않고 친구들이 한꺼번에 나가게 되면 어떻게 되나요?
영　아: 쿵~ 아야 해요.

⊛ 전개: 영아들에게 각각 자신의 사진이 담긴 원형 디딤판을 제공한다. 그리고 교실의 대형 매트가 깔린 공간으로 이동하여 한 줄 기차를 만들기 위한 활동을 진행한다. 교사가 먼저 자신의 원형 디딤판을 대형 매트의 가장 앞 자리에 놓고 앉아서, '~는 어디 있나?' 노래를 부르면, 해당 영아가 '요기' 라고 씩씩하게 대답하면서 자신의 원형 디딤판을 매트 위에 순서대로 놓고 앉는다. 모든 영아가 원형 디딤판을 깔고 한 줄 기차 대형으로 앉으면, 그대로 일어나서 기차 놀이를 한다.

⊛ 마무리: 기차 놀이가 끝난 후에 순서를 지키지 않고 놀이했을 때 어떤 상황(예: 넘어졌어요. 부딪혔어요. 기차 모양이 이상해졌어요)이 벌어졌는지 함께 이야기를 나눈다.

② 2세 영아(2수준): 안전하게 놀이하기

활 동 명: 안전하게 사랑 케이크를 만들어요

활동목표: 활동목표: 블록 놀잇감을 안전하게 사용하여 놀이할 줄 안다.

활동자료: 원형 모양판, 미니 나무블록

활동준비: ① 원형 모양판은 하드보드지로 하트 모양을 오리고 그 위에 부직포를 싸서 만든다. ② 원형 모양판은 영아 수만큼 준비한다. ③ 미니 나무블록은 구성

이 자유롭게 다양한 모양이 섞인 것으로 준비한다.

활동내용: 미니 나무블록으로 사랑을 의미하는 모양의 케이크를 만들어 보면서 놀잇감을 안전하게 사용하는 것을 경험해 보는 활동이다.

⊛ 도입: 영아들과 함께 '사랑'에 관한 이야기를 나눈 후에, 사랑하는 사람에게 선물하고 싶은 케이크를 미니 나무블록을 사용해서 만들어 볼 것을 제안한다.

교사: (두 손으로 '하트' 모양을 만들어 보이며) 이게 뭘까요?
영아: 사랑한다는 거예요.
교사: 맞아요, 선생님이 우리 친구들을 사랑한다는 표시지요. 우리 친구들도 선생님 사랑해요?
영아: 이만~큼 사랑해요.
교사: 와~, 우리 친구들이 선생님을 많이 사랑하는구나. 선생님도 우리 친구들을 많이 많이 사랑해요. 그래서 선생님이 우리 친구들을 생각하면서 이 사랑해 케이크를 만들었어요(견본으로 원형 모양판에 미니 나무블록을 쌓아서 하트 모양으로 만든 케이크를 보여 준다). 우리 친구들도 사랑하는 사람들에게 선물할 케이크를 만들고 싶지요?

⊛ 전개: 영아들이 교사를 중심으로 해서 원형으로 둘러앉는다. 그리고 영아들에게 각각 미리 준비해 둔 원형 모양판을 한 개씩을 나눠 주고, 미니 나무블록을 모양판에 자유롭게 쌓아서 케이크를 만들어 보게 한다. 이때 미니 나무블록은 영아 개인별로 충분히 쓸 수 있을 정도의 수량을 바구니에 담아 제공하고, 여분을 별도로 준비하여 필요에 따라 추가로 제공하도록 한다.

⊛ 마무리: 모양판에 나무블록을 쌓아서 만든 케이크를 누구에게 선물할 것인지 이야기를 나눈다. 그리고 케이크를 만들 때 나무블록을 조심해서 다루지 않았을 경우 어떤 일이 벌어졌는지 이야기를 나눈다.

③ 3~5세 유아(5세): 안전하게 놀이하기

활 동 명: 나는 놀이규칙을 지키며 놀이를 해요

활동목표: 게임도구의 바른 사용법을 알고 안전하게 놀이할 수 있다.

활동자료: 놀이규칙 게임판, 윷가락 4개, 말 8개, 깔개

활동준비: ① 놀이규칙 게임판은 전통놀이인 윷놀이 말판과 같이 만들되, 원형의 각 칸에는 놀이규칙을 지켜야 하는 다양한 상황에서 놀이규칙을 잘 지키는 모습(예: 차례를 지켜 미끄럼틀을 타는 모습)과 놀이규칙을 지키지 않는 모습(예: 친구에게 블록을 던지는 모습)을 일정한 규칙이나 순서 없이 그려 넣어서 만든다. ② 게임 중에 상황에 대한 논란이 일지 않도록 놀이규칙을 잘 지키는 상황 그림과 지키지 않는 상황 그림 칸의 색깔을 다르게 한다. ③ 상황에 따라 두 명의 유아가 게임을 진행할 수도 있고, 전체 유아를 양 팀으로 나눠 진행할 수도 있으므로, 유아들이 참여하는 방법에 따라 필요한 게임판과 말의 수를 고려하여 준비한다.

활동내용: 이야기 나누기와 게임을 통해 놀이규칙을 지켜야 하는 다양한 상황에 대해 알아보고 실천하는 활동이다.

❀ 도입: 교사가 먼저 사람들이 공공규칙을 잘 지키지 않아 고생했던 경험에 대해 들려 준 후, 놀이상황에서 놀이규칙이 잘 지켜지지 않아 힘들었던 경험에 대해 이야기 나누기를 한다.

교사: 선생님이 어제 연극을 보러 갔었어요. 그런데 연극 중간에 옆에 앉은 사람이 전화를 하고 왔다 갔다 해서 연극을 제대로 볼 수 없었어요. 그리고 며칠 전에는 버스를 타려고 하는데, 갑자기 한 친구가 밀치고 먼저 타려고 하는 바람에 넘어져 다칠 뻔했어요. 여러분은 혹시 친구들과 놀이를 할 때 놀이규칙을 지키지 않는 친구 때문에 속상했던 적이 있나요?

유아: 친구랑 같이 젠가 게임을 했었는데요, 그때 친구가 내가 할 때마다 건드려서 너무 속상했어요.

❀ 전개: 먼저 게임방법 및 규칙에 대해 자세히 안내한다. 놀이에 참가하는 유아들을 두 편으로 나눈 후, 우리 편과 상대편이 한 명씩 번갈아 가면서 둘러앉고, 시곗바늘 반대 방향으로 던지는 순서를 정한다. 윷가락을 던져서 말 수가 더 많이 나온 쪽이 먼저 시작하며, 윷가락 4개를 던져서 나온 결과대로 윷판의 말들을 옮긴다(예: 윷가락 1개가 뒤집힌 상태인 '도'가 나오면 한 칸 이동, 윷가락 4개가 모두 엎어진 상태인 '모'가 나오면 다섯 칸 이동 등). 단, 상대편 말을 잡거나 이동한 칸이 공공규칙을 잘 지킨 상황 그림일 때는 윷가락을

한 번 더 던져서 이동할 수 있는 기회를 준다. 말을 이동시켜 한 바퀴를 돌아 출발점이자 최종점인 '날밭' 을 빠져나오면 되고, 먼저 말 4개가 모두 '날밭' 을 빠져나오는 팀이 이긴다. 정해진 방법으로 게임활동을 진행하다가 유아들이 익숙해지면, 유아들 스스로 정한 규칙을 가지고 게임활동을 진행해 보게 한다.

❀ 마무리: 게임이 종료된 후에, 모든 유아가 함께 모여 놀이상황에서 지켜야 할 규칙에는 무엇이 있는지를 다시 한 번 점검해 보며, 이를 일상 속에서 꼭 실천하겠다는 결의를 다지는 기회를 가진다. 그리고 교실에서 지켜야 할 놀이규칙의 목록을 기록하여 교실의 한쪽 공간에 붙여 놓고, 유아들이 실천할 수 있도록 지도한다. 게임도구는 교실에 항상 비치해 두고 유아들이 자유롭게 사용하도록 한다.

참고문헌

박용길(2003). 유치원 안전교육에 관한 조사 연구. 한국생활과학회지, 12(5), 619-634.
보건복지부(2013). 제3차 어린이집 표준보육과정고시 제2013-8호(2013. 1. 21.).
육아정책연구소(2012). 3~5세 연령별 누리과정 지원을 위한 시도(교육)청 강사요원 중앙연수 자료집.
이자형 · 김일옥(2005). 영유아 보건생활교육 프로그램 개발에 관한 연구. 대한간호학회지, 35(2), 262-269.
이자형 · 김일옥 · 천기정(2002). 유아를 위한 영양교육 프로그램 개발. 간호과학, 14(2), 19-30.
홍창의(2000). 소아과학. 서울: 대한교과서(주).

Israel, B. A., Checkoway, B., Schulz, A., & Zimmerman, M. A. (1994). Health education and community empowerment: conceptualizing and measuring perceptions of individuals, organizational, and community control. *Health Education Quarterly, 2* (2), 149-170.
Morrison, G. S. (1998). *Early Childhood Education Today.* NJ: Prentice-Hall. Inc.
Simon-Morton, B. G., Green, W. A., & Gottlieb, N. (1995). *Health Education and Health Promotion.* Prospect Heights, IL, Waveland.

제6장 신체운동 보육과정

1. 개념 및 특성

1) 개념

신체운동 영역은 영유아가 발달적으로 적합한 다양한 신체활동에 즐겁게 참여하며 자신의 신체를 긍정적으로 인식하고 일상생활에 필요한 기본운동능력과 기초체력을 기르게 함으로써, 영유아 자신이 행복한 삶을 누릴 수 있도록 돕는 영역이다.

인간은 누구나 행복을 추구하며, 대체로 행복의 최우선 조건으로 건강을 꼽는 것을 주저하지 않는다. 오늘날 건강이라고 하면 신체적 건강뿐만 아니라 정신적 건강과 사회적 건강까지 함께 고려하게 되는데, 이 가운데 체력 증진을 통한 신체적 건강이 뒷받침되지 않으면 정신적 · 사회적으로 건강한 삶을 유지하기 어렵다는 점에서 신체적 건강은 개인 건강의 중요한 토대가 된다고 하겠다. 그리고 신체적 건강은 활발한 신체활동을 통한 신체 및 운동 발달이 전제되어야 한다. 따라서 영유아 보육 · 교육기관에서는 영유아의 행복한 삶을 위해 영유아의 발달 수준이나 흥미에 맞게 신체 및 운동 발달의 경험을 체계적으로 제공해 주는 것이 매우 중요하다. 최근 영유아의 기초체력 저하문제가 심각한 시점에서 활발한 신체활동 참여 경험은 영유아의 기초체력 증진에도 큰 도움이 될 것이다.

2) 특성

영유아기의 신체 및 운동 발달은 자신을 이해하고 자아를 실현하는 수단으로뿐만 아니라 인지, 사회성, 자아개념 등 다른 영역의 발달과도 밀접하게 관련되어 영유아의 전인적 발달에 중요한 토대가 된다. 신체 및 운동발달이 미숙한 영유아는 인지발달의 지체는 물론 또래와의 놀이나 활동 참여에 제한을 받게 되면서 사회성 발달에 어려움을 겪으며, 또래집단에 동화되지 못하고 또래들로부터 소외되는 과정에서 부정적인 자아개념을 형성하게 됨으로써 결과적으로 전인적인 발달을 이루기가 어렵다. 따라서 영유아 보육을 담당하고 있는 이들은 일상생활 속에서 영유아가 신체 및 운동 능력을 발달시킬 수 있는 다양한 기회를 충분히 제공하는 데 중점을 두어야 한다. 이러한 관점에서 신체운동 영역은 영유아의 전인적인 성장 발달을 지원하기 위해 영유아가 자신의 신체에 대해 긍정적으로 인식하고 다양한 신체활동에 활발하게 참여해 신체 조절 및 기본운동능력을 습득할 수 있도록 감각 및 신체 인식하기, 신체 조절과 기본운동하기, 신체활동 참여하기의 세 가지 내용범주로 구성된다.

영유아기는 감각능력 발달의 기초가 되는 시기로 영유아는 눈, 코, 귀, 입, 피부 등의 다양한 감각기관을 활용하여 자신의 신체 및 주변 사물을 적극적으로 탐색하며, 자신을 둘러싼 주변 세계를 이해하게 된다. 즉, 감각능력의 발달이 잘 이루어진 영유아는 자신의 신체와 환경으로부터 주어진 감각정보들을 적절한 방식으로 조직화하고 반응하면서 자신과 주변 환경에 대한 경험적 지식을 쌓는다. 반면, 감각적 자극들을 적절하게 처리하는 데 장애를 지닌 영유아는 충동적 행동, 의사소통장애, 산만함, 정서적 불안 등의 증상을 보일 수 있다(Dunn, 1997). 이는 감각능력의 발달이 신체적 발달뿐만 아니라 인지적, 언어적, 정서적, 사회적 발달과도 밀접한 관련이 있음을 보여 준다. 따라서 영유아에게 다양한 감각적 경험을 체계적으로 제공하여 환경과 능동적으로 상호작용할 수 있도록 보육과정을 구성하는 것이 중요하다. 이를 위해 영아기에는 시각, 청각, 후각, 촉각, 미각 등의 감각적 자극을 제공하여 다양한 감각경험을 할 수 있도록, 유아기에는 두 가지 이상의 감각을 협응하는 활동을 통해 대상이나 사물의 특성과 차이를 인식하면서 기본적인 감각능력을 발달시킬 수 있도록 내용을 구성한다. 한편, 자신의 신체에 대해 어떻게 인식하는가는 자신에 대한 가치판단과 직결되어 정서상태 및 대인관계에 영향을 미친다는 측면에서 영유아가 자신의 신체에 대해 긍정적으로 인식할 수 있도록 해야 한다. 이를 위해 영아기에는 자신의 신체 부분을 탐색하는 내용에, 유아기에는 일상생활 속에서 신체를 성공적으로 움직일 수 있는 기회를 충분히 제공하여 자신의 신체적 특징 및 신체능력을 긍정적으로 인식할 수 있는 내용에 중점을 둔다.

영유아기는 신체를 조절하는 능력과 기본운동능력의 발달이 가장 급속하게 이루어지는 시기다. 영유아는 근육과 신경조직이 발달함에 따라 신체 조절력과 균형감이 발달하고, 이동운동 · 비이동운동 · 조작운동 등의 기본운동 기능을 습득한다. 그리고 신체를 조절하고 기본운동 기능을 성공적으로 수행하는 경험은 영유아로 하여금 자신의 신체적 능력에 자신감을 갖게 한다. 이는 이후 보다 정교하고 복합적인 신체 조절 및 운동능력을 발달시키는 기초가 된다는 측면에서 그 중요성이 강조된다. 특히 오늘날 영유아들은 자유로운 움직임을 위한 공간의 제약과 TV, 컴퓨터, 전자오락 게임 등의 놀이 선호로 점차 비활동적으로 변화하고 있음에 비추어 볼 때, 보육과정에서 영유아의 신체 조절 및 운동능력 발달을 위한 신체적 움직임의 내용을 제공하는 것이 불가피하다. 이때 영유아기의 신체 조절 및 운동능력 발달은 성숙과 학습의 상호작용에 의해 이루어짐을 고려하여 영유아가 신체균형감을 유지하고 이동운동 · 비이동운동 · 조작운동 등 특정의 운동 기능을 성숙 시간표에 맞추어 체계적이고 안전하게 배울 수 있는 환경과 경험을 제공해야 한다. 이를 위해 신체 조절 및 운동발달의 개인차가 큰 영아기에는 개인의 발달특성을 고려한 신체놀이를 통하여 신체균형감각의 증진, 대 · 소근육발달 및 기본적인 운동 기능의 습득을 시도하는 내용으로, 유아기에는 신체뿐만 아니라 다양한 종류의 놀이기구나 시설을 이용한 신체활동을 충분히 경험하면서 공간, 시간, 힘, 흐름 등 동작의 기본 요소를 인식할 수 있는 내용으로 구성한다.

영유아는 본성적으로 신체활동에 대한 발달적 요구가 강하다. 대부분의 영유아는 몸을 움직이고 뛰고 달리는 등의 신체활동을 매우 즐거워하며, 신체활동에 즐겁게 참여하는 동안 자신의 신체가 할 수 있는 것에 대한 자각을 통해 성취감과 자신감을 얻고 긍정적인 자아개념을 형성한다. 신체활동에 즐겁게 참여하는 동안 불안정한 심리상태를 안정시키며 부정적인 스트레스를 해소하기도 한다. 하루 일과가 정적인 활동으로만 구성되었을 때, 날씨 관계로 하루 종일 실내에서만 생활할 때, 또래 간 갈등 발생 빈도가 높게 나타나고 집중력이 현저히 떨어지는 것은 신체활동에 대한 영유아의 발달적 요구가 제대로 충족되지 못했기 때문이다. 따라서 궁극적으로 몸과 마음이 건강한 영유아로 성장하기 위해서는 다양한 신체활동에 즐겁게 참여할 수 있는 기회가 충분히 제공되도록 보육과정을 구성해야 한다. 이에 따라 영아 수준에서는 몸의 움직임을 즐기고, 기구를 이용한 신체활동에 적극적으로 참여할 수 있게, 유아 수준에서는 다양한 기구를 이용하여 신체활동에 능숙하게 참여할 수 있게 내용을 구성하되, 아직 위험에 대한 인식능력이 떨어지는 영유아들을 위해 자유롭게 몸을 움직일 수 있는 안전한 공간을 확보하여 안전하게 신체활동에 참여할 수 있도록 배려해야 한다.

2. 목적 및 목표

신체운동 영역의 목적은 활발한 신체활동 참여를 통하여 자신의 신체에 대해 긍정적으로 인식하고 신체 조절 및 기본운동능력을 습득하며 신체적, 정신적, 사회적으로 건강하고 행복한 삶을 누리는 데 있다. 이러한 신체운동 영역의 목적에 따른 구체적인 목표는 다음과 같다.

① 다양한 감각경험을 통해 기본적인 감각능력을 기르고, 자신의 신체를 긍정적으로 인식한다

영유아는 보고 듣고 맛보고 만져 보고 냄새를 맡으면서 자신과 주변 세계를 탐색하고 사물의 특성과 차이를 인식하게 되며, 이러한 과정을 통해 자신과 주변 환경을 이해하게 된다. 따라서 영유아의 기본적인 감각능력을 발달시키기 위해서 미숙한 감각 기능이 발달하기 시작하는 0~1세 영아들은 감각적 자극을 느끼고 반응하며 감각기관을 통해 주변 환경을 탐색하는 것을 목표로, 2세 영아들은 감각적 차이에 반응하며 사물을 구별하는 감각능력 기르기를 목표로, 감각 기능이 좀 더 예민해지는 3~5세 유아들은 미세한 감각적 차이를 인식할 수 있도록 감각능력을 기르고, 두 가지 이상의 감각기관을 활용하여 사물의 차이를 인식하는 것을 목표로 한다. 한편, 영유아는 신체 각 부분을 움직이는 활동을 통해 신체 기능을 탐색하고 자신의 신체능력에 대해 구체적으로 인식하게 되면서 자신의 신체에 대해 긍정적 혹은 부정적 인식을 형성한다. 따라서 영유아의 긍정적인 신체 인식을 위해 0~1세 영아 수준에서는 얼굴, 몸, 팔, 다리 등 신체 각 부분의 움직임 탐색하기를, 2세 영아 수준에서는 신체 각 부분의 움직임과 기능을 인식하고 움직이기를, 3~5세 유아 수준에서는 신체 각 부분의 특징을 이해하고 즐겁게 신체활동에 참여하며, 자신의 신체에 대해 긍정적으로 인식하기를 목표로 한다.

② 다양한 신체놀이 활동을 통해 신체를 조절하고 균형감을 기르며, 기본운동능력을 기른다

영유아는 놀이를 통해 신체를 사용하는 방법을 배우고 신체놀이를 하는 가운데 몸에 유연성이 생기며 신체균형감을 기르게 된다. 또한 신체가 유연하고 모험심이 많은 영유아는 새로운 운동기술을 갈등 없이 받아들일 뿐 아니라 새로운 동작을 시도해 보려는 열의가 강하므로, 놀이 동작을 통한 기본적인 운동 기능의 학습이 이루어지기에 이상적인 시기다. 신체 조절능력의 발달을 위해서 0~1세 영아 수준에서는 기초적인 수준에서의 대・소근육 조절하기와 눈과 손의 협응력 기르기, 안정되게 앉고 서는 균형감 기르기에, 2세 영아 수준에서는 앉았다 서기 등의 기본 동작을 취하기 위해 신체 부분의 움직임을 조절하는 신체 조절력 기르기, 특정의 신체 움직임을 유지하기 위해 의도적 자세를 취하는 균형감 기르기에, 3~5세 유아 수준에서는 의도한 동작을 하기 위해 신체 각 부분의 움직임을 자유롭게 조절하고 균형을 유지할 수 있는 신체 조절 및 균형감 기르기에 초점을 둔다. 그리고 기본운동능력의 발달을 도모하기 위해 0~1세 영아 수준에서는 걷기 등의 이동운동과 서기, 앉기 등의 비이동운동 시도하기를, 2세 영아 수준에서는 안정되게 걷는 이동운동과 팔과 몸통을 움직이는 비이동운동, 공과 같은 간단한 사물을 이용한 조작운동 다양하게 탐색하기를, 3~5세 유아 수준에서는 이동운동과 비이동운동, 다양한 도구를 활용한 조작운동을 능숙하게 수행하기와 움직임의 요소(공간, 시간, 힘, 흐름)를 인식하고 움직이기를 목표로 한다.

③ 일상생활 속에서 다양한 신체활동에 자발적으로 즐겁게 참여한다

신체와 정신이 미분화되어 있는 영유아는 신체적 움직임에 대한 본능적 욕구를 일상생활 속에서 뛰고, 달리고, 밀고, 당기고, 기어오르고, 던지고 하는 신체활동으로 맘껏 표출하면서 즐거움을 경험하고, 이를 통해 신체적으로뿐만 아니라 정신적으로도 건강한 상태에 이르게 된다. 따라서 자연과 교감하며 무한한 상상력을 키우고 즐겁게 활동할 수 있는 실외에서의 신체활동 기회를 충분히 제공해야 하며, 이러한 신체활동은 일상생활 속에서 규칙적으로 이루어져야 한다. 신체활동에 대한 영유아의 흥미와 참여를 증진시키기 위해 0~1세 영아 수준에서는 몸의 움직임 즐기기, 바퀴 달린 자동차와 같은 간단한 기구를 이용하여 신체활동 시도하기가, 2세 영아 수준에서는 몸의 움직임을 다양하게 변화시키는 신체활동과 영아용 놀이기구를 이용한 신체활동에 안전하게 참여하기가, 3~5세 유아 수준에서는 다양한 신체활동에 적극적이고 자발적으로 참여하기, 다양한 놀이기구를 활용하여 신체활동에 안전하게 참여하기가 목표가 된다.

3. 내 용

1) 내용체계

표준보육과정에서 신체운동 영역의 내용체계는 크게 0~2세 영아를 위한 신체운동 영역과 3~5세 유아를 위한 누리과정의 신체운동 · 건강 영역으로 구분할 수 있다. 구체적으로 0~2세 영아를 위한 신체운동 영역은 감각과 신체 인식하기, 신체 조절과 기본운동하기, 신체활동에 참여하기의 세 가지 내용범주와 0~1세 영아, 2세 영아의 두 연령집단별 세부 수준으로 구성된다. 3~5세 유아를 위한 누리과정의 신체운동 · 건강 영역 중 신체운동 부분은 신체 인식하기, 신체 조절과 기본운동하기, 신체활동에 참여하기의 세 가지 내용범주와 3세, 4세, 5세 유아의 세 연령 수준으로 구성된다.

각 범주의 하위내용은 발달 수준별로 구성된 구체적인 활동을 체계적으로 경험함으

표 6-1 신체운동 영역의 내용체계

내용범주	0~1세	2세	3~5세
감각과 신체 인식하기 (0~2세) 신체 인식하기 (3~5세)	• 감각적 자극에 반응하기 • 감각기관으로 탐색하기 • 신체 탐색하기	• 감각능력 기르기 • 감각기관 활용하기 • 신체를 인식하고 움직이기	• 감각능력 기르고 활용하기 • 신체를 인식하고 움직이기
신체 조절과 기본운동하기	• 신체균형 잡기 • 대근육 조절하기 • 소근육 조절하기 • 기본운동하기	• 신체균형 잡기 • 대근육 조절하기 • 소근육 조절하기 • 기본운동하기	• 신체 조절하기 • 기본운동하기
신체활동에 참여하기	• 몸 움직임 즐기기 • 바깥에서 신체 움직이기 • 기구를 이용하여 신체활동 시도하기	• 신체활동에 참여하기 • 바깥에서 신체활동하기 • 기구를 이용한 신체활동 하기	• 자발적으로 신체활동에 참여하기 • 바깥에서 신체활동하기 • 기구를 이용하여 신체활동 하기

로써 장단기적으로 상위 내용범주의 목표 달성에 기여할 수 있는 구체적인 목표의 수준으로 제시하였다. 예를 들어, 3~5세 유아를 위한 신체운동·건강 영역의 신체 인식하기 내용범주는 감각능력을 기르고 자신의 신체를 긍정적으로 인식하게 하는 목표를 달성하기 위해 장단기적으로 3~5세 유아의 발달 수준에서 실현할 수 있는 감각능력 기르고 활용하기, 신체를 인식하고 움직이기가 하위내용으로 선정되었으며, 각 하위내용에 대해 연령별로 세부내용이 제시되었다. 신체운동 영역의 전체적인 내용체계는 〈표 6-1〉과 같다.

(1) 0~1세 영아

0~1세 영아를 위한 신체운동 영역은 기본적 감각 기능을 발달시키고 자신의 신체를 인식하며 신체활동을 통해 신체 조절 및 기본운동능력을 기르는 것을 목표로 하여 영아의 발달 수준에 따라 〈표 6-2〉와 같은 내용체계로 구성된다. '감각과 신체 인식하기' 내용범주는 감각적 자극에 반응하기, 감각기관으로 탐색하기, 신체 탐색하기로 구성되고, '신체 조절과 기본운동하기'는 신체균형 잡기, 대근육 조절하기, 소근육 조절하기, 기본운동하기로, '신체활동에 참여하기'는 몸 움직임 즐기기, 바깥에서 신체 움직이기, 기구를 이용하여 신체활동 시도하기로 구성된다. 예를 들어, '감각과 신체 인식하기' 내용범주 중 '신체 탐색하기'에 해당하는 세부내용을 발달 수준별로 살펴보면, 1수준에서는 손과 발 등을 바라보며 탐색하고, 2, 3, 4수준에서는 얼굴, 몸, 팔, 다리 등 주요 신체 부분의 움직임을 탐색하는 내용으로 구성하였다. '신체 조절과 기본운동하기' 중 '신체균형 잡기'의 세부내용은 몸의 균형을 잡기 위해 자세를 시도하는 1수준에서, 붙잡고 혼자서 서 있는 자세를 취하는 2수준으로, 그리고 안정되게 서 있는 자세를 시도하는 3, 4수준의 내용으로 연결된다. 이러한 내용으로 0~1세 영아의 보육과정을 구성하는 데 교사는 영아의 발달 수준이 높아질수록 좀 더 다양한 감각적 자극을 경험할 수 있게 배려하며, 영아가 안전한 공간에서 몸을 자유롭게 움직일 수 있도록 해야 한다. 또한 영아기의 발달특성상 신체 조절 및 운동능력의 개인차가 큼을 고려하여 개별 영아의 발달 수준에 맞는 활동경험을 제공해야 한다.

표 6-2 0~1세 영아의 수준별 세부내용

<table>
<tr><th>내용범주</th><th>내 용</th><th>1수준</th><th>2수준</th><th>3수준</th><th>4수준</th></tr>
<tr><td rowspan="4">감각과 신체 인식하기</td><td rowspan="2">감각적 자극에 반응하기</td><td colspan="4">시각, 청각, 촉각, 후각, 미각으로 자극을 느낀다.</td></tr>
<tr><td colspan="4">시각, 청각, 촉각, 후각, 미각으로 자극에 반응한다.</td></tr>
<tr><td>감각기관으로 탐색하기</td><td colspan="4">감각기관으로 주변 환경을 탐색한다.</td></tr>
<tr><td>신체 탐색하기</td><td>손과 발 등을 바라보며 탐색한다.</td><td colspan="3">주요 신체 부분의 움직임을 탐색한다.</td></tr>
<tr><td rowspan="5">신체 조절과 기본운동 하기</td><td>신체균형 잡기</td><td>몸의 균형을 잡기 위한 자세를 시도한다.</td><td>붙잡고 서 있기 등의 자세를 취한다.</td><td colspan="2">안정되게 서 있기 등의 자세를 시도한다.</td></tr>
<tr><td>대근육 조절하기</td><td>뒤집기 등의 몸을 조절하여 위치를 바꾼다.</td><td colspan="3">누웠다 앉기 등의 몸의 움직임을 조절한다.</td></tr>
<tr><td>소근육 조절하기</td><td>보이는 물체에 손을 뻗는다.</td><td colspan="3">눈과 손을 협응하여 소근육을 활용해 본다.</td></tr>
<tr><td rowspan="2">기본운동하기</td><td>배밀이 등의 이동운동을 시도한다.</td><td>기기, 걷기 등의 이동운동을 시도한다.</td><td colspan="2">걷기 등의 이동운동을 시도한다.</td></tr>
<tr><td colspan="2">팔다리 뻗기, 흔들기 등의 제자리 운동을 시도한다.</td><td colspan="2">서 있기, 앉기 등의 제자리 운동을 시도한다.</td></tr>
<tr><td rowspan="3">신체활동에 참여하기</td><td>몸 움직임 즐기기</td><td colspan="2">몸을 활발히 움직인다.</td><td colspan="2">몸의 움직임을 다양하게 시도한다.</td></tr>
<tr><td>바깥에서 신체 움직이기</td><td colspan="2">규칙적으로 바깥 환경을 경험한다.</td><td colspan="2">규칙적으로 바깥에서 신체활동을 한다.</td></tr>
<tr><td>기구를 이용하여 신체활동 시도하기</td><td></td><td colspan="3">간단한 기구를 이용하여 신체활동을 시도한다.</td></tr>
</table>

(2) 2세 영아

2세 영아를 위한 신체운동 영역은 감각적 차이를 알고, 자신의 신체를 긍정적으로 인식하며, 신체활동을 통해 기본적인 신체 조절과 운동수행능력을 발달시키는 것을 목표로 하여, 발달 수준에 따라 〈표 6-3〉과 같은 내용체계로 구성된다. '감각과 신체 인식하기' 내용범주는 감각능력 기르기, 감각기관 활용하기, 신체를 인식하고 움직이기로,

표 6-3 2세 영아의 수준별 세부내용

내용범주	내 용	1수준	2수준
감각과 신체 인식하기	감각능력 기르기	다양한 감각적 차이에 반응한다.	
	감각기관 활용하기	감각기관으로 주변 환경을 탐색한다.	
	신체를 인식하고 움직이기	신체 각 부분의 명칭을 안다.	
		신체 각 부분의 움직임을 탐색한다.	
신체 조절과 기본 운동하기	신체균형 잡기	안정된 자세를 취하려고 시도한다.	
	대근육 조절하기	팔, 다리, 목, 허리 등의 움직임을 조절한다.	
	소근육 조절하기	눈과 손을 협응하여 소근육을 조절해 본다.	
	기본운동하기	걷기, 계단 오르기 등의 이동운동을 한다.	
		제자리에서 몸을 움직여 본다.	
신체 활동에 참여하기	신체활동에 참여하기	신체활동에 참여한다.	
	바깥에서 신체활동하기	규칙적으로 바깥에서 신체활동을 한다.	
	기구를 이용하여 신체활동하기	간단한 기구를 이용하여 신체활동을 한다.	

'신체 조절과 기본운동하기'는 신체균형 잡기, 대근육 조절하기, 소근육 조절하기, 기본운동하기로, '신체활동에 참여하기'는 신체활동에 참여하기, 바깥에서 신체활동하기, 기구를 이용하여 신체활동하기로 구성된다. 예를 들어, '신체 조절과 기본운동하기' 내용범주 중 '대근육 조절하기'에 해당하는 세부내용은 발달 수준별로 살펴보면, 1, 2수준에 걸쳐 팔, 다리, 목, 허리 등의 움직임을 조절하는 내용으로 구성된다. '신체활동에 참여하기' 내용범주 중 '기구를 이용하여 신체활동하기'의 세부내용은 1, 2수준에 걸쳐 간단한 기구를 이용하여 신체활동을 해 보는 내용으로 구성된다. 이러한 내용으로 2세 영아의 보육과정을 구성하는 데 교사는 영아가 다양한 근육을 발달시킬 수 있도록 균형 있는 신체활동을 계획하여 규칙적으로 제공하며, 아직 신체 조절능력이나 동작 기술이 미숙한 영아의 발달특성을 이해하고 안전한 신체활동을 지원할 수 있어야 한다.

(3) 3~5세 유아

3~5세 유아를 위한 신체운동 영역은 일상생활에서 자신의 신체를 긍정적으로 인식하고 즐겁게 신체활동에 참여함으로써 기초체력과 기본운동능력을 기르는 것을 목표로, 유아의 연령별 발달단계에 따라 〈표 6-4〉와 같은 내용체계로 구성된다. 즉, '신체 인식

표 6-4 3~5세 유아의 연령별 세부내용

<table>
<tr><th>내용 범주</th><th>내용</th><th>3세</th><th>4세</th><th>5세</th></tr>
<tr><td rowspan="4">신체 인식하기</td><td rowspan="2">감각능력 기르고 활용하기</td><td>감각적 차이를 경험한다.</td><td>감각적 차이를 구분한다.</td><td>감각으로 대상이나 사물의 특성과 차이를 구분한다.</td></tr>
<tr><td>감각기관을 인식하고, 활용해 본다.</td><td colspan="2">여러 감각기관을 협응하여 활용한다.</td></tr>
<tr><td rowspan="2">신체를 인식하고 움직이기</td><td>신체 각 부분의 명칭을 알고, 움직임에 관심을 갖는다.</td><td colspan="2">신체 각 부분의 특성을 이해하고 활용하여 움직인다.</td></tr>
<tr><td colspan="3">자신의 신체를 긍정적으로 인식하고 움직인다.</td></tr>
<tr><td rowspan="7">신체 조절과 기본 운동하기</td><td rowspan="5">신체 조절하기</td><td>신체균형을 유지해 본다.</td><td colspan="2">다양한 자세와 움직임에서 신체균형을 유지한다.</td></tr>
<tr><td>공간, 힘, 시간 등의 움직임 요소를 경험한다.</td><td colspan="2">공간, 힘, 시간 등의 움직임 요소를 활용하여 움직인다.</td></tr>
<tr><td>신체 각 부분의 움직임을 조절해 본다.</td><td colspan="2">신체 각 부분을 협응하여 움직임을 조절한다.</td></tr>
<tr><td colspan="3">눈과 손을 협응하여 소근육을 조절해 본다.</td></tr>
<tr><td colspan="2"></td><td>도구를 활용하여 여러 가지 조작운동을 한다.</td></tr>
<tr><td rowspan="2">기본 운동하기</td><td>걷기, 달리기 등 이동운동을 한다.</td><td colspan="2">걷기, 달리기, 뛰기 등 다양한 이동운동을 한다.</td></tr>
<tr><td>제자리에서 몸을 움직여 본다.</td><td colspan="2">제자리에서 몸을 다양하게 움직인다.</td></tr>
<tr><td rowspan="5">신체 활동에 참여하기</td><td rowspan="3">자발적으로 신체활동에 참여하기</td><td>신체활동에 자발적으로 참여한다.</td><td colspan="2">신체 활동에 자발적이고 지속적으로 참여한다.</td></tr>
<tr><td colspan="3">다른 사람과 함께하는 신체활동에 참여한다.</td></tr>
<tr><td></td><td colspan="2">자신과 다른 사람의 운동능력의 차이에 관심을 갖는다.</td></tr>
<tr><td>바깥에서 신체활동하기</td><td colspan="3">규칙적으로 바깥에서 신체활동을 한다.</td></tr>
<tr><td>기구를 이용하여 신체활동하기</td><td colspan="3">여러 가지 기구를 이용하여 신체활동을 한다.</td></tr>
</table>

하기' 내용범주는 감각능력 기르고 활용하기, 신체를 인식하고 움직이기로, '신체 조절과 기본운동하기'는 신체 조절하기, 기본운동하기로, '신체활동에 참여하기'는 자발적으로 신체활동에 참여하기, 바깥에서 신체활동하기, 기구를 이용하여 신체활동하기로 구성된다.

구체적으로 '신체 인식하기' 내용범주 중 '감각능력 기르고 활용하기'의 감각능력 기르기와 관련되는 세부내용을 살펴보면, 3세 수준에서는 감각적 차이를 경험할 수 있도록, 4세 수준에서는 감각적 차이를 구분할 수 있도록, 5세 수준에서는 감각으로 대상이나 사물의 특성과 차이를 구분할 수 있도록 내용이 연결된다. 예를 들어, 3세 유아는 감각적 차이를 경험해 볼 수 있도록 시각, 촉각, 미각, 후각 등의 오감각 중 미각을 활용하여 여러 가지 과일을 맛보는 경험을 통해 과일마다 다양한 맛이 있음을 경험해 보는 활동으로, 4세 유아는 다양한 자극을 제공해 주고 감각적 차이를 변별해 볼 수 있도록 여러 가지 과일을 맛이나 질감, 씹는 느낌의 차이에 따라 구분(신맛과 단맛, 단단한 느낌과 물렁한 느낌 등)해 보는 활동으로, 5세 유아는 여러 가지 감각경험을 토대로 대상이나 사물의 속성을 파악하고 그 차이를 구분할 수 있도록 과일을 만져 보고, 맛보고, 잘라 보며 과일의 특징을 탐색하며, 이러한 특징을 바탕으로 여러 가지 과일을 유사점과 차이점에 따라 분류해 보는 활동으로 구성해 볼 수 있다.

'신체 조절과 기본운동하기' 내용범주 중 '신체 조절하기'의 움직임의 요소와 관련되는 세부내용은 공간, 힘, 시간 등의 움직임 요소를 경험하도록 하는 3세 수준에서 공간, 힘, 시간 등의 움직임 요소를 활용하여 움직일 수 있도록 하는 4, 5세 수준으로 내용이 연결된다. 가령, 3세 유아는 북을 치는 소리의 빠르기에 따라 느리게 혹은 빠르게 걸어 보는 것과 같이 신체를 움직이고 조절하는 과정에서 신체의 움직임이 공간(더 높게, 더 낮게), 시간(더 빨리, 더 느리게, 더 길게, 더 짧게), 힘(더 강하게, 더 부드럽게), 흐름(연속, 멈춤) 등의 여러 가지 요소에 의해 서로 다르게 표현되는 것을 경험해 보는 활동으로 구성해 볼 수 있다. 4, 5세 유아는 나비의 움직임을 상상하며 빠르게 혹은 느리게 날아가는 모습을 흉내 내거나 신호등의 신호에 맞추어 멈추거나 움직여 보는 것과 같이 공간, 힘, 시간 등의 움직임의 요소를 고려하여 신체 움직임을 조절해 보는 활동으로 구성해 볼 수 있다.

이러한 내용으로 3~5세 유아를 위한 보육활동을 계획하는 데 교사는 매우 능동적이고 활동적인 유아기의 신체운동 특성을 이해하여 일과 중에 다양한 신체활동의 기회를 충분히 제공하고, 유아들이 신체활동을 하는 과정에서 공간, 시간, 힘, 흐름 등 동작의 기본 요소를 인식하고 그러한 요소를 활용하여 움직일 수 있도록 적극적으로 상호작용해 주어야 한다.

2) 활동 사례

신체운동 영역의 내용이 현장에서 어떻게 적용될 수 있는지를 알아보기 위해 실제 활동 사례를 살펴본다. 신체운동 영역의 세 가지 내용범주 가운데 감각과 신체 인식하기/신체 인식하기와 신체활동에 참여하기 내용범주에서 각각 한 가지 하위내용을 선정하여 각 연령집단(0~1세 영아, 2세 영아, 3~5세 유아)의 세부 수준에 해당하는 활동 사례를 한 가지씩, 총 여섯 가지를 제시한다.

(1) 감각과 신체 인식하기(0~2세)/신체 인식하기(3~5세)

'감각과 신체 인식하기/신체 인식하기' 내용범주에서는 신체 인식의 내용에 해당하는 활동 사례를 제시한다. 영유아는 자신의 신체에 대해 관심을 가지고 신체 각 부분의 특징과 기능 등을 탐색하는 과정을 통해 자신의 신체를 긍정적으로 인식하는 경험을 가질 수 있다. 이를 위해 0~1세 영아 수준에서는 신체 부분 중에서 영아에게 친숙한 얼굴, 손, 발, 다리를 중심으로 신체 부분을 탐색해 보는 방향으로, 2세 영아 수준에서는 얼굴, 팔, 다리에서부터 손가락, 발가락, 팔꿈치, 무릎 등 신체의 세부적인 부분까지 이름을 알아보고 움직임을 탐색하는 방향으로, 3~5세 유아 수준에서는 신체 각 부분의 구조와 기능을 알고 즐겁게 신체활동을 하면서 자신의 신체능력에 대해 긍정적으로 이해하는 방향으로 활동을 구성한다.

① 0~1세 영아(3수준): 신체 탐색하기

활 동 명: 만져 보면 알 수 있어요

활동목표: • 나의 얼굴과 몸에 관심을 갖는다.
• 얼굴, 팔, 다리 등의 신체 부분 명칭을 듣고 이해한다.

활동자료: 신체 원형 모양판, 로션

활동준비: 이 활동에 필요한 신체 원형 모양판은 0~1세 3수준 정도의 영아들이 명칭을 들으면 알 수 있는 신체 부분이 그려진 그림카드를 5~6개의 구획으로 나뉜 원형의 모양판에 붙인 것이다. 원형 모양판의 중심에 구멍을 내고 화살

표 모양의 지지대를 꽂아 팽이처럼 돌릴 수 있게 만들고, 신체의 각 부분이 그려진 그림카드 뒷면에는 벨크로테이프를 붙여 원형 모양판에 붙이고 떼는 것을 자유롭게 한다.

활동내용: 이 활동은 신체 원형 모양판을 돌려 결정된 신체 부분에 로션을 바르며 신체를 탐색하는 활동이다. 활동 전개과정에서 교사는 신체 각 부분의 명칭을 자주 반복하여 사용함으로써 영아가 눈, 코, 귀, 입, 팔, 다리 등 기본적인 신체 부분의 명칭을 이해하도록 지도하는 데 초점을 맞춘다.

ꕥ 도입: 교실의 한쪽 벽에 설치된 거울 앞에서 영아 자신과 친구들의 얼굴을 충분히 관찰할 수 있는 시간을 가진다. 거울을 보며 혀를 내밀거나 눈을 찡그리는 등의 다양한 표정연출 경험을 가진 후에, 대집단으로 모여 앉아 '코는 어디 있나, 입은 어디 있나' 노래를 부르며 신체 명칭에 맞게 신체 부분을 가리켜 본다.

ꕥ 전개: 먼저 영아들에게 두 명씩 서로 마주하고 앉도록 한 뒤 앞에 앉은 영아의 눈, 코, 입, 귀 등을 만져 보게 한다. 이 활동으로 얼굴의 각 부분에 익숙해지면 팔, 다리 등의 신체 부분을 만져 보게 한다. 그리고 영아들에게 원형 모양판을 돌려서 나온 신체 부분에 로션 발라 주기 활동을 진행할 것임을 소개하고 교사 둘이 서로 마주 앉아 천천히

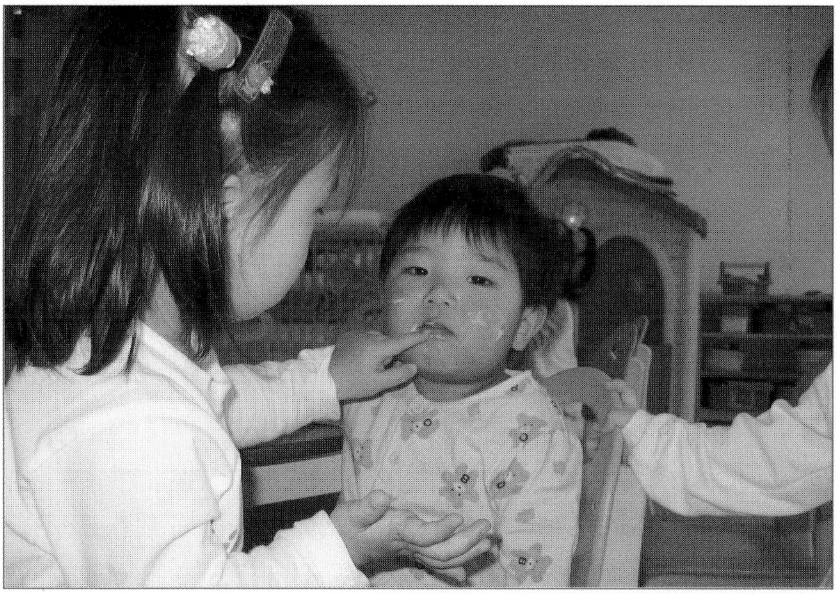

[사진 6-1] 친구 얼굴에 로션 바르기

시범을 보인다. 활동방법에 대한 시연이 끝나면 먼저 로션을 발라 줄 친구들의 손에 로션을 적당량 덜어 주고, 원형 모양판을 돌려서 나온 신체 부분의 명칭을 세 번 정도 큰 소리로 말하고 마주 앉은 친구의 얼굴에 로션을 부드럽게 발라 주도록 한다. 똑같은 방식으로 마주 앉은 친구와 역할을 바꿔 활동을 진행한다. 이때 영아는 로션의 양을 조절해서 사용하지 못하므로 신체의 각 부분에 1회 정도 사용할 수 있는 분량만 덜어 준다.

교사: 선생님이 "입에 발라 주세요." 하고 말하면 앞에 앉은 친구의 얼굴 중에서 입에만 로션을 발라 주고, "코에 발라 주세요." 하고 말하면 코에 부드럽게 발라 주는 거예요.

교사: 코에 발라 주세요.

교사: "코에 발라 주세요." 하면 어디에 바르면 될까요? 한번 손으로 가리켜 보세요. 맞아요. 이렇게 여기 코에만 로션을 부드럽게 발라 주는 거예요. (코를 손가락으로 가리키며) 선생님을 따라 '코 코 코' 해 보세요.

영아: 커 커 커.

❀ 마무리: 서로의 신체 부분에 로션 발라 주기 활동이 끝나면 다 함께 둘러앉아 눈, 코, 입, 이마, 귀, 팔, 다리 등이 자세하게 그려진 신체 그림을 영아들에게 보여 주며, 교사가 그림에서 가리키는 신체 부분의 명칭을 말해 보도록 한다. 영아들이 활동에 익숙해지면 무릎, 손가락, 발가락 등 신체의 세부적인 부분에도 로션을 바르는 활동으로 확장해 볼 수 있다.

② 2세 영아(2수준): 신체를 인식하고 움직이기

활 동 명: 나처럼 해 봐요, 이렇게

활동목표: • 신체 각 부분의 명칭을 안다.
• 신체 각 부분에 관심을 가지고 움직임을 탐색한다.

활동자료: 신체 그림카드, 동요('사과 같은 내 얼굴' '머리 어깨 무릎 발 무릎 발'), 카세트, 대형 매트

활동준비: 다양한 얼굴 표정(윙크하는 모습, 입을 크게 벌리고 웃는 모습, 코로 냄새를 맡는 모습, 소리에 귀를 기울이는 모습 등) 및 다양한 신체 움직임(양쪽 팔을 올린 모습, 앉아서 한쪽 다리를 올린 모습, 무릎을 구부린 모습 등)을 표현한 신체 그림카드는 영아들이 알아보기 쉽게 8절 크기의 도화지에 크게 그려서 준비한다.

영아들이 신체를 자유롭게 움직일 수 있도록 넓은 공간을 확보하고 바닥에 는 대형 매트를 깔아 활동 중에 넘어져도 다치지 않도록 한다.

활동내용: 이 활동은 그림카드에 나타난 신체 움직임을 따라해 보면서 신체 각 부분의 명칭을 익히고 움직임을 탐색하는 활동이다. 활동의 전개과정에서 얼굴, 팔, 다리 등 영아에게 친숙한 신체 부분에서부터 팔꿈치, 무릎, 어깨 등 신체의 세부적인 부분까지 움직여 보게 하면서 자연스럽게 신체 각 부분이 어떻게 움직일 수 있는지 인식하는 데 초점을 맞춘다.

֍ 도입: 교사가 말하는 신체 부분의 명칭을 듣고 자신의 신체에서 어떤 부분인지 짚어 본다. 처음에는 천천히 하다가 차츰 빠른 속도로 신체의 세부적인 부분까지 진행하여 영아들이 신체 부분의 명칭에 어느 정도 익숙해지면, '사과 같은 내 얼굴' '머리 어깨 무릎 발 무릎 발' 등 노랫말 속에 신체 부분의 명칭이 있는 동요를 틀어 주고 노래 가사에 맞춰 율동도 한다.

֍ 전개: 영아들이 지시에 따라 얼굴 표정을 짓고 신체를 움직이는 것에 아직 서투른 점을 고려하여 교사와 함께 그림카드에 제시되어 있는 움직임을 여러 번 반복할 수 있는 시간을 가진다. 지시에 따른 움직임에 어느 정도 익숙해지면 두 명의 영아가 한 조가 되어 교사가 임의로 선택한 그림카드의 움직임을 보고 그대로 따라한다. 이때 활동에 대한 영아들의 흥미와 집중을 높이기 위해 나머지 영아들이 '나처럼 해 봐요, 이렇게' 노래를 부르면 이에 맞춰 두 명의 영아가 흉내 내는 것으로 활동한다. 이때 나머지 영아들은 두 명의 영아가 움직임을 제대로 표현했는지 관찰하고 평가하며, 교사는 동작을 다시 언어로 읽어 줌으로써 신체 부분 명칭에 대한 영아들의 정확한 이해를 돕는다.

교사: (영아들의 '나처럼 해 봐요, 이렇게' 노래에 맞춰 그림카드 한 장을 꺼낸다.)
영아: (큰 소리로 웃는 동작을 한다.)
교사: (그림카드에 있는 친구를 가리키며) 우리 친구들도 이 친구와 똑같이 입을 크게 벌리고 하하 웃고 있어요. 이 친구는 왜 이렇게 웃었을까요?
영아: 너무 재밌어서요. 기분이 좋아서요.
교사: (영아들의 '나처럼 해 봐요, 이렇게' 노래에 맞춰 또 다른 그림카드 한 장을 꺼낸다.)
영아: (한쪽 무릎만 구부리는 동작을 한다.)
교사: 어때요? (나머지 영아들에게 물어본다.) 우리 친구들하고 똑같은가요? 그래요.

한쪽 무릎은 구부리고 다른 한쪽 다리는 쭉 펴고 있는 거예요. 우리 친구들이 정말 잘하네요. 그럼 이번에는 좀 더 어려운 걸 해 볼게요.

⌘ 마무리: 대집단으로 모여 앉아 어떤 신체 부분의 움직임이 쉬웠는지 혹은 어려웠는지를 함께 이야기해 본다. 그리고 한 영아가 중앙 무대로 나와 그림카드와 상관없이 자유로운 동작으로 '나처럼 해 봐요, 이렇게'를 하면 나머지 영아들이 모두 함께 동작을 따라해 보는 활동으로 마무리한다. 활동이 끝난 후에도 교실의 한쪽에 안전거울을 상시 설치해 놓고 영아들이 거울을 보고 자신이 좋아하는 신체 움직임을 재현해 보거나 거울에 비친 친구들의 움직임을 흉내 내 보면서 자신의 신체 움직임을 느낄 수 있도록 한다.

③ 3~5세 유아(5세): 신체를 인식하고 움직이기

활 동 명: 내 몸이 마술을 부려요

활동목표:
- 신체 각 부분의 명칭을 알고 정확하게 사용한다.
- 신체 각 부분의 특성에 대해 이해한다.
- 신체 각 부분의 특성을 활용하여 즐겁게 신체활동을 한다.

활동자료: 신체 모형판, 각종 장애물(허들, 도넛 모양의 튜브), 색테이프, 반환점, 스티커, 점수판, 호루라기

활동준비: 신체의 세부 부분까지 포함한 신체 그림이 그려진 신체 모형판을 활동을 위해 구성된 집단 수만큼 제작한다. 허들, 튜브 등의 장애물은 유아의 신체활동 수준에서 안전하게 이용할 수 있는 것으로 준비한다. 또한 게임을 할 때마다 이긴 팀에게 스티커를 붙일 수 있도록 점수판을 만들어 유아들의 적극적인 참여를 유도하고, 게임 규칙에 대한 이해를 돕기 위해 색테이프로 출발선과 유아들이 게임에서 움직일 수 있는 영역을 사각형 모양으로 표시한다.

활동내용: 이 활동은 신체 모형판에 스티커 붙이기를 스무고개 놀이로 진행하면서 신체 각 부분의 명칭과 기능을 이해하고 신체 각 부분의 특징을 활용하여 다양한 장애물을 통과하는 게임활동이다. 활동의 전개과정에서 신체 각 부분을 움직여 보는 직접 경험을 통해 신체의 기능을 이해하도록 하는 데 초점을 맞춘다.

⌘ 도입: 적정 수(3~4명)의 유아가 한 조가 되어 신체 모형판에서 교사가 지목하는 신

체 부분을 찾아 스티커 붙이기를 하되, "나는 아주 작은 물건도 잘 들 수 있어요. 나는 몸의 어느 부분과도 만날 수 있어요."와 같은 스무고개 놀이 방법으로 진행함으로써 활동에 대한 유아의 흥미를 높인다. 신체 모형판에 스티커 붙이기 활동이 끝난 후에는 준비한 각각의 장애물(장애물 허들, 튜브 등)을 보여 주고 이 장애물을 통과하기 위해 신체를 어떻게 움직여야 하는지 이야기를 나눈다. 이야기 나누기가 끝나면 유아들에게 지금 살펴본 장애물을 통과하여 반환점을 돌아오는 게임활동을 진행할 것임을 설명한다.

교사: 우리 친구들이 이것(튜브를 보여 주며)을 통과하려면 몸을 어떻게 움직여야 할까요?
유아: 몸을 작게 만들어요.
교사: 어떻게 하면 몸을 작게 만들 수 있을까요?
유아: 팔을 위로 쭉 뻗어요.
교사: (장애물 허들을 보여 주며) 우리 친구들 이것도 본 적 있지요?
유아: TV에서 봤어요. 운동선수들이 달려가다가 그걸 넘고 달려요.
교사: 그래요. 우리 친구가 TV에서 본 것을 장애물 경기라고 하는데, 이것이 장애물 경기에서 쓰는 허들이에요. 이 허들을 넘으려면 몸을 어떻게 움직여야 할까요?
유아: 다리를 많이 벌려야 해요.

❁ 전개: 전체 유아를 두 팀으로 나누고 두 명의 유아가 짝이 되어 활동을 진행할 수 있게 배치한다. 먼저 두 명의 유아가 나와 교사의 보조를 받아 활동에 대한 시범을 보이도록 한다. 교사가 호루라기로 출발 신호를 알리면 두 명의 유아가 한 팀이 되어 반환점까지 달려가 반환점에 놓여 있는 장애물을 통과하고 돌아오는 것이다. 예를 들어, 반환점에 튜브가 놓여 있으면 한 친구는 튜브를 세워 잡고 다른 한 친구가 튜브를 통과한 후에 함께 손을 잡고 도착지점까지 달려간다. 시범활동이 끝나면 조별로 한 팀씩 나와 반환점에 준비된 장애물을 통과하는 게임을 하고, 각 팀의 게임이 끝날 때마다 평가를 해 이긴 팀의 점수판에 스티커를 붙여 준다. 전체 유아가 한 번씩 돌아가며 활동을 마치면 또 다른 장애물을 배치하여 경기를 지속하되 유아들의 체력이 감당할 수 있는 수준에서 진행한다.

❁ 마무리: 준비한 장애물 이외에 다른 장애물(눈을 안대로 가려 앞이 보이지 않을 때, 양

쪽 다리를 천으로 묶고 움직일 때, 머리 위에 바구니를 얹고 이동해야 할 때 등)이 있을 때는 신체의 어느 부분을 어떻게 움직여야 하는지 함께 이야기해 본다. 마지막으로 신체 각 부분의 기능과 특징을 정리하며 유아 자신의 신체능력에 대해 긍정적으로 인식할 수 있도록 유도한다.

(2) 신체활동에 참여하기

'신체활동에 참여하기' 내용범주에서는 기구를 이용한 신체활동에 해당하는 활동 사례를 제시한다. 영유아는 기구를 이용하여 신체활동에 즐겁게 참여하는 경험을 통해 신체 조절 및 기본운동능력의 발달과 함께 자신의 신체능력에 대한 자신감을 가짐으로써 또래와의 활발한 사회적 상호작용의 경험을 가지게 되고 궁극적으로 긍정적인 자아개념을 형성하게 된다. 이를 위해 0~1세 영아 수준에서는 간단한 기구를 이용하여 밀고 끌기 등의 신체활동을 시도하는 방향으로, 2세 영아 수준에서는 영아의 발달 수준에서 이용 가능한 기구를 활용하여 다양한 신체 움직임의 즐거움을 경험하는 방향으로, 3~5세 유아 수준에서는 기구를 이용한 신체활동을 능숙하게 수행하면서 평형성, 유연성, 민첩성, 근력, 순발력과 같은 신체운동능력을 발달시키는 방향으로 활동을 구성한다.

① 0~1세 영아(3수준): 기구를 이용하여 신체활동 시도하기

활 동 명: 썰매를 타요

활동목표: • 기구를 이용하여 밀고 끄는 경험을 한다.
• 붙잡고 걷는 이동운동을 시도한다.
• 신체활동에 대한 영아의 흥미와 참여를 증진시킨다.

활동자료: 종이상자로 만든 썰매, 여러 종류의 소형 장난감(인형, 자동차 등), 크리스마스 캐럴 테이프, 카세트

활동자료: 몸체와 뚜껑이 분리되어 있는 종이상자(예: A4 복사용지 박스)의 뚜껑은 버리고 몸체 부분으로 썰매를 만든다. 영아가 앉은 자세에서도 잘 보일 수 있게 적당한 높이로 자른 후 한쪽 면의 위쪽에 구멍을 뚫어 영아들이 끌고 다닐 수 있도록 끈을 묶는다. 상자의 겉면에는 루돌프 모양을 오려 붙여 산타할아버지가 끌고 다니는 썰매임을 알게 한다. 이 썰매에 담을 소형 장난감들은 부모님들께 기증을 받도록 하며, 장난감 선물을 담을 예쁜 종이봉투를 영아 수만큼 준비한다.

활동내용: 이 활동은 산타가 끌고 다니는 썰매에 엄마, 아빠에게 줄 장난감 선물을 가득 싣고 끌고 다니는 활동이다.

ꕥ 도입: 교실의 한쪽 영역에 배치해 둔 썰매에 영아들이 관심을 보이면, 무슨 썰매인지에 대해 함께 이야기를 나눈다. 루돌프를 보고 산타가 끌고 다니는 썰매임을 쉽게 알 수 있는 영아들에게 "엄마, 아빠에게 무슨 선물을 주고 싶어요? 오늘은 엄마, 아빠에게 드리고 싶은 선물을 가득 싣고 갈 거예요."라고 말하며 활동을 소개한다. 교사는 썰매를 밀고 끄는 것을 시연한다.

ꕥ 전개: 영아가 한 명씩 나와 썰매를 끈다. 영아는 장난감 선물이 담겨 있는 바구니까지 썰매를 끌고 가 장난감을 담은 후에 제자리로 돌아온다. 이때 썰매에 담을 수 있는 장난감의 개수를 미리 정해 모든 영아가 같은 수만큼의 장난감을 가져갈 수 있게 한다. 활동 중에는 크리스마스 캐럴을 틀어 영아들이 크리스마스 분위기를 느끼며 즐겁게 활동에 참여하도록 한다.

교사: (썰매를 끌고 선물 바구니에 도착하면) ◯◯는 엄마에게 무슨 선물을 주고 싶어요?
영아: 이거.
교사: 엄마에게는 토끼 인형을 드리고 싶구나. 엄마가 토끼 인형을 받으면 아주 기뻐하실 것 같아요. 아빠에게는 무슨 선물을 드리고 싶어요?
영아: 이거.
교사: 아빠에게는 자동차 선물을 하고 싶구나. 그럼 ◯◯가 고른 선물들을 썰매에 담아 볼까요? 다 담았으면 썰매를 끌고 가 보세요.

ꕥ 마무리: 엄마, 아빠를 위해 준비한 장난감 선물을 나눠 준 종이봉투에 직접 넣어 보도록 한다. 봉투에 넣기 활동이 끝나면 "우리 친구들이 준비한 선물을 받은 엄마, 아빠는 기분이 어떨까요?"라고 질문을 던져 타인의 기분을 좋게 만드는 방법에 대해 생각해 보는 시간을 갖는다.

② 2세 영아(1수준): 기구를 이용하여 신체활동하기

활 동 명: **공을 날라요**

활동목표: • 대 · 소근육을 적절히 조절하여 사용한다.
• 빨리 걷기와 걷다가 서기 운동을 시도한다.
• 신체활동에 대한 영아의 흥미와 참여를 증진시킨다.

활동자료: 볼풀공, 스티커, 바구니, 대형매트, 동요, 카세트

활동준비: 사물을 입에 가져가 탐색하려는 영아의 특성을 고려하여 깨끗이 씻은 볼풀공으로 준비한다. 영아들의 즐거운 신체활동을 위해 평소 영아들이 즐겨듣는 동요를 몇 곡 선곡하여 준비한다.

활동내용: 이 활동은 영아들이 직접 꾸민 공을 가지고 일정거리를 이동하여 큰 바구니에 던지는 신체활동이다. 활동 규칙에 대한 이해가 아직 부족한 영아임을 고려하여 개별 영아가 이해하는 수준에서 활동을 진행한다. 예를 들어, 한 개의 공만 바구니에 던지고 다른 공은 그냥 가져가려고 할 때, 두 개의 공을 모두 던질 것을 강요하지 않는다.

❀ 도입: 개별 영아에게 볼풀공과 여러 가지 모양의 스티커를 주고 공을 예쁘게 꾸며 볼 것을 제안한다. 공 꾸미기 활동이 끝나면 영아들에게 이 공으로 무엇을 하고 싶은지 이야기해 보도록 한다. 영아들의 다양한 의견을 모두 들은 후에, 교사는 "이 공으로 할 수 있는 놀이가 정말 많지요. 오늘은 그중에서 바구니에 공을 던져 보는 활동을 할 거예요."라고 활동을 소개한다.

❀ 전개: 아직 대 · 소근육 조절이 미숙한 영아에게는 팔꿈치를 굽혔다 펴서 공을 던지는 동작이 어려울 수 있으므로, 이 활동을 시작하기 전 제자리에서 공을 던지는 동작을 연습한다. 공 던지기 동작이 어느 정도 익숙해지면, 두 명의 영아가 함께 활동을 진행한다. 두 명의 영아는 출발선에 서서 기다리다가 교사가 '출발'이라고 외치면 양손에 공을 잡고 큰 바구니가 있는 곳까지 빨리 걸어가서 바구니에 공을 던지고 온다. 이때 영아들이 좋아하는 동요를 틀어 신나게 움직일 수 있도록 하며, 바구니가 두 개면 어떤 바구니에 던져야 할지 우왕좌왕하다가 그냥 돌아올 수 있기 때문에 한 개의 바구니만 두는 것이 바람직하다.

❀ 마무리: 바구니에 있는 공을 꺼내 개별 영아에게 나눠 주고 공을 가지고 자유롭게 놀이하는 것으로 활동을 마무리한다. 공 던지기 놀이를 할 때는 친구들에게 던지는 것이

아니라 바구니에 던져야 한다는 것을 주의시켜 안전하고 즐거운 공놀이 활동이 이루어지도록 한다.

③ 3~5세 유아(5세): 기구를 이용하여 신체활동하기

활 동 명: 온몸으로 볼링하기

활동목표: • 신체 각 부분의 기능을 잘 알고 능숙하게 움직인다.

• 기구를 활용한 신체 움직임으로 신체 유연성을 기른다.

• 활동에 필요한 규칙이나 안전수칙을 잘 지켜 신체활동에 즐겁게 참여한다.

활동자료: 보조매트 2장, 대형 매트 2장, 빈 페트병 20개(볼링핀 대용), 호루라기

활동준비: 사전활동을 통해 유아들과 함께 빈 페트병으로 볼링핀 만들기 활동을 진행한다. 빈 페트병의 겉면을 시트지와 색상지 등을 이용해 유아들이 원하는 모양의 볼링핀으로 꾸미고, 페트병 안에는 작은 돌을 한 개씩 넣어 무게 중심을 잡을 수 있도록 한다. 바닥에 유아가 앞구르기를 한 번 할 수 있을 정도의 보조매트 1장과 한 명이 온몸을 자유롭게 움직일 수 있을 정도의 대형 매트 1장을 깔고 그 주위에 볼링핀 20개를 일정한 간격을 두고 세운다.

활동내용: 이 활동은 유아들이 직접 제작한 놀이기구를 활용하여 신체의 각 부분을 세부적으로 움직이며 신체활동에 참여하는 활동이다. 유아는 자신의 몸을 자유롭게 이동하고 표현하고 조정하는 능력이 발달하므로 대·소근육을 활용하여 몸의 다양한 움직임을 경험할 수 있도록 활동을 진행한다.

® 도입: 유아들에게 양 다리를 쭉 편 상태에서 스트레칭을 할 수 있을 만큼의 여유 공간을 두고 둘러앉도록 한 후 스트레칭을 실시한다. 이 활동에서 사용하게 될 목, 어깨, 허리, 팔, 손목 등 대·소근육을 중심으로 스트레칭하며, 조용한 음악을 틀어 놓아 편안한 마음으로 스트레칭을 할 수 있게 배려한다. 스트레칭이 끝나면 활동 준비물을 보고 무슨 활동을 할지 먼저 예상해 보도록 한 후, 활동방법에 대해 설명한다.

® 전개: 먼저 두 명의 유아가 나와 시범을 보이도록 한다. 보조매트 위에서 앞구르기와 뒤구르기를 연속해서 실시하고 볼링핀이 세워진 매트 위에 유아가 누우면 앞구르기나 뒤구르기 등 방향에 상관없이 자신이 구르고 싶은 방향으로 구르게 한다. 그런 다음 교사가 호루라기를 1회 불고 "배로만 넘어뜨리세요."라고 지시하면 호루라기를 연속 2회 불

[사진 6-2] 온몸으로 볼링핀 쓰러뜨리기

어 중지 신호를 알릴 때까지 유아는 가까이 놓인 볼링핀을 배를 사용하여 넘어뜨린다. 이어서 동일한 방법으로 "엉덩이로만 넘어뜨리세요." "등으로만 넘어뜨리세요."라고 지시한다. 시범활동이 끝나면, 조별로 한 명씩 나와 같은 방식으로 활동을 진행하며, 넘어진 볼링핀을 제자리에 세우고 자신의 자리로 돌아오면 게임이 끝나는 것으로 한다. 유아가 제자리로 돌아오면 교사는 지시한 신체 부위로만 볼링핀을 넘어뜨렸는지를 유아들과 함께 평가하여 10개 모두를 먼저 넘어뜨린 유아에게 스티커를 붙여 준다.

❀ 마무리: 게임활동이 끝나면 신체의 어느 부위를 사용했을 때 볼링핀을 넘어뜨리기가 쉬웠는지 혹은 어려웠는지를 이야기한 후, 몸의 각 부분을 유연하고 민첩하게 움직일 수 있는 방법들에 대해 함께 알아보는 시간을 갖는다. 유아들이 활동에 익숙해지면 볼링핀의 개수를 늘리고 발등, 손등, 무릎, 팔꿈치, 허벅지 등 평소 몸의 움직임에서 잘 활용하지 못했던 신체 부분으로 확장하여 진행하는 한편, 오른쪽 발등, 왼쪽 무릎 등 신체 부분을 한쪽만 사용하는 경험을 통해 신체 각 부분이 하는 일의 중요성을 이해하도록 한다.

교사: ○○와 △△는 몸의 어느 부분을 사용하여 볼링핀을 쓰러뜨렸나요?
유아: 오른쪽 팔꿈치랑 왼쪽 팔꿈치요.

교사: 어느 쪽을 사용했을 때 쓰러뜨리기가 더 쉬웠나요?
유아: 오른쪽이요.
교사: 똑같은 팔꿈치인데 왜 오른쪽 팔꿈치를 사용했을 때 더 쉬웠을까요?
유아: 오른쪽이 움직이기가 더 편해요. 왼쪽은 내 마음대로 잘 안 움직여요. 오른쪽 팔만 많이 사용하니까 그런 것 같아요. 이제부터는 왼쪽 팔도 똑같이 많이 사용할 거예요.

참고문헌

보건복지부(2013). 제3차 어린이집 표준보육과정고시 제2013-8호(2013. 1. 21.).
여성가족부(2005). 표준보육과정연구.
육아정책연구소(2012). 3~5세 연령별 누리과정 지원을 위한 시도(교육)청 강사요원 중앙연수 자료집.

Dunn, W. (1997). The impact of sensory processing abilitices on the daily lives of young children and their families: A conceptual model. *Infants and Young Children, 9*, 23-35.
Simon-Morton, B. G., Green, W. A., & Gottlieb, N. (1995). *Health Education and Health Promotion*. Prospect Heights, IL, Waveland.

제7장 사회관계 보육과정

1. 개념 및 특성

1) 개념

사회관계 영역은 영유아가 자신을 알고 존중하며 자신과 다른 사람의 감정을 알고 조절하고, 가족 및 다른 사람과 더불어 살아갈 수 있는 기본적인 자질과 역량을 키우도록 돕는 영역이다. 영유아기는 감정과 자아발달, 부모와의 사회적 관계를 토대로 또래, 이웃으로 관계망을 넓혀 가며, 타인을 이해하고, 긍정적인 관계를 형성하며, 유능한 사회 구성원으로 기능하기 위한 사회적 가치를 획득하여야 하는 시기다.

과거와 달리 영유아는 일찍이 가정을 벗어나 시설 등에서 함께 공동생활을 하는 경우가 많아졌으므로 보육 · 교육시설에서는 영유아가 자신에 대한 긍정적인 관점을 지니고 자신의 감정과 욕구를 조절하며 가족 및 또래 등 타인을 이해하고 친사회적 행동의 기초를 다지도록 교육하여야 한다. 영유아가 살아갈 앞으로의 세상은 다른 사람과 서로 다른 의견을 조정하고 협력하는 능력, 도처에 산재한 정보의 선택과 활용능력, 글로벌한 세계 시민으로서의 역할과 태도를 갖추는 것이 보다 중요해질 것이므로 유아에게 이러한 사회에 대한 관심을 갖도록 노력하여야 한다.

2) 특성

영유아가 자신을 존중하고 다른 사람과 더불어 생활하는 능력과 태도를 기르도록 도와주는 사회관계 영역은 나를 알고 존중하기, 나와 다른 사람의 감정 알고 조절하기, 가족을 소중히 여기기, 다른 사람과 더불어 생활하기, 사회에 관심 갖기의 다섯 가지 내용범주로 구성된다.

'나를 알고 존중하기' 는 나를 알고 소중히 여기며, 나의 일을 스스로 하도록 돕는 내용범주다. 자기존중은 영유아가 자신에 대하여 가지고 있는 총체적인 의미, 감정, 태도로서, 특히 자신에 관하여 영유아 스스로가 내리는 평가와 자신에 대하여 느끼는 감정에 의하여 형성된다. 자기존중은 인간의 발달단계에 따라 지속적으로 변화 · 성장하는 것으로서 인생 초기에 갖게 되는 자기존중감은 영유아가 앞으로 살아갈 세상을 적극적으로 개척하고 긍정적인 요소를 발견하게 하는 자산이다. 영유아가 자기존중감을 갖도록 도우려면 영유아에게 자신감을 가지고 주변을 탐색하도록 격려하는 보육환경을 제공해야 한다. 이러한 긍정적이고 따뜻한 환경에서 영유아는 자기 동기화를 통하여 다양한 발달 영역에서 적극적이고 자발적인 노력을 통해 성취감을 얻는다.

'나와 다른 사람의 감정 알고 조절하기' 는 영유아가 자신의 감정과 다른 사람의 감정이 어떠한지를 알고, 여러 종류의 감정의 차이를 구별하여 이해하며, 다양한 사회적 맥락과 사회적 관계에서 영유아가 이해한 감정과 관련된 정보를 적절히 조절할 수 있는 능력을 의미하는 내용범주다. 영유아는 주 양육자와의 관계에서 형성된 애착에 영향을 받으면서 감정적 능력의 기본을 형성하기 시작하고 유아기에 경험하는 다양한 감정학습의 기회를 통하여 자신과 다른 사람의 감정을 이해하게 된다. 감정을 이해할 수 있는 유아는 이러한 감정 이해능력을 사회적 관계에 적용시켜 가며 감정 조절능력을 발달시킨다. 영유아가 자신의 감정이나 생각을 자각하고, 적절히 표현할 기회를 주며, 타인의 감정과 생각을 이해하도록 돕는 질 높은 활동을 함으로써 영유아의 감정발달을 도와야 한다.

'가족을 소중히 여기기' 와 '다른 사람과 더불어 생활하기' 는 영유아가 안정된 애착을 형성하는 것에서 시작하여 긍정적인 가족관계와 또래관계를 형성하고 자신이 속한 공동체에서 소속감과 책임감을 가지고 능동적으로 대처할 수 있는 능력을 기르는 것을 의미하는 내용범주들이다. 사회생활을 유지하려면 서로의 합의를 전제로 공통의 규칙을 만들고 지켜야 할 필요가 있다. 규칙의 필요성을 깨달아 자발적으로 규칙을 생성하고 합의하여 지켜보는 경험은 이후 보다 넓은 사회에서의 관계 형성에 큰 도움이 될 것이다. 개인이 행복할 수 있는 사회의 조건은 여러 가지이겠지만 개인들이 친사회적으로 행동하는 것이 중요한 요소가 될 것이다. 어린이집에서는 어려움에 처한 친구를 보고 동정심을 느끼고 도움을 줄 수 있는 여건 제공, 협력을 유도하는 다양한 활동경험을 마련하도록 노력하여야 할 것이다.

'사회에 관심 갖기'는 유아들이 영아기부터 형성하기 시작한 기본적인 사회적 능력을 바탕으로 보다 넓은 사회에서 유능한 사회구성원으로서의 역할을 수행하기 위하여 필요한 관심을 갖는 것을 의미하는 내용범주다. 지역사회의 여러 자원을 활용하고 자신이 속한 사회의 특징을 알아가면서 유아는 지리적, 시간적 변화의 양상을 이해하고 이러한 현상과 관련된 다양한 경험을 통해 자신이 특정 지역사회에 속해 있음을 이해하기 시작한다. 어린이집에서는 유아들로 하여금 살고 있는 지역사회에 관심을 갖고, 지역사회의 구성원으로서 정체성과 자부심을 갖도록 한다. 유아가 대한민국 국민으로서 자부심을 갖고 사랑할 수 있도록 전통문화와 놀이를 제공하며, 북한과 세계 여러 나라에 관심을 갖고 다양한 문화를 인정하며, 조화롭게 지낼 수 있는 지식과 태도를 형성할 수 있도록 도와야 한다.

우리 사회는 정치, 경제, 사회, 문화적으로 매우 급속한 변화를 거쳐 왔고, 우리의 삶 속에는 그 변화가 배어 있다. 산업화에 따라 가족구조는 대가족에서 핵가족으로 변화하였다. 핵가족 구조에서 자라는 영유아는 가정에서 다양한 사회적 경험을 하기 어려운데, 그 이유는 눈에 보이는 어른은 부모가 고작이고, 형제자매도 하나이거나 혹은 없거나 하기 때문이다. 또한 여성의 취업 및 창업의 증가 등과 맞물려 영유아의 사회생활의 많은 부분이 이미 보육 · 교육시설에서 이루어지고 있다. 여성의 취업 및 창업 증가는 여성과 사회발전에 긍정적인 면이 많지만 영유아에게는 어머니와의 분리를 받아들여야 하는 시련의 측면이 있다. 이혼율이 급증하고 경기불황, 고용불안 등이 높아지며 가정의 불안과 해체가 가속화되는 것과, 매우 이른 시기부터 학습을 요구받고 있는 것도 영유아에게는 부정적 영향을 미치는 사회환경이다. 어린이집에서는 이러한 사회환경을 충분히 이해하고 영유아가 건전한 감정과 자아를 발달시키고, 건전한 사회적 관계를 형성하며 사회현상을 이해하도록 최선을 다해 도와야 한다.

사회관계 영역은 영유아의 흥미와 생활 중심의 통합적 보육과정으로 이루어지는 것이 효과적이다. 또한 영아와 유아의 발달단계를 고려하여 영아기에는 사회적 반응과 태도를 기르는 것에 초점을 두고, 유아기에는 보다 넓은 사회적 세계에 관심을 갖도록 시행되어야 할 것이다.

2. 목적 및 목표

사회관계 영역의 목적은 영유아들이 자신을 존중하고 다른 사람과 더불어 생활하는 능력과 태도를 기름으로써 올바른 판단과 합리적인 결정을 할 수 있는 민주시민으로 성장하도록 하는 것이다. 이러한 사회관계 영역의 목적은 다음과 같은 목표로 구체화될 수 있다.

① 자신의 독특한 자아에 대해 인식하고 자신감과 독립심을 기른다

영유아는 생의 초기단계에 외부 대상보다는 먼저 자신의 신체를 탐색하고, 다른 사람과의 관계를 통해 타인과 분리된 자기를 인식하게 된다. 이러한 자기인식은 거울이나 사진을 통해 자신의 상을 타인과 구분하는 모습에서 발견될 수 있으며, 인지발달 및 사회적 경험과 밀접하게 관련되어 있다. 영아는 자기인식과 함께 '나' '내 것' 등의 용어를 빈번히 사용하고 스스로 하기를 고집하는 등 독립적으로 행동하고자 하는 특성을 보인다. 유아기가 되면 자신에 대한 이해를 넓히고 복잡한 자기묘사를 할 뿐 아니라 자신이 가진 특징을 평가하는 등 자기개념을 형성하기 시작한다. 이때 높은 자기존중감을 갖도록 돕는 것이 중요한데, 이는 자신감과 자기주도성에도 꼭 필요하기 때문이다. 또한 유아는 성유형화 과정을 통해 적절한 성역할을 습득하게 되며 이 시기의 성역할 습득은 평생 지속된다.

0~1세 영아는 자신을 분리된 존재로 인식하도록 하고, 2세 영아는 자신을 다른 사람과 구별하고 자신에 대해 긍정적으로 생각하고 독립적으로 행동하도록 도우며, 3~5세 유아는 자신의 소중함을 알고 자신감과 독립심을 기르며 성정체감을 형성하는 목표를 갖는다. 어린이집에서는 영유아가 긍정적인 자아개념 및 자신감과 독립심을 형성할 수 있도록 적절한 교육활동과 역할을 수행해야 한다.

② 자신과 타인의 감정을 이해하고 표현하며, 자신의 감정을 조절한다

어린 영아가 자신의 감정 표현이 성인에 의해 민감하게 수용됨을 경험하는 것은 유아기에 이르러 자신의 감정을 적절한 방법으로 조절할 수 있는 기초가 되며, 자신의 감정을 조절하는 것은 성인이 되어서도 꼭 필요한 사회적 기술의 하나다. 영아는 8~12개월경 여러 가지 방법으로 행복감을 나타내며 불안과 두려움도 표현할 수 있다. 1세가 되면 스스로 과제를 선택하고 해결할 수 있는 하나의 개인으로서 인정받는 감정적인 지지가 필요하다. 유아기가 되면 자신의 감정에 주의를 기울이면서 감정과 행동을 분리시키고 때와 상황에 맞게 자신의 감정을 통제하고 조절할 수 있다.

0~1세 영아는 자신의 감정을 느끼고 표현하도록 돕고, 2세 영아는 자신의 감정을 적절하게 표현하며, 다른 사람의 감정에 관심을 갖도록 목표를 설정한다. 3~5세 유아는 자신과 다른 사람의 다양한 감정을 알고 표현하며, 자신의 감정을 조절할 수 있도록 목표를 설정한다.

③ 다른 사람과의 관계를 이해하고 더불어 살아가는 능력을 기른다

장시간을 어린이집에서 지내는 영유아가 다른 사람과 더불어 생활하면서 타인을 배려하고 나누고 양보하며 돕는 경험을 함으로써 더불어 살아가는 여러 가지 능력을 기른다. 영아는 자신을 돌보는 교사와 안정적 애착을 형성하고, 또래와 적절하게 관계를 맺고 유지하며, 삶에 필요한 여러 가지 생활방식을 배운다. 또한 자신이 속한 가족의 소중함을 배우고 가족 안에서 유아가 할 수 있는 일을 하며 가족이 행복해지기 위해 서로 노력해야 함을 알고 실천할 수 있어야 한다. 어린이집에서는 영유아가 교사, 또래와 원만하게 지내며 자신이 해야 할 일을 스스로 할 수 있도록 지도해야 한다. 또한 공동체 생활에 필요한 규칙과 질서 지키기, 협동과 양보하기, 나누기 등의 행동이 발현될 수 있도록 환경과 분위기를 조성하는 것이 보육교사가 해야 할 일이다.

0~1세 영아는 다른 사람에게 관심을 가지며 양육자와 애착 형성하기가 목표다. 2세 영아는 가족관계를 이해하고 또래에게 관심을 가지며 자신이 속한 집단을 알도록 도와야 한다. 3~5세 유아는 가족과 화목하게 지내고 또래와 사이좋게 지내며 공동체 정신을 기르도록 해야 한다.

④ 자신을 둘러싼 사회현상에 관심을 갖고 이해한다

유아는 일상생활 안에서 자신이 속한 사회의 다양한 현상들을 직·간접적으로 경험한다. 현대사회는 다양한 가치체계가 공존하고, 세계가 점차 더 가까워지며, 정보를 쉽게 찾을 수 있는 특징이 있으므로 유아기 때부터 현상과 경험을 비교·분석하여 선택하고 행동하며 평가하는 태도가 필요하다. 즉, 사회현상에 속하는 지리, 환경, 역사, 정치, 경제 등과 관련된 다양한 문제에 대해 창의적으로 사고하고 문제를 해결하기 위한 적극적 태도가 요구된다. 사회현상에 대한 관심은 유아가 매일 접하는 가정에서부터 지역사회, 우리나라, 세계 여러 나라까지 관심이 확장되도록 유아를 도와야 한다. 사회현상에 대한 관심과 함께 유아들이 미시적, 거시적 체계 안에서 자신의 정체성을 발견하도록 하는 것도 중요하다. 사회 속에서의 자신의 정체감은 유능한 시민으로서의 자질 형성에 필수적이다.

사회에 대한 관심 갖기는 0~1세 영아와 2세 영아에게는 해당사항이 없고, 3~5세 유아에게만 구체적 목표가 제시되었다. 지역사회에 관심 갖고 이해하기, 우리나라에 관심 갖고 이해하기, 세계와 여러 문화에 관심 가지기가 구체적 목표다.

3. 내 용

1) 내용체계

표준보육과정에서 사회관계 영역의 내용체계는 0~2세 영아를 위한 사회관계 영역과 3~5세 유아를 위한 누리과정의 사회관계 영역으로 구분할 수 있다. 구체적으로 0~2세 영아를 위한 사회관계 영역은 나를 알고 존중하기, 나와 다른 사람의 감정 알기, 더불어 생활하기의 세 가지 내용범주와 0~1세 영아, 2세 영아의 두 연령집단별 세부 수준으로 구성된다. 3~5세 유아를 위한 누리과정의 사회관계 영역은 나를 알고 존중하기, 나와 다른 사람의 감정 알고 조절하기, 가족을 소중히 여기기, 다른 사람과 더불어 생활하기, 사회에 관심 가지기의 다섯 가지 내용범주와 3세, 4세, 5세 유아의 세 연령 수준으로 구성된다. 사회관계 영역의 전체적인 내용체계는 〈표 7-1〉과 같다.

표 7-1 사회관계 영역의 내용체계

내용범주	0~1세	2세	3~5세
나를 알고 존중하기	• 나를 구별하기 • 나의 것 인식하기	• 나를 구별하기 • 좋아하는 것 해보기	• 나를 알고 소중히 여기기 • 나의 일 스스로 하기
나와 다른 사람의 감정 알고 조절하기	• 나의 감정을 나타내기 • 다른 사람에게 주의 기울이기	• 나의 감정을 나타내기 • 다른 사람의 감정에 반응하기	• 나와 다른 사람의 감정 알고 표현하기 • 나의 감정 조절하기
가족을 소중히 여기기			• 가족과 화목하게 지내기 • 가족과 협력하기
다른 사람과 더불어 생활하기	• 안정적인 애착 형성하기 • 또래에 관심 갖기 • 자신이 속한 집단 알기 • 사회적 가치를 알기	• 내 가족 알기 • 또래와 관계하기 • 자신이 속한 집단 알기 • 사회적 가치를 알기	• 친구와 사이좋게 지내기 • 공동체에서 화목하게 지내기 • 사회적 가치를 알고 지키기
사회에 관심 갖기			• 지역사회에 관심 갖고 이해하기 • 우리나라에 관심 갖고 이해하기 • 세계와 여러 문화에 관심 가지기(4~5세)

(1) 0~1세 영아

0~1세 영아를 위한 사회관계 영역은 다른 사람과 분리된 존재로서의 자신을 알고, 양육자와 긍정적인 애착을 형성하며, 자신의 감정을 알고 타인의 감정에 관심을 갖고 타인과의 관계 또는 주변 환경의 맥락 속에서 느끼고 표현하는 것을 목표로 하여 영아의 발달 수준에 따라 〈표 7-2〉와 같은 내용체계로 구성된다.

'나를 알고 존중하기' 내용범주는 나를 구별하기, 나의 것 인식하기로 구성되고, '나와 다른 사람의 감정 알기'는 나의 감정을 나타내기, 다른 사람에게 주의 기울이기로 구성되며, '더불어 생활하기'는 안정적인 애착 형성하기, 또래에 관심 갖기, 자신이 속한 집단 알기, 사회적 가치를 알기로 구성된다. 예를 들어, '나와 다른 사람의 감정 알기' 내용범주 중 '다른 사람에게 주의 기울이기'에 해당하는 세부내용을 수준별로 살펴보면, 1, 2수준에서는 다른 사람의 말과 표정, 몸짓에 주의를 기울이고, 3, 4수준에서는 다른 사람이 나타내는 여러 가지 감정에 주의를 기울이는 내용으로 구성된다. 그리고 '더불어 생활하기' 중 '안정적인 애착 형성하기'의 세부내용은 양육자와 시선을 맞추

표 7-2 0~1세 영아의 수준별 세부내용

내용범주	내용	1수준	2수준	3수준	4수준
나를 알고 존중하기	나를 구별하기	거울 속의 나에게 관심을 가진다.		거울 속의 나를 알아본다.	
	나의 것 인식하기	자기 이름을 부르는 소리에 반응한다.			
				친숙한 자기 물건을 안다.	
나와 다른 사람의 감정 알기	나의 감정을 나타내기	나의 욕구와 감정을 나타낸다.			
	다른 사람에게 주의 기울이기	다른 사람의 말과 표정, 몸짓에 주의를 기울인다.		다른 사람이 나타내는 여러 가지 감정에 주의를 기울인다.	
더불어 생활하기	안정적인 애착 형성하기	양육자와 시선을 맞춘다.	양육자에게 적극적으로 관심 및 욕구를 표현한다.		
		주변의 친숙한 사람의 얼굴과 목소리를 인식한다.		주변의 친숙한 사람에게 애정을 표현한다.	
	또래에 관심 갖기	다른 영아와 함께 지내는 것을 경험한다.			
	자신이 속한 집단 알기	담임교사를 구별한다.		자기 반에서 지내며 안정감을 가진다.	
	사회적 가치를 알기			친숙한 물건의 자리를 안다.	
		만나고 헤어지는 인사를 해 본다.			

는 1수준에서 양육자에게 적극적으로 관심 및 욕구를 표현하는 2수준 이후로 연결되며, 주변의 친숙한 사람의 얼굴과 목소리를 인식하는 1, 2수준에서 주변의 친숙한 사람에게 애정을 표현하는 3, 4수준으로 연결된다. 이러한 내용으로 0~1세 영아를 위한 보육과정을 구성하는 데 영아의 울음이나 몸 움직임은 영아의 주된 의사소통 방법임을 알고, 영아와의 안정적인 애착 형성을 위하여 영아의 기본적인 욕구에 일관되고 민감하게 반응해야 한다. 또한 교사는 개별 영아의 기질적 특성을 이해하며, 반응속도와 생물학적 리듬을 파악하여 조화로운 관계를 유지해야 한다.

(2) 2세 영아

2세 영아를 위한 사회관계 영역은 나를 알고 존중하며 나와 다른 사람의 감정을 알고 더불어 생활하기를 목표로 하여, 발달 수준에 따라 〈표 7-2〉와 같은 내용체계로 구성된다.

'나를 알고 존중하기' 내용범주는 나를 구별하기, 좋아하는 것 해 보기로 구성되고, '나와 다른 사람의 감정 알기' 내용범주는 나의 감정을 나타내기, 다른 사람의 감정에 반응하기로 구성되며, '더불어 생활하기' 내용범주는 내 가족 알기, 또래와 관계하기, 자신이 속한 집단 알기, 사회적 가치를 알기로 구성된다. 예를 들어, '나를 알고 존중하기' 내용범주 중 '좋아하는 것 해 보기'를 발달 수준별로 살펴보면, 1, 2수준에 걸쳐 내가 좋아하는 것을 찾아보는데 1수준에서는 좋아하는 놀이나 놀잇감을 선택해 보고, 2수

표 7-3 2세 영아의 수준별 세부내용

내용범주	내용	1수준	2수준
나를 알고 존중하기	나를 구별하기	나와 다른 사람의 모습을 구별한다.	
	좋아하는 것 해 보기	내가 좋아하는 것을 찾아본다.	
		좋아하는 놀이나 놀잇감을 선택해 본다.	스스로 선택한 놀이나 놀잇감을 즐긴다.
나와 다른 사람의 감정 알기	나의 감정을 나타내기	여러 가지 감정을 말과 행동으로 나타낸다.	
	다른 사람의 감정에 반응하기	다른 사람이 나타내는 여러 가지 감정에 반응을 보인다.	
더불어 생활하기	내 가족 알기	내 가족에게 애정을 표현한다.	내 가족에게 다른 사람과는 구별된 특별한 감정을 갖는다.
	또래와 관계하기	또래에게 관심을 보인다.	또래의 모습과 행동을 모방한다.
		또래의 이름을 안다.	또래가 있는 곳에서 놀이를 한다.
	자신이 속한 집단 알기	자신이 속한 반과 교사를 안다.	자신이 속한 반의 활동에 즐겁게 참여한다.
	사회적 가치를 알기	도움받아 물건을 정리한다.	스스로 물건을 정리한다.
		자기 순서를 안다.	순서를 기다린다.
		바른 태도로 인사한다.	
		간단한 약속을 지킨다.	

준에서는 스스로 선택한 놀이나 놀잇감을 즐기는 내용으로 구성된다. 그리고 '더불어 생활하기' 내용범주 중 정리정돈에 대한 세부내용은 도움받아 물건을 정리하는 1수준에서 스스로 물건을 정리하는 2수준으로 연결된다. 이러한 내용으로 2세 영아를 위한 보육과정을 구성하는 데 교사는 영아의 성취에 대해 칭찬해 주고, 영아가 스스로 능력이 있다고 느끼도록 도와주어야 한다. 또한 영아가 친근한 물건이나 음식을 선호하고 친근한 사람들을 선택하는 것을 존중해 준다.

(3) 3~5세 유아

3~5세 유아를 위한 사회관계 영역은 나를 알고 존중하며, 다른 사람의 감정을 알고 조절하며, 가족을 소중히 여기고 다른 사람과 더불어 살아가며, 사회에 관심 갖는 것을 목표로 유아의 발달단계에 따라 〈표 7-4〉와 같은 내용체계로 구성된다.

표 7-4 3~5세 유아의 연령별 세부내용

<table>
<tr><th>내용범주</th><th>내용</th><th>3세</th><th>4세</th><th>5세</th></tr>
<tr><td rowspan="5">나를 알고 존중하기</td><td rowspan="3">나를 알고 소중히 여기기</td><td>나에 대해 관심을 갖는다.</td><td colspan="2">나에 대해 알아본다.</td></tr>
<tr><td>나와 다른 사람의 차이에 관심을 갖는다.</td><td>나와 다른 사람의 차이점을 알아본다.</td><td>나와 다른 사람의 신체적, 사회적, 문화적 차이를 존중한다.</td></tr>
<tr><td>나를 소중하게 여긴다.</td><td colspan="2">나에 대해 긍정적으로 생각하고 나를 소중하게 여긴다.</td></tr>
<tr><td rowspan="2">나의 일 스스로 하기</td><td>내가 할 수 있는 일을 알아본다.</td><td>내가 할 수 있는 일을 해 본다.</td><td>내가 할 수 있는 일을 스스로 한다.</td></tr>
<tr><td>내가 하고 싶은 일을 선택해 본다.</td><td colspan="2">하고 싶은 일을 계획하고 해 본다.</td></tr>
<tr><td rowspan="3">나와 다른 사람의 감정 알고 조절하기</td><td rowspan="2">나와 다른 사람의 감정 알고 표현하기</td><td>자신에게 여러 가지 감정이 있음을 안다.</td><td colspan="2">자신의 감정을 알고 표현한다.</td></tr>
<tr><td>다른 사람의 감정에 관심을 갖는다.</td><td>다른 사람의 감정을 안다.</td><td>다른 사람의 감정을 알고 공감한다.</td></tr>
<tr><td>나의 감정 조절하기</td><td colspan="2">자신의 감정을 조절해 본다.</td><td>자신의 감정을 상황에 맞게 조절한다.</td></tr>
</table>

가족을 소중히 여기기	가족과 화목하게 지내기	가족의 소중함을 안다.		가족의 의미와 소중함을 안다.
				가족과 화목하게 지낸다.
	가족과 협력하기	가족 구성원을 알아본다.	가족 구성원의 역할에 대해 알아본다.	다양한 가족구조에 대해 알아본다.
		가족을 위하여 내가 할 수 있는 일을 알아본다.	가족을 위하여 내가 할 수 있는 일을 알아보고 실천한다.	가족은 서로 도와야 함을 알고 실천한다.
다른 사람과 더불어 생활하기	친구와 사이좋게 지내기	친구와 함께 놀이한다.	친구와 협동하며 놀이한다.	
		나와 친구의 의견에 차이가 있음을 안다.	친구와의 갈등을 긍정적인 방법으로 해결한다.	
	공동체에서 화목하게 지내기		도움이 필요할 때 다른 사람과 도움을 주고받는다.	다른 사람과 도움을 주고받고, 서로 협력한다.
		교사 및 주변 사람과 화목하게 지낸다.		
	사회적 가치를 알고 지키기	다른 사람의 소유물을 존중한다.	정직하게 말하고 행동한다.	
		약속과 규칙을 지켜야 함을 안다.	다른 사람의 생각, 행동을 존중한다.	다른 사람을 배려하여 행동한다.
			친구와 어른께 예의 바르게 행동한다.	
			다른 사람과 한 약속이나 공공규칙을 지킨다.	
			자연과 자원을 아끼는 습관을 기른다.	
사회에 관심 갖기	지역사회에 관심 갖고 이해하기	우리 동네의 이름을 안다.	우리 동네에 대해 알아본다.	
		우리 동네 사람들에 관심을 갖는다.	우리 동네 사람들이 하는 일에 관심을 갖는다.	다양한 직업에 관심을 갖는다.
			물건을 살 때 돈이 필요함을 안다.	일상생활에서 돈의 쓰임에 대해 안다.
	우리나라에 관심 갖고 이해하기	우리나라를 상징하는 것에 관심을 가진다.	우리나라를 상징하는 것을 안다.	우리나라를 상징하는 것을 알고 예절을 지킨다.
		우리나라의 전통놀이와 풍습에 관심을 갖는다.		우리나라의 전통, 역사, 문화에 관심을 갖는다.
			우리나라에 대해 자부심을 갖는다.	
	세계와 여러 문화에 관심 가지기		세계 여러 나라에 대해 관심을 갖는다.	세계 여러 나라에 대해 관심을 갖고, 서로 협력해야 함을 안다.
			다양한 인종과 문화에 관심을 갖는다.	다양한 인종과 문화를 알아보고 존중한다.

'나를 알고 존중하기' 내용범주는 나를 알고 소중히 여기기, 나의 일 스스로 하기로 구성되고, '나와 다른 사람의 감정 알고 조절하기' 내용범주는 나와 다른 사람의 감정 알고 표현하기, 나의 감정 조절하기로 구성된다. '가족을 소중히 여기기' 내용범주는 가족과 화목하게 지내기, 가족과 협력하기로 구성되고, '다른 사람과 더불어 생활하기' 내용범주는 친구와 사이좋게 지내기, 공동체에서 화목하게 지내기, 사회적 가치를 알고 지키기로 구성된다. '사회에 관심 갖기' 내용범주는 지역사회에 관심 갖고 이해하기, 우리나라에 관심 갖고 이해하기, 세계와 여러 문화에 관심 가지기로 구성된다.

'나를 알고 존중하기' 내용범주 중 '나를 알고 소중히 여기기' 의 나와 다른 사람의 차이에 대한 세부내용을 연령에 따라 살펴보면, 3세 수준에서는 나와 다른 사람의 차이에 관심을 갖고, 4세 수준에서는 나와 다른 사람의 차이점을 알아보며, 5세 수준에서는 나와 다른 사람의 신체적, 사회적, 문화적 차이를 존중하는 내용으로 연결된다. 활동의 예를 들어보면, 3세 유아는 키, 손발의 크기가 친구마다 각자 다르다는 것을 직접 대보거나 사진으로 보며 관심을 갖는 활동을, 4세 유아는 그 차이를 측정하거나 그림을 통해 구체적으로 알아보는 활동을, 5세 유아는 큰 키를 이용하여 할 수 있는 일, 작은 키 친구가 잘할 수 있는 일에 대해 알아보는 활동으로 신체적인 차이를 존중하도록 할 수 있다.

이러한 내용으로 3~5세 유아를 위한 보육활동을 계획하는 데 유아에게 체벌이나 벌을 피하고 좋은 행동을 스스로 선택할 수 있는 기회를 주어 자신이 존중과 신뢰를 받고 있다고 느끼도록 해야 한다. 유아에게 상상놀이, 책 보기, 다양한 예술적 경험 등 감정에 대해 배우고 감정을 이해할 수 있는 기회를 제공하면서 유아의 감정을 언어로 표현해 주어 감정 및 감정의 범주를 배우고 타인의 감정을 이해하도록 도우며, 일상생활에서 '미안해' '고마워' 등의 언어 사용을 배우도록 해야 한다. 또한 유아의 사회적 관계능력을 발달시키기 위해 집단토의, 역할놀이, 게임, 견학 등 다양한 활동을 통합적으로 제공하고, 유아에게 타인과 나누고 협력하며, 문제해결을 할 수 있도록 다양한 공동작업의 기회를 제공한다.

2) 활동 사례

사회관계 영역의 내용이 현장에서 어떻게 적용될 수 있는지를 알아보기 위해 실제 활동 사례를 살펴본다. 사회관계 영역의 다섯 가지 내용범주 가운데 나를 알고 존중하기와 다른 사람과 더불어 생활하기 내용범주에서 0~1세 영아 수준, 2세 영아 수준, 3~5세 유아 수준에 해당하는 활동 사례 한 가지씩을 골라 총 여섯 가지의 활동 사례를 제시한다.

(1) 나를 알고 존중하기

0~1세 영아는 나를 구별하고 나의 것 인식하기가, 2세 영아는 나를 구별하고 좋아하는 것을 해 보기가, 3~5세 유아는 나를 알고 소중히 여기며 나의 일을 스스로 하기가 목표다. 교사가 영아의 이름을 자주 불러 주는 경험을 하는 것에서 시작하여(0~1세 영아), 좋아하는 놀이나 놀잇감을 스스로 선택하고 즐기며(2세 영아), 나아가 내가 할 수 있는 일을 알고 스스로 하도록 돕는(3~5세 유아) 활동을 제시하였다.

① 0~1세 영아(3, 4수준): 자기 이름을 부르는 소리에 반응한다

활 동 명: 내 이름은 ○○○(영아 이름 부르기)

활동목표: 이름이 불림으로써 영아가 자신을 구별할 수 있도록 한다.

활동자료: 얼굴과 이름이 함께 코팅되어 링으로 묶인 것 또는 [사진 7-1]처럼 게시된 것

활동준비: 보육실 출입구에 들어서자마자 [사진 7-1]처럼 게시판을 장식하거나, 기차 모양 틀 벽장식 속에 영아들의 사진과 이름을 코팅한 것을 부착하여 두어도 좋

[사진 7-1] 영아의 사진과 이름 게시

다. 영아들이 들어오면서 기차 창문을 열어 자기 얼굴을 확인하도록 유도하면 자신의 얼굴을 확인하는 즐거움과 함께 보육실에 대한 소속감이 생긴다.

활동내용: 참여한 모든 영아의 특징을 골고루 포착하여 영아들의 이름이 골고루 불릴 수 있도록 유의한다. 또한 영아들마다 가지고 있는 뚜렷한 특징을 포착해야 영아들이 어려움을 느끼지 않고 재미있게 활동이 이루어질 수 있다.

⌘ 도입: "맛있는 간식시간이다. 한 사람씩 손을 씻자." 다른 교사가 간식을 가져오는 동안 아이들은 모두 손을 씻고 모여 있다.

⌘ 전개: 교사가 영아의 이름이 코팅된 출석부(사진과 이름 코팅)나 게시판을 보여 주면서 이름을 부르면 영아들은 대답한다. 출석을 부른 후 영아들의 여러 특징을 가리키면 영아들은 그 특징에 해당하는 영아의 이름을 말한다.

교 사: 오늘은 해님이 쨍쨍해서 아주 더웠어요. 땀도 많이 났어요. 그래도 병아리반 친구들은 모두 씩씩하게 어린이집에 왔어요. 온 친구들은 모두 큰 소리로 "선생님, 저 왔어요." 해 볼까요?

영아들: 선생님, 저 왔어요.

교 사: 누가누가 왔는지 한 명씩 대답해 보자. 선생님이 이름을 부르면 "예." 하고 씩씩하게 대답해요. (교사는 영아들의 이름을 하나씩 부르며 눈을 맞추고 미소를 전하고, 영아들은 모두 즐겁게 대답한다.)

교 사: 모두들 다 왔구나. 재연이, 경식이, 하연이, 영우, 소미 모두 반가워요. (손을 흔들며, 이름을 부를 때 아이와 눈을 다시 한 번 맞추고 미소를 지어 반가움을 표시한다.)

교 사: 오늘은 어떤 친구를 먼저 말해 볼까요? ('○○는 어디 있나?' 음률로) "빨강 옷 입은 친구는 어디? 빨강 옷 입은 친구는 어디?"

영아들: 하연이, 하연이. (달려가서 하연이를 가리키기도 하고 손가락으로 하연이 쪽을 가리키기도 한다.)

교 사: 그래, 하연이는 참 예쁜 빨강 옷을 입었구나.

⌘ 마무리: '○○는 어디 있나?' 노래에 맞추어 "빨강 옷은 어디 있나? 요기." 하고 반복하여 부르며 계속 엉터리로 가리키면서 아이들이 제대로 가리키도록 유도하고, 영아와 보조를 맞추어 "빨강 옷은 여기 있구나. 하연이."와 같은 식으로 앞에서 언급했던 빨

강 옷이라는 영아의 특징을 지적하며 노래 이어부르기를 한다.

② 2세 영아(1, 2수준): 내가 좋아하는 것을 찾아본다

활 동 명: (… 을 좋아하는/ … 을 잘하는) 내 이름은 ○○○

활동목표: • 자신이 좋아하는 것을 찾을 수 있다.
• 자신이 좋아하는 놀이를 선택할 수 있다.
• 스스로 선택한 놀이를 즐긴다.

활동자료: 영아의 놀이사진들(종이 찢기, 공굴리기, 미끄럼 내려오기, 아리랑 춤추기 등 영아들이 뭔가 즐겁게 열중해서 하는 사진)

활동준비: 위의 활동 사진들을 코팅한 다음 나뭇가지에 매달린 과실처럼 장식하여 벽면에 붙여 둔다(그림 그리기, 블록 만들기 등 활동별(3~4장 이내))로 구분하거나, 영아별(3~4장 이내)로 구분하여 장식해 둔다.

활동내용: 흥미를 돋우기 위해 영아 각자가 가장 좋아하는 과일 모양을 열면 그 속에 좋아하는 활동을 하는 사진을 숨겨 둘 수도 있다. 학기 초 또는 적응기에 활동을 유도하기 위해 사용해도 좋은 효과를 볼 수 있다.

※ 도입: 토끼반 친구들이 좋아하는 과일이 나무에 주렁주렁 달려 있네. 배를 좋아하

[사진 7-2] 영아의 개별 그림책

는 하영이, 하영이는 무슨 놀이를 좋아하지? (한동안은 전통 창 가락으로, 또 한동안은 랩 형태로, 또 한동안은 오페라 방식으로 가락의 변화를 주며 반복) "종이 찢기를 좋아하는 하영이, 종이 찢기를 하고 있는 하영이, 하영이를 찾았구나."

※ 전개: 사진 근처에 있는 2~3명의 아이들과 자연스럽게 시작하여 6~7명까지 모여도 계속 진행할 수 있다. 참여 영아의 수가 적으면 개별적으로 친밀하게 할 수 있고, 수가 많아지면 각자 좋아하는 과일 그림 속 사진을 탐색하며 흥미를 돋울 수 있다.

교사: 공굴리기 박사 경준이를 찾아보자.
영아: 찾았다. 여기 있어요.
교사: 경준이가 좋아하는 공이 어디에 있지?
경준이와 공굴리기를 하고 싶은 친구들은 공이 있는 곳으로 가서 재미있게 굴려 보자.
블록 만들기 대장 ○○○는 어디 있나?
춤의 왕 △△△도 찾아보자.
....
(이런 방식으로 영아들이 저마다 좋아하는 놀이를 알고 좋아하는 놀이를 스스로 선택하도록 기회를 제공함으로써, 자연스럽게 자신이 좋아하는 것을 느끼고 즐길 수 있도록 한다.)

※ 마무리: 영아 개인별 그림책을 만든다. 표지에는 제목으로 '내 이름은 ○○○' 부제는 '종이 찢기 박사 ○○○' 라고 써 둔다. 그리고 제목 아래 영아의 큰 얼굴 사진과 이름이 들어간다. 표지 뒤에는 같은 크기의 종이로 만든 것을 한 장씩 계속 추가해 나간다. 병풍처럼 하거나 굵은 스프링 수첩으로 만들어도 좋다. 좋아하는 동물그림을 잡지에서 찢어 붙이기, 음식 및 과일 그림이나 사진 붙이기, 좋아하는 색깔의 크레파스나 물감으로 마음대로 칠하기, 손바닥 찍기, 발바닥 찍기, 좋아하는 친구 사진 붙이기 등이 나에 관한 한 권의 책으로 묶일 수 있다. 생일선물로 한 명씩 완성해서 주어도 좋고, 한 학기에 한 권 정도 만들어 모든 아이들에 대한 성장의 기록으로 나눠 줄 수도 있다.

③ 3~5세 유아(4, 5세): 나의 일 스스로 하기

활 동 명: 나는 여러 가지를 할 수 있어요

활동목표: • 자신이 스스로 할 수 있는 일이 있음을 안다.
• 자신이 스스로 할 수 있다는 것에 대해 자부심을 느낀다.

활동자료: 잡지책(유아가 스스로 할 수 있는 일, 도움을 받아 할 수 있는 일, 유아가 도울 수 있는 일을 나타내 주는 콜라주를 할 수 있도록 잡지책의 그림들을 잘라낸다.), 하드보드지 3장(스스로 할 수 있는 일, 도움을 받아 할 수 있는 일, 유아가 도우면 좋은 일을 분류하여 붙이도록 하기 위함)

활동준비: 유아가 콜라주를 하기 전에 다음의 사항에 대해 이야기를 나누면 좋다.
- 집과 어린이집에서 혼자 하는 일은 무엇인가?
- 집과 어린이집에서 도움을 받아 함께하는 일은 무엇인가?
- 집과 어린이집에서 다른 사람을 도울 수 있는 일은 무엇인가?

활동내용: 내가 혼자서 할 수 있는 일을 알고, 혼자 할 수 없는 일은 어떻게 도움을 받을 수 있는지를 구체적으로 알려 준다.

⊗ 도입: 3장의 하드보드지에 각각 혼자 할 수 있는 일, 도움을 받아 함께하면 좋은 일, 다른 사람을 돕는 일을 붙여 보자.

⊗ 전개: 소집단의 유아들과 함께 집과 어린이집에서 혼자서 하는 일, 다른 사람과 함께하는 일, 다른 사람을 돕기 위해 할 수 있는 일에 대해 이야기를 나눈다. 세 가지 일을 잡지 그림 중에서 골라 3장의 하드보드지에 콜라주 작업을 하도록 한다. 유아의 사진을 붙이고 싶은 곳에 자유롭게 붙이도록 한 후 유아에게 그런 일을 한 경험과 그때의 기분을 이야기하도록 한다. 혼자서 하는 일을 잘 해냈을 때 어떤 기분인지, 함께하면 좋은 일을 함께한 후의 기분은 어떤지, 다른 사람들을 도왔을 때의 기분은 어떤지에 대해서 이야기를 나눈다. 유아들이 말한 기분들에 대해 메모해 두었다가 나중에 말풍선으로 만들어 콜라주 작업한 것에 첨가한다.

교사: 집에서 친구들이 혼자 하는 일에는 어떤 것이 있니?
유아: 화장실 가는 것, 밥 먹는 것, 신발 신는 것, 옷 입는 것, 쓰레기 버리는 것…….
(일과의 흐름을 사진으로 볼 수 있도록 진열해 놓으면 보고 말할 수 있어서 좋다.)
교사: 정말 많이 있구나. 또 뭐가 있을까?
유아: 가지고 논 장난감도 치워요.

교사: 그럼 어린이집에서 친구들이 혼자 하는 일에는 어떤 것들이 있지?
유아: 화장실 가기, 밥 먹기, 장난감 가지고 놀기, 옷 입기, 신발 신기, 도시락(식판) 챙기기…… .
교사: 우와, 집에서보다 더 많네. 그럼 혼자 하긴 힘들지만 여럿이 하면 좋은 것, 부모님이나 선생님이 도와서 같이 하면 좋은 것은 뭐가 있을까?
유아: 장난감 치우기, 블록놀이, 같이 큰 그림 그리기…….
교사: 그럼 다른 사람을 도울 수 있는 것에는 어떤 것이 있니?
유아: 선생님 도와주었어요. 금붕어 먹이 주었어요. 꽃에 물 주었어요. 바닥에 물 닦았어요.

ꕥ 마무리: 콜라주 작업한 것을 벽면에 전시하여 두고 이후에 스스로 할 일, 함께할 일, 하면 좋을 일 등에 대한 규칙 세우기의 자료로 활용할 수 있다.

(2) 다른 사람과 더불어 생활하기와 사회에 관심 갖기

어린이집을 다니는 영유아가 가정에서 양육되는 영유아에 비해 가장 결여되는 것이 자연스러운 동네 산책일 것이다. 영아 때부터 가까운 동네 산책은 필요하다. 자연스러운 산책과정에서 동네 사람을 만나서 만나고 헤어지는 인사를 해 보는 수준(0~1세 영아)에서부터, 자신의 소속을 알고 바른 태도로 인사하고(2세 영아), 나아가 우리 동네에 대해 알아보는 수준(3~5세 유아)으로 높아지는 활동 사례를 제시하였다.

① 0~1세 영아(3, 4수준): 만나고 헤어지는 인사를 해 본다

활 동 명: 어린이집 주변을 산책해요

활동목표:
- 어린이집 주변을 산책하며 친숙해진다.
- 동네에 있는 여러 기관 및 시설(은행, 우체국, 시장, 슈퍼마켓, 과일가게, 구두수선점, 꽃집, 미용실, 식당, 약수터, 학교, 다른 어린이집이나 유치원 등……)을 구경한다.
- 동네의 여러 기관 및 시설에서 여러 직업에 종사하는 사람을 만나는 경험을 한다.
- 동네에서 만나는 사람들과 인사를 주고받는다.

활동자료: 동네를 돌며 찍은 사진들을 활용하여 커다랗게 배치도를 만들어 바닥에 전시한다. (전시물 위는 비닐로 덮고 미끄럼 방지용 욕실 타일 중 발자국 모양 타일을

붙여서 방향 표시도 하고 미끄럼도 방지한다.)

활동준비: 동네를 산책하며 동네 배치도를 계속 추가해 나간다.

활동내용: 동네를 산책하며 만난 여러 사람들과 인사를 나누는 경험을 한다. 동네 산책 중에 여러 가게를 들러 구경한다. 가게에서 물건을 사는 것을 본다. 동네를 다니기 전에 거리와 소요시간을 미리 계산하여 처음에는 짧은 거리를 짧은 시간 내에 다녀온다. 교사가 미리 다녀보고 안전을 최우선으로 고려하여 장소를 선정하며, 영아의 다리근력을 점차 강화하는 것을 염두에 둔다. 처음에는 어린이집 마당 한 바퀴, 어린이집 둘레 한 바퀴를 도는 것에서 시작한다. 또한 영아에게 '동네 한 바퀴' 는 특별한 활동이라기보다는 일상에서 습관적으로 이루어지는 활동이 되어야 한다. 영아의 건강한 성장에 산책이 꼭 필요하다는 믿음을 갖고, 교사의 입장에서 처음에는 힘들겠지만 안전에 대한 대비책을 꼼꼼히 하고 조금 여유 있는 마음으로 임한다면 차츰 수월해짐을 느낄 수 있을 것이다.

⁂ 도입: "오늘은 ○○아파트 놀이터에 가 보자. 가면서 나무도 보고 개미도 보고 새도 볼 거야. 거기에 가려면 과일가게를 지나는데, 또 어디를 지나야 하나? 다 함께 가 보자!!"

⁂ 전개: 영아에게 간식을 먹이고 기저귀를 정리하여 준 후, 먹을 물과 휴지, 상비약을 어깨에 매는 가방에 넣어 맨다. 걸어서 5분 내외의 거리에 있는 곳에 잠깐 쉬거나 놀 공간을 여러 곳 확보해 둔다. 목적지까지 가는 길에 있는 것들에 대해서 이전에 찍은 사진이나 그림 등을 이용해 이야기해 준다. 한 교사가 2~3명씩 맡아서 이동한다. 걸어가는 도중에 만나는 사람들에게 인사한다. 한 번 산책할 때마다 가게 한 군데 정도를 들러 물건을 사기도 하고 그곳에서 일하는 사람과 인사도 한다. 지나는 어른에게도 적절히 인사하는 시범을 보인다.

영아: 안녕, 새야. 안녕, 개미. 안녕, 나무야.
교사: (지나가는 이웃주민을 보고) 안녕하세요. ○○어린이집 아기들입니다.
잠깐 나들이 나왔어요.
영아: 안녕하세요.

[사진 7-3] 동네를 산책하는 영아들

주민: 그래, 안녕. 잘 가요. 참 예쁘네요.

……

교사: 안녕히 가세요.

⊛ 마무리: 목적지에서는 30여 분 정도 놀고 쉬었다가 어린이집으로 돌아온다.

② 2세 영아(1, 2수준): **자신이 속한 반과 교사를 안다/바른 태도로 인사한다**

활 동 명: 우리는 △△반이에요

활동목표: • 동네에 있는 여러 기관 및 시설(은행, 우체국, 시장, 슈퍼마켓, 과일가게, 구두수선점, 꽃집, 미용실, 식당, 약수터, 학교, 다른 어린이집이나 유치원 등……)을 구경한다.

• 동네에서 만나는 사람들에게 바른 태도로 인사한다.

• '우리는 ○○어린이집 △△반' 이라고 인사를 할 수 있다.

활동자료: 동네를 돌며 찍은 사진들을 활용하여 커다랗게 배치도를 만들어 바닥에 전시한다. (전시물 위는 비닐로 덮고 미끄럼 방지용 욕실 타일 중 발자국 모양의 타일을 붙여서 방향 표시도 하고 미끄럼도 방지한다.)

활동준비: 동네를 산책할 때마다 배치도에 추가사항을 기입한다.

활동내용: 부모, 교사, 또래 이외의 지역사회 사람들과 접촉한다. 여러 기관이나 가게에 들러 무엇을 하는 곳인지 구경한다. '우리는 ○○어린이집 △△반'이라고 인사한다.

⊛ 도입: "(가까이 있고 자주 가는 외부의) 공원 놀이터에 가려면 어떻게 가야 하지?" 하고 물어서 영아들이 알고 있는 가게나 기관을 상기시켜 가는 길에 대해 상상하도록 한다.

교　사: 공원 놀이터는 어떻게 가야 하지?
영아들: (다양한 대답이 나온다.)
교　사: 어린이집 문을 나서서 제일 먼저 꽃집이 나오니, 아니면 과일가게가 나오니?
영아들: 꽂, 꽂집, 꽃집이야.
교　사: 그럼 다음에는?
영아들: 과일가게.
교　사: 그래, 오늘은 과일가게에서 맛있는 과일을 사서 놀이터에 가 보자.

⊛ 전개: 오늘 가게 될 시설에서 특정한 경험을 한다. 여러 종류의 가게에서 물건을 사 보는 경험을 하는 것 등이 있다. 예를 들어, 과일가게에서 과일을 사서 놀이터에서 먹고 논 후 어린이집으로 돌아온다. 오가는 길에 만난 사람들, 과일가게에서 만난 사람들에게 교사가 인사하는 시범을 보인다.

교사: 안녕하세요, ○○어린이집 아가들이에요. 날씨가 참 따뜻하죠?
교사: 안녕하세요, ○○어린이집 아가들이에요. 아가들이 과일을 살 거예요.

⊛ 마무리: 과일가게에서 돈을 내고 과일을 하나씩 세어서 봉지에 담아 사 오는 놀이를 한다.

③ 3~5세 유아(3, 4세): 우리 동네에 대해 알아본다

('사회에 관심 갖기' 내용범주의 '지역사회에 관심 갖기'의 세부내용임)

활 동 명: 어린이집 주변을 알아요

활동목표: • 우리 동네 이름과 어린이집의 위치를 안다.
• 집과 어린이집을 오가는 길을 안다.

활동자료: 어린이집 모양 종이, 동네 이름 카드, 가게나 기관 표시 카드, 각자의 집 모양(집 모양으로 꾸며 각자의 얼굴사진 붙인 것)

활동준비: 여러 가지 재료(종이, 부직포, 하드보드지, 압축 스티로폼 등)를 이용하여 가위로 오려 각자의 집을 만들고 그곳에 코팅한 자신의 얼굴사진을 붙인다.

활동내용: 우리 동네를 산책하면서 동네 이름과 집의 위치를 이해하고 오가는 길을 그림으로 나타내 보며, 초보적인 지도를 작성하여 거리와 찾아가는 길에 대한 이해를 돕는다.

⌘ 도입: 우리 동네의 이름을 알고, 어린이집 근처에 특징적인 건물이나 시설 또는 가게가 무엇이 있는지 알아본다.

⌘ 전개: 동네 이름 아래 자신의 얼굴을 붙인 자기 집을 어린이집을 중심으로 배열해 본다. 어린이집에서 누구의 집이 가장 가깝고, 가장 먼지 원근을 따져 가며 배열한다. 어린이집 근처의 특징적인 건물이나 시설, 가게가 무엇이 있는지 이야기 나눈 후 그것을 표시

[사진 7-4] 3세 유아의 동네 만들기

할 방법을 찾아본다. 어린이집에서 가까운 친구 집 두세 곳을 정해서 어린이집까지 오가는 길을 탐색한다. 다양한 방법으로 표현한 시설물 표시를 어린이집과 친구 집 사이에 해둔다. 어린이집과 가까운 친구 집 사이에 표시된 건물들을 보며 지도를 그려 본다.

교 사: 우리 어린이집에서 제일 가까이 사는 친구는 누구지?
유아들: 원식이요.
아니야 승윤이야.
……
교 사: 어린이집에서 원식이네는 어떻게 가야 하지? 어디를 지나야 갈 수 있니?

❀ 마무리: 여러 가지 블록으로 동네를 입체적으로 구성하고 장식을 통해 꾸미기를 할 수 있다. 자신의 집에서 어린이집까지 오가는 길에 대해 각자 탐색하여 지도로 나타낸다.

참고문헌

교육인적자원부(1998). 유치원 교육과정.
보건복지부(2002). 표준보육과정.
보건복지부(2013). 제3차 어린이집 표준보육과정고시 제2013-8호(2013. 1. 21.).
보건복지부 · 교육과학기술부(2012). 3~5세 연령별 누리과정 완성 · 고시(2012. 7. 6.).
여성가족부(2006). 표준보육과정.
여성부(2002). 영아보육 모형.

제8장 의사소통 보육과정

영유아를 위한 의사소통 보육과정은 언어기술 자체의 발달뿐만 아니라 다른 영역의 발달에도 도움을 제공한다는 점에서 중요성을 가진다. 다양한 정보의 획득이나 원활한 사회적 상호작용, 타인과의 갈등 및 문제해결 등에 언어가 중요한 역할을 담당하므로 의사소통 보육과정이 특히 강조된다. 영유아기는 언어발달의 결정적 시기이므로 영유아의 발달에 적합한 언어교육 프로그램을 제공해 줄 필요가 있다. 따라서 이 장에서는 의사소통 보육과정의 개념 및 성격, 목적 및 목표, 내용, 진행에 대해 살펴보고자 한다.

1. 개념 및 특성

1) 개념

의사소통 보육과정은 영유아의 언어발달 과정을 토대로 하며, 자신의 견해를 표현하고 타인의 견해를 이해하는 언어이해 및 표현능력을 향상시키기 위한 영역이다. 이러한 의사소통 보육과정의 영역은 듣기 · 말하기 · 읽기 · 쓰기 영역으로 구분된다. 영유아는 듣기와 읽기를 통해 언어이해능력을 기르고, 말하기와 쓰기를 통해 언어표현능력을 기른다. 따라서 듣기 · 말하기 · 읽기 · 쓰기 영역은 영유아 보육현장에서 교사가 담당해야 할 의사소통 보육과정의 하위범주에 해당한다. 의사소통 보육과정의 하위범주를 구체적으로 살펴보면, 먼저 듣기는 영유아가 기본적인 말소리를 지각하고 다른 사람의 이야기에 경청할 수 있는 능력과 관련된다. 말하기는 의사소통을 위해서 타인에게 말을 할 수 있는 능력을 의미하며, 읽기는 단어나 문장을 읽고 이해할 수 있는 능력을 의미한다. 마지막으로 쓰기는 자신이 듣고 말하는 것을 문자로 나타낼 수 있는 능력을 의미한다. 이 네 가지 범주는 서로 독립되어 있지 않고 상호 밀접한 관련을 가지며, 하나의 통합된 의사소통 보육과정을 구성한다(이연섭 · 강문희, 2003).

2) 특성

영유아를 위한 의사소통 보육과정은 다음과 같은 몇 가지 특성을 가진다.

첫째, 의사소통 보육과정에서는 언어를 습득하는 영유아의 능동적 역할을 강조한다. 영유아는 단순히 부모나 성인이 지시하는 대로 따라함으로써 언어를 배우는 것이 아니다. 옹알이, 몸짓, 울음 등으로 의사소통을 하는 영아기에서 시작하여 부모나 주변의 성인과 상호작용을 하기 위해서 능동적이며 적극적으로 접근한다. 이 범주에서는 유아의 이 같은 능동적 역할을 중요한 특성으로 강조한다.

둘째, 의사소통 보육과정은 영유아의 언어발달 과정을 고려하여 듣기, 말하기, 읽기, 쓰기로 구성되어 있다. 말을 배우는 과정에 있는 유아는 정확한 발음, 문법적 문장, 단어 등을 반복하여 들음으로써 자연스럽게 음성언어를 습득해 간다. 문자언어의 경우에도 유아에게 글자를 직접 가르치기보다는 글자에 관심을 가지도록 유도함으로써 즐겁고 자연스럽게 글자를 익힐 수 있도록 해야 한다.

셋째, 의사소통 보육과정에서는 모든 보육활동이 언어라는 의사소통 도구에 의해서 이루어진다는 점을 강조한다. 언어는 교사와 영유아 간의 의사소통을 가능하게 하고, 가르치고 배우는 활동 자체를 가능하게 하는 중요한 매체다. 따라서 의사소통 보육과정은 영유아의 언어발달 자체를 도울 뿐만 아니라, 다른 영역의 발달을 위해서도 중요한 역할을 담당한다(이연섭 · 강문희, 2003).

2. 목적 및 목표

의사소통 보육과정은 다양한 의사소통 경험과 언어활동을 통하여 영유아가 듣고 말하는 것을 즐기고, 상황에 맞는 언어를 익히도록 하며, 일상생활에 필요한 의사소통능력과 기초적인 문해능력을 기르고, 바른 언어 사용과 습관을 형성하도록 돕는다(교육과학기술부 · 보건복지부, 2012; 보건복지부, 2013). 이러한 의사소통 보육과정의 목적을 토대로 다음과 같은 구체적인 목표를 선정할 수 있다.

의사소통 보육과정은 영유아로 하여금 다른 사람의 이야기를 주의 깊게 듣는 태도와 이해력을 기르도록 하고, 바른 태도와 정확한 발음으로 자신의 느낌, 생각, 경험을 말로 표현하는 능력을 향상시키도록 도움을 주는 한편, 주위 사람들과 대화하고 여럿이 함께 토론하며 서로의 의견을 나누는 경험을 하고, 글과 글자에 친숙해지는 경험을 통해 읽기와 쓰기에 흥미를 갖도록 하는 것을 목표로 한다.

① 다른 사람의 말을 주의 깊게 듣고 이해하는 능력과 태도를 기르게 한다

영유아는 듣기를 토대로 하여 말하기 시작하므로 듣기는 모든 언어발달의 기초가 된다. 듣기에서 영아에게는 다양한 사물의 소리, 말소리, 주변의 소리에 관심을 가지고 구분하여 들을 수 있는 기회와 환경을 제공하고, 유아에게는 이야기, 동요, 동시, 동화를 잘 듣고 이해할 수 있는 능력을 기르는 데 초점을 맞추고 있다. 이에 따라 듣기 지도의 목표는 다른 사람의 말을 열심히 듣는 태도를 익혀서 그 말에 담긴 생각과 느낌을 바르게 이해하도록 하는 데 있다. 듣기를 지도할 때는 여러 가지 유형의 말소리, 낱말, 문장을 듣고 이해하며, 이야기를 바르게 듣고 이해하는 면을 중시해야 한다. 또한 들은 말의 내용에 따라 적절히 행동하고 동화나 동시 듣기를 통해 바르게 듣는 태도를 기르도록 한다.

② 자신의 느낌과 생각을 말로 표현하는 능력과 태도를 기르게 한다

말하기는 느낌과 생각을 상황과 목적에 맞게 말소리 언어로 표현하는 행위다. 자신의 느낌이나 생각이 듣는 사람에게 정확하게 전달되어 의도한 바가 달성되어야 하므로, 말하기는 듣기에 비해 능동적이고 적극적인 특성을 가지며, 음성 표현에 의해 자아를 실현하는 기본능력이다. 말하기는 얼굴표정, 몸짓, 눈빛, 손동작 등 비언어적 의사소통과 한

두 단어, 짧은 문장을 통해 영아가 언어적 의사소통을 할 수 있는 기회와 환경을 제공하고, 바른 태도와 정확한 발음으로 유아가 자신의 생각이나 경험을 대상과 상황에 맞게 표현할 수 있는 능력을 기르도록 구성한다. 이에 따라 말하기 지도의 목표는 자신의 느낌과 생각을 바르게 표현하는 능력과 태도를 기르는 데 있다. 말하기를 지도할 때는 바른 발음으로 낱말과 문장을 말하며, 묻는 말을 듣고 바르게 대답하는 면에 역점을 둔다. 또한 자신의 경험, 생각, 느낌을 적절하게 말하고, 처해 있는 상황을 고려하면서 말하며, 바르게 말하는 태도를 익히도록 한다.

③ 읽기와 쓰기능력을 향상시킨다

영유아는 글을 읽고 쓰게 되기 이전부터 그림책을 들고 넘겨 가며 보기도 하고, 종이 위에 크레파스 등으로 끼적거리기도 한다. 읽기에서 영아에게는 교사나 양육자와 함께 그림책을 보면서 그림과 읽어 주는 내용에 관심을 갖도록 기회와 환경을 제공하고, 유아에게는 주변의 글자나 그림책에 흥미를 가지고 이해하는 능력을 길러 읽기에 흥미를 느낄 수 있는 내용을 제공한다. 쓰기에서는 영유아에게 쓰기도구 및 매체를 사용하여 자신의 느낌, 생각, 경험 쓰기에 흥미를 갖고 참여할 수 있는 기회와 환경을 제공한다. 이에 따라 읽기와 쓰기를 포함한 문자언어 지도의 목표는 글자에 대한 유아의 관심을 확장시키고 지속시키는 데 있다. 읽기와 쓰기를 지도할 때는 유아가 말과 글의 관계를 이해하도록 돕고, 동화와 동시를 즐기며, 여러 가지 유형의 책과 쓰기도구에 관심을 갖도록 한다.

3. 내 용

1) 내용체계

영유아 의사소통 보육과정의 내용 선정을 위한 기본적인 원칙은 다음과 같다.

첫째, 듣기, 말하기, 읽기, 쓰기 영역의 내용을 선정할 때에는 각각의 영역에 초점을 맞추면서도 통합적인 면을 중시해야 한다. 의사소통의 하위영역은 서로 영향을 미치고 있기 때문에 듣기나 말하기를 분명하게 구분 짓는 것은 힘들다. 영유아가 들은 내용을 이해하는지 알아보기 위해서는 들은 내용을 말해 보도록 하는 수밖에 없는데, 이런 경우 듣기와 말하기 중 어떤 영역인지를 명확하게 구분하기는 힘들다. 단지 기본 내용이 선수적으로 주어질 때 듣기라 하고, 내용을 만들어 낼 때 말하기라고 하는 것이 일반적인 관례다. 또 유아가 말하는 것을 받아 써 주고, 받아 쓴 것을 다시 읽어 줄 때 말하기, 쓰기, 읽기, 듣기의 네 가지 언어행위가 연계적으로 발생한다. 따라서 언어활동을 할 때 이들 네 가지 기능형태 각각에 주안점을 두면서 함께 중시해야 한다.

둘째, 유아의 언어발달 과정에서 나타나는 개인차를 중시해야 하므로 수준별로 제시되는 내용은 포괄성, 순환성, 연속성을 가지도록 유의하여 선정해야 한다. 언어발달의 과정은 보편적인 나선형의 형태로 이루어지지만, 구체적으로 들어가 보면 유아 상호 간에 상당한 개인차가 존재한다. 이는 유아의 생활환경, 관심과 흥미의 정도가 각각 다르기 때문에 생기는 현상이다. 따라서 수준별 내용은 연령만을 적용시키기보다는 유아의 발달상 나타나는 개인차를 고려하여 융통성 있게 선정한다.

셋째, 하위 영역에 따라 수준별로 제시되어 있는 내용에서는 듣기, 말하기, 읽기, 쓰기의 습득과정을 최대한으로 고려해야 한다. 발음 지도의 경우 교사와 성인의 발음을 따라 해 보도록 지도하기보다는 교사나 성인이 정확한 발음을 가능한 한 많이 들려주고, 이를 통해 유아가 스스로 정확한 발음을 연습해 보도록 하는 것이 더 효과적이다. 읽기 · 쓰기능력은 유아가 교사나 부모가 들려주는 이야기를 많이 들을수록, 그리고 자신의 언어표현을 성인이 많이 받아 써 줄수록 빠르게 발달한다. 이러한 발달과정이 내용을 선정할 때 고려되어야 한다.

넷째, 언어에 대한 관심과 흥미를 가질 수 있는 다양한 활동과 자료가 포함되어 있는 내용을 선정해야 한다. 유아가 이야기의 주제를 정하려고 할 때 현장견학이나 자연관찰 활동은 상당한 도움을 줄 수 있다. 또 유아교육기관의 흥미 영역으로 마련된 언어 영역에 여러 가지 자료, 예를 들어 그림책, 동화책, 글자 게임판, 자석글자, 종이, 색연필 등이 비치되어 있다면 유아들은 자신의 흥미나 능력에 맞게 선택하여 활동할 수 있을 것이다.

다섯째, 읽기 · 쓰기 지도지침 마련에 역점을 둔다. 유아를 위한 문자교육지침을 마련하여 글자에 대한 유아의 관심과 흥미, 문자교육 실시를 요구하는 부모의 압력, 유아를 위한 문자교육의 내용과 방법에 대한 교사의 갈등 등을 해소하고 적절하게 대처하도록 노력한다. 이를 위해서는 교사 자신이 언어능력의 발달과정을 충분히 이해하고 있어야 할 것이다.

여섯째, 내용을 선정할 때는 교사-유아, 유아-유아의 관계에서 개별적인 경우와 집단(소 · 중 · 대집단)의 경우를 모두 포함하는 활동이 되도록 유의해야 한다. 유아들이 경험한 것, 생각한 것, 느낀 것을 말하는 활동의 경우, 교사는 유아와 일대일로 또는 일 대 집단으로도 활동할 수 있도록 내용을 구성한다. 유아들이 공동으로 협력하면서 활동할 수 있는 내용 선정에도 주의를 기울여야 한다.

일곱째, 언어 모델로서의 교사의 역할과 유아의 언어발달 과정을 충분히 이해하는 교사의 수용적 태도가 중시되도록 한다. 교사는 유아의 언어발달에서 중요한 모델이므로, 교육활동의 전반에서 정확한 발음과 문법에 맞는 문장을 사용하고 알맞은 속도와 크기의 목소리로 말해야 한다. 또한 언어발달 과정에서 나타나는 유아의 실수를 수용하는 교사의 태도도 중시해야 한다.

여덟째, 부모의 도움을 받음으로써 보다 효율적인 결실을 얻을 수 있는 점을 고려하여 그에 맞는 내용을 선정한다. 유아는 유치원에서 수업하는 시간보다 더 많은 시간을 가정에서 부모와 함께 보낸다. 유아의 언어발달이 생활 속에서 자연스럽게 이루어지며, 가정에서 읽기 · 쓰기와 관련한 활동에 더 많이 참여한다는 연구결과를 볼 때, 유아의 언어발달을 위한 부모의 역할은 거의 절대적이다. 따라서 부모의 일상적인 역할이 유아의 언어발달을 위해 보다 교육적으로 기여하는 차원으로 연계시킬 수 있도록 배려해야 한다(이연섭 · 강문희, 2003).

의사소통 보육과정의 내용은 제3차 어린이집 표준보육과정을 토대로 하여 듣기, 말하기, 읽기, 쓰기의 네 가지 내용범주와 0~1세 및 2세 영아와 3~5세 유아로 구분된다. 전체적인 내용체계는 〈표 8-1〉과 같다.

(1) 0~1세 영아

0~1세 영아는 주변의 소리와 말소리를 구분하여 듣고 이를 즐기며 반응하고, 표정, 몸짓, 말소리로 의사를 표현하여 주고받기를 즐기고, 그림책과 환경 인쇄물에 관심을 가지며, 끼적이기를 시도하는 것을 목표로 하여 〈표 8-2〉와 같은 내용체계로 보육과정이 구성된다(보건복지부, 2013).

듣기 내용범주의 경우 여러 가지 소리와 말소리 듣기에 흥미를 보이고, 익숙한 목소리를 듣고 반응하며, 말하는 사람의 표정, 몸짓을 관심있게 보는 수준까지의 듣기활동이 이루어지도록 한다. 영아가 언어로 상호작용하지 않더라도 많은 부분을 말로 반응하여 풍부한 언어적 자극을 제공한다. 자유롭게 만지고 흔들어서 소리 내는 놀잇감을 제공하고, 손뼉, 두드리기, 콧노래, 노래 등을 들려주어 영아의 주의를 끌어 보도록 한다.

표 8-1 의사소통 영역의 내용체계

내용범주	0~1세	2세	3~5세
듣기	• 주변의 소리와 말소리 구분하여 듣기 • 경험과 관련된 말 듣고 알기 • 운율이 있는 말 듣기 • 말하는 사람을 보기	• 말소리 구분하여 듣고 의미 알기 • 짧은 문장 듣고 알기 • 짧은 이야기 듣기 • 말하는 사람을 주의 깊게 보기	• 낱말과 문장 듣고 이해하기 • 이야기 듣고 이해하기 • 동요, 동시, 동화 듣고 이해하기 • 바른 태도로 듣기
말하기	• 발성과 발음으로 소리 내기 • 표정, 몸짓, 말소리로 말하기 • 말할 순서 구별하기	• 낱말과 간단한 문장으로 말하기 • 자신이 원하는 것을 말하기 • 상대방을 바라보며 말하기	• 낱말과 문장으로 말하기 • 느낌, 생각, 경험 말하기 • 상황에 맞게 바른 태도로 말하기
읽기	• 그림책과 환경 인쇄물에 관심 가지기	• 그림책과 환경 인쇄물에 흥미 가지기	• 읽기에 흥미 가지기 • 책 읽기에 관심 가지기
쓰기	• 끼적이기	• 끼적이며 즐기기	• 쓰기에 관심 가지기 • 쓰기도구 사용하기(4~5세)

말하기 내용범주의 경우, 여러 가지 소리를 내고 옹알이를 하며 여러 말소리를 즐겁게 내 보고, 표정, 몸짓, 말소리로 의사표현을 하는 수준의 말하기활동이 이루어지도록 한다. 영아가 쿠잉과 옹알이로 소리낼 때 말을 하는 것처럼 여기고 들어 주며, 눈을 맞추고 정다운 목소리로 반응하여 교사의 말을 영아가 모방하여 발음해 보도록 한다. 또한 인형이나 그림, 사진, 그림책 같은 다양한 자료를 구비하여 언어적 상호작용이 많이 발생할 수 있는 환경을 마련해 주고, 매일 대화를 통해 영아가 새로운 말과 발음을 익히며 의사소통 기술을 증진시킬 수 있도록 한다.

읽기 내용범주의 경우, 다양한 감각책을 탐색해 보고, 사물과 주변의 친숙한 환경 인쇄물에 관심을 가지며, 읽어 주는 짧은 그림책에 관심을 가지는 수준의 읽기활동이 이루어지도록 한다. 넘기기 쉬운 딱딱한 종이책, 여러 가지 촉감을 느낄 수 있는 헝겊책, 비닐책 등 다양한 책을 제공해 준다. 그림책을 읽어 줄 때 "깡충 깡충, 토끼가 어디 있지?" 하며 물어보고, 이야기를 들으며 그림을 함께 보도록 해 준다.

쓰기 내용범주의 경우, 끼적이기에 관심을 가지는 활동이 이루어지도록 한다. 딸랑이나 까꿍 놀잇감 등과 같이 간단한 손동작으로 작동되는 놀잇감을 이용하여 손의 소근육

표 8-2 0~1세 영아의 수준별 세부내용

<table>
<tr><th>내용범주</th><th>내용</th><th>1수준</th><th>2수준</th><th>3수준</th><th>4수준</th></tr>
<tr><td rowspan="7">듣기</td><td rowspan="3">주변의 소리와 말소리 구분하여 듣기</td><td colspan="3">여러 가지 소리와 말소리 듣기에 흥미를 보인다.</td><td>친숙한 낱말의 발음에 흥미를 보인다.</td></tr>
<tr><td colspan="4">익숙한 목소리를 듣고 그것에 반응한다.</td></tr>
<tr><td colspan="2"></td><td colspan="2">높낮이와 세기 등 말소리의 차이에 반응한다.</td></tr>
<tr><td rowspan="2">경험과 관련된 말 듣고 알기</td><td colspan="4">눈앞에 보이는 경험과 관련된 말에 반응한다.</td></tr>
<tr><td></td><td colspan="3">자신의 이름이 불리면 듣고 반응한다.</td></tr>
<tr><td>운율이 있는 말 듣기</td><td colspan="4">운율이 있는 짧은 말소리를 관심 있게 듣는다.</td></tr>
<tr><td>말하는 사람을 보기</td><td colspan="2">말하는 사람의 눈을 마주 바라본다.</td><td colspan="2">말하는 사람의 표정, 몸짓을 관심 있게 본다.</td></tr>
<tr><td rowspan="5">말하기</td><td rowspan="3">발성과 발음으로 소리내기</td><td colspan="2" rowspan="2">여러 가지 소리를 내고 옹알이를 한다.</td><td colspan="2">여러 말소리를 즐겁게 내 본다.</td></tr>
<tr><td colspan="2">의미 있는 음절을 내 본다.</td></tr>
<tr><td colspan="2">옹알이와 말소리에 대해 말로 반응해 주면 모방하여 소리낸다.</td><td colspan="2">교사의 말을 모방하여 발음한다.</td></tr>
<tr><td>표정, 몸짓, 말소리로 말하기</td><td>표정과 소리로 의사표현을 한다.</td><td>표정, 몸짓, 소리로 의사 표현을 한다.</td><td colspan="2">표정, 몸짓, 말소리로 의사표현을 한다.</td></tr>
<tr><td>말할 순서 구별하기</td><td colspan="4">말할 순서에 따라 표정, 몸짓, 말소리로 반응한다.</td></tr>
<tr><td rowspan="3">읽기</td><td rowspan="3">그림책과 환경 인쇄물에 관심 가지기</td><td colspan="4">다양한 감각 책을 탐색해 본다.</td></tr>
<tr><td colspan="2"></td><td colspan="2">사물과 주변의 친숙한 환경 인쇄물에 관심을 가진다.</td></tr>
<tr><td colspan="4">읽어 주는 짧은 그림책에 관심을 가진다.</td></tr>
<tr><td>쓰기</td><td>끼적이기</td><td></td><td colspan="3">끼적이기에 관심을 가진다.</td></tr>
</table>

을 사용하고 손과 팔을 의도적으로 움직여 볼 수 있도록 해 준다. 종이와 무독성 크레용 등의 쓰기도구를 제공하여 마음껏 끼적거려 보도록 격려하고, 영아가 끼적거린 것에 관심을 보여 준다.

(2) 2세 영아

2세 영아는 주변의 소리와 말소리를 듣고 좋아하며 반응하고, 생각과 느낌을 말로 주고받기를 즐기며, 그림책과 환경 인쇄물에 흥미를 가지고, 끼적이며 즐기기를 목표로 하여 〈표 8-3〉과 같은 내용체계로 보육과정이 구성된다(보건복지부, 2013).

듣기 내용범주의 경우, 다양한 말소리의 차이를 구분하는 데서부터 짧은 이야기와 노랫말 등을 즐겁게 듣고, 말하는 사람의 표정, 몸짓, 억양 등을 주의 깊게 보고 듣는 수준으로까지 듣기활동이 이루어지도록 한다. 교사는 일상의 활동에서 '수돗물이야. 손 씻

표 8-3 2세 영아의 수준별 세부내용

<table>
<tr><th>내용범주</th><th>내용</th><th>1수준</th><th>2수준</th></tr>
<tr><td rowspan="6">듣기</td><td rowspan="2">말소리 구분하여 듣고 의미 알기</td><td>친숙한 낱말의 발음에 흥미를 보인다.</td><td>친숙한 낱말의 발음에 관심을 가지고 듣는다.</td></tr>
<tr><td colspan="2">다양한 말소리의 차이를 구분한다.</td></tr>
<tr><td rowspan="2">짧은 문장 듣고 알기</td><td>낱말을 듣고 친숙한 사물과 사람을 찾아본다.</td><td>일상생활과 관련된 친숙한 낱말을 듣고 뜻을 이해한다.</td></tr>
<tr><td colspan="2">친숙한 짧은 문장을 듣고 반응한다.</td></tr>
<tr><td>짧은 이야기 듣기</td><td colspan="2">짧은 이야기와 노랫말 등을 즐겁게 듣는다.</td></tr>
<tr><td>말하는 사람을 주의 깊게 보기</td><td colspan="2">말하는 사람의 표정, 몸짓, 억양 등을 주의 깊게 보고 듣는다.</td></tr>
<tr><td rowspan="6">말하기</td><td rowspan="3">낱말과 간단한 문장으로 말하기</td><td>눈앞에 보이는 친숙한 사물의 이름을 발음해 본다.</td><td>친숙한 낱말을 발음해 본다.</td></tr>
<tr><td colspan="2">일상생활에서 경험한 새로운 낱말에 관심을 가진다.</td></tr>
<tr><td colspan="2">일상생활의 반복적인 일이나 친숙한 상황을 한두 낱말이나 간단한 문장으로 말해 본다.</td></tr>
<tr><td rowspan="2">자신이 원하는 것을 말하기</td><td colspan="2">표정, 몸짓, 말소리로 의사표현을 한다.</td></tr>
<tr><td>자신이 원하는 것을 한두 낱말로 말해 본다.</td><td>자신이 원하는 것을 낱말이나 짧은 문장으로 말해 본다.</td></tr>
<tr><td>상대방을 바라보며 말하기</td><td colspan="2">말할 순서에 상대방을 바라보며 말을 주고받는다.</td></tr>
<tr><td rowspan="3">읽기</td><td rowspan="3">그림책과 환경 인쇄물에 흥미 가지기</td><td colspan="2">그림책과 환경 인쇄물에 있는 그림과 내용에 관심을 가진다.</td></tr>
<tr><td colspan="2">친숙한 그림과 환경 인쇄물을 보고 읽는 흉내를 내 본다.</td></tr>
<tr><td colspan="2">선호하는 그림책들을 읽어 주면 집중하여 듣는다.</td></tr>
<tr><td rowspan="2">쓰기</td><td rowspan="2">끼적이며 즐기기</td><td colspan="2">의도적으로 끼적인다.</td></tr>
<tr><td colspan="2">자기 이름 끼적이기에 관심을 가진다.</td></tr>
</table>

자. 물소리가 졸~졸 나네. 더 세게 콸콸 해 볼까?' 라는 식의 말을 영아에게 들려주도록 한다. 교사는 영아에게 보통의 목소리, 큰 소리, 작은 소리, 귀에 속삭이는 소리 등으로 변화 있게 말해 줌으로써 영아가 소리 크기에 따른 감정을 느끼고 집중해서 듣는 태도를 기르도록 한다. 마지막으로 교사가 하고 있는 일이나 생각을 영아에게 짧은 이야기로 들려줌으로써 영아가 상황에 적절한 어휘와 표현을 익히도록 한다.

말하기 내용범주의 경우, 눈앞에 보이는 친숙한 사물의 이름을 발음해 보는 데서부터 자신이 원하는 것을 낱말이나 간단한 문장으로 말해 보는 수준까지 말하기활동이 이루어지도록 한다. 말하고 싶은 것은 많으나 표현이 잘 안 되는 시기이므로, 교사는 영아가 천천히 말할 수 있도록 기다려 주고 열심히 들어주도록 한다. 가작화 활동이 활발해지는 시기이므로 전화(마이크)놀이, 인형놀이 등을 통하여 혼잣말을 하거나 성인의 말투를 모방한 인형과의 대화놀이를 할 수 있도록 환경을 마련해 준다.

읽기 내용범주의 경우, 책에는 그림책과 환경 인쇄물에 있는 그림과 내용에 관심을 가지고, 친숙한 그림과 환경 인쇄물을 보고 읽는 흉내를 내 보는 읽기활동이 이루어지도록 한다. 이 시기에 들었던 많은 이야기들이 중요한 언어적 정보가 된다는 점에서 교사는 그림책을 많이 읽어 주고 일상과 관련된 이야기나 자연의 변화에 대한 감정 표현하기 등 언어적 자극을 제공하도록 한다. 천으로 된 그림책, 그림과 글자가 함께 있는 광고지, 영아의 사진이 들어 있는 가족앨범 등을 비치한다.

쓰기 내용범주의 경우, 의도적으로 끼적이고, 자기 이름 끼적이기에 관심을 가지는 등의 쓰기활동이 이루어지도록 한다. 교사는 영아에게 무해한 크레파스나 두꺼운 펜, 커다란 도화지, 신문지, 달력 뒷장 등을 제공한다.

(3) 3~5세 유아

3~5세 유아는 일상생활에 필요한 의사소통능력 및 기초적인 문해능력을 기르고, 바른 언어생활 태도와 습관을 형성한다. 구체적으로 다른 사람의 말을 주의 깊게 듣는 태도와 이해하는 능력을 기르고, 자신의 생각과 느낌을 말하는 능력을 기른다. 글자와 책에 친숙해지는 경험을 통해 글자 모양을 인식하고 읽기에 흥미를 가지며, 말과 글의 관계를 알고 자신의 생각, 느낌, 경험을 글로 표현하는 데 관심을 가지는 것을 목표로 하여 〈표 8-4〉와 같은 내용체계로 보육과정이 구성된다(교육과학기술부 · 보건복지부, 2012; 보건복지부, 2013).

듣기 내용범주의 경우, 교사는 유아가 말소리와 이야기에 관심을 가지도록 동물, 우리

표 8-4 3~5세 유아의 연령별 세부내용

<table>
<tr><th>내용범주</th><th>내용</th><th>3세</th><th>4세</th><th>5세</th></tr>
<tr><td rowspan="7">듣기</td><td rowspan="2">낱말과 문장 듣고 이해하기</td><td colspan="2">낱말의 발음에 관심을 가지고 듣는다.</td><td>낱말의 발음에 관심을 가지고 비슷한 발음을 듣고 구별한다.</td></tr>
<tr><td colspan="2">일상생활과 관련된 낱말과 문장을 듣고 뜻을 이해한다.</td><td>다양한 낱말과 문장을 듣고 뜻을 이해한다.</td></tr>
<tr><td rowspan="2">이야기 듣고 이해하기</td><td rowspan="2">다른 사람의 이야기를 관심 있게 듣는다.</td><td colspan="2">다른 사람의 이야기를 듣고 이해한다.</td></tr>
<tr><td colspan="2">이야기를 듣고 궁금한 것에 대해 질문한다.</td></tr>
<tr><td rowspan="2">동요, 동시, 동화 듣고 이해하기</td><td colspan="2">동요, 동시, 동화를 다양한 방법으로 듣고 즐긴다.</td><td>동요, 동시, 동화를 다양한 방법으로 듣고 이해한다.</td></tr>
<tr><td></td><td colspan="2">전래 동요, 동시, 동화를 듣고 우리말의 재미를 느낀다.</td></tr>
<tr><td>바른 태도로 듣기</td><td>말하는 사람을 바라보며 듣는다.</td><td>다른 사람의 이야기를 주의 깊게 듣는다.</td><td>다른 사람의 이야기를 끝까지 주의 깊게 듣는다.</td></tr>
<tr><td rowspan="9">말하기</td><td rowspan="3">낱말과 문장으로 말하기</td><td>친숙한 낱말을 발음해 본다.</td><td>친숙한 낱말을 정확하게 발음해 본다.</td><td>정확한 발음으로 말한다.</td></tr>
<tr><td>새로운 낱말에 관심을 가진다.</td><td>다양한 낱말을 사용하여 말한다.</td><td>다양한 낱말을 사용하여 상황에 맞게 말한다.</td></tr>
<tr><td colspan="2">일상생활에서 일어나는 일들을 간단한 문장으로 말한다.</td><td>일상생활에서 일어나는 일들을 다양한 문장으로 말한다.</td></tr>
<tr><td rowspan="3">느낌, 생각, 경험 말하기</td><td rowspan="3">자신의 느낌, 생각, 경험을 말해 본다.</td><td>자신의 느낌, 생각, 경험을 말한다.</td><td>자신의 느낌, 생각, 경험을 적절한 낱말과 문장으로 말한다.</td></tr>
<tr><td colspan="2">주제를 정하여 함께 이야기를 나눈다.</td></tr>
<tr><td>이야기를 지어 말한다.</td><td>이야기 지어 말하기를 즐긴다.</td></tr>
<tr><td rowspan="3">상황에 맞게 바른 태도로 말하기</td><td>상대방을 바라보며 말한다.</td><td colspan="2">듣는 사람의 생각과 느낌을 고려하여 말한다.</td></tr>
<tr><td></td><td>차례를 지켜 말한다.</td><td>때와 장소, 대상에 알맞게 말한다</td></tr>
<tr><td>바르고 고운 말을 사용한다.</td><td colspan="2">바르고 고운 말을 사용한다.</td></tr>
<tr><td rowspan="2">읽기</td><td rowspan="2">읽기에 흥미 가지기</td><td colspan="2">주변에서 친숙한 글자를 찾아본다.</td><td>주변에서 친숙한 글자를 찾아 읽어 본다.</td></tr>
<tr><td colspan="2">읽어 주는 글의 내용에 관심을 가진다.</td><td>읽어 주는 글의 내용에 관심을 가지고 읽어 본다.</td></tr>
</table>

	책 읽기에 관심 가지기	책에 흥미를 가진다	책 보는 것을 즐기고 소중하게 다룬다.	
		책의 그림을 단서로 내용을 추측해 본다.	책의 그림을 단서로 내용을 이해한다.	
			궁금한 것을 책에서 찾아본다.	
쓰기	쓰기에 관심 가지기	말을 글로 나타내는 것에 관심을 보인다.	말이나 생각을 글로 나타낼 수 있음을 안다.	
		자기 이름의 글자에 관심을 가진다.	자기 이름을 써 본다.	자신의 이름과 주변의 친숙한 글자를 써 본다.
			자신의 느낌, 생각, 경험을 글자와 비슷한 형태로 표현한다.	자신의 느낌, 생각, 경험을 글자와 비슷한 형태나 글자로 표현한다.
	쓰기도구 사용하기 (4~5세)		쓰기도구에 관심을 가지고 사용해 본다.	쓰기도구의 바른 사용법을 알고 사용한다.

가족, 주말에 있었던 이야기와 같이 유아가 좋아하는 주제의 이야기를 들려주며, 유아가 이해하기 쉽도록 간단명료하게 말한다. 교사는 유아가 이야기할 때 무릎을 낮추고 유아의 눈을 주시하며, 유아의 이야기를 적극적으로 듣는다. 또한 교사는 융판동화, 막대동화와 같은 다양한 종류의 동화 및 생활주제와 관련된 동요, 동시, 동화를 담고 있는 카세트테이프와 CD, CD-ROM, 카세트레코더, CD플레이어, 헤드폰, 컴퓨터, 프린터 등을 언어 영역에 제공한다.

말하기 내용범주의 경우, 교사는 친숙한 낱말을 발음하기부터 일상생활에서 일어나는 일들을 간단한 문장으로 말하는 수준에 이르기까지 유아의 말하기활동이 이루어지도록 돕는다. 교사는 유아가 일상생활에서 접하는 여러 사물과 상황, 자신의 느낌, 생각, 경험에 대해 직접 언급할 수 있도록 개방적인 분위기를 조성하고, 다양한 질문을 하여 유아에게 말할 기회를 준다. 교사는 존댓말, 예사말 등으로 듣고 있는 상대방과 상황에 맞는 말을 할 수 있는 예절 및 관련된 어휘를 유아에게 알려 주고, 생활주제와 관련된 수수께끼 카드, 화보, 손인형, 손가락인형, 인형극 틀 등의 교구를 제공해 유아의 말하기활동을 지원한다.

읽기 내용범주의 경우, 교사는 주변에서 친숙한 글자를 찾아보고 책에 흥미를 가지는 수준에서부터 읽어 주는 글의 내용에 관심을 가지고 읽어 보고, 궁금한 것을 책에서 찾아보는 수준에 이르기까지 유아의 그림책 읽기활동이 이루어지도록 돕는다. 교사는 유아가 글을 서툴게 읽더라도 다시 한 번 읽어 주며, 유아의 읽고자 하는 욕구를 격려한다. 다양한 인쇄물(신문, 안내 책자 등)을 제공하고, 교실에 있는 사물, 영역 표시판, 친구 이름,

옷장 이름표 등을 문자로 적어 게시한다. 교사는 언어 영역에 생활주제와 관련된 동화 CD-ROM, 컴퓨터, 그림동화, 테이블동화, 자석동화와 같은 다양한 종류의 동화, 퍼즐, 읽기게임교구 등을 제공하여 유아가 다양한 매체를 이용하여 읽을 수 있도록 한다. 또한 교사는 발달에 적합한 다양한 주제 및 형식의 그림책을 제공하고, 개별 대 · 소집단으로 그림책을 읽어 준다.

쓰기 내용범주의 경우, 교사는 유아의 느낌, 생각, 경험을 유아가 하는 말로 받아 적어 주고, 글로 표현되는 과정을 보여 주며, 맞춤법이나 예쁜 글씨체보다 유아의 쓰고자 하는 욕구 및 글의 내용에 초점을 맞춰 상호작용함으로써 유아가 쓰기에 관심을 가지고 쓰기도구를 사용하도록 격려한다.

2) 활동 사례

(1) 듣기

① 0~1세 영아(3수준): 경험과 관련된 말 듣고 알기

활 동 명: 코는 어디 있나요?

활동목표: 문장을 정확하게 듣고 지시에 따라 얼굴의 해당 부분을 가리킨다.

활동자료: 얼굴 형태가 그려져 있는 판, 눈, 코, 입, 귀가 각각 그려진 그림카드

활동준비: 영아들이 자신의 얼굴에서 해당하는 부분을 정확하게 가리키는지 교사가 확인할 수 있도록 교사와 영아들이 서로 마주하고 앉는다.

활동내용: 0~1세 영아의 청력에 문제가 없는지 확인하는 차원과 더불어 영아의 정확한 듣기능력을 지도하는 데 초점을 맞춘다.

❀ 도입: 이 활동을 시작하기 전에 캐스터네츠를 이용해 0~1세 영아의 청지각능력에 특별한 문제가 없는지 확인해 본다. 개별 영아를 대상으로 영아의 뒤쪽에 서서 왼쪽과 오른쪽을 번갈아 가며 캐스터네츠를 두드린 후, 영아에게 소리가 들리는 쪽으로 고개를 돌리도록 요구한다.

❀ 전개: 영아와 활동을 시작하기 전에 교사가 먼저 천천히 시범을 보인다. 즉, 교사가 눈, 코, 입 등 얼굴의 각 부분 명칭을 정확하게 발음하면서 자신이 말하는 부분을 손으로

[사진 8-1] '코는 어디 있나요?' 활동 중인 영아들

가리킨다. 영아에게 활동방법에 대해 설명해 주고 나서 활동을 시작한다. 교사가 얼굴 각 부분의 명칭을 큰 소리로 정확하게 이야기하면 영아는 자신이 들은 말소리에 적합한 얼굴 부위를 손으로 가리킨다.

교　사: 선생님이 "눈!" 하고 말하면 얼굴에서 눈이 어디에 있는지를 손으로 가리켜 보세요.
영아들: (손으로 눈을 만지며 큰 소리로) 누운!

⊗ 마무리: 영아가 자신의 얼굴에서 해당하는 부분을 정확하게 찾아내면 교사는 얼굴 각 부분이 그려진 그림카드를 준비하여 마무리활동을 시작한다. 준비한 그림카드 중에서 하나씩 영아에게 보여 주며 각 부분의 명칭을 정확한 발음으로 들려주고 다시 한 번 따라 하도록 한다.

② 2세 영아(1수준): 말소리 구분하여 듣고 의미 알기
활 동 명: 내 몸의 명칭에 대해 이해하기
활동목표: 문장을 정확하게 듣고 요구한 말에 따라 신체의 해당 부분을 가리킨다.

활동자료: 얼굴과 몸의 형태가 그려져 있는 판, 크레파스

활동준비: 2세 영아가 자신의 신체 중에서 해당하는 부분을 정확하게 가리킬 수 있도록 충분한 공간을 확보하여 서 있도록 한다.

활동내용: 2세 영아의 경우 0~1세 영아 수준에서와는 달리 2세 영아의 정확한 듣기능력을 지도하기 위해 신체 부위의 다양한 명칭을 정확하게 듣고 행동할 수 있는 능력을 기르는 데 초점을 맞춘다.

❀ 도입: 이 활동을 시작하기 전에 트라이앵글을 이용해 영아의 청 · 지각능력을 자극하는 활동을 시도해 본다. 개별 영아를 대상으로 영아의 뒤쪽에 서서 왼쪽과 오른쪽을 번갈아 가며 트라이앵글을 두드린 후 영아에게 소리가 들리는 쪽으로 고개를 돌리도록 한다.

❀ 전개: 영아와 활동을 시작하기 전에 교사가 먼저 천천히 시범을 보인다. 즉, 교사가 눈, 코, 입, 귀, 팔, 다리 등 신체 부위의 명칭을 정확하게 발음하면서 자신의 신체 부위를 가리킨다. 영아에게 활동방법에 대해 설명해 주고 나서 활동을 시작한다. 교사가 신체 부위의 명칭을 크고 정확하게 이야기하면 영아가 들은 말소리에 적합한 신체 부위를 손으로 가리키며 따라 말한다.

❀ 마무리: 영아가 자신의 신체에서 해당하는 부분을 정확하게 찾아내면 교사는 신체 각 부분이 그려져 있는 판을 준비하여 마무리활동을 시작한다. 교사가 들려주는 신체 부위를 듣고 준비된 그림판에 영아가 크레파스로 표시하도록 한다.

③ 3~5세 유아(4세): 이야기 듣고 이해하기

활 동 명: 우체국은 어디에 있나요?

활동목표: 교사가 설명하는 이야기를 듣고 이 이야기에서 지시하는 내용에 따라 이를 정확하게 행동으로 옮길 수 있는 능력을 기른다.

활동자료: 동네 거리가 표시된 부직포 지도 2장, 모형 자동차 2대, 점수판

활동준비: 조별로 게임을 진행하기 위해 활동 시작 전에 유아들을 두 집단으로 나눈다. 동네 거리에 우체국, 학교, 병원, 경찰서, 소방서, 어린이집 등이 표시된 부직포 지도를 조별로 한 장씩 준비한다. 부직포 지도는 모형 자동차가 지나다

[사진 8-2] '우체국은 어디에 있나요?' 활동 중인 유아들

닐 수 있도록 전지 크기 정도로 준비한다.

활동내용: 4세 유아의 경우 여러 문장으로 구성된 이야기를 듣고 이야기 내용에서 지시하는 바를 정확하게 파악하는 능력을 기르는 데 초점을 두고 활동을 진행한다.

֍ 도입: 이 활동을 시작하기 전에 우체국, 경찰서, 소방서 등에서는 어떤 일을 담당하고 있는지에 대해 조별로 이야기를 나누어 본다.

교사: 우리가 우체국에 가서 무슨 일을 할 수 있나요?
유아: 편지를 보내요.
교사: 소방서에서 일하시는 소방관 아저씨는 무슨 일을 하나요?
유아: 불이 나면 불을 끄러 가요.

֍ 전개: 조별로 부직포 지도 주변에 둘러앉아 교사가 지시하는 이야기에 귀를 기울인다. 각 조별로 모형 자동차를 출발선에 위치시킨다. 그러고 나서 교사가 다음과 같이 지시사항을 이야기로 들려준다.

교　사: 자동차가 출발할 준비가 되었나요?
유아들: 네!
교　사: 자, 이제 선생님이 하는 이야기를 잘 듣고 자동차를 출발시키세요.
교　사: 붕붕자동차가 우체국을 찾아서 출발하려고 해요. 그런데 어느 쪽으로 가야 할지 몰라서 이쪽저쪽으로 왔다 갔다 하네요. 붕붕자동차가 오른쪽 길이 나올 때까지 계속 앞으로 가고 있어요. 오른쪽 길이 나오면 오른쪽으로 돌아서 나오는 두 번째 건물 앞에 정지합니다.
교　사: 여기는 어디일까요?

ꕥ 마무리: 이 활동을 통해 유아가 각 건물의 명칭과 위치를 알고 나면, 교사가 건물 명칭을 말하고 그 명칭에 맞는 건물에 먼저 도착하기 게임을 해 볼 수 있다. 게임을 5회 정도 실시하고 각 게임당 조별 점수를 점수판에 기록하여 최종적으로 이긴 팀을 결정한다.

(2) 말하기

① 0~1세 영아(3수준): 발성과 발음으로 소리내기

활 동 명: 나는 어떤 동물을 좋아하나요?
활동목표: 동물의 이름을 통해 말과 글의 관계를 이해함으로써 음성언어와 문자언어의 일치 여부를 이해할 수 있다.
활동자료: 뒷면에 동물 이름이 쓰인 동물 그림카드
활동준비: 뒷면에 동물 이름이 쓰인 동물 그림카드를 여러 장 준비하여 낮은 책상 위에 흩어 놓고, 영아들을 책상 주위에 둘러앉힌다.
활동내용: 0~1세 영아의 경우 동물을 직접 본 경우가 많지 않음을 고려하여 나이 어린 영아도 잘 알고 있는 친숙한 동물을 중심으로 활동을 진행한다.

ꕥ 도입: 이 활동에서는 먼저 영아가 알고 있는 동물에는 무엇이 있는지 교사의 질문을 통해 알아본다. 영아가 알고 있는 동물을 중심으로 각 동물의 이름에 대해 이야기 나누기 활동을 진행한다.

교사: '어흥어흥' 하고 소리내는 동물은 호랑이예요. 호랑이!

영아: 호랑이!

ஐ 전개: 책상 위에 놓여 있는 다양한 동물 그림카드 중에서 영아에게 친숙한 동물 그림카드 한 장을 교사가 집어들고 영아에게 질문을 한다. 질문에 적당한 응답을 할 경우, 그림카드의 뒷면을 보여 주며 동물의 이름과 글자를 동시에 말하면서 가리킨다. 아직은 영아가 글자에 익숙하지 않기 때문에 반복해서 그림과 글자를 보여 주고 글자와 친숙해지도록 한다.

교　사: 얘들아, 이 동물을 본 적이 있니?
영아들: 네.
교　사: 이 동물은 사자예요. 사자!
영아들: 사자!
교　사: 그렇지, 사자예요. 사자!

ஐ 마무리: 이 활동에서 다양한 동물의 명칭과 해당 글자를 반복해서 학습하고 난 후, 동물 그림책을 영아들과 함께 보면서 동물 이름과 글자를 연결시켜서 말한다.

② 2세 영아(2수준): 낱말과 간단한 문장으로 말하기

활 동 명: 동물원에는 어떤 동물이 살고 있나요?

활동목표: 동물의 이름을 통해 말과 글의 관계를 이해함으로써 음성언어와 문자언어의 일치 여부를 이해할 수 있다.

활동자료: 뒷면에 동물 이름이 쓰인 동물 그림카드, 연습장, 연필

활동준비: 뒷면에 동물 이름이 쓰인 동물 그림카드를 여러 장 준비하여 낮은 책상 위에 흩어 놓고, 영아들을 책상 주위에 둘러앉힌다.

활동내용: 2세 영아의 경우에는 영아가 동물원에 다녀왔음을 전제로 하여 0~1세 영아의 경우보다 더 다양한 동물을 중심으로 활동을 진행한다.

ஐ 도입: 이 활동에서는 먼저 영아가 알고 있는 동물에는 무엇이 있는지 교사의 질문을 통해 알아본다. 영아가 알고 있는 동물을 중심으로 각 동물의 특성에 대해 이야기 나누기 활동을 진행한다.

[사진 8-3] '동물원에는 어떤 동물이 있나요?' 활동 중인 영아들

교사: '어흥어흥' 하고 소리내는 동물의 이름은 무엇일까요?
영아: 호랑이!

※ 전개: 책상 위에 놓여 있는 다양한 동물 그림카드 중에서 영아에게 친숙한 동물 그림카드 한 장을 영아가 직접 선택하여 집어들도록 한다. 교사는 영아가 선택한 그림카드를 가지고 다른 영아에게 이 동물의 이름이 무엇인지 질문한다. 영아가 동물 이름을 말하면 그림카드의 뒷면을 보여 주며 동물의 이름과 글자를 동시에 말하면서 가리킨다. 영아가 아직은 글자에 익숙하지 않기 때문에 반복해서 그림과 글자를 보여 주고 글자와 친숙해지도록 한다.

교　사: 얘들아, 동물원에 가 본 적 있는 사람?
영아들: 저요, 저요!
교　사: 그래, 다들 동물원에 가 보았구나.
교　사: (그림카드를 집어들고) 이 동물의 이름은 무엇이니?
영　아: 사자!
교　사: 그렇지, 사자예요. 사자!
교　사: 사자! 자, '사자' 는 이렇게 쓴단다.

❀ 마무리: 이 활동에서 다양한 동물의 명칭과 그 글자를 반복해서 학습하고 난 후, 동물 그림책을 영아와 함께 보면서 동물 이름과 글자를 연결시켜서 말한다. 그리고 교사가 연습장에 동물 이름을 크게 쓴 다음 영아에게 동물 이름을 따라 말하도록 함으로써 영아가 말소리와 글자의 관계를 이해하도록 한다.

③ 3~5세 유아(4세): **낱말과 문장으로 말하기**

활 동 명: 내 친구의 이름은 무엇일까요?

활동목표: 친구의 이름을 통해 낱말과 문장으로 말할 수 있는 능력을 기르고, 말과 글의 관계를 이해하도록 한다.

활동자료: 같은 반 유아의 사진, 화이트보드, 매직펜, 스카치테이프

활동준비: 얼굴이 크게 나온 같은 반 유아가 사진을 미리 준비하고 화이트보드에 부착할 수 있도록 스카치테이프를 함께 준비한다. 화이트보드를 마주 보고 앉도록 한다.

활동내용: 아직 유아가 글자를 읽고 쓰는 데 능숙하지 못하다는 점을 고려하여 친한 친구의 이름을 읽을 수 있는 능력을 중심으로 활동을 진행한다.

[사진 8-4] '내 친구의 이름은 무엇일까요?' 활동 중인 유아들

※ 도입: 이 활동을 시작하기 전에 같은 반 친구의 이름을 서로 말해 보는 시간을 갖는다. 준비한 사진을 가지고 사진에 있는 친구의 이름을 말해 보도록 한다.

교 사: (사진 속 얼굴을 가리키며) 이 친구는 누구일까요?
유아들: 진영이요!

※ 전개: 사진을 보면서 친구의 이름을 말해 본 경험을 토대로 하여 활동을 시작한다. 이 활동에서는 먼저 화이트보드에 교사가 두 명의 유아 사진을 부착한다. 그러고 나서 교사는 사진 아래에 '_____와 _____는 좋은 친구입니다.' 라는 문장을 적고, 빈칸에 들어갈 이름이 누구인지를 유아에게 질문한다. 유아가 이름을 말하면 교사는 화이트보드에 이름을 적으면서 문장을 큰 소리로 읽고, 유아도 따라서 읽게 한다.

교사: 얘들아, 여기 사진에 있는 친구는 누구니?
유아: 진우와 형식이요.
교사: 그래, 진우와 형식이지?
(빈칸에 이름을 적으며) '진우와 형식이는 좋은 친구입니다.'
유아: '진우와 형식이는 좋은 친구입니다.'

※ 마무리: 4세 유아는 아직 글자를 쓰는 데 익숙하지 않지만, 연습장과 연필을 가지고 자신의 이름과 친한 친구의 이름을 적어 보는 연습을 한다. 이를 통해 말과 글의 관계를 이해하도록 한다.

참고문헌

교육과학기술부 · 보건복지부(2012). 3~5세 연령별 누리과정.
보건복지부(2013). 제3차 어린이집 표준보육과정고시 제2013-8호(2013. 1. 21.).
이연섭 · 강문희(2003). 유아의 언어교육. 서울: 창지사.
이영자(2009). 유아언어발달과 교육. 파주: 양서원.
이차숙(2005). 유아언어교육의 이론과 실제. 서울: 학지사.

Elgas, P. M., Rioux, K., Struewing, N., & Corkwell, C. (1998). Inquiry learning and curriculum planning. In L. J. Johnson, M. J. LaMontagne, P. M. Elgas, & A. M. Bauer (Eds.), *Early childhood education: Blending theory, blending practice* (pp. 149–171). Baltimore, Maryland: Brookes Publishing Co.

Tyler, B. J. (1999). *A child goes forth: A curriculum guide for preschool children.* Upper Saddle River, New Jersey: Merrill Prentice Hall.

White, C. S., & Coleman, M. (2000). *Early childhood education.* Upper Saddle River, New Jersey: Merrill.

Wortham, S. C. (2006). *Early childhood curriculum* (4th ed.). Upper Saddle River, New Jersey: Merrill.

제9장

자연탐구 보육과정

1. 개념 및 특성

1) 개념

영유아는 태어나면서부터 주변 세계와 사물에 대해 호기심을 가지고 열정적으로 탐구하며 새로운 것을 창조한다. 탐구는 관찰하기, 문제 제기하기, 책과 자료 조사하기, 조사 계획하기, 실험하기, 자료를 수집 · 분석 · 해석하기 위해 도구 사용하기, 대답하고 설명하고 예측하기, 결과를 의사소통하기와 같은 다양한 활동을 수반하는 다면적인 활동이다(National Research Council, 1996). 자연탐구 보육과정은 영유아가 자신을 둘러싸고 있는 주변 세계에 대해 호기심을 가지고 궁금한 것을 해소하기 위해 탐구하며, 일상생활에서 부딪히는 현상이나 문제해결을 통해 수학적 · 과학적으로 생각하는 기초능력과 태도를 기르는 영역이다(교육과학기술부 · 보건복지부 · 육아정책연구소, 2012).

자연탐구 보육과정에서의 활동은 어떤 정보나 지식 또는 개념을 획득하는 데 중점을 두기보다 그 결과에 도달하기까지의 탐구와 사고과정을 중점적으로 다루어야 한다(Carin & Bass, 2001). 이를 위해 영유아가 주변 환경과 사건에 궁금증을 가지고 주의 깊게 관찰하고 탐구할 수 있도록 다양한 자료와 풍부한 경험을 제공해야 한다. 또한 개인 차원에서 구체적이고 직접적인 조작경험이 이루어지도록 하여 영유아가 스스로 지식을 구성해 나가는 비형식적인 절차를 바탕으로 활동이 구성되어야 한다(이순형 외, 2007). 그 결과 영유아는 창의적인 생각과 방법으로 새로운 현상에 대한 탐구를 시도하며, 학습에 대한 동기도 자발적으로 유발된다.

2) 특성

자연탐구 보육과정에서는 인간이 자연과 더불어 조화롭게 살아가는 궁극적인 목표를 달성하기 위해 영유아기부터 주변의 사물과 자연환경에 대하여 관심을 가지고 논리적으로 사고하고 탐구하며 문제를 해결해 나가도록 한다. 따라서 영유아가 수학적 개념 또는 과학적 개념을 습득하는 것만 추구하기보다는 개념 습득의 토대가 되는 사고발달과 탐구과정, 탐구기술을 동시에 중요시한다. 특히 0~1세 및 2세 영아의 경우에는 개념 습득이나 이해 그 자체보다는 여러 가지 감각을 활용하여 탐색하고 반복 활동할 수 있는 기회를 충분히 제공하여 탐구의 기초를 다지는 것이 중요하다. 끊임없이 궁금해하고 궁금한 것을 알고자 하는 탐구적 태도가 수학적 · 과학적 개념 습득을 위한 토대가 되므로 3~5세 유아에게는 자신이 알고자 하는 것이 무엇인지를 파악하고 이를 알 수 있는 적절한 방법들을 스스로 시도해 보는 성향과 능력을 기르도록 배려해야 한다.

먼저, 영유아가 지속적으로 탐구하기 위해서는 주변의 사물과 자연환경에 대하여 관심과 호기심을 가지고 끊임없이 알아가고자 하는 마음가짐과 이에 필요한 기초기술이 요구된다. 이러한 탐구적 태도는 영아기에 주변의 사물과 자연환경을 지각하고 반복적으로 탐색하는 것을 중요시하여 궁금한 문제를 해결하고자 하는 마음을 형성하는 데에서 출발해야 한다. 이에 따라 영아들에게는 주변의 여러 가지 사물과 환경에 관심과 호기심을 가지고 반복적으로 탐색하며 문제해결에 관심을 가질 수 있는 내용을 제공한다. 유아기에는 영아기 때 형성된 탐구적 태도와 사물과 자연환경에 대한 지속적인 호기심을 바탕으로 하여 탐구에 대한 의지와 기초 탐구기술을 갖추는 데 중점을 둔다.

영유아는 일상생활에서 경험하는 여러 가지 사물과 현상을 비교하고 규칙성을 인식하며 수량과 공간을 인식하는 등 구체적인 경험과 조작활동을 통하여 수학적인 기초능력을 기른다. 영유아는 특정 현상에 호기심을 가지고 자신이 고안한 방법으로 궁금증을 해결한 후 새로운 개념을 구성하는 비형식적인 방법으로 수학적 학습의 기회를 많이 얻는다. 따라서 기계적인 연습보다 구체물을 이용한 조작활동이 수학적 탐구능력 발달에 중요하다(Shaw & Blake, 1998). 실제로 마트놀이라는 역할놀이를 통해 유아가 능동적이고 적극적으로 참여하는 프로젝트 활동을 진행한 결과 유아들의 수학적 능력은 전반적으로 향상되었다(김지현, 2012). 영아들에게는 물체가 있고 없는 것을 지각하는 것에서 시작하여 적은 수의 물체의 수량을 인식하는 내용과 자신의 주변 공간을 탐색하며 위치와 방향 및 물체의 모양을 인식할 수 있는 내용, 사물의 여러 가지 속성을 탐색하여 비교하고 간단한 순서를 인식할 수 있는 내용, 간단한 규칙성을 인식하는 내용 및 비슷한 것끼리 짝을 지어 구분하는 내용을 제공한다. 유아들을 대상으로 하는 내용으로는 수, 공간 및 도형에 대한 기초개념을 형성하고 규칙성을 이해하며 기초적인 측정과 함께 탐구의 기초가 되는 자료 수집 및 분석능력을 다룬다.

영유아는 주변의 사물과 생명체 및 자연현상에 대하여 관심을 가지고 그 변화과정을 관찰하는 등 능동적이고 적극적인 탐색활동을 통해 과학적인 기초능력을 기른다. 보육과정에서는 일상생활 속에서 영유아의 타고난 호기심을 과학활동에 창의적으로 적용하며 과학에 대한 관심과 즐거움을 길러 줌으로써 과학적 사고의 기초를 다질 수 있다. 미래에 필요한 과학적인 태도와 소양을 영유아기에 길러 주는 과학 영역의 보육과정은 정보화와 첨단과학기술이 발전하는 지금의 시대적 요구에도 부합한다. 이를 위해 영유아에게 의미 있고 동기를 유발시키는 일상생활 및 주변 세계에 관련된 내용을 바탕으로, 과학지식의 획득이 아닌 탐구의 '과정' 자체를 다양하게 경험할 수 있도록 보육과정을 구성해야 한다(NRC, 1996). 영아 수준의 보육과정은 주변의 사물을 지각하고, 주변 생명체에 관심을 가지며, 자연현상을 지각하는 등 지각과 관심 수준으로 내용을 구성하고, 물체와 물질의 특성을 탐색하고, 생명체와 자연현상에 대해 인식하며, 생활 속의 도구에 관심을 갖도록 하는 내용으로 구성한다. 유아 수준의 보육과정은 이러한 탐색과 인식을 토대로 물체와 물질의 기본 특성이나 생명체와 환경과의 관계, 그리고 자연환경에 대한 이해를 다루며 도구와 기계를 직접 활용해 보는 내용으로 구성한다.

영유아기는 주변 사물과 환경의 특징을 발견하고 자연을 알아가는 데 핵심이 되는 수학 및 과학적 탐구능력의 기초가 형성되는 중요한 시기다. 따라서 보육과정의 자연탐구 영역은 주변의 사물과 자연환경에 대해 관심과 호기심을 가지고 이에 필요한 기초기술을 다루는 '탐구하는 태도 기르기' 내용범주, 수학적인 기초능력을 다루는 '수학적 탐구하기' 내용범주, 과학적인 기초능력을 다루는 '과학적 탐구하기' 내용범주로 구성할 수 있다.

2. 목적 및 목표

자연탐구 보육과정의 목적은 호기심을 가지고 주변 세계를 탐구하며, 일상생활에서 수학적 · 과학적으로 생각하는 능력과 태도를 기르는 데 있다(교육과학기술부 · 보건복지부 · 육아정책연구소, 2012). 이는 곧 영유아가 과학과 수학에 대한 가치를 긍정적으로 인식하고 능동적으로 탐구과정에 참여하면서 '과정' 자체를 즐기는 탐구적인 태도가 생활화되는 것이다. 이렇게 습득한 과학적 탐구능력과 수학적 사고능력을 통해 현재의 생활에서 생기는 문제를 창의적으로 해결할 수 있고, 더 나아가 미래의 생활에도 적용할 수 있는 합리적이고 과학적인 인간으로의 성장 기초를 닦을 수 있다. 또한 탐구능력은 주변의 모든 생명체를 존중하고 자연의 아름다움을 느끼며, 자연세계의 질서감을 인식하는 데에도 기초가 된다. 스스로 탐구과정을 즐기는 영유아는 자신의 가치를 인식하여 긍정적인 자아개념을 발달시킬 수 있고, 탐구능력 신장으로 인지발달을 이룰 수 있으며, 협동학습의 경험과 합리적인 태도를 바탕으로 사회성이 향상되는 발달의 이점도 누릴 수 있다. 자연탐구 내용범주에 따른 구체적인 목표는 다음과 같다(교육과학기술부 · 보건복지부 · 육아정책연구소, 2012; 보건복지부, 2013).

① 주변의 사물과 자연세계에 대해 알고자 하는 호기심을 가지고 탐구하는 태도를 기른다

자연탐구의 첫 번째 목표는 '탐구하는 태도 기르기' 다. 영유아는 주변 환경에 대해 관찰하기 시작할 무렵이 되면 여러 가지 사물이나 현상에 대해 관심을 갖고 반복하여 탐색한다. 주변의 여러 가지 사물과 자연환경에 대한 반복적 탐색은 영유아가 지속적인 호기심을 갖고 탐색하려는 태도를 가져오며, 이러한 태도를 기초로 관찰한 사건이나 상황에 대해 깊이 있는 탐구를 이끌어 갈 수 있다. 영유아기부터 주변 세계를 주의 깊게 탐구하는 태도를 형성함으로써 지적 자율성을 신장할 수 있다.

0~1세 영아들은 주변 사물에 대한 탐색을 시도하고, 2세 영아들은 호기심을 가지고 주변 세계에 대해 다양하게 탐색하는 것이 목표다. 3~5세 유아들은 궁금한 점을 알고 싶어 하는 마음을 가지고 의문을 풀기 위해 지속적으로 필요한 것을 조사하여 찾아내거나 얻어내는 탐구과정을 즐기며, 관찰, 분류, 측정, 예측, 추론 등의 탐구기술을 활용하는 능력을 기르는 것을 목표로 한다.

② 생활 속의 여러 상황과 문제를 논리 · 수학적으로 이해하고 해결하기 위한 기초능력을 기른다

자연탐구 보육과정의 두 번째 목표는 '수학적 탐구하기' 의 기초능력을 기르는 데 있다. 영유아기는 수학적 능력의 토대를 구축하는 시기로, 일상생활 속에서 다양한 수학적 경험을 하는 것이 중요하다. 영유아는 일상생활 속에서 수량과 공간을 인식하고 이해하고 크기, 길이, 무게 등을 비교하며, 규칙성을 인식하는 등 구체적인 경험과 조작활동을 통하여 여러 상황과 문제를 수학적으로 이해하고 해결한다. 이러한 일상적인 수학적 경험은 주변의 여러 상황과 문제를 수학적으로 이해하고 해결하기 위한 기초능력을 기르는 데 도움이 된다. 영유아가 일상생활 속에서 자연스럽게 직면하는 문제를 해결하기 위해서는 무엇보다 문제를 인식하고 확인한 다음 다양한 해결방법을 생각하여 적용하고, 그 결과를 토대로 결론을 짓고 검증하는 등의 일련의 과정을 경험하도록 배려하는 것이 요구된다. 유아는 구체적인 사물을 조작함으로써 사물의 색, 모양, 크기, 움직임 등의 속성을 알게 되고, 그 속성에 기초하여 여러 가지 논리 · 수학적 관계를 형성한다. 즉, 색깔과 크기가 다른 동전을 탐색하면서 금액의 크고 작은 관계를 알고, 어린이집의 하루 일과 속에서 시간적인 규칙성을 인식한다. 여러 모양의 장난감을 탐색하면서 기본 도형의 개념을 알고, 길이, 높이, 크기, 무게 등을 기준으로 여러 장난감을 비교한다. 이처럼 다양한 경험을 통해 관계를 형성하는 과정이 논리 · 수학적 사고 형성에 바탕이 된다.

0~1세 영아들은 주변에서 일어나는 수학적 상황을 지각하고, 2세 영아들은 주변에서 경험하는 수학적 상황을 인식하는 것이 목표다. 3~5세 유아들은 놀이, 게임, 생활 속의 문제해결과 같은 구체적인 경험을 통해 수와 연산, 공간과 도형, 측정, 규칙성, 자료 수집과 결과 나타내기 등에 관한 기초 지식을 구성하고 논리적 · 수학적으로 사고하는 능력을 기르는 것을 목표로 한다.

③ 주변의 관심 있는 사물과 생명체 및 자연현상을 탐구하기 위한 기초능력을 기른다

자연탐구 보육과정의 세 번째 목표는 '과학적 탐구하기' 의 기초능력을 기르는 데 있다. 영유아는 주변의 사물과 자연현상을 지속적으로 탐구하는 과정을 통하여 자연세계를 알아가고 발전된 과학기술을 생활 속에서 활용할 수 있음은 물론, 자연과 인간이 더불어 살아가는 것이 중요하다는 점을 경험한다. 영유아가 주변의 여러 가지 구체적인 사물과 자연환경을 탐구하고 이해하기 위해서는 관심을 가지고 궁금해하며 문제해결을 위

해 스스로 관찰하고 분류하고 실험하는 등의 경험이 필요하다. 영아기에는 주변의 사물과 자연환경을 지각하여 반복적으로 탐색하며, 점차 연령이 높아지면서 궁금한 문제를 해결하기 위해 사물과 자연환경을 지속적으로 탐구할 수 있는 능력을 길러야 한다. 영유아는 태어나면서부터 자신의 감각을 통해 주변의 사물과 환경을 능동적으로 탐색한다. 동생이 태어나는 것을 보면서 '나는 어떻게 태어났나?'의 궁금증을 가지게 되고, 자신이 키우는 강아지의 생활에 호기심을 가지게 된다. 계절에 따라 달라지는 옷을 스스로 인식하게 되고, 형과 언니가 사용하는 컴퓨터를 유심히 관찰하게 된다. 이렇게 우연히 관찰하게 된 사건이나 현상에 의문을 가지고 문제해결을 위해 여러 가지 방법을 시도함으로써 과학적으로 탐구하는 능력과 태도가 형성된다. 따라서 영유아가 일상생활에서 부딪힐 수 있는 다양한 문제와 호기심이 유발되는 자연현상에 대한 탐구과정이 포함되도록(National Science Resources Center, 1997) 보육과정을 구성한다.

0~1세 영아들은 감각과 조작을 통하여 주변 사물과 자연환경에 대해 지각하고, 2세 영아들은 다양한 탐색을 통하여 주변 사물과 자연환경을 인식하는 것이 목표다. 3~5세 유아들은 주변의 다양한 물체와 물질을 탐색하고, 생명체와 자연환경과 자연현상을 알아보며, 간단한 도구와 기계를 활용하는 능력을 기르는 것을 목표로 한다.

3. 내 용

1) 내용체계

표준보육과정에서 자연탐구 영역의 내용체계는 크게 0~2세 영아를 위한 보육과정과 3~5세 유아를 위한 누리과정으로 구분할 수 있다. 구체적으로 자연탐구 영역은 탐구하는 태도 기르기, 수학적 탐구하기, 과학적 탐구하기의 세 가지 내용범주로 구성된다. 0~2세 보육과정은 0~1세 4수준, 2세 2수준으로 구성되고, 3~5세 누리과정은 3세, 4세, 5세 유아의 세 연령으로 구성된다.

각 범주의 하위내용은 발달 수준별로 구성된 구체적인 활동들을 체계적으로 경험함으로써 장단기적으로 상위 내용범주의 목표 달성에 기여할 수 있는 구체적인 목표의 수준으로 제시하였다. 예를 들어, 3~5세 유아를 위한 자연탐구 영역의 '탐구하는 태도 기르기' 내용범주는 호기심을 가지고 탐구하는 태도를 기르게 하는 목표를 달성하기 위해 장단기적으로 3~5세 유아의 발달 수준에서 실현할 수 있는 호기심을 유지하고 확장하기, 탐구과정 즐기기, 탐구기술 활용하기가 하위내용으로 선정되었으며, 각 하위내용에 대해 연령별로 세부내용이 제시된다. 자연탐구 영역의 전체적인 내용체계는 〈표 9-1〉과 같다.

표 9-1 자연탐구 영역의 내용체계

내용범주	0~1세	2세	3~5세
탐구하는 태도 기르기	• 사물에 관심 가지기 • 탐색 시도하기	• 호기심 가지기 • 반복적 탐색 즐기기	• 호기심을 유지하고 확장하기 • 탐구과정 즐기기 • 탐구기술 활용하기(5세)
수학적 탐구하기	• 수량 지각하기 • 주변 공간 탐색하기 • 차이를 지각하기 • 간단한 규칙성 지각하기	• 수량 인식하기 • 공간과 도형에 관심 가지기 • 차이에 관심 가지기 • 단순한 규칙성에 관심 가지기 • 구분하기	• 수와 연산의 기초개념 알아보기 • 공간과 도형의 기초개념 알아보기 • 기초적인 측정하기 • 규칙성 이해하기 • 기초적인 자료 수집과 결과 나타내기
과학적 탐구하기	• 물체와 물질 탐색하기 • 주변 동식물에 관심 가지기 • 주변 자연에 관심 가지기 • 생활도구 탐색하기	• 물체와 물질 탐색하기 • 주변 동식물에 관심 가지기 • 자연을 탐색하기 • 생활도구 사용하기	• 물체와 물질 알아보기 • 생명체와 자연환경 알아보기 • 자연현상 알아보기 • 간단한 도구와 기계 활용하기

(1) 0~1세 영아

0~1세 영아를 위한 자연탐구 영역은 주변 사물에 대한 탐색을 시도하고, 주변에서 일어나는 수학적 상황을 지각하며, 감각과 조작을 통하여 주변 사물과 자연환경에 대해 지각하는 것을 목표로 하여 영아의 발달 수준에 따라 〈표 9-2〉와 같은 내용체계로 구성된다. '탐구하는 태도 기르기' 내용범주는 사물에 관심 가지기와 탐색 시도하기의 내용으로, '수학적 탐구하기' 내용범주는 수량 지각하기, 주변 공간 탐색하기, 차이를 지각하기, 간단한 규칙성 지각하기의 내용으로, '과학적 탐구하기'는 물체와 물질 탐색하기, 주변 동식물에 관심 가지기, 주변 자연에 관심 가지기, 생활도구 탐색하기의 내용으로 구성된다. 예를 들어, '탐구하는 태도 기르기' 내용범주 중 '탐색 시도하기' 내용은

표 9-2 0~1세 영아의 수준별 세부내용

내용범주	내용	1수준	2수준	3수준	4수준
탐구하는 태도 기르기	사물에 관심 가지기		주변 사물에 관심을 가진다.		
	탐색 시도하기	나와 주변 사물을 감각으로 탐색한다.	주변의 사물에 대해 의도적인 탐색을 시도한다.		
수학적 탐구하기	수량 지각하기		있고 없는 상황을 지각한다.	'있다'와 '없다'를 구별한다.	'한 개'와 '여러 개'를 구별한다.
	주변 공간 탐색하기		도움을 받아 주변의 공간을 탐색한다.		
		주변 사물의 모양을 지각한다.			
	차이를 지각하기			주변 사물의 차이를 지각한다.	
	간단한 규칙성 지각하기			일상과 놀이에서 간단한 규칙성을 경험한다.	
과학적 탐구하기	물체와 물질 탐색하기	일상생활 주변의 몇 가지 친숙한 것들을 양육자와 함께 탐색한다.			
	주변 동식물에 관심 가지기			주변 동식물의 모양, 소리, 움직임에 관심을 가진다.	
	주변 자연에 관심 가지기		생활 주변의 자연물을 감각으로 느껴 본다.		
			바람, 햇빛, 비 등을 감각적으로 느낀다.		
	생활도구 탐색하기			도움을 받아 생활도구를 탐색한다.	

나와 주변 사물을 감각으로 탐색하는 1수준에서 주변의 사물에 대해 의도적인 탐색을 시도하는 2, 3, 4수준으로 세부내용이 연결된다. '과학적 탐구하기' 내용범주 중 '물체와 물질 탐색하기' 내용은 1~4수준 모두 일상생활 주변의 몇 가지 친숙한 것들을 양육자와 함께 탐색하는 세부내용으로 구성된다. 이러한 내용으로 0~1세 영아의 보육과정을 구성하는 데 영아가 작은 물건을 삼키거나 비위생적인 물건을 빨지 않도록 주변을 세심하게 정리하고, 일상생활 속에서 '하나, 둘, 있다, 없다, 많다, 적다, 여기, 저기' 등의 어휘를 사용하여 영아들이 수학적 용어를 들어볼 수 있도록 배려하는 것이 필요하다. 또한 일상생활 속에서 영아들이 다양한 감각적 경험을 할 수 있도록 감각적 자극을 다양하게 제공한다.

(2) 2세 영아

2세 영아를 위한 자연탐구 영역은 호기심을 가지고 주변 세계에 대해 다양하게 탐색하고, 주변에서 경험하는 수학적 상황을 인식하며, 다양한 탐색을 통하여 주변 사물과 자연환경을 인식하는 것을 목표로 하여 영아의 발달 수준에 따라 〈표 9-3〉과 같은 내용 체계로 구성된다. '탐구하는 태도 기르기' 내용범주는 호기심 가지기, 반복적 탐색 즐기기의 내용으로, '수학적 탐구하기' 내용범주는 수량 인식하기, 공간과 도형에 관심 가지기, 차이에 관심 가지기, 단순한 규칙성에 관심 가지기, 구분하기의 내용으로, '과학적 탐구하기'는 물체와 물질 탐색하기, 주변 동식물에 관심 가지기, 자연을 탐색하기, 생활도구 사용하기의 내용으로 구성된다. 예를 들어, '수학적 탐구하기' 내용범주 중

표 9-3 2세 영아의 수준별 세부내용

<table>
<tr><th>내용범주</th><th>내 용</th><th>1수준</th><th>2수준</th></tr>
<tr><td rowspan="2">탐구하는 태도 기르기</td><td>호기심 가지기</td><td colspan="2">주변 사물과 자연세계에 호기심을 가진다.</td></tr>
<tr><td>반복적 탐색 즐기기</td><td colspan="2">관심 있는 사물을 반복하여 주도적으로 탐색하기를 즐긴다.</td></tr>
<tr><td rowspan="8">수학적 탐구하기</td><td rowspan="3">수량 인식하기</td><td colspan="2">많고 적음을 구별한다.</td></tr>
<tr><td>두 개 가량의 수 이름을 말해 본다.</td><td>세 개 가량의 구체물을 말하며 세어 본다.</td></tr>
<tr><td colspan="2">구체물을 일대일로 대응해 본다.</td></tr>
<tr><td rowspan="2">공간과 도형에 관심 가지기</td><td colspan="2">나를 중심으로 익숙한 위치, 장소를 인식한다.</td></tr>
<tr><td colspan="2">주변 사물의 모양에 관심을 가진다.</td></tr>
<tr><td>차이에 관심 가지기</td><td colspan="2">주변 사물의 크기(속성의 차이에)에 관심을 가진다.</td></tr>
<tr><td>단순한 규칙성에 관심 가지기</td><td colspan="2">주변에서 단순하게 반복되는 규칙성에 관심을 가진다.</td></tr>
<tr><td>구분하기</td><td colspan="2">주변 사물의 같고 다름에 따라 구분한다.</td></tr>
<tr><td rowspan="6">과학적 탐구하기</td><td>물체와 물질 탐색하기</td><td colspan="2">친숙한 물체와 물질을 능동적으로 탐색한다.</td></tr>
<tr><td>주변 동식물에 관심 가지기</td><td colspan="2">주변 동식물의 모양, 소리, 움직임에 관심을 가진다.</td></tr>
<tr><td rowspan="2">자연을 탐색하기</td><td colspan="2">돌, 물, 모래 등의 자연물을 탐색한다.</td></tr>
<tr><td colspan="2">날씨를 감각으로 느낀다.</td></tr>
<tr><td rowspan="2">생활도구 사용하기</td><td colspan="2">생활 속에서 간단한 도구에 관심을 가진다.</td></tr>
<tr><td colspan="2">간단한 도구를 사용한다.</td></tr>
</table>

'수량 인식하기' 내용은 두 개 가량의 수 이름을 말해 보는 1수준에서 세 개 가량의 구체물을 말하며 세어 보는 2수준으로 세부내용이 연결된다. '과학적 탐구하기'의 내용범주 중 '자연을 탐색하기' 내용은 1, 2수준에 공통적으로 돌, 물, 모래 등의 자연물을 탐색하는 세부내용으로 구성된다. 이러한 내용으로 2세 영아들의 보육과정을 구성하는 데 영아가 관심을 가지는 문제에 대해 적극적으로 반응하고 다양한 사물과 현상을 탐색할 기회를 충분히 제공하고, 영아들도 수학적 어휘를 적절하게 사용해 보도록 격려하며, '어느 것이 더 많아?' '누가 먼저 가지고 있었니?' 등의 발문을 통해 수학적 사고를 하도록 격려한다. 또한 영아가 다양한 물건과 재료를 가지고 뭔가 해보려는 시도에 대해 가능한 한 격려하며, 다양한 사회적 상호작용을 통해 탐구활동에 참여할 수 있도록 격려함과 동시에 위험한 탐구를 시도할 수 있으므로 안전에 유의한다.

(3) 3~5세 유아

3~5세 유아를 위한 자연탐구 영역은 호기심을 가지고 주변 세계를 탐구하며, 일상생활에서 수학적 · 과학적으로 생각하는 능력을 기르는 것을 목표로 하여 유아의 연령별 수준에 따라 〈표 9-4〉와 같은 내용체계로 구성된다. 즉, '탐구하는 태도 기르기' 내용범주는 호기심을 유지하고 확장하기, 탐구과정 즐기기, 탐구기술 활용하기의 내용으로, '수학적 탐구하기' 내용범주는 수와 연산의 기초개념 알아보기, 공간과 도형의 기초개념 알아보기, 기초적인 측정하기, 규칙성 이해하기, 기초적인 자료 수집과 결과 나타내기의 내용으로, '과학적 탐구하기' 내용범주는 물체와 물질 알아보기, 생명체와 자연환경 알아보기, 자연현상 알아보기, 간단한 도구와 기계 활용하기의 내용으로 구성된다.

구체적으로 '탐구하는 태도 기르기' 내용범주 중 '호기심을 유지하고 확장하기' 세부내용을 살펴보면, 3세 수준에서는 주변 사물과 자연세계에 대해 호기심을 가질 수 있도록, 4세 수준에서는 주변 사물과 자연세계에 대해 지속적으로 호기심을 갖도록, 5세 수준에서는 주변 사물과 자연세계에 대해 지속적으로 호기심을 갖고 알고자 하는 내용으로 연결된다. 예를 들어, 3세 유아는 나뭇잎의 모양이나 색이 어떤지 탐색해 보고, 주변에 있는 나뭇잎을 모아서 손으로 만지거나 맨발로 밟으면서 나뭇잎의 촉감을 느껴 보는 활동을 할 수 있고, 4세 유아는 주변의 가까운 공원이나 숲으로 산책을 나가서 여러 가지 나뭇잎의 모양, 색, 크기, 질감 등을 비교하고 분류해 보는 활동을 할 수 있다. 5세 유아는 나뭇잎의 색이 변하는 과정과 나뭇잎이 떨어지는 이유 등에 대해 호기심을 가

표 9-4 3~5세 유아의 연령별 세부내용

<table>
<tr><th>내용범주</th><th>내용</th><th>3세</th><th>4세</th><th>5세</th></tr>
<tr><td rowspan="4">탐구하는 태도 기르기</td><td>호기심을 유지하고 확장하기</td><td>주변 사물과 자연세계에 대해 호기심을 갖는다.</td><td>주변 사물과 자연세계에 대해 지속적으로 호기심을 갖는다.</td><td>주변 사물과 자연세계에 대해 지속적으로 호기심을 갖고 알고자 한다.</td></tr>
<tr><td rowspan="2">탐구과정 즐기기</td><td>궁금한 점을 알아보는 과정에 흥미를 갖는다.</td><td>궁금한 점을 알아보는 탐구과정에 관심을 가지고 참여한다.</td><td>궁금한 점을 알아보는 탐구과정에 참여하고 즐긴다.</td></tr>
<tr><td colspan="2"></td><td>탐구과정에서 서로 다른 생각에 관심을 갖는다.</td></tr>
<tr><td>탐구기술 활용하기</td><td></td><td>일상생활의 문제를 해결하는 과정에서 탐색, 관찰 등의 방법을 활용해 본다.</td><td>일상생활의 문제를 해결하는 과정에서 탐색, 관찰, 비교, 예측 등의 탐구기술을 활용해 본다.</td></tr>
<tr><td rowspan="8">수학적 탐구하기</td><td rowspan="4">수와 연산의 기초개념 알아보기</td><td>생활 속에서 수에 관심을 갖는다.</td><td colspan="2">생활 속에서 사용되는 수의 여러 가지 의미를 안다.</td></tr>
<tr><td>구체물 수량의 많고 적음을 비교한다.</td><td>구체물 수량에서 '같다' '더 많다' '더 적다'의 관계를 안다.</td><td>구체물 수량의 부분과 전체 관계를 알아본다.</td></tr>
<tr><td>다섯 개가량의 구체물을 세어 보고 수량에 관심을 갖는다.</td><td>열 개가량의 구체물을 세어 보고 수량을 알아본다.</td><td>스무 개가량의 구체물을 세어 보고 수량을 알아본다.</td></tr>
<tr><td></td><td></td><td>구체물을 가지고 더하고 빼는 경험을 해 본다.</td></tr>
<tr><td rowspan="4">공간과 도형의 기초개념 알아보기</td><td>나를 중심으로 앞, 뒤, 옆, 위, 아래를 알아본다.</td><td colspan="2">위치와 방향을 여러 가지 방법으로 나타내 본다.</td></tr>
<tr><td colspan="2"></td><td>여러 방향에서 물체를 보고 그 차이점을 비교해 본다.</td></tr>
<tr><td>물체의 모양에 관심을 갖는다.</td><td>기본 도형의 특성을 인식한다.</td><td>기본 도형의 공통점과 차이점을 알아본다.</td></tr>
<tr><td></td><td colspan="2">기본 도형을 사용하여 여러 가지 모양을 구성해 본다.</td></tr>
</table>

수학적 탐구하기	기초적인 측정하기	두 물체의 길이, 크기를 비교해 본다.	일상생활에서 길이, 크기, 무게 등을 비교해 본다.	일상생활에서 길이, 크기, 무게, 들이 등의 속성을 비교하고, 순서를 지어 본다.
				임의 측정단위를 사용하여 길이, 면적, 들이, 무게 등을 재 본다.
	규칙성 이해하기	생활 주변에서 반복되는 규칙성에 관심을 갖는다.	생활 주변에서 반복되는 규칙성을 알아본다.	생활 주변에서 반복되는 규칙성을 알고 다음에 올 것을 예측해 본다.
			반복되는 규칙성을 인식하고 모방한다.	스스로 규칙성을 만들어 본다.
	기초적인 자료 수집과 결과 나타내기		필요한 정보나 자료를 수집한다.	
		같은 것끼리 짝을 짓는다.	한 가지 기준으로 자료를 분류해 본다.	한 가지 기준으로 분류한 자료를 다른 기준으로 재분류해 본다.
				그림, 사진, 기호나 숫자를 사용해 그래프로 나타내 본다.
과학적 탐구하기	물체와 물질 알아보기	친숙한 물체와 물질의 특성에 관심을 갖는다.	친숙한 물체와 물질의 특성을 알아본다.	주변의 여러 가지 물체와 물질의 기본 특성을 알아본다.
			물체와 물질을 여러 가지 방법으로 변화시켜 본다.	
	생명체와 자연환경 알아보기	나의 출생과 성장에 대해 관심을 갖는다.		나와 다른 사람의 출생과 성장에 대해 알아본다.
		주변의 동식물에 관심을 갖는다.	관심 있는 동식물의 특성을 알아본다.	관심 있는 동식물의 특성과 성장과정을 알아본다.
		생명체를 소중히 여기는 마음을 갖는다.		
			생명체가 살기 좋은 환경에 대해 관심을 갖는다.	생명체가 살기 좋은 환경과 녹색환경에 대해 알아본다.

과학적 탐구하기	자연현상 알아보기	돌, 물, 흙 등 자연물에 관심을 갖는다.	돌, 물, 흙 등 자연물의 특성과 변화를 알아본다.	
				낮과 밤, 계절의 변화와 규칙성을 알아본다.
		날씨에 관심을 갖는다.	날씨와 기후변화에 관심을 갖는다.	날씨와 기후변화 등 자연현상에 대해 관심을 갖는다.
	간단한 도구와 기계 활용하기	생활 속에서 간단한 도구와 기계에 관심을 갖는다.	생활 속에서 간단한 도구와 기계를 활용한다.	
		도구와 기계의 편리함에 관심을 갖는다.		변화하는 새로운 도구와 기계에 관심을 갖고 장단점을 안다.

지고 책이나 인터넷 등의 여러 가지 방법을 활용하여 알아보는 활동으로 구성해 볼 수 있다.

'수와 연산의 기초개념 알아보기' 내용 중 수량 비교와 관련되는 세부내용은 구체물 수량의 많고 적음을 비교하는 3세 수준에서 구체물 수량에서 '같다' '더 많다' '더 적다' 의 관계를 아는 4세 수준으로, 구체물 수량의 부분과 전체 관계를 알아보는 5세 수준으로 연결된다. 가령, 3세 유아는 눈으로 봐서 쉽게 알 수 있을 만큼 수량 차이가 크게 나는 두 물체의 수량을 비교하여 어느 것이 더 많은지/적은지 알아보는 내용으로, 4세 유아는 동일한 수량의 두 집합 중 한쪽에만 1~2개의 수량을 추가하고 어느 집합이 더 많은지/적은지 비교해 보는 내용으로 활동을 구성할 수 있다. 5세 유아는 제시된 10개가량의 구체물을 여러 방법으로 나누어 보거나(파란 구슬 6개, 빨간 구슬 4개/파란 구슬 3개, 빨간 구슬 2개, 노란 구슬 5개) 또는 여러 방법으로 특정 수량을 만들어 보는 게임(예: 5 만들기 게임)을 해 보는 활동을 할 수 있다.

이러한 내용으로 3~5세 유아들의 보육과정을 구성하는 데 유아기의 탐구적 태도가 수학적 · 과학적 지식보다 중요시되어야 하고 관심 있는 수 · 과학활동을 지속적으로 탐구할 수 있도록 풍부한 자료와 충분한 시간을 제공하는 데 유의한다. 유아는 보육기관에 오기 전에 일상생활 경험을 통하여 자발적으로 수학에 대한 많은 비형식적 지식을 구성한다는 것을 고려하며, 교사는 일상적인 활동들에 자연스럽게 내포된 유아의 비형식적인 지식을 파악하고 이에 기초한 교수학습활동을 제공하여 영유아의 비형식적 수학을 보완하고 심화시키면서 형식적 수학으로 연결시키도록 한다(이순형 외, 2007). 과학적 탐구활동을 실시할 때는 다양한 변화를 만들어 볼 수 있는 기회와 눈앞에서 즉각적인 변화나 움직임이 일어나는 활동을 활용하는 것이 바람직하다.

2) 활동 사례

자연탐구 영역의 내용이 현장에서 어떻게 적용될 수 있는지를 알아보기 위해 실제 활동 사례를 살펴본다. 자연탐구 영역의 세 가지 내용범주 가운데 수학적 탐구하기와 과학적 탐구하기 내용범주에서 각각 한 가지 하위내용을 선정하여 각 연령집단(0~1세 영아, 2세 영아, 3~5세 유아)의 세부 수준에 해당하는 활동 사례를 한 가지씩, 총 여섯 가지를 제시한다.

(1) 수학적 탐구하기

'수학적 탐구하기' 내용범주에서는 구분하기(2세)와 기초적인 자료 수집과 결과 나타내기(3~5세)의 내용에 해당하는 활동 사례를 제시한다. 이 내용에는 0~1세 영아를 대상으로 한 보육과정은 존재하지 않으며, 2세 영아의 경우에는 주변의 친숙한 사물을 같고 다름에 따라 구분하는 내용으로, 3~5세 유아 중 3세 유아의 경우에는 같은 것끼리 순서대로 짝을 짓는 내용으로 활동을 구성할 수 있다. 3~5세 유아 중 5세 유아는 자신에게 필요한 정보나 자료를 능동적으로 수집하는 내용으로 활동을 구성할 수 있다.

① 2세 영아(1, 2수준): 구분하기

활 동 명: 같은 물고기 찾기

활동목표: • 여러 가지 물고기의 다른 점과 같은 점을 살펴본다.
• 똑같은 물고기를 찾아 같은 자리에 모아놓을 수 있다.

활동자료: 다섯 가지 종류의 물고기 그림(고래, 오징어, 게, 거북이, 금붕어), 클립, 자석 낚싯대, 상자

활동준비: 이 활동에 사용되는 물고기 그림은 종류별로 다른 색지에 복사하여 코팅해서 준비한다. 각 종류별로 동일한 3개의 물고기 그림을 준비하고, 물고기 그림 윗부분에는 클립을 꽂는다. 그리고 나무젓가락에 털실을 연결하고 그 털실 끝에 원형 자석을 연결하여 자석 낚싯대를 제작한다. 낚은 물고기들을 넣

을 수 있는 작은 바구니 5개를 준비하여 같은 물고기 그림을 바구니 속에 붙여 놓는다.

활동내용: 2세 영아들이 여러 가지 물고기 그림의 같은 점과 다른 점을 구별하여 같은 물고기들끼리 한곳에 모아 보는 활동을 진행한다. 한곳에 모으는 방식에 같은 물고기들끼리 나란히 줄을 세워 보는 방법을 활용할 수 있다. 낚시놀이를 활용하여 같은 물고기들을 낚고 그 물고기들을 같은 그림이 붙어 있는 동일한 상자에 넣어 본다.

⊛ 도입: 교사를 중심으로 영아들이 'ㄷ' 자 형태로 앉은 후 교사가 비닐 팩 속에서 여러 가지 물고기 그림을 꺼내어 제시한다. 교사는 "무슨 물고기예요?" 라고 묻고 영아들은 "거북이." 라고 대답한다. 다섯 가지 종류의 물고기 그림을 모두 소개하고 영아들 앞에 좌우로 나란히 놓는다.

⊛ 전개: 교사는 앞에 놓인 5개의 물고기 그림과 같은 물고기 그림들이 담긴 비닐 팩에서 하나씩 물고기 그림을 꺼내 보이며 한 영아씩 나와서 같은 물고기를 찾아 그 물고기 아래에 줄을 지어 놓도록 유도한다. 모든 영아가 적극적으로 같은 물고기 찾기 활동에 참여하도록 활동을 반복한다. 영아들이 다른 물고기 밑에 놓으면, "친구가 정말 맞을까? 똑같은 친구를 다시 잘 찾아보세요." 라고 격려한다. 그리고 같은 물고기를 찾았지만 위아래 방향을 거꾸로 해서 놓으면 "똑같이 놓아 보자." 라고 말하며 영아의 손을 함께 쥐고 돌려서 놓는다.

교 사 1: 이 물고기는 무엇일까요?
영아들: 오징어.
교 사 1: 같은 물고기는 어디에 있어요?
영아들: 여기요, 오징어.
교 사 2: 친구를 찾아서 똑같은 물고기들끼리 한 줄 기차를 해 주자.
나와서 한 줄 기차해 줄 친구 누구인가요?
영　아: 저요, 지원이.

같은 물고기를 찾아 한 줄로 놓기 활동이 끝나면 낚싯대와 물고기를 넣을 바구니를 아이들에게 소개하고 교사가 먼저 한 종류씩 낚아서 같은 물고기 그림이 붙어 있는 바구니

[사진 9-1] 자석 낚싯대로 물고기 그림을 낚는 시범을 보이는 영아반 교사

속에 넣는 시범을 보인다. 그런 다음 여러 영아들이 낚싯대를 조작하는 경험을 골고루 할 수 있도록 흥미를 유발한다.

֍ 마무리: 대집단활동은 마무리하고 물고기 낚시교구를 수 · 조작 영역에 비치하여 교사와 영아가 소집단으로 낚시놀이를 해 본다. 또한 영아들이 스스로 놀이를 할 수 있도록 여러 개 만들어 조작 영역에 비치해 둔다.

② 3~5세 유아(3세): 기초적인 자료 수집과 결과 나타내기

활 동 명: 우산과 장화 신겨 주기

활동목표: • 두세 개의 사물을 한 가지 기준(크기)에 따라 같은 것끼리 짝지을 수 있다.
• 두세 개의 사물을 한 가지 기준(크기)에 따라 순서대로 놓을 수 있다.
• 단순한 규칙성을 찾아본다.

활동자료: 크기가 다른 비옷을 입은 사람 그림 3장, 사람의 크기에 비례하여 크기가 다른 3개의 우산과 장화 그림, 부직포 칠판, 크기가 다른 비옷을 입은 사람이 좌로부터 크기 순서대로 그려진 활동지, 형태대로 오려져 있는 우산과 장화 그림 여러 장, 풀, 색연필

활동준비: 활동에 필요한 자료는 전체 이야기 나누기 활동에 필요한 크기가 다른 비옷을 입은 사람 그림 3장과 그 크기에 비례하여 제작된 우산과 장화 그림이 각각 3장씩이다. 이 자료들은 뒤에 벨크로테이프를 붙여 부직포 위에 붙였다 뗐다 할 수 있게 제작한다. 모든 그림은 검은색으로 테두리만 그려져 있고 색깔은 없다. 그리고 유아 개별 활동을 위해 비옷 입은 사람이 좌로부터 크기 순서대로 그려진 활동지 그림과 형태대로 오려 놓은 여러 크기별 우산과 장화 그림들이 필요하다. 이 외에 유아가 우산과 장화를 활동지에 붙이고 그림에 색칠을 할 수 있도록 풀과 색연필을 준비한다.

활동내용: 이 활동은 세 가지 사물을 한 가지 기준에 따라 순서대로 놓고 그 가운데 단순한 규칙성을 찾아보도록 구성되었다. 따라서 사람, 우산과 장화, 밑그림의 사람들은 '크기' 라는 한 가지 속성에서 차이를 가질 뿐 다른 요소는 모두 동일하다.

ꕤ 도입: 대집단 이야기 나누기 형태로 유아들과 교사가 앉는다. 교사는 유아들에게 언어 영역에 비치되어 있던 '봄비' 그림자료를 보여 주며 이전의 산책경험을 떠올리게 한다. "비가 올 때 비에 젖지 않으려면 어떻게 해야 할까요?" 라고 질문하여 유아들의 주의를 환기시킨 후, 유아들의 대답에 맞추어 비옷을 입은 사람 그림과 우산과 장화 그림을 제시한다. 그리고 3명의 사람과 3개의 우산과 장화 그림을 손가락으로 짚으며, "누가(무엇이) 가장 크나요?" "이것보다 큰(작은) 사람(우산, 장화)은 누구(무엇)인가요?" 라고 질문하여 크기 비례에 유아들의 관심이 집중되도록 한다. 또한 이 과정을 통하여 '크다/작다' '~보다 크다/작다' '제일 크다/작다' 등의 크기 어휘와 비교 어휘를 익히는 시간을 갖는다.

ꕤ 전개: 먼저 사람, 우산, 장화를 크기 순서대로 각각 나열하는 활동을 한다. 희망하는 유아가 나와 칠판의 좌로부터 크기 순서대로 사람 그림을 붙여 본다. 우산과 장화도 동일한 순서로 해 본다. 그 후 교사는 그림 속의 친구들을 비에 젖지 않게 하려면 어떻게 우산과 장화를 씌워 주고 신겨 줄지를 유아들에게 묻는다. 교사가 처음부터 크기 순서대로 알맞은 위치에 우산과 장화를 붙여서 보여 주기보다 유아들이 제시하는 대로 붙여 보고 그 결과에 대해 함께 이야기를 나눈다. 정확한 순서를 알아본 다음 각자의 자리로 돌아가 개별적으로 우산과 장화를 붙이는 활동을 한다. 유아들은 크기 순서대로 그려져 있

[사진 9-2] 유아들이 수행한 '우산과 장화 신겨 주기' 활동 결과물

는 활동지에 크기에 맞는 우산과 장화를 찾아 풀로 붙인다.

교　사: 우리 이 친구들이 비에 젖지 않도록 우산을 씌워 주고 장화를 신겨 주어요.
유　아: 제가 해 볼게요.
교　사: 지원이가 생각하는 대로 붙여 보았더니 어때요? 이 친구가 정말 비를 맞지 않을 수 있을까요?
유아들: 신발이 너무 작아요. 우산이 너무 작아요…….
교　사: 그럼, 우리 친구들이 각자 세 친구 모두 비를 맞지 않도록 맞는 크기의 우산과 장화를 찾아서 붙여 보세요.
유아들: (자기 자리에서 활동한다.)
교　사: 지원이는 우산부터 모두 씌워 주었구나. 이제 장화를 신겨 볼까?

※ 마무리: 유아들이 크기 비례에 맞게 우산과 장화를 풀로 붙이는 활동을 마무리한 다음에는 자유롭게 색연필로 색칠을 해 보도록 한다. 대집단활동에 사용한 사람, 우산과 장화 그림은 언어 영역에 배치된 부직포 칠판에 붙여 두고 유아들이 자유놀이시간에 활용할 수 있도록 배려한다.

③ 3~5세 유아(5세): 기초적인 자료 수집과 결과 나타내기

활 동 명: 우리 동네 지도

활동목표: • 지도를 만드는 데 필요한 정보나 자료의 수집방법을 찾는다.
• 지도에서 위치와 방향을 여러 가지 방법으로 나타내 본다.
• 지도에서 기본 도형을 사용하여 여러 가지 방법으로 구성해 본다.

활동자료: 여러 유형의 평면 지도(한국 지도, 세계 지도, 네비게이션 화면, 인터넷에서 출력한 우리 동네 지도), 모둠 수만큼 준비된 디지털 카메라, 메모지, 연필, 한편에 어린이집 건물이 그려진 전지, 색연필

활동준비: 평소에 유아들과 함께 어린이집 주변을 산책하면서 주변 환경의 공간구조에 관심을 가지고 관찰한다. 유아들이 직접 사용할 디지털 카메라의 배터리를 충분히 충전시켜 놓고, 모둠의 수만큼 카메라를 마련한다. 걸어 다니면서 필요한 정보를 적거나 그릴 수 있도록 들고 다니기 간편한 크기의 수첩과 연필을 준비한다. 모둠별로 지도를 그려 볼 수 있도록 큰 전지와 색연필을 준비한다. 지도를 그려 넣을 큰 전지에는 유아들이 공간의 위치를 수월하게 잡아 그림을 그려 나갈 수 있도록 한편에 어린이집 건물을 그려 놓는다.

활동내용: 이 활동은 유아들이 어린이집 주변 환경의 공간구조를 기억하여 이를 평면으로 그려 보는 모둠별 협동활동이다. 사전활동 없이 어린이집 주변 동네 지도를 그리는 것이 아니라 평소에 산책할 때마다 유아들과 주변 공간의 구조와 방향, 건물의 위치 등을 익힌다. 관찰한 이미지를 그림으로 표상해 내기 위해 필요한 정보나 자료를 사진 이미지, 자신의 그림, 글 등으로 기록하여 수집하는 등 유아들이 다양한 방법을 직접 활용해 보는 데 초점을 맞추었다. 또한 모둠별로 지도를 그리는 데 필요한 정보를 수집하는 역할을 분담하고 수집된 정보에 대한 해석과 표상에서 각자가 가진 정보와 기억을 공유함으로써 유아들이 서로 활동에 대한 동기를 부여할 수 있도록 계획하였다. 이 활동은 하루에 여러 번 시행하는 것으로 진행된다.

❀ 도입: 네 모둠의 유아들은 다양한 유형의 평면 지도(한국 지도, 세계 지도, 네비게이션 화면, 인터넷에서 출력한 우리 동네 지도)를 보면서 지도 속에 어떠한 기호가 있는지, 지도가 나타내는 것은 무엇인지, 우리 동네가 어디인지 등에 대해 이야기를 나눈다. 어린이

집 주변 동네 지도를 만들기 위해 평소와 달리 특별한 산책을 하기로 유아들과 이야기를 나눈다. 관찰한 지도와 같이 표현하려면 산책을 하는 동안 어떠한 일을 하면 좋을지 유아들과 이야기해 본다.

교 사: 자, 오늘은 지도를 만들기 위해 나서는 특별한 산책이에요.
우리가 함께 보았던 이러한 지도를 만들기 위해 산책을 나가서 어떤 일을 하면 좋을까요?
유아들: 주변에 어떤 것들이 있는지 자세히 봐요.
친구와 이야기하고 장난치며 가는 게 아니라 주변을 자세히 둘러봐야 해요.
교 사: 우리 친구들이 자세히 보기만 하면 어린이집에 다시 돌아와서 잘 기억하여 그릴 수 있을까요?
유아들: 잘 생각이 안 날 것 같아요.
어려울 것 같아요.
교 사: 그럼 어떻게 하면 좋을까요?
유아들: (준비된 디지털 카메라를 보며) 본 걸 카메라로 찍어서 와요!
교 사: 와, 그 방법이 좋겠어요!
유아들: (준비된 메모지를 보며) 본 걸 수첩에 적어서 와요!
교 사: 그 방법도 정말 좋겠어요!
유아들: 글씨를 못 쓰는 친구는 어떻게 해요?
교 사: 그림으로 그려 오면 되죠!

[사진 9-3] 각자 역할을 맡아 지도 제작에 필요한 정보를 수집 중인 유아들

자, 그럼 우리 모둠을 카메라로 찍을 사람, 수첩에 그림이나 글을 적어서 올 사람, 찍을 부분이나 수첩에 기록할 부분을 알려 줄 사람으로 나누어 보도록 해요.

❁ 전개: 유아들은 각자 역할을 맡은 후 산책을 하면서 지도 제작에 필요한 정보를 수집한다. 자신이 맡은 임무를 충실히 수행하는 것도 중요하지만 모둠 구성원끼리 어느 부분을 사진으로 남길지, 어느 부분을 그림으로 그려 놓을지 등에 대해 끊임없이 의논하며 서로의 의견을 나누도록 격려한다.

자료를 수집한 다음 어린이집으로 돌아와서 유아들과 함께 찍어 온 사진을 빔 프로젝터로 스크린에 투사하여 사진 속 장면이 어디인지 다시 확인한다. 사진을 확인한 후 유아들은 모둠별로 자리에 앉아 기록해 온 수첩의 내용과 찍어 온 사진에 대해 이야기를 나누며 큰 전지에 어린이집 주변 동네 지도를 그려 나간다. 교사는 유아들이 서로의 정보를 공유하고 의견을 조율하면서 협동작품을 만들 수 있도록 격려한다("무엇을 그렸나요?" "여기는 어디인가요?" "○○는 여기 옆에 무엇이 있었다고 기억하나요? △△는 무엇을 기억하나요?"). 유아들은 협동하여 색연필을 이용해서 큰 전지에 우리 동네 지도를 완성한다.

❁ 마무리: 유아들은 친구들 앞에서 자신들이 완성한 지도를 설명하는 자리를 가진다. 유아들은 무엇을 그렸는지, 위치와 방향이 어디인지, 여러 친구들의 생각을 어떻게 합쳐서 지도를 완성해 나갔는지에 대해 이야기를 나눈다. 완성된 지도는 복도에 게시하여 어린이집 식구들로부터 우리 동네를 가장 잘 나타낸 지도에 스티커를 붙이는 콘테스트 자리를 마련한다.

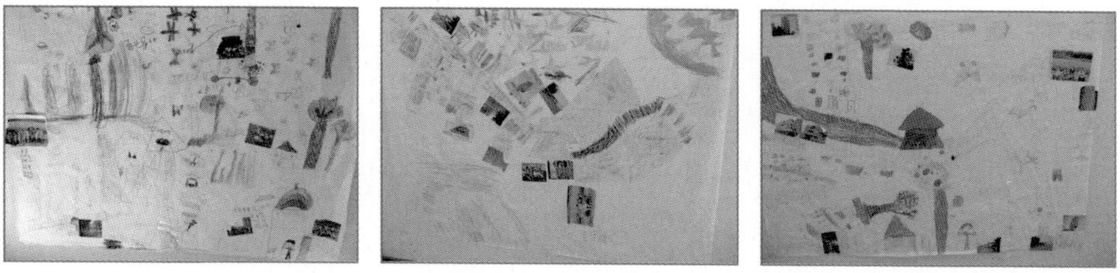

[사진 9-4] 모둠별로 특색 있게 완성된 우리 동네 지도

(2) 과학적 탐구하기

'과학적 탐구하기' 내용범주에서는 주변 동식물에 관심 가지기(0~2세)와 생명체와 자연환경 알아보기(3~5세)의 내용에 해당하는 활동 사례를 제시한다. 이 내용에 해당되는 활동으로, 0~1세 영아 수준에서는 동물의 하나인 사람의 몸의 모양, 소리, 움직임에 관심을 가지는 내용으로, 2세 영아 수준에서는 주변 동물의 모양, 소리, 움직임에 관심을 가지는 내용으로 구성할 수 있다. 3~5세 유아 수준에서는 생명체가 살기 좋은 환경을 알아보는 내용으로 활동을 구성할 수 있다.

① 0~1세 영아(4수준): 주변 동식물에 관심 가지기

활 동 명: 우리 몸에서 나는 소리

활동목표: • 우리 몸의 모양, 소리, 움직임에 관심을 가진다.
• 다양한 감각을 이용하여 자신의 몸을 탐색한다.

활동자료: 신체 부위 그림카드, 녹음기, 녹음 오디오테이프, '머리 어깨 무릎 발 무릎 발' 동요 CD, CD플레이어

활동준비: 0~1세의 4수준 정도의 영아들이 명칭을 알고 있는 신체 부위 명칭들(예: 눈, 코, 입, 귀, 머리, 어깨, 목, 발, 다리, 허리 등)을 그림으로 나타낸 카드를 미리 준비한다. 그리고 영아들과 함께 우리 몸을 이용하여 내는 소리를 녹음할 수 있도록 녹음 오디오테이프와 녹음기를 준비한다. 교사들이 우리 몸에서 나는 소리를 미리 녹음한 오디오테이프도 준비한다. 마지막으로 '머리 어깨 무릎 발 무릎 발' 동요가 담겨 있는 CD와 CD플레이어를 준비한다.

활동내용: 이 활동은 신체 부위의 명칭에 관심을 가지며 자신과 주변 사람의 신체 부분을 여러 감각을 활용하여 탐색하기를 즐기는 0~1세의 4수준 영아들을 대상으로 자신의 몸을 이용하여 여러 가지 소리를 만들어 보는 활동이다. 각 신체 부위의 명칭에 따라 신체 부위를 구분해 보는 활동을 시작으로, 교사가 미리 녹음해 놓은 신체 부위를 활용한 소리(예: 손뼉 치는 소리, 코 푸는 소리, 입에서 내는 똑딱 소리, 발 구르는 소리 등)를 듣고 알아맞힌 후 따라해 본다. 마지막에는 '머리 어깨 무릎 발 무릎 발' 동요에 맞추어 동작활동을 하며 신나게 활동을 마무리한다.

❀ 도입: 영아들과 이야기 나누기 영역에 'ㄷ' 자형의 대집단 형태로 모여 앉는다. 영

아들과 함께 '코코코' 손유희를 하며 주의를 집중시킨다. 그다음 융판에 여러 신체 부위 그림카드를 하나씩 붙여서 영아들에게 제시하고, 실제로 자신의 몸에서 어떤 부분인지 짚어 보는 활동을 한다. 여러 신체 부위 그림카드를 한꺼번에 붙여 놓고 교사가 말하는 부위의 카드를 선택하는 활동도 병행한다.

교　사: 여기는 어디지요?
영아들: 다리.
교　사: 지원이 다리가 어디에 있는지 짚어 볼까요?
영아들: 여기요. (다리를 짚는다.)
교　사: 그러면 여기 그림들 중에 코는 어디에 있나요?
영아들: 여기요. (코 그림카드를 짚는다.)

❀ 전개: 교사가 미리 녹음해 놓은 우리 몸에서 나는 소리를 영아들에게 들려준다. 영아들의 주의가 집중되면 교사는 우리도 함께 그 소리를 흉내 내 보자고 유도한다. 영아들과 함께 손바닥, 발바닥, 코, 입, 뺨, 배 등을 이용하여 여러 가지 소리를 신나게 만들어 본다. 영아들과 함께 만든 소리도 녹음 오디오테이프에 녹음하여 함께 들어 보는 시간을 갖는다.

교사 1: 우리 무슨 소리가 나는지 잘 들어 보아요.
　　　　어디서 나는 소리일까요?
영아들: 손~.
교사 1: 이 소리를 어떻게 만들었을까요?
영아들: (손뼉을 쳐 본다.)
교사 2: 우와, 정말 똑같은 소리가 나는구나.
교사 1: 우리 친구들도 이 소리들을 다 만들 수 있대요.
　　　　어떻게 하면 만들 수 있을까요?

❀ 마무리: '머리 어깨 무릎 발 무릎 발' 동요에 맞추어 신나는 동작활동 시간을 갖는다. 손뼉만 치며, 발만 구르며, 배만 퉁퉁 치며 등 우리 몸에서 나는 여러 가지 소리를 이용하여 동요의 음률과 박자에 맞추어 쳐 본다.

② 2세 영아(1, 2수준): **주변 동식물에 관심 가지기**

활 동 명: 토끼를 만나 보아요

활동목표: • 토끼의 모양, 소리, 움직임에 관심을 가진다.
• 관심을 가지고 토끼를 관찰한다.
• 친밀감을 가지고 토끼를 대한다.

활동자료: 토끼, 토끼장, 마른 풀, 당근, 토끼머리띠

활동준비: 청결하게 준비된 토끼장에 건강하고 위생적인 아기 토끼 두 마리를 색깔이나 종자별로 준비하여 넣는다. 영아들이 직접 토끼에게 먹이를 줄 수 있도록 마른 풀과 당근도 준비한다. 또한 토끼처럼 뛰어 보는 신체 표현활동을 위해 토끼의 긴 귀의 특징을 살린 토끼머리띠를 만드는 활동으로 미리 토끼머리띠를 만들어 놓는다.

활동내용: 이 활동은 보육실 내에서 직접 토끼를 만나 토끼의 생김새와 움직임 등을 관찰하고 토끼를 만져 본 후 그 느낌을 여러 가지 다른 사물로 표현해 보는 활동이다. 또한 토끼의 움직임을 잘 관찰한 후 직접 따라해 보는 신체 표현활동으로 구성되었다.

⛭ 도입: '산토끼' 노래를 부르며 영아들이 대집단 영역에 앉아 주의를 집중할 수 있도록 한다. "오늘은 아기 토끼 두 마리를 강아지반에 초대했어요. 토끼를 만나면 뭐라고 말을 걸어 볼까요?" "어떻게 해 줄 거예요?" 등의 질문을 하여 영아들이 활동에 대한 기대감을 갖도록 한다. 그리고 예전 활동에서 만들어 놓았던 '토끼머리띠'를 아이들에게 보여 주며 "우리 친구들도 토끼가 되어 볼 거예요. 어떻게 해야 정말 토끼처럼 될 수 있을지 아기 토끼 친구들을 잘 살펴보아야 해요."라고 말하여 주의를 집중하여 토끼를 관찰하도록 유도한다. 또한 토끼를 만난 다음 조심해야 할 사항도 미리 말해 준다.

> 교사 1: 토끼를 너무 세게 만지면 토끼가 아파요.
> 교사 2: 토끼를 만진 다음에는 꼭 손을 씻어야 해요.
> 교사 1: 토끼에게 아무거나 주면 큰일 나요.

⛭ 전개: 토끼장 안에 들어 있는 서로 다른 종류의 두 마리 아기 토끼를 영아들에게 소개한다. 영아들이 자연스럽게 토끼장 주위로 모여들면 토끼의 생김새에 대해 영아들과

이야기를 나눈다. "이 토끼는 털이 하얘요. 저 토끼는 털 색깔이 어때요?" "토끼 눈을 한번 보세요. 우리 친구들 눈 색깔과 어떻게 달라요?" 등의 질문을 하며 영아들이 보다 주의 깊게 토끼의 생김새를 관찰할 수 있도록 한다. 그리고 사진자료와 그림책에서 보았던 토끼의 모습과 실제 모습을 비교해 본다("토끼 꼬리가 어디에 있나요?" "책에서 본 토끼와 똑같네요." 등).

토끼장 안에서 토끼를 꺼내어 영아들이 자유롭게 만져 보고 탐색할 수 있도록 한다. 토끼와 친숙해지기 위해 마른 풀과 당근 먹이를 주어 영아들이 토끼에게 가까이 다가갈 수 있도록 배려한다. 토끼를 만져 본 영아들이 주변 사물을 탐색하여 유사한 느낌을 찾아보는 활동으로 확장한다. 영아들이 토끼인형, 솜, 쿠션 등의 사물을 교사에게 가져오면 동의를 표현하면서 영아의 선택을 존중해 준다.

교　사: 토끼를 만져 보니 어떤 기분이 드나요?
영아들: 좋아요, 부드러워요, 예뻐요.
교　사: 강아지반에서 토끼와 비슷한 느낌을 가지는 물건들을 찾아볼까요?
영아 1: 토끼랑 똑같아. (토끼인형을 가져온다.)
영아 2: 부드러워요. (푹신한 쿠션을 가져온다.)
교　사: 와, 정말 토끼를 만졌을 때와 비슷한 기분이 드는구나.
교　사: 지원이가 토끼를 만졌을 때 이런 기분이었구나.

다음으로 영아들이 토끼머리띠를 머리에 착용하고 보육실 안을 자유롭게 돌아다니며 토끼의 움직임을 모방하는 신체 표현활동을 한다. "우리 친구들도 이제 토끼가 되어 볼 거예요. 어떤 친구가 정말 토끼 같은지 한번 보자."라며 교사도 함께 신체 표현을 하여 영아들의 참여를 유발한다. '깡충깡충' '팔짝팔짝' '살포시' 등의 의태어를 사용하여 영아들이 따라서 발음해 볼 수 있는 기회도 제공한다.

ꕥ 마무리: 토끼를 다시 토끼장에 넣은 후 "토끼를 만지니까 기분이 어땠어요?" "토끼는 어떻게 돌아다녔지요?" "토끼는 어떤 먹이를 먹었어요?" 등의 이야기를 나누며 앞서 관찰한 내용과 신체 표현활동을 되짚어 본다. 토끼를 보육실에서 내보내기 전에 "토끼야 안녕, 건강하게 잘 커."라고 영아들과 인사한다. 활동을 마친 후 영아들이 깨끗하게 손을 씻도록 지도한다.

[사진 9-5] 토끼장에 들어 있는 두 마리의 아기 토끼를 흥미롭게 관찰하는 영아들

③ 3~5세 유아(5세): 생명체와 자연환경 알아보기

활 동 명: 논 구성하기

활동목표: • 벼가 살기 좋은 환경에 대해 알아본다.
• 벼의 특성과 성장과정 및 논의 생태계를 알아본다.
• 벼를 통해 생명의 존귀함을 알고 소중한 마음으로 돌본다.

활동자료: 빨대, 폰폼, 본드, 수수깡, 색종이, 스티로폼

활동준비: 견학이나 산책을 통해서 유아들이 벼의 성장 및 추수과정과 벼의 생김새 등을 충분히 관찰하고 알아볼 수 있는 경험을 제공한다. 반복적인 견학과 산책을 통해 유아들이 논의 생태계를 논에 사는 생물, 벼의 생김새 등으로 구체적으로 관찰할 수 있도록 배려한다. 이후 유아들이 관찰한 경험을 토대로 논의 생태환경을 보육실 내에서 입체적으로 표현해 볼 수 있도록 빨대, 폰폼, 본드, 수수깡, 색종이, 스티로폼 등을 준비한다.

활동내용: 이 활동은 견학이나 산책에서 유아들이 관찰한 벼의 성장 및 추수과정과 벼의 생김새 등을 토대로 유아들이 경험한 논의 생태환경을 보육실 내에서 입체적으로 표현해 보는 것이다. 유아들 스스로 논을 재현할 수 있는 재료를 모색하고 표현방법까지 선택하는 데 중점을 둔다. 이 활동을 통해 논의 생태

환경을 자연 그대로 보존해야 하는 중요성을 간접적으로 알아보고, 논의 생태계를 소중한 마음으로 보호하는 활동도 할 수 있다.

※ 도입: 커다란 스티로폼을 유아들에게 제시하며 우리가 경험하여 알게 된 논을 표현해 볼 것을 제안한다. "논을 어떻게 표현할 수 있을까?" "논에는 무엇이 살고 있었지?" "벼는 어떻게 표현할 수 있을까?" "논에 사는 개구리는 어떻게 표현할까?" 등의 내용으로 유아들과 이야기를 나누며 '무엇'을 표현해서 논의 구성요소로 삼을지, '어떤' 방법으로 그것들을 표현할지 유아들이 스스로 계획해 볼 수 있도록 한다. 또한 하나의 협동작품을 구성해야 하므로 서로의 역할분담에 대해서도 이야기를 나눈다. 실제 제작 전에 '내가 만드는 것(내가 하는 일)' '필요한 재료' '만드는 방법' 등의 내용으로 구성된 활동지로 활동을 할 수 있다. 유아들이 역할분담을 하고, 그 역할에서 해야 할 일들을 함께 이야기 나눈 후 활동지에 글과 그림으로 기록할 수 있도록 한다.

교　사: 논을 어떻게 표현할 수 있을까요?
유아들: 색종이로요, 종이로요, 우유팩으로요, 볏짚으로요.
교　사: 그럼, 논에는 무엇이 살고 있었지요?
유아들: 벼요, 개구리요, 메뚜기요, 잠자리요, 허수아비요.
교　사: 우선 벼는 어떻게 만들 수 있을까요?
유아들: 빨대로 만들어 봐요.
교　사: 그럼 먼저 벼를 만들고 싶은 친구들은 여기 와서 '벼 모둠'을 만들어요. 그런 다음에 어떻게 만들면 될지 친구들과 서로 얘기해 보아요.
유아들: 개구리 만들고 싶은 친구는요?
교　사: 개구리 모둠을 만들면 되지요.

※ 전개: 교사는 유아들이 필요하다고 하는 재료들을 구비해 준다. 여기서는 유아들이 논에 벼, 개구리, 메뚜기, 잠자리, 허수아비가 사는 것으로 제안하고, 벼는 빨대에 폰폼을 본드로 붙여서, 개구리와 메뚜기는 색종이를 접어서, 잠자리와 허수아비는 수수깡에 색종이로 표현하기로 결정한 실제 활동의 예에 기초하여 기술한다. 벼, 개구리, 메뚜기, 잠자리, 허수아비를 만들고 싶은 유아들끼리 다섯 모둠으로 모여 앉아 자신이 맡은 역할을 의논한 대로 표현한다. 교사는 유아들이 활동하는 사이를 돌아다니며 유아들의 고민을 함께 의논한다. 특히 개구리와 메뚜기를 색종이로 접어서 표현하는 유아들이 색

[사진 9-6] 함께 구성한 논에서 논의 생태계 재현 놀이를 하고 있는 유아들

종이 접기 교본을 따라 잘 접어 나가는지 수시로 확인하고, 유아들이 좌우 방향이나 접기 기호 등에 의문을 품으면 도움을 준다. 교사는 유아들이 활동하는 동안 스티로폼에 흙색 한지를 감싸 놓는다.

❀ 마무리: 유아들이 자신의 작품을 다 완성한 다음 대집단으로 모여 앉아, 교사가 흙색 한지로 둘러싼 스티로폼을 제시하면 유아들은 어떻게 작품들을 모아 논으로 구성해 볼지에 대해 이야기를 나눈다. 실제 활동 예에 기초하여 기술해 본다면, 벼와 허수아비는 스티로폼에 꽂고 그 사이사이에 개구리, 메뚜기, 잠자리를 얹는다. 유아들은 차례로 나와 자신의 작품을 스티로폼 위에 위치시킨다. 다 완성된 논은 역할놀이 영역에 놓고 유아들이 자유롭게 개구리, 메뚜기 등을 가지고 '논의 생활' 을 재현해 볼 수 있도록 한다.

참고문헌

교육과학기술부 · 보건복지부 · 육아정책연구소(2012). 3~5세 연령별 누리과정 지원을 위한 시 · 도 (교육)청 강사요원 중앙연수 자료집. 서울: 육아정책연구소.

김지현(2012). 역할놀이를 활용한 프로젝트 활동이 유아의 수학적 능력에 미치는 효과. 한국가정관리학회지, 30(6), 115-127.

보건복지부(2013). 제3차 어린이집 표준보육과정고시 제2013-8호(2013. 1. 21).

보건복지부 · 중앙보육정보센터(2012). 표준보육과정. 서울: 중앙보육정보센터.

이순형 · 이혜승 · 이성옥 · 황혜신 · 이영미 · 정윤주 · 한유진 · 성미영 · 권기남 · 김지현(2007). 영유아 교수방법. 서울: 학지사.

Carin, A. A., & Bass, J. E. (2001). *Teaching science as inquiry.* Upper Saddle River, NJ: Prentice-Hall.

National Research Council (1996). *Science education standards.* Washington, D.C.: The National Academy Press.

National Science Resources Center (1997). *Science for all children.* Washington, D.C.: National Academy of Sciences.

NTCM (1989). *Curriculum and evaluation standards for school mathematics.* Reston, VA: NCTM.

Shaw, J., & Blake, S. (1998). *Mathematics for young children.* Upper Saddle River, NJ: Prentice-Hall.

Starko, A. J. (1995). *Developing creativity in the classroom: Schools of curious delight.* N.Y.: Longman.

제10장 예술경험 보육과정

1. 개념 및 특성

1) 개념

영유아는 선천적으로 아름다움을 느끼고 감상할 수 있는 능력과 표현의 욕구를 가지고 태어난다. 자라면서 다양한 경험을 통해 표현능력이 발달하고 창의성이 향상된다. 이들은 성인과 마찬가지로 음악, 조형, 동작, 극과 같은 다양한 예술적 표현활동을 통해 자신의 생각과 느낌을 표현함으로써 의사소통할 수 있다. 특히 언어적 표현능력이 부족한 영유아들은 비언어적이고 원초적인 차원의 예술적 표현활동을 통해 자신이 경험하고 느낀 바를 보다 자유롭게 표현한다. 영유아는 합리적 사고보다는 즉흥성을 가지고 자신의 활동을 거침없이 표현하며, 그러한 활동을 쉽게 변화시키고 재구성한다. 예술적인 경험은 영유아의 생활을 더욱 풍성하게 하고 충족감을 가지게 하며, 심미감과 풍부한 감성 및 창의성을 기르도록 돕는다.

'예술경험'은 출생 후부터 영유아가 주변 환경 및 생활 속에서 다양한 예술적 요소들을 흥미롭게 경험하고 즐기도록 하는 영역이다. 사물이나 소리, 자연, 예술작품들을 관찰하고 탐색하며, 자신의 생각과 느낌을 극, 동작, 음악, 미술로 표현하고 이렇게 표현된 것들을 보고 즐김으로써 심미감과 풍부한 감성 및 창의성을 기른다. 이것은 평생 예술에 관심을 가지는 기초가 된다. 제3차 표준보육과정에서는 이 영역을 '아름다움 찾아보기' '예술적 표현하기' '예술 감상하기' 로 구성하였다. '아름다움 찾아보기' 에서 영아는 자신과 가장 가까이에서 경험되는 감각자극과 신체에 관심을 가지고 점차 주변 환경에 있는 단순한 예술적 요소에 관심을 가지는 경험을 한다. 유아기에서는 세분화된 가작화 · 동작 · 음악 · 미술적 요소에 호기심을 가지고 관찰하고 한 요소에 집중하여 탐색하는 경험을 한다. '예술적 표현하기' 에서 영아는 교사를 따라하는 모방행동 즐기기, 단순한 가작놀이하기, 소리와 몸동작으로 반응하기, 단순한 미술적 경험을 시도하고 즐기기, 리듬이나 노래로 반응하기를 통해 자신의 느낌을 표현해 보는 경험을 한다. 유아는 좀 더 세련되게 극놀이로 표현하기, 적극적으로 몸을 움직이며 도구를 활용하여 몸으로 표현하기, 리듬 만들기, 노래 부르기, 다양한 미술재료를 사용하여 미술활동 즐기기, 통합적으로 표현하기를 통하여 자신의 생각과 느낌을 자유롭게 나타내 보는 경험을 한다. '예술 감상하기' 에서 영아는 교사가 들려주는 소리나 노래를 즐겨 듣고, 주변 환경의 형태나 사물을 즐겨 보며, 생활 속의 예술적 요소에 관심을 갖고 즐긴다. 유아는 극놀이, 춤, 음악, 미술작품을 즐기며 예술에 대해 관심을 가진다. 따라서 영유아를 위한 '예술경험 보육과정' 이란 주변 자연과 사물의 소리, 움직임, 시각적 형태, 예술작품의 아름다움에 흥미를 가지고 탐색하고, 자신의 느낌을 소리, 음악, 몸동작, 극놀이, 미술로 자유롭게 표현하며, 이렇게 표현된 것들을 즐겁게 감상하도록 돕는 것으로 정의할 수 있다(보건복지부, 2013).

2) 특성

예술경험 보육과정은 특정 예술 영역의 개념이나 기술을 가르치기 위한 영역이 아니라 영유아의 풍부한 감성과 창의적 표현력을 기르기 위한 영역이므로 다양한 창의적, 심미적 경험을 위한 활동이 제공되어야 한다. 이를 위해서 먼저 영유아는 자유로운 분위기에서 주변 환경을 탐색하여 새로운 것을 발견하고 자신이 발견한 것과 느낌을 창의적으로 표현할 수 있는 개방적인 분위기를 경험해야 한다. 허용적인 분위기 속에서 다양한 표현의 도구와 활동이 제공될 때 영유아가 자신을 표현할 수 있는 기발하고 좋은 생각들을 만들어 내고 이를 실천할 수 있는 경험을 풍부하게 할 수 있다. 따라서 영유아에게 일정한 예술적 개념이나 기교를 강조하거나 단순한 기술을 연습시키기보다는 자연과 사물을 직접 만져 보고, 느껴 보며, 몸을 움직여 보는 능동적인 활동이 이루어지는 것이 중요하다. 또한 영유아가 생각과 느낌을 자유롭게 표현할 수 있도록 결과보다는 활동과정을 중요시해야 한다.

영유아는 자라면서 발달단계에 따라 달성해야 할 과업을 만나게 되고, 가족과 사회의 기대압력과 자신의 욕구가 상충되면서 심리적 갈등과 스트레스를 경험한다. 매슬로는 창의성은 인간의 본성 안에 있는 근원적 특성으로서 모든 인간에게 나타날 수 있는 잠재력이며, 자기성장과 자기수용을 높이는 것으로 보았다(Maslow, 1991). 영유아는 그들 안에 구속되지 않는 판타지가 있기 때문에 창의적 표현활동이 가능하며, 표현활동에는 그 자체가 가지고 있는 심리적 치유성이 있다. 마음이 울적하거나 슬플 때 즐거운 음악을 듣고 몸을 움직이면 기분이 한결 좋아진다. 언어적 표현력이 부족하거나 소심한 아동들은 언어가 아닌 그림이나 음악이라는 매체를 통해 억누르고 숨겨 왔던 마음을 표현할 수 있다. 표현활동은 감정의 합리적 분출구를 제공한다. 화가 났을 때 친구를 때리거나 물건을 부수는 것은 사회적으로 용납될 수 없는 행동이지만, 물감 뿌리기나 신문지 찢고 구겨서 붙이기 등의 활동은 심리적 카타르시스를 경험하게 하면서도 안전한 활동이다. 치유적 표현활동은 마음에 병이 있거나 문제행동을 보이는 영유아를 위해서만 이루어지는 것은 아니다. 정신건강의 유지 및 증진과 문제 예방을 위한 시도로서 더 큰 역할을 할 수 있다. 이러한 관점에서 어릴 때부터 치유적 표현능력의 기회를 제공하는 것이 중요하다.

예술경험의 보육내용은 보육기관의 생활 전반을 통하여 이루어질 수 있으며 하루 활동에서 통합적으로 다루어져야 한다. 한 예로 음악과 노래를 부르며 하루 일과를 시작하고, 활동과 활동 사이의 전이시간, 활동시간, 점심식사시간, 하원시간 등 하루 일과 전반에서 음악과 노래를 부르면서 생활한다. 이러한 예술경험 보육내용은 교사의 일방적인 교수에 의해 영유아가 교육되는 것이 아니라 교사와 영유아 간, 영유아와 영유아 간 그리고 영유아와 교구 간의 상호작용을 통해 의미 있는 경험으로 제공되어야 한다.

예술경험은 아름다움 찾아보기, 예술적 표현하기, 예술 감상하기로 각각 분리되어 진행되기보다는 서로 연관해서 진행되어야 한다. 이 내용범주는 활동의 순서를 의미하지 않으며, 활동에서 한 가지 요소가 강조되기도 하고, 하나의 활동에서 동시에 이루어질 수 있다. 한 예로 2세 영아는 정원에서 꽃잎이나 풀잎을 따서 말리고, 그것을 가지고 풀 포프리[1]를 만들거나 콜라주를 만들기도 한다. 이 활동을 통해 꽃과 풀, 나뭇잎을 통해서 색깔, 질감과 아름다움을 동시에 느낄 수 있다(이순형 외, 2008). 또한 이 영역에서는 다양한 음악, 조형, 동작, 극활동이 이루어지는데 음악, 미술, 체육의 과목으로 분리되어 제공되는 것이 아니라 표현활동의 통합적 측면을 보다 강조하여 통합적 음악, 조형, 동작, 극활동이 이루어지도록 지도하는 것이 중요하다. 음악을 들으면서 리듬감 있게 몸을 움직이고 그 느낌을 그림으로 표현해 보는 활동은 통합적 활동의 한 예라 할 수 있다.

2. 목적 및 목표

(1) 목적

예술경험의 목적은 주변의 친근한 환경과 일상생활에 관심을 보이고 예술적 요소를 직접 경험하고 즐김으로써 창의성과 감성을 기르는 것이다. 이러한 예술경험의 목적을 토대로 표준보육과정(2013)에서 선정한 구체적인 목표는 다음과 같다.

① 주변 생활에서 발견한 예술적 요소와 아름다움에 관심을 보이고 탐색한다

영유아는 아름다운 것들로 둘러싸여 있다. 영아는 이것을 관심 있게 탐색하고자 하는 욕구를 지닌 채 태어난다. 태어나자마자 주변에서 나는 소리 쪽으로 시선을 돌리고 손을 뻗으며, 점차 목소리로 소리를 만들어 내다가 다른 사물이나 리듬악기를 사용하여 소리를 만들 수 있다. 영아들이 만드는 소리도 처음에는 산발적이다가 점차 연령이 높아지면서 듣기 좋은 소리가 되며, 주위에서 들리는 음악에 맞추어서 리듬을 탐색하기도 한다. 몸 움직임이나 미술, 극놀이 역시 주변의 단순한 요소로부터 점차 다양한 요소들까지 관심을 가지고 탐색하게 되며, 이러한 탐색활동은 예술적 요소에 대한 인식과 지각력을 발달하게 하고 다시 주변의 아름다움에 대해 관심을 가지고 관찰하는 심미적 태도를 증진시킨다.

---

1) 방향제 및 장식품으로 방에 걸어두는 것.

② 자신의 생각과 느낌을 다양한 방법으로 표현하는 것을 즐기며 창의적으로 표현한다

영유아들은 자신의 생각과 느낌을 표현하고 싶어 하는 욕구를 지니고 태어난다. 예술적 표현은 인류의 역사가 진행되면서부터 내려온 대표적인 표현방식이며 음악이나 춤, 미술은 언어를 사용하기 이전부터 있어 왔던 표현양식이다. 영유아가 자신의 느낌이나 생각, 아이디어를 리듬이나 노래, 악기, 몸 움직이기, 춤, 극놀이, 그리기와 만들기 등의 활동을 통해 자유롭게 나타내 보고, 자기 나름의 의미와 즐거움을 찾도록 하는 것은 이들의 창의적 표현력 향상과 심미감 증진에 중요하다.

③ 자연물과 사물, 자신 및 또래의 작품, 예술작품을 보고 느끼고 감상한다

영유아는 자연이나 주변 환경 그리고 음악, 동작, 극, 미술작품을 보고 듣고 즐기면서 자연스럽게 아름다움을 경험한다. 또한 이러한 아름다움을 즐기는 경험을 통해 자신의 생각을 나눌 수 있을 뿐 아니라 다른 사람의 생각과 느낌을 존중하게 되고 다양성을 인정하게 된다.

(2) 연령별 목표

① 0~1세

- 아름다움에 관심을 가진다.
  - 자신의 신체와 주변의 감각자극에 호기심을 가지고 반응한다.
  - 소리와 움직임으로 반응하고, 단순한 미술을 경험하며, 모방행동을 즐긴다.
  - 친근한 소리나 노래를 즐겨 듣고, 자연물, 사물, 주변 환경에 관심을 가진다.

② 2세

- 아름다움에 관심을 가지고 예술경험을 즐긴다.
  - 주변 생활에서 예술적 요소를 발견하고 흥미롭게 탐색한다.
  - 간단한 리듬이나 노래, 움직임, 자발적인 미술활동을 자유롭게 시도하고 모방이나 상상놀이로 표현한다.
  - 주변의 환경과 자연 및 다양한 표현에서 예술적 요소를 관심 있게 보고 즐긴다.

③ 3~5세

• 아름다움에 관심을 가지고 예술경험을 즐기며, 창의적으로 표현하는 능력을 기른다.
  - 자연과 주변 환경에서 발견한 아름다움과 예술적 요소에 관심을 갖고 탐색한다.
  - 자신의 생각과 느낌을 음악, 움직임과 춤, 미술, 극놀이를 통해 창의적으로 표현하는 것을 즐긴다.
  - 자연과 다양한 예술작품을 감상하며, 풍부한 감성과 심미적 태도를 기른다.

3. 내 용

1) 내용체계

표준보육과정에서 예술경험 영역의 내용체계는 크게 0~1세, 2세 영아를 위한 예술경험 영역과 3~5세 유아를 위한 예술경험 영역으로 구분할 수 있다. 구체적으로 0~1세, 2세 영아를 위한 표준보육과정의 예술경험 영역은 아름다움 찾아보기, 예술적 표현하기, 예술 감상하기의 세 가지 내용범주와 0~1세 영아, 2세 영아의 두 연령집단별 세부내용으로 구성된다. 3~5세 유아를 위한 누리과정의 예술경험 영역은 0~1세 영아, 2세 영아를 위한 예술경험 영역과 마찬가지로 아름다움 찾아보기, 예술적 표현하기, 예술 감상하기의 세 가지 내용범주를 가지며 3세, 4세, 5세의 연령집단별 세부내용으로 구성된다.

각 범주의 하위내용은 다양하게 구성된 구체적인 활동들을 체계적으로 경험함으로써 장단기적으로 상위 내용범주의 목표 달성에 기여할 수 있는 구체적인 목표의 수준으로 제시하였다. 예를 들어, 2세 영아를 위한 표준보육과정 예술경험 영역의 예술적 표현 내용범주는 간단한 리듬이나 노래, 움직임, 자발적인 미술활동을 자유롭게 시도하고 모방이나 상상놀이로 표현하게 하는 목표를 달성하기 위해 장단기적으로 2세 영아의 발달수준에서 실현할 수 있는 리듬 있는 소리, 노래, 움직임으로 표현하기, 미술활동 즐기기, 모방과 상상놀이하기가 하위내용으로 선정되었으며, 각 하위내용에 대해 세부내용이 제시되었다. 예술경험 영역의 전체적인 내용체계는 〈표 10-1〉과 같다.

표 10-1 예술경험 영역의 내용체계

내용범주	0~1세	2세	3~5세
아름다움 찾아보기	• 예술적 요소에 호기심 가지기	• 예술적 요소 탐색하기	• 음악적 요소 탐색하기 • 움직임과 춤 요소 탐색하기 • 미술적 요소 탐색하기
예술적 표현하기	• 리듬 있는 소리로 반응하기 • 움직임으로 반응하기 • 단순한 미술경험하기 • 모방행동 즐기기	• 리듬 있는 소리와 노래로 표현하기 • 움직임으로 표현하기 • 자발적으로 미술활동하기 • 모방과 상상놀이하기	• 음악으로 표현하기 • 움직임과 춤으로 표현하기 • 미술활동으로 표현하기 • 극놀이로 표현하기 • 통합적으로 표현하기
예술 감상하기	• 아름다움 경험하기	• 아름다움 즐기기	• 다양한 예술 감상하기 • 전통예술 감상하기

(1) 0~1세 영아

0~1세 영아를 위한 예술경험 영역은 자신의 신체와 주변의 감각자극에 호기심을 가지고 반응하고, 소리와 움직임으로 반응하고, 단순한 미술을 경험하고, 모방행동을 즐기며, 친근한 소리나 노래를 즐겨 듣고, 자연물, 사물, 주변 환경에 관심을 가지는 것을 목표로 하여 영아의 발달 수준에 따라 〈표 10-2〉와 같은 내용체계로 구성된다. '아름다움 찾아보기' 내용범주는 예술적 요소에 호기심 가지기로 구성되고, '예술적 표현하기' 는 리듬 있는 소리로 반응하기, 움직임으로 반응하기, 단순한 미술경험하기, 모방행동 즐기기로, '예술 감상하기' 는 아름다움 경험하기로 구성된다. 예를 들어, '예술 감상하기' 내용범주에서 '아름다움 경험하기' 에 해당하는 세부내용을 발달 수준별로 살펴보면, 1, 2수준에서는 일상생활에서 반복되는 소리와 노래에 관심을 가지고 3, 4수준에서는 일상생활에서 리듬 있는 소리와 노래를 즐겨 듣는 내용으로 구성하였다. 또한 1, 2, 3, 4수준에서 자연이나 사물의 아름다움을 일상생활에서 경험하는 내용으로 구성하였다. 이러한 내용으로 0~1세 영아의 보육과정을 구성하는 데 교사는 영아가 상대적으로 관심을 보이는 소리나 움직임을 눈여겨 본 후 이와 유사한 놀잇감이나 물건을 제시하며 상호작용하도록 하고, 언어적 · 비언어적 방법을 활용하여 적극적으로 영아와 상호작용을 해 주며 영아의 반응을 격려하는 것이 필요하다.

표 10-2 0~1세 영아의 수준별 세부내용

<table>
<tr><th>내용범주</th><th>내용</th><th>1수준</th><th>2수준</th><th>3수준</th><th>4수준</th></tr>
<tr><td rowspan="2">아름다움 찾아보기</td><td rowspan="2">예술적 요소에 호기심 가지기</td><td colspan="4">주변의 소리와 움직임에 호기심을 가진다.</td></tr>
<tr><td colspan="4">주변 환경에서 색, 모양에 호기심을 가진다.</td></tr>
<tr><td rowspan="6">예술적 표현하기</td><td rowspan="2">리듬 있는 소리로 반응하기</td><td colspan="2">리듬 있는 소리에 관심을 가진다.</td><td colspan="2">노래를 부분적으로 따라 부른다.</td></tr>
<tr><td colspan="2">리듬과 노래에 소리로 반응한다.</td><td colspan="2">리듬과 음높이에 맞추어 소리를 낸다.</td></tr>
<tr><td rowspan="2">움직임으로 반응하기</td><td colspan="4">손발 흔들기와 몸 움직임으로 반응한다.</td></tr>
<tr><td colspan="2"></td><td colspan="2">간단한 도구를 활용하여 움직인다.</td></tr>
<tr><td>단순한 미술경험하기</td><td colspan="2"></td><td colspan="2">감각적으로 단순한 미술경험을 한다.</td></tr>
<tr><td>모방행동 즐기기</td><td colspan="2">소리나 얼굴 표정, 몸 움직임 등을 모방한다.</td><td colspan="2">단순한 모방행동을 놀이처럼 즐긴다.</td></tr>
<tr><td rowspan="2">예술 감상하기</td><td rowspan="2">아름다움 경험하기</td><td colspan="2">일상생활에서 반복되는 소리와 노래에 관심을 가진다.</td><td colspan="2">일상생활에서 리듬 있는 소리와 노래를 즐겨 듣는다.</td></tr>
<tr><td colspan="4">일상생활에서 자연이나 사물의 아름다움을 경험한다.</td></tr>
</table>

(2) 2세 영아

2세 영아를 위한 예술경험 영역은 주변 생활에서 예술적 요소를 발견하고 흥미롭게 탐색하고, 간단한 리듬이나 노래, 움직임, 자발적인 미술활동을 자유롭게 시도하고 모방이나 상상놀이로 표현하며, 주변의 환경과 자연 및 다양한 표현에서 예술적 요소를 관심 있게 보고 즐기는 것을 목표로 하여 발달 수준에 따라 〈표 10-3〉과 같은 내용체계로 구성된다. '아름다움 찾아보기' 내용범주는 예술적 요소 탐색하기로, '예술적 표현하기'는 리듬 있는 소리와 노래로 표현하기, 움직임으로 표현하기, 자발적으로 미술활동하기, 모방과 상상놀이하기로, '예술 감상하기'는 아름다움 즐기기로 구성된다. 예를 들어, '예술적 표현하기' 내용범주 중 자발적으로 미술활동하기에 해당하는 세부내용은 1, 2수준에 걸쳐 그리기, 만들기를 자발적으로 하고 간단한 도구와 미술재료를 다루는 내용으로 구성된다. '예술적 표현하기' 내용범주 중 '모방과 상상놀이하기'의 세부내용은 1수준에서는 모방행동을 놀이처럼 즐기는 내용으로 구성되어 있고, 2수준에서는 일상생활 경험을 상상놀이로 즐기는 내용으로 구성된다. 이러한 내용으로 2세 영아의 보육과정을 구

표 10-3 2세 영아의 수준별 세부내용

<table>
<tr><th>내용범주</th><th>내용</th><th>1수준</th><th>2수준</th></tr>
<tr><td rowspan="2">아름다움 찾아보기</td><td rowspan="2">예술적 요소 탐색하기</td><td colspan="2">주변 환경에서 나는 다양한 소리와 움직임을 탐색한다.</td></tr>
<tr><td colspan="2">주변 환경에서 색, 모양을 탐색한다.</td></tr>
<tr><td rowspan="7">예술적 표현하기</td><td rowspan="2">리듬 있는 소리와 노래로 표현하기</td><td colspan="2">친근한 노래를 따라 부른다.</td></tr>
<tr><td colspan="2">신체, 사물, 리듬악기 등을 이용하여 간단한 리듬과 소리를 만든다.</td></tr>
<tr><td rowspan="2">움직임으로 표현하기</td><td colspan="2">노래나 리듬에 맞춰 몸으로 표현한다.</td></tr>
<tr><td colspan="2">간단한 도구를 활용하여 몸으로 표현한다.</td></tr>
<tr><td rowspan="2">자발적으로 미술활동하기</td><td colspan="2">자발적으로 그리기, 만들기를 한다.</td></tr>
<tr><td colspan="2">간단한 도구와 미술재료를 다룬다.</td></tr>
<tr><td>모방과 상상놀이하기</td><td>모방행동을 놀이처럼 즐긴다.</td><td>일상생활 경험을 상상놀이로 즐긴다.</td></tr>
<tr><td rowspan="3">예술 감상하기</td><td rowspan="3">아름다움 즐기기</td><td colspan="2">자연이나 생활의 소리나 움직임, 친근한 음악과 춤을 관심 있게 듣거나 본다.</td></tr>
<tr><td colspan="2">일상생활에서 자연과 사물의 아름다움에 관심을 가지고 즐긴다.</td></tr>
<tr><td colspan="2">자신과 또래가 표현한 노래, 춤, 미술품 등에 관심을 가지고 즐긴다.</td></tr>
</table>

성하는 데 교사는 다양한 자연의 소리나 움직임, 변화를 보고 들을 수 있도록 실외활동을 자주 계획하고, 언어적 · 비언어적 방법을 활용하여 적극적으로 영아와 상호작용을 해 주며 영아의 반응을 격려하는 것이 필요하다. 또한 교사는 영아의 표현에 대하여 존중하는 태도를 보여 줌으로써 영아들이 작품에 대한 태도를 모델링하도록 한다.

(3) 3~5세 유아

3~5세 유아를 위한 예술경험 영역은 자연과 주변 환경에서 발견한 아름다움과 예술적 요소에 관심을 갖고 탐색하고, 자신의 생각과 느낌을 음악, 움직임과 춤, 미술, 극놀이를 통해 창의적으로 표현하는 것을 즐기며, 자연과 다양한 예술작품을 감상하며 풍부한 감성과 심미적 태도를 기르는 것을 목표로, 유아의 연령별 발달단계에 따라 〈표 10-

4>와 같은 내용체계로 구성된다. 즉, '아름다움 찾아보기' 내용범주는 음악적 요소 탐색하기, 움직임과 춤 요소 탐색하기, 미술적 요소 탐색하기로, '예술적 표현하기'는 음악으로 표현하기, 움직임과 춤으로 표현하기, 미술활동으로 표현하기, 극놀이로 표현하기, 통합적으로 표현하기로, '예술 감상하기'는 다양한 예술 감상하기, 전통예술 감상하기로 구성된다.

구체적으로 '아름다움 찾아보기' 내용범주 중 '음악적 요소 탐색하기'와 관련되는 세부내용을 살펴보면, 3, 4세 수준에서는 다양한 소리, 음악의 셈여림, 빠르기, 리듬 등에 관심을 갖도록, 5세 수준에서는 다양한 소리, 악기 등으로 음악의 셈여림, 빠르기, 리듬 등을 탐색할 수 있도록 내용이 연결된다. 또한 '예술적 표현하기' 내용범주 중 '극놀이로 표현하기'의 세부내용은 3세에서는 일상생활의 경험을 극놀이로 표현하는 것을 경험한다. 4세에서는 일상생활의 경험이나 간단한 이야기를 극놀이로 표현하고 소품, 배경, 의상 등을 사용하여 협동적으로 극놀이를 하도록 한다. 5세에서는 경험이나 이야기를 극놀이로 표현하고 소품, 배경, 의상 등을 사용하여 협동적으로 극놀이를 하도록 하여 연령이 증가할수록 그 세부내용이 좀 더 구체적이고 높은 수준으로 구성된다.

이러한 내용으로 3~5세 유아를 위한 보육활동을 계획하는 데 교사는 주변의 자극에 대한 유아의 호기심을 격려하고 관련된 자료를 충분히 제공하며, 유아의 연령, 흥미, 주제, 상황에 맞는 노래나 음악을 일상생활에서 자주 들려주고 부르는 것을 권장해야 한다. 또한, 유아의 예술 표현에 대한 생각과 느낌을 존중해 주는 언어적·비언어적 표현으로 적절히 반응해 주고, 다양한 예술활동 과정을 즐기도록 격려해 주어야 한다.

표 10-4 3~5세 유아의 연령별 세부내용

내용범주	내용	3세	4세	5세
아름다움 찾아보기	음악적 요소 탐색하기	다양한 소리, 음악의 셈여림, 빠르기, 리듬 등에 관심을 갖는다.		다양한 소리, 악기 등으로 음악의 셈여림, 빠르기, 리듬 등을 탐색한다.
	움직임과 춤 요소 탐색하기	움직임과 춤의 모양, 힘, 빠르기 등에 관심을 갖는다.		움직임과 춤의 모양, 힘, 빠르기, 흐름 등을 탐색한다.
	미술적 요소 탐색하기	자연과 사물의 색, 모양, 질감 등에 관심을 갖는다.		자연과 사물에서 색, 모양, 질감, 공간 등을 탐색한다.

<table>
<tr><td rowspan="14">예술적 표현하기</td><td rowspan="4">음악으로 표현하기</td><td>간단한 노래를 듣고 따라 부른다.</td><td colspan="2">노래로 자신의 생각과 느낌을 표현한다.</td></tr>
<tr><td colspan="3">전래동요를 즐겨 부른다.</td></tr>
<tr><td>리듬악기로 간단한 리듬을 표현해 본다.</td><td colspan="2">리듬악기를 연주해 본다.</td></tr>
<tr><td colspan="2">간단한 리듬과 노래를 즉흥적으로 만들어 본다.</td><td>리듬과 노래 등을 즉흥적으로 만들어 본다.</td></tr>
<tr><td rowspan="3">움직임과 춤으로 표현하기</td><td>신체를 이용하여 주변의 움직임을 자유롭게 표현한다.</td><td>신체를 이용하여 주변의 움직임을 자유롭게 표현하며 즐긴다.</td><td>신체를 이용하여 주변의 움직임을 다양하게 표현하며 즐긴다.</td></tr>
<tr><td colspan="3">움직임과 춤으로 자신의 생각과 느낌을 표현한다.</td></tr>
<tr><td colspan="2">도구를 활용하여 다양한 움직임으로 표현한다.</td><td>다양한 도구를 활용하여 창의적으로 움직인다.</td></tr>
<tr><td rowspan="3">미술 활동으로 표현하기</td><td rowspan="2">다양한 미술활동을 경험해 본다.</td><td colspan="2">다양한 미술활동으로 자신의 생각과 느낌을 표현한다.</td></tr>
<tr><td>협동적인 미술활동에 참여한다.</td><td>협동적인 미술활동에 참여하여 즐긴다.</td></tr>
<tr><td>미술활동에 필요한 재료와 도구에 관심을 가지고 사용한다.</td><td colspan="2">미술활동에 필요한 재료와 도구를 다양하게 사용한다.</td></tr>
<tr><td rowspan="2">극놀이로 표현하기</td><td rowspan="2">일상생활의 경험을 극놀이로 표현한다.</td><td>일상생활의 경험이나 간단한 이야기를 극놀이로 표현한다.</td><td>경험이나 이야기를 극놀이로 표현한다.</td></tr>
<tr><td colspan="2">소품, 배경, 의상 등을 사용하여 협동적으로 극놀이를 한다.</td></tr>
<tr><td rowspan="2">통합적으로 표현하기</td><td></td><td colspan="2">음악, 움직임과 춤, 미술, 극놀이 등을 통합하여 표현한다.</td></tr>
<tr><td colspan="2">예술활동에 참여하여 표현과정을 즐긴다.</td><td>예술활동에 참여하여 창의적으로 표현하는 과정을 즐긴다.</td></tr>
<tr><td rowspan="3">예술 감상하기</td><td rowspan="2">다양한 예술 감상하기</td><td colspan="3">다양한 음악, 춤, 미술작품, 극놀이 등을 듣거나 보고 즐긴다.</td></tr>
<tr><td colspan="3">나와 다른 사람의 예술 표현을 소중히 여긴다.</td></tr>
<tr><td>전통예술 감상하기</td><td colspan="2">우리나라의 전통예술에 관심을 갖는다.</td><td>우리나라의 전통예술에 관심을 갖고 친숙해진다.</td></tr>
</table>

2) 활동 사례

예술경험 영역의 내용이 현장에서 어떻게 적용될 수 있는지를 알아보기 위해 실제 활동 사례를 살펴본다. 예술경험 영역의 세 가지 내용범주 가운데 예술적 표현하기와 예술 감상하기에서 각각 한 가지 하위내용을 선정하여 각 연령집단(0~1세 영아, 2세 영아, 3~5세 유아)의 세부 수준에 해당하는 활동 사례를 한 가지씩, 총 여섯 가지를 제시한다.

(1) 예술적 표현하기

예술적 표현하기 내용범주는 활동의 결과보다는 활동의 과정에서 자신의 생각과 느낌을 표현하는 것을 즐기며, 점차 다양한 양식을 사용하여 창의적으로 표현하는 것을 목표로 하고 있다. 따라서 예술적 표현하기는 영유아 누구나 쉽게 활동을 시작하고 자유롭고 비제한적인 환경에서 활동을 해야 하며 성과물에 대한 압박을 받아서는 안 된다. 영유아가 자유로운 활동과정에서 자기 나름의 의미와 즐거움을 찾도록 하는 것이 창의적 표현력과 심미감 증진에 중요한 역할을 한다.

① 0~1세 영아(3, 4 수준): 단순한 미술경험하기

활 동 명: 풀그림 그리기

활동목표: 색과 질감에 대한 감각적 경험을 한 후 자유롭게 표현한다.

활동자료: 밀가루 풀, 식용 색소, 도화지, 신문지, 큰 쟁반

활동준비: 먼저 신문지를 활동장소 바닥에 깔고 고정한 뒤 그 위에 도화지 또는 쟁반을 준비한다. 영아의 옷에 풀이 묻을 것을 대비하여 앞치마 또는 작업복으로 사용할 수 있는 옷을 입힌다.

활동내용: 영아들이 감각기관을 이용하여 밀가루 풀을 탐색하고, 커다란 종이에 손가락과 손바닥으로 여러 색의 밀가루 풀을 찍으면서 자유롭게 표현해 보는 활동이다.

⊛ 도입: 영아 각자의 손등 위에 밀가루 풀을 조금씩 나누어 준다. 냄새를 맡고 손가락으로 비비거나 문지르는 등 충분히 탐색할 수 있는 시간을 갖게 한다. 교사가 먼저 적당량의 밀가루 풀을 큰 쟁반에 넣고 손바닥 또는 손가락으로 문지르는 모습을 보여 준다. 영아들의 관심과 흥미를 유발한 후 오늘은 풀그림 놀이를 하는 날이라고 소개한다.

⊛ 전개: 교사가 영아 각자 앞에 밀가루 풀이 담긴 그릇을 놓아 준다. 자신의 그릇에 손을 담그고 마음껏 주무를 수 있도록 한다.

교사: 자, 오늘은 풀놀이를 해 보자. 와, 정말 신기하게 생겼다. 자, 이렇게 손가락으로도 만져 보고, 손바닥으로도 만져 보자. 아이, 부드럽다.

활동을 하는 동안 편안한 음악을 들려준다. 교사는 영아의 손을 잡고 영아와 함께 활동하면서 서로의 손을 비비며 자연스럽게 접촉한다. 한 영아와 활동을 한 후 다른 영아와 교사가 함께 밀가루 풀을 주무르는 활동을 한다. 이 활동을 통해 영아는 쉽게 이완되고 교사와 더욱 친밀감을 느끼게 된다. 0~1세 영아는 집중시간이 짧고, 신체를 사용하는 것이 미흡할 수 있다. 따라서 영아가 활동에 흥미를 가지고 참여할 수 있도록 교사가 의성어와 의태어를 사용하여 재미있게 이야기해 준다. 예를 들어, 풀을 만졌을 때 단순히 만지는 것에 그치는 것이 아니라 교사는 "와, 미끌미끌하다." "부드럽다." "쭉~." 등의 말을 사용하여 언어자극을 더욱 풍부하게 해 주어야 한다.

큰 종이를 제공해 주어 손가락으로 여럿이 함께 그림을 그리도록 한다. 이때 다양한 색의 식용 색소 또는 물감을 섞어 넣어 더욱 더 흥미로운 풀놀이를 할 수 있도록 한다.

❀ 마무리: 교사는 영아들에게 오늘의 풀그림 활동에 대한 이야기를 해 주어 영아들이 자신이 한 활동을 되돌아볼 수 있도록 한다. 영아들의 손을 깨끗하게 씻기고 로션을 발라 준다.

② 2세 영아(1, 2수준): 자발적으로 미술활동하기

활 동 명: 풀그림 그리기

활동목표: 다양한 미술자료를 가지고 즐겁게 표현해 본다.

활동자료: 밀가루 풀, 식용 색소, 도화지, 신문지, 큰 쟁반, 기타 재료(한지, 휴지, 털실 등)

활동준비: 먼저 신문지를 활동장소 바닥에 깔고 고정한 뒤 도화지 또는 쟁반을 그 위에 준비해 놓는다. 영아의 옷에 풀이 묻을 것을 대비하여 앞치마나 작업복으로 사용할 수 있는 옷을 입힌다.

활동내용: 영아들이 감각기관을 이용하여 밀가루 풀과 여러 가지 재료를 탐색하도록 하고, 손과 발을 이용하여 종이에 밀가루 풀을 찍어 본다. 여러 가지 재료로 꾸미기 활동을 하면서 손과 발로 그린 풀그림을 보다 풍부하게 표현해 보는 활동이다.

❀ 도입: 영아들에게 밀가루 풀을 제시하고 그것을 탐색할 시간을 준다. 이때 영아들이 시각, 후각, 촉각 등으로 탐색할 수 있도록 한다. 처음에 제시할 때 영아들이 눈을 감고 손으로 풀그림을 만져 보면서 무엇인지 알아맞히는 활동을 할 수도 있다.

ꕥ 전개: 교사가 먼저 밀가루 풀을 큰 쟁반에 놓고 그것을 손바닥으로 문지르거나 손가락으로 그림을 그리는 모습을 보여 준다. 처음에는 교사가 영아의 손을 잡고 함께 위와 같은 활동을 하다가 영아가 스스로 풀그림을 그리고 놀이를 할 수 있도록 한다. 밀가루 풀에 식용 색소 또는 물감을 넣어 여러 색의 밀가루 풀을 만든 후 계속 풀그림을 그려 보도록 한다. 커다란 도화지를 벽에다 걸고 영아의 손가락이나 손바닥을 찍어 보도록 한다. 그다음에는 바닥에 종이를 놓고 발바닥을 찍어 볼 수 있도록 한다. 아이들의 발이 충분히 들어갈 수 있도록 커다란 대야와 많은 양의 밀가루 풀을 준비해야 한다. 손으로만 주물렀을 때와 발까지 넣었을 때의 느낌이 어떻게 다른지 비교해 볼 수 있도록 한다.

교사: 와, 손으로 주무르니까 촉감이 어때?
영아: 좋아요.
교사: 자, 이제 발까지 넣어 볼까? 아, 아주 부드럽고 미끄럽네.

풀그림으로 표현한 것에 한지나 휴지, 털실 등을 덧붙여 더욱 풍부하게 꾸미기를 할 수 있도록 한다. 나무젓가락이나 이쑤시개 등을 제시하여 그것으로 밀가루 풀그림을 그리게 하거나, 손바닥과 발바닥을 함께 찍어 보거나 기타 재료를 활용하여 꾸미기를 할 수 있다.

ꕥ 마무리: 영아들에게 풀그림 활동에 대한 격려와 지지를 해 주고 이야기 나누기를 한다. 영아들의 손과 발을 깨끗하게 씻기고 로션을 발라 준다.

③ 3~5세 유아(4, 5세): **미술활동으로 표현하기**

활 동 명: 종이 찢어서 구겨 찍기

활동목표: 신문지를 찢고 구기는 활동을 통해 억압되었던 부정적 감정을 표출하고 긍정적인 표현행동으로 승화할 수 있다.

활동자료: 도화지(8절 또는 4절), 여러 가지 질감의 종이(신문지, 휴지, A4용지, 한지, 구김지, 도화지 등), 물감, 붓, 팔레트, 물, 기타 재료(빨대, 수수깡, 스팽글, 솜 등), 풀 또는 본드

활동준비: 활동할 곳에 신문지를 깔고 고정한 뒤 그 위에 도화지를 준비한다. 유아가 쉽게 구기기를 할 수 있도록 여러 가지 질감의 종이를 종류별로 제시해 놓는다.

유아들의 옷에 물감이 묻는 것을 방지하기 위해 앞치마를 입힌다.

활동내용: 종이의 특성을 여러 가지 방법으로 탐색하고 비교하며, 찢어지고 구겨진 종이를 이용하여 자연스럽고 아름다운 조형적 표현을 시도한다. 이러한 과정을 통해 억압되었던 부정적 감정을 표출하면서 카타르시스를 경험하는 활동이다.

⚘ 도입: 유아들에게 활동에 대하여 간단하게 설명한 뒤 먼저 오늘의 재료인 여러 가지 질감의 종이를 탐색할 수 있도록 한다. 이때 단순히 손으로 종이를 만져 보는 활동뿐만 아니라 종이를 흔들어서 어떤 소리가 나는지, 냄새는 어떤지, 종이를 구겼을 때의 느낌은 어떠한지를 느껴 볼 수 있도록 한다.

⚘ 전개: 준비된 종이를 찢고 구기는 활동을 한다. 질감의 다름에 따라 찢고 구기는 느낌이 다름을 인식하도록 한다. 충분한 양의 종이를 제공하여 교실 바닥에 종이 뭉치가 가득 차도록 한다. 종이 뭉치 위에 구르기도 하고 종이를 던져 보기도 한다. 교사는 유아들에게 종이를 비처럼 뿌려 줄 수도 있고, 유아를 눕히고 종이 뭉치로 모래찜질하듯이 몸을 감싸 주기도 한다. 종이 구기기 활동이 끝나면 상자에 종이를 모으는 정리시간을 갖는다. 이때 유아들도 휴식시간을 갖도록 한다. 휴식시간 후에 물감을 준비해 놓고 유아들이 각자 구겨서 찍고 싶은 종이를 선택하여 찍기놀이를 할 수 있도록 한다. 도화지에 자유롭게 찍기놀이를 한다. 바닥이나 벽에 비닐을 깔거나 실외로 나가서 물감 묻은 종이 뭉치를 커다란 종이에 던져 찍기를 할 수 있다. 활동의 제약을 보다 적게 하면 정서 표출이 보다 원활해진다. 자신들이 표현하고 싶은 주제를 정해서 찍어 보기를 할 수도

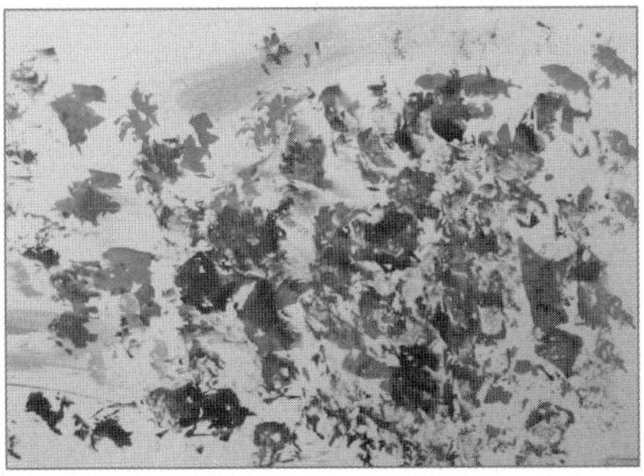

[그림 10-1] 유아들이 종이를 구겨 찍어서 표현한 작품

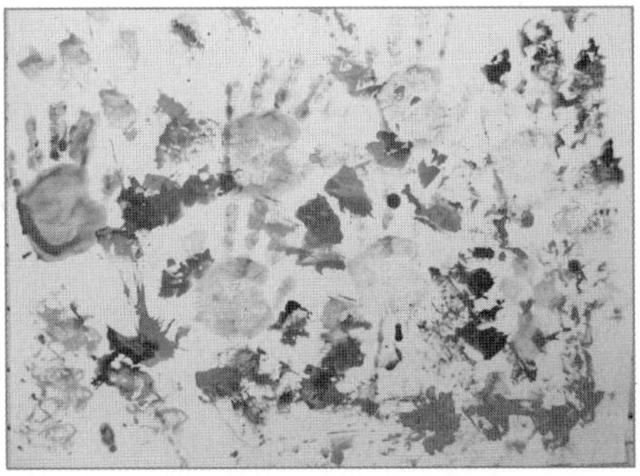

[그림 10-2] 유아들이 손바닥과 종이로 표현한 작품

있는데 이때 조별로 하는 것도 좋다.

⊛ 마무리: 활동을 끝낸 후에 종이를 찢을 때, 구길 때, 던질 때, 찍을 때 각각의 느낌이 어땠는지 이야기한다. 그때 느낀 감정을 그림으로 그리거나 색으로 표현해 볼 수 있다.

(2) 예술 감상하기

예술 감상하기 내용범주는 영유아가 생활 속에서 자연과 사물 및 예술작품을 보고 즐기는 것을 목표로 한다. 아름다움을 즐기는 경험을 통해 자신의 생각과 느낌을 다른 사람과 공유하면서 서로의 다양성을 인정하고 상대방을 존중하는 기회를 제공하는 것이 중요하다.

① 0~1세 영아(1~4 수준): 아름다움 경험하기

활 동 명: 눈이 왔어요

활동목표: 눈이 온 후 달라진 주변 환경을 둘러보면서 자연의 아름다움을 경험한다.

활동자료: 방한도구, 삽, 눈을 담을 수 있는 그릇

활동준비: 추운 겨울, 실외활동에서 감기가 걸리거나 다치지 않도록 옷을 꼼꼼하게 입히고 장갑을 준비한다.

활동내용: 눈이 오는 모습을 보거나 눈을 만져 본 경험을 가지지 못한 영아가 많다. 평소에 산책하던 길이 눈이 온 후 달라진 모습을 보면서 자연의 변화에 대한 아름다움을 경험할 수 있다. 눈이 오는 모습을 보고, 또 눈이 온 길을 걸어 보면서 눈의 아름다움과 변화를 감상한다.

⊛ 도입: 눈이 오면 영아들과 함께 실외로 나갈 준비를 한다. 자주 산책하던 길로 나가기 전에 교사가 눈을 조금 준비해 와서 영아들이 만져 볼 수 있게 해 준다. 눈을 처음 보는 영아는 낯설기 때문에 울거나 싫어할 수도 있으므로 그 전에 눈이 오는 모습을 교실 안에서 보면서 친숙해지도록 한다.

교사: 이것은 눈이란다. 한번 만져 볼래?
영아: 차가워.

교사: 그래, 눈은 보드라워 보이지만 아주 차갑단다.

⊛ 전개: 눈이 온 길을 보면서 영아에게 눈에 대해 이야기를 한다.

교사: 온통 하얗게 되었어. 겨울이 되면 추워지면서 눈이 온단다. 한번 만져 볼래?

영아들과 눈이 온 후 달라진 나무와 길을 보기도 하고 직접 길을 걸어 보기도 한다. 눈길에 찍히는 영아의 발자국을 보면서 눈의 느낌과 영아의 발자취를 볼 수 있다.

교사: 우리 한번 걸어 볼까? 눈은 어떤 느낌이 들까?
영아: 차가워요. 이상해.
교사: 눈을 밟으면 뽀드득 소리도 난단다.

영아들은 눈을 밟거나 만지는 것을 꺼릴 수도 있다. 그러므로 영아들에게 눈을 밟거나 만지도록 강요하지 말고 밟기 싫어하면 눈을 보는 것으로 새로운 사물과 환경을 마음껏 감상할 수 있게 돕는다.

⊛ 마무리: 영아들이 눈을 자유롭게 느낄 수 있게 도우면서 항상 안전사고에 유의해야 한다. 눈길은 조심해서 걸어야 한다는 것을 알 수 있게 해 주고, 몸에 묻은 눈을 털어내고 들어오도록 한다.

② 2세 영아(1, 2 수준): 아름다움 즐기기

활 동 명: 꽃끼리 동물끼리 모아 보자

활동목표: 우리나라 전통 민화에 관심을 가지고 그림을 즐겨 본다.

활동자료: 민화 자료

활동준비: 우리나라 전통 민화를 볼 수 있는 기회를 가질 수 있게 민화집이나 사진카드를 이용한다. 영아의 경우 그림의 이름이나 화풍, 내용을 알기가 어렵기 때문에 그림 속에서 영아가 좋아하는 요소를 찾는 방법으로 그림에 관심을 가질 수 있게 도와준다.

활동내용: 영아들이 민화를 보면서 동물, 꽃 등을 찾아보기도 하고, 비슷한 그림을 모

아 보면서 민화에 관심을 가지고 친숙함을 느끼게 되는 활동이다.

ꕥ 도입: 우리나라 민화에 대해서 이야기를 나눈다. 민화 사진집이나 사진카드를 보면서 영아들과 이야기를 나눈다. 민화를 보여 주면서 그림 속에 무엇이 있는지 찾아보고 이야기를 나눈다.

교사: 이 그림에는 무엇이 보이니?
영아: 사람이요.
교사: 그래, 사람들이 무엇을 하고 있는 걸까?
영아: 싸움.
교사: 싸움으로 보이는구나. 이건 씨름을 하는 거란다.

[그림 10-3] 김홍도-씨름도

[그림 10-4] 김홍도-서당

ꕥ 전개: 다양한 민화를 보여 주면서 이야기를 하고 영아가 좋아하는 요소를 찾아본다. 그리고 비슷한 그림끼리 모아 본다. 영아가 스스로 기준(꽃이 있는 것, 사람이 있는 것, 동물이 있는 것)을 세우기가 어려우므로 교사가 기준을 제시해 주고 영아가 비슷한 것을 모아 보도록 한다.

교사: 비슷한 그림끼리 모아 볼 수 있을까?
어떤 것끼리 모아 볼까?
영아: 꽃이 있는 거요.

[그림 10-5] 신사임당-수박과 들쥐

교사: 그래, 꽃이 있는 것끼리 모아 보자.
　　　다른 그림은 어떻게 할까?
영아: …….
교사: 그럼, 동물이 있는 것끼리 모아 볼까?

⊗ 마무리: 민화를 보고 여러 가지 요소를 찾아본 후 영아들이 만들어 볼 수 있다. 초충도의 경우 잡지에서 동물, 곤충, 여러 가지 꽃, 나무가 있는 그림을 찾아서 준비해 주고 영아들이 만들 수 있게 도와준다.

③ 3~5세 유아(4, 5세): **다양한 예술 감상하기**

활 동 명: 쇠라(Seurat)처럼 점으로 찍어 보자

활동목표: 미술작품을 감상하면서 다양한 미술기법에 대해 관심을 가지게 되며, 관찰한 미술작품의 느낌을 직접 표현해 본다.

활동자료: 쇠라의 그림, 그림 확대도, 종이, 여러 가지 찍기 도구

활동준비: 쇠라의 그림을 전시해 두고 관심을 가질 수 있게 돕는다.

활동내용: 쇠라의 작품을 감상하면서 이야기를 나누고 점묘화법에 대해 알아본다. 유아들도 쇠라의 작품처럼 점으로 그림을 표현해 보고 자신의 작품을 다른 사람의 작품과 비교하면서 감상해 본다.

꽁 도입: 유아들에게 오늘 활동에 대해 간단하게 설명한다. 그리고 쇠라의 작품을 보면서 유아들과 이야기를 나눈다. 쇠라의 작품을 보면서 생각나는 것과 특징을 살펴보고 그중 가장 큰 특징인 점묘화법에 대해 말한다.

교　사: 그림을 그릴 때는 어떻게 그리지?
유아 1: 크레파스로 그려요.
유아 2: 연필로 그림을 그리고 크레파스로 색칠을 해요.
교　사: 그래, 대부분은 그렇게 그림을 연필이나 크레파스로 그리지. 그런데 쇠라는 펜으로 점을 찍어서 그림을 그렸어. 자세히 살펴볼까?

꽁 전개: 점으로 찍어서 그림을 그린 쇠라의 작품을 자세하게 관찰하고 그 느낌을 서로 이야기한다. 유아들도 점으로 찍어서 그림을 그려 본다.

교　사: 우리는 무엇을 점으로 찍어서 그려 볼 수 있을까?

[그림 10-6] 그랑드자트섬의 일요일 오후

[그림 10-7] 샤위춤

[그림 10-8] 서커스

유아 1: 소풍이요.
유아 2: 미술관이요.
교　사: 우리가 오늘 본 그림 중에서 그릴 수 있는 것은 없을까?
유아 1: 서커스요.
유아 2: 난 서커스 본 적 없는데.
교　사: 한 친구는 서커스를 하고 싶은데, 서커스를 본 적이 없는 친구도 있대. 어떻게 하면 좋을까?
유아 2: 그럼, 같이 그림을 그려요. 같이 하면 할 수 있어요.
교　사: 그렇구나. 같이 이야기하면서 그리면 할 수 있을 거야.

주제가 정해지면 그림을 그리기 위해서 점으로 찍을 도구에 대해 이야기를 나눈다.

교　사: 우리도 점으로 찍어서 그림을 그려 볼 수 있을까?
유아 1: 네. 연필로 찍어요.
교　사: 연필로 찍어서 그림을 그릴 수 있을까?
유아 2: 그럼, 너무 힘든데.
교　사: 연필로 찍으면 너무 힘이 들 것 같대. 그럼 어떤 것으로 찍을 수 있을까?
유아 1: 스템프로 찍어요.
유아 2: 사인펜 뚜껑으로 찍을 수 있어요.

주제와 도구가 정해지면 유아들이 소그룹별로 모여서 원하는 도구로 점을 찍어 그림을 그려 본다.

꽃 마무리: 유아들의 그림이 완성되면 쇠라의 그림과 함께 유아들의 그림을 전시한다. 전시된 그림을 보면서 어떤 느낌이 드는지 이야기를 나눈다. 다른 미술화법에 대해서도 알아볼 수 있다.

참고문헌

과학기술교육부(2012). 3~5세 연령별 누리과정.
김선현 역(2005). 점토를 통한 미술 치료. David Henry 저. 서울: 이론과 실천.
김양순(2008). 자폐아동을 위한 표현예술치료(2판). 서울: 학지사.
김재은 · 김진숙(1993). 예술심리치료의 이론과 실제. 서울: 중앙적성출판사.
김진숙(1996). 예술심리치료의 이론과 실제. 서울: 중앙적성출판사.
김진숙 역(2001). 미술심리치료 총론. Judi Rubin 저. 서울: KEAPA Press.
나하나 · 이효영 · 이미란(1998). 영유아의 창의성 향상을 위한 신체표현. 서울: 양서원.
배인자 · 한규령(1997). 유아를 위한 동작교육의 이론과 실제. 서울: 양서원.
보건복지부(2012). 제2차 표준보육과정의 구체적 보육내용 및 교사지침.
보건복지부(2013). 제3차 어린이집 표준보육과정고시 제2013-8호(2013. 1. 21.).
윤은영(2004). 유아를 위한 신체활동의 이론과 실제. 서울: 교학연구사.
이명호(2003). 창의적 아동 미술 교육. 서울: 창지사.
이순형 · 전가일 · 박유정 · 김정민(2008). 주제탐구표현활동자료집. 서울: 교문사.
전인옥 · 이영(2002). 유아동작교육. 서울: 한국방송통신대학교출판부.
정여주(2003). 미술치료의 이해. 서울: 학지사.

Moreno, J. (1988). The music therapist: Creative arts therapist and contemporary Shaman. *The arts in psychotherapy, 25*, 217-280.

제 3 부

보육과정의 운영

제11장 보육계획

이 장에서는 보육의 목적과 목표를 구현하기 위한 보육활동의 계획을 영유아의 발달 수준과 프로그램에 따라 구분하여 살펴보고 보육활동을 지원하는 교구 및 환경 계획에 대하여 살펴본다.

1. 보육계획의 구성

1) 보육계획의 필요성

구체적 보육활동이 목표 성취로 이어지기 위해서는 보육계획이 필수적이다. 보육계획은 목표 성취에 기여할 구체적 활동과 경험을 연구하고 선정하게 하고, 일련의 구체적 보육활동이 일정한 방향성을 갖도록 조직하는 역할을 하며, 보육활동의 결과가 목표에 부합하는지를 판단하기 위한 준거가 된다.

보육계획은 보육대상의 연령이나 성별, 계층, 발달 수준의 차이 그리고 프로그램의 특성을 고려하여 마련되어야 한다. 대부분의 보육 프로그램은 명시적인 보육계획에 따라 보육활동이 전개된다. 그러나 프로그램에 따라 명시적인 계획이 마련되지 않은 경우도 있는데, 그러하더라도 보육의 목적과 목표에 준하여 활동의 전개과정에 대한 개요나 암묵적 계획은 반드시 마련되어야 한다. 보육대상의 연령이 어릴수록 단순하고 반복적인 활동이 많이 포함되고 오랜 기간 지속된다. 또래에 비해 발달이 늦은 영유아나 장애 영유아인 경우는 보다 더 세밀하게 계획된, 그리고 장기간에 걸쳐 연계성과 통합성을 갖는 보육계획이 요구된다. 지속적이고 반복적인 훈련과 학습, 개별화된 학습이 정상화를 위한 필수조건이기 때문이다. 이처럼 보육계획은 보육대상의 연령이나 발달 수준 및 요구에 부합하는 보육의 기초다.

2) 보육계획의 기본 요소

보육계획을 하는 데에는 보육 프로그램의 이론적 기초나 근거에 관계없이 기본적으로 고려할 요소가 있다(Decker & Decker, 2001: 250-251).

첫째, 보육인력이다. 보육활동에 관여하는 인력들이 보육 프로그램의 이론적 토대를 이해하고 수용하여야 하며, 각각의 개별 활동이 장기적인 목적의 실현을 위한 하나의 단계임을 알고 있어야 한다. 더불어 영유아의 수와 요구, 시설의 입지, 활동의 특성에 비추어 적절하고 충분한 보육인력이 갖추어져야 한다.

둘째, 충분하고 적합한 실내 · 외 공간의 확보와 적절한 배치다. 계획하는 활동에 적합한 실내 · 외 공간이 있어야 하며, 여러 활동이 원활하게 연결되어 진행될 수 있도록 실내 · 외 공간이 배치되어야 한다. 영유아들을 안전하게 돌볼 수 있도록 공간의 크기가 적절해야 하며, 사고가 발생하지 않도록 실내 · 외 공간이 배치되어야 한다.

셋째, 보육활동을 위한 자원의 가용성이다. 보육활동에 필요한 비품이나 교재교구가 이용 가능해야 하며 지역사회 자원도 이용할 수 있어야 한다. 지역사회의 인적 자원이나 시설 및 기관, 자연환경 특성을 파악하여 보육활동 계획에 반영할 필요가 있다. 야산이나 들, 공원이나 산책로는 유아들의 활동을 지역사회로 확대하기 위한 좋은 여건이다. 또한 지역사회에 있는 공공기관이나 시장, 어린이 도서관, 박물관, 과학관, 전시관 등을 활용함으로써 영유아들이 보다 실제적인 환경에서 풍부한 경험을 가질 수 있다.

넷째, 활동을 위한 시간이다. 활동을 너무 많이 또는 너무 적게 계획해서는 안 된다. 출석을 확인하는 시간이나 점심시간, 치우고 정리하는 시간이 얼마나 필요한지를 고려하고 여러 가지 활동별로 시간을 알맞게 안배해야 한다. 개별 영유아의 특별한 요구를 고려하면서도 일관성 있게 일과를 운영하면 영유아들도 점차 안정감을 가지고 시간을 예측할 수 있게 된다. 영아나 유아의 활동특성을 고려하고 활동내용의 특성을 고려하여 시간을 안배해야 한다.

다섯째, 계획한 활동을 수행하지 못하는 경우를 대비하는 예비, 대체활동의 마련이다. 의도했던 활동에 대해 영유아들이 흥미를 나타내지 않을 경우나 날씨가 궂은 경우, 교재교구나 비품에 문제가 있는 경우, 그 외 예측할 수 없는 사정이 생긴 경우에 대비하여 대체활동을 마련해 두어야 한다. 그리고 필요할 경우 다른 인력이나 교재교구를 활용할 수 있게 예비해 두어야 한다. 월간계획이나 주간계획을 통해 특정일에 현장견학이나 여러 가지 시설 외에서의 활동을 예정했다가 불가피한 이유로 계획이 변경되는 경우에 대비해야 한다.

여섯째, 장애아를 위해 활동을 수정하거나 조절하는 것이다. 장애아를 위해 활동의 목표를 수정하거나 다른 교재교구를 사용하거나 지도법을 달리하거나 특별한 도움이 필요한지를 검토해야 한다. 단, 대안적 활동으로 일상적 활동의 정규성을 흩트리지 않도록 유의해야 한다.

이상과 같은 사항을 기본적으로 고려하면서 실제적 보육계획은 보육대상의 연령 및 발달 수준, 보육 프로그램의 성격이나 어린이집의 입지와 환경, 부모의 요구 및 가정의 여건, 지역사회의 특성과 요구 등에 따라 달라진다.

2. 보육계획의 실제

구체적 보육활동의 계획과 운영은 보육대상 집단의 연령과 발달 수준, 집단의 크기 및 규모, 교사 대 아동의 비율, 실내·외 공간의 면적, 공간의 크기 및 배치, 교재교구의 다양성과 보육인력의 양과 질에 의해 영향을 받는다.

실제 보육계획은 교육계획, 급식에 대한 계획, 건강관리 및 예방접종 지도계획, 안전에 대한 계획, 부모협력과 지역사회 교류를 위한 계획 등으로 구성된다. 기간에 따라서는 연간계획, 월간계획, 주간계획, 일일계획 등으로 구성된다. 실제 운영에서는 시간에 따른 다양한 보육계획을 명시적이고 구조화된 형태로 구성하거나 덜 구조화된 형태로 구성하고 보육 프로그램을 운영하는 가운데 더 많은 융통성을 부여하기도 한다. 단, 보육의 실제 운영에서는 다면적 보육계획이 통합되어 이루어지고 일정기간에 걸쳐 반복, 심화되어 이루어지므로 활동경험의 통합성과 연계성을 고려하여 보육계획이 구성되어야 한다. 보육계획의 사례를 발달 수준에 따라 단원 중심 프로그램과 주제 중심 프로그램의 보육계획으로 나누어 살펴본다.

1) 0~1세 영아를 위한 보육계획

영아의 보육계획은 영아의 발달적 특징과 발달적 요구를 바탕으로 마련되어야 한다. 영아의 활동과 생활은 성인의 계획과 일정 및 기대보다는 영아 자신의 리듬에 의해 전개되므로 영아를 위한 보육계획 시 시간적인 융통성이 더 요구된다. 이러한 시간적 융통성과 관대함은 영아의 초기 적응을 계획할 때도 고려되어야 한다. 영아들은 친숙한 양육자와 분리되어 시설의 집단 보육에 적응하기가 어렵기 때문에 초기 시설 적응에 대한 정교한 계획이 마련되어야 한다. 동시에 영아들은 유아나 아동에 비해 의사 표현이 어렵고 교육과 지도 역시 시간표에 따라 진행되는 것이 아니라 일상생활과 상호작용하는 가운데 비형식적으로 이루어지므로 영아들의 개인차를 세심히 살펴 개별화된 보육계획을 마련해야 한다. 구조화된 일과표를 고정적으로 적용하기 어렵지만 영아들의 일반적 욕구인 신체적 움직임에 대한 욕구를 충족시킬 수 있도록 대근육 · 소근육활동을 보육활동의 중심내용에 포함한다. 대집단 활동보다는 개별적 활동이나 소집단 활동, 구체적 대상물을 직접적으로 경험하고 탐색할 수 있도록 계획해야 한다. 점차적으로 섭식과 휴식, 배변과 양치, 위생 등과 관련된 기본생활습관 형성을 위한 활동을 보육내용에 포함시킨다. 이처럼 영아의 보육계획에서는 영아의 신체적 건강과 보호, 안전을 위한 내용을 바탕으로 하고 영아 후기에 접어들어서는 점차 신체적, 사회적, 정서적, 언어적, 인지적 발달의 요구를 충족시키는 경험을 할 수 있는 내용으로 계획이 확대되어야 한다.

(1) 연간보육계획

연간보육계획은 영아의 보육을 위한 일 년간의 지침이다. 연간계획은 영아들이 어린이집에 처음 들어와서 적응하는 기간, 계절, 영아의 발달단계, 흥미와 경험, 어린이집의 특성 등을 고려하여 연간의 놀이활동에 대한 전체적인 균형과 청사진을 제공해 주어야 한다. 영아들은 월령에 따라 발달상의 편차가 크므로 연간계획을 구체적이고 일률적으로 수립하는 것은 무리다. 연간 주제의 순서는 고려하되 실시기간이나 소주제의 내용은 영아의 흥미에 따라 진행시킬 수 있다(보건복지부, 1999). 예를 들어, 영아가 처음 어린이집에서 지내기 시작하는 연초에는 부모와 헤어져 교사와 애착을 형성하고 시설에 적응하는 과정을 돕는 주제가 필요할 것이다. 이후에는 점차 영아의 현재 발달적 요구에 부응하는 내용으로 배변훈련이나 기본생활습관 형성에 관한 주제가 전개될 수 있으며 영아의 발달특성에 맞는 다양한 감각적, 구체적 놀이활동이 주제로 포함될 수 있다.

표 11-1 연간보육계획안의 예(1세)

월	주제	소주제	비고	월	주제	소주제	비고
3	편안한 1세반	엄마와 함께 왔어요	신입원아 적응 프로그램	9	즐거운 인형놀이	엄마, 아빠 인형놀이	하반기 신체측정
		엄마와 잘 헤어져요				아기인형과 함께 놀아요	
		선생님과 친해져요				우리 가족 사랑해요	
		우리 반은 편안해요				○○가 되었어요	
4	재미있는 놀잇감	무엇이 있을까요?	상반기 신체 측정	10	바깥세상	바깥 놀이터에서 놀아요	가을 소풍
		어디에 있을까요?				산책을 해요	
		어떻게 가지고 놀아요?				구경을 가요	
		조심해서 놀아요				소풍을 가요	
5	예쁜 내 얼굴	나는 이름이 있어요	어린이날 가족 행사	11	그림책	마음대로 그려 봐요	건강 검진
		내 얼굴은 예뻐요				사진 찍기 놀이해요	
		내 몸은 튼튼해요				그림책으로 놀아요	
		내 소리 좀 들어 보세요				그림책을 만들어 보아요	
6	활발한 움직임	나는 잘 걸어요	상반기 부모상담 및 배변훈련	12	추워요	추워요	성탄 및 연말행사
		올라가요 내려가요				따뜻하게 입어요	
		즐겁게 춤을 춰요				눈이 내려요	
		응가가 마려워요				크리스마스 선물	
7	첨벙첨벙 물놀이	더워요	물놀이 안전교육	1	궁금한 것이 많아요	짝을 찾아보아요	부모 교육
		물이 궁금해요				열어 보아요	
		물놀이가 재미있어요 I				누구세요?	
		물놀이가 재미있어요 II				어떻게 될까요?	
8	알고 싶어요	과일	부모 교육	2	친구가 있어요	안녕, 친구야	하반기 학부모 상담
		풀, 꽃, 나무				우리는 같아요	
		동물				우리는 달라요	
		소리가 나요				친구와 놀아요	

출처: 여성가족부(2007a). **1세 보육 프로그램**.

(2) 월간 및 주간 보육계획

월간 및 주간 놀이활동계획은 연간놀이활동계획에 기초를 두고 그 목표를 달성하기 위한 구체적인 내용을 계획하는 것으로서 영아의 발달상태와 흥미, 계절과 어린이집의

표 11-2 월간보육계획안의 예(1세)

10월 보육계획안

주제: 바깥세상

활동 \ 주		1주	2주	3주	4주
		바깥 놀이터에서 놀아요	산책을 해요	구경을 가요	소풍을 가요
등원 및 맞이하기		양말 벗어 장에 넣기		오늘 날씨에 대해 이야기하기	
일상생활	식사 및 간식	물컵 두 손으로 잡고 마시기		수건에 손 닦아 보기	
	낮잠 및 휴식	누워 쉬면서 잠들기		좋아하는 친구 옆에서 자기	
	대 · 소변 가리기	선생님 도움 받아 옷 내리고 입기		옷이 젖지 않게 손 씻기	
놀이활동	신체 · 움직임	• 놀이터 산책하기 • 마음껏 달려요 • 삽으로 모래를 떠서 담아요	• 낙엽 위에서 바스락 바스락 • 나무 뒤에 숨어요	• 나무 열매 줍기 • 색깔 안경을 끼고 둘러보아요	• 잔디 위에서 공을 차요 • 바람개비를 돌려요
	감각 · 탐색	• 바람에 풍선이 날아가요 • 개미가 움직여요	• 비닐 봉투에 나뭇잎 넣어 흔들어 보기 • 열매 마라카스 • 열매가 데굴데굴	• 시장에 가요 • 오늘의 날씨를 살펴봐요	• 숨은 물건을 찾아요 • 가을 하늘을 바라봐요
	창의적 표현	• 나뭇가지로 그림을 그려요	• 단풍나무 꾸미기	• 나뭇잎으로 인디언 머리띠 만들기	• 손 위에 페이스 페인팅 하기 • 잠자리가 날아다녀요
	역할 · 쌓기	• 우유팩 블록을 쌓아요	• 사진 찍기 놀이 • 우레탄 블록으로 동네 건물 만들기	• 시장 놀이 • 신호등 건너기 놀이	• 소풍 놀이
	언어	• 놀이터의 여러 놀이기구(그네, 미끄럼틀, 시소) 사진카드	• 산책 사진 보며 이야기하기 • 돗자리에 앉아 동화 듣기	• 동네 어른들께 인사 드려요	• 돗자리 위에서 냠냠 • 소풍사진 보며 이야기하기
	실외활동	• 소리 나는 신발 신고 산책하기	• 그릇에 모래 담기	• 산책하며 자연물 냄새 맡기 • 우리 동네를 산책해요	• 바람개비 날리기
나들이		낮은 산 오르기		나무 열매 줍기	
기본생활습관		먹은 그릇을 정리해요	'네' 라고 대답해요	심부름해요	내 신발을 내 자리에
귀가 및 가정과의 연계		신발장에서 내 신발 꺼내 보기		어린이집에서 재미있었던 일 이야기하기	

출처: http://central.childcare.go.kr

표 11-3 주간보육계획안의 예(1세)

주제: 바깥세상

소주제: 산책을 해요 10월 2주

활동 \ 요일		월	화	수	목	금	토
등원 및 맞이하기		양말 벗어 장에 넣기					
대 · 소변 가리기		선생님 도움 받아 옷 내리고 입기					
놀이활동	신체 · 움직임	낙엽 위에서 바스락 바스락			나무 뒤에 숨어요		
	감각 · 탐색	비닐 봉투에 나뭇잎 넣어 흔들어 보기			열매 마라카스 열매가 데굴데굴		
	창의적 표현	단풍나무 꾸미기					
	역할 · 쌓기	사진 찍기 놀이			우레탄 블록으로 동네 건물 만들기		
	언어	산책 사진 보며 이야기하기			돗자리에 앉아 동화 듣기		
	실외활동	그릇에 모래 담기					
나들이		낮은 산 오르기					
식사 및 간식		물컵 두 손으로 잡고 마시기					
낮잠 및 휴식		누워 쉬면서 잠들기					
기본생활습관		'네' 라고 대답해요					
귀가 및 가정과의 연계		신발장에서 내 신발 꺼내 보기					

출처: http://central.childcare.go.kr

환경을 고려해야 한다(보건복지부, 1999). 월령이 낮을수록 영아의 놀이는 흥미에 따라 개별적으로 진행되고 활동시간 역시 개별적으로 전개되기 쉽다. 또한 동일하거나 유사한 활동을 일정기간 반복하는 경우가 많으므로 시간적 여유와 융통성이 요구된다. 그러므로 각 시설의 사정에 따라, 그리고 영아의 월령 및 반의 특성에 따라 일주일이나 격주간 혹은 월간계획의 형태로 보육활동을 계획할 수 있다. 계획안은 알아보기 쉽게 작성하고, 가정에 통신하여 가정과 연계하여 영아의 관심이 지속되고 활동이 진행될 수 있도록 해야 한다.

(3) 일과계획

영아를 위한 일과를 계획할 때는 영아의 신체적 · 생리적 요구와 월령을 고려해야 한다. 영아는 배변과 섭식습관이 유아와 크게 다르다. 또한 어릴수록 쉽게 피로해하지만 이러한 자신의 상태를 스스로 깨닫고 조절하는 것은 더 미숙하다. 따라서 영아가 자신들의 생리적, 신체적 요구를 조절할 수 있게 일과를 구성해야 한다. 영아 개개인의 생리적 시간표를 조사하여 이를 중심(보건복지부, 1999)으로 일과시간이 구획될 수 있다. 예를 들어, 놀이시간, 낮잠 및 휴식 시간, 먹는 시간, 배변시간과 같이 기본적인 일상적 시간표(보건복지부, 1999)를 구성하고, 각각의 활동시간대에서 비구조화된 방식으로 교육적 경험이 발생하도록 이끌어 주며 필요에 따라 교사가 계획한 활동을 제공하도록 한다. 더불어 휴식과 놀이, 실내활동과 실외활동, 정적 활동과 동적 활동, 대근육활동과 소근육활동 등의 다양한 활동이 일과에 포함되도록 고려한다. 주간 및 월간 계획에서 선정한 활동을 포함하여 영아가 하루를 어떻게 보낼지를 계획하되 교사의 계획을 강요하기보다는 융통성 있는 계획이 되도록 해야 한다.

일과의 계획은 다음과 같은 일과의 특성(보건복지부, 1999; Decker & Decker, 2001)을

- **등원**- 영아와 첫 대면이 이루어지는 시간이다. 부모와의 대화를 통해 전날 및 등원 이전의 영아의 심리상태나 건강상태를 확인해야 한다. 교사가 영아에게 신체적 접촉을 해 주거나 말을 걸어 주어 부모와 편안히 헤어지도록 돕는다.
- **놀이시간**- 영아들의 놀이에 대한 본능적 요구를 학습으로 연결시킬 수 있는 시간이다. 교사는 각 영아의 개인적 흥미를 파악하여 개별적으로 상호작용할 필요가 있다.
  또한 실외활동의 기회를 마련해야 한다. 오전과 오후에 실내활동과 교차로 배치하며 가능한 한 매일 산책이나 해바라기, 실외 놀이활동을 계획해야 한다. 단, 실외 놀이시간에는 안전지도가 매우 중요하다.
- **배변과 씻기**- 영아의 경우 배변훈련 및 기본습관을 형성하기 위한 중요한 시간이다. 간식과 점심 전후, 실외놀이 후, 낮잠 전후에 배변과 씻기 활동 시간을 마련할 수 있다.
- **간식 및 점심**- 영아의 경우 월령 및 개인적 스케줄에 따라 수유 및 이유식, 간식 및 점심이 다소 달라질 수 있다. 영아의 섭식량이나 내용, 시간간격 등을 개별적으로 파악하고 영아의 보육시간 및 건강상태를 고려하여 적절히 조정한다. 월령이 증가하면서 점차 일정한 시간에 간식 및 급식을 제공하고 섭취하도록 할 필요가 있다.
- **낮잠 및 휴식**- 신체적 성장이 급속히 일어나는 영아에게 낮잠과 휴식은 꼭 필요하다. 일정한 시간대에 낮잠과 휴식시간을 계획하고 운영함으로써 안정감을 느끼게 할 필요가 있다. 단, 영아의 개인적 리듬에 따라 휴식 및 수면 시간이나 횟수가 다를 수 있는데 이러한 개인차는 허용해야 한다. 교사는 각 영아의 낮잠 습관을 관찰하고 낮잠을 돕기 위한 방법을 알아 둘 필요가 있다.
- **하루의 마무리 및 귀가**- 하루 일과 종료 후 아침과 비교하여 특별한 변화가 없었는지 영아를 살피고 일일 보육일지를 기록하게 된다. 보호자가 도착하면 보육일지의 기록과 영아 관찰을 바탕으로 영아의 하루 일과에 대해 대화하고 귀가지도한다.

반영한다.

일과계획의 예는 〈표 11-4〉와 같다.

표 11-4 일과계획의 예(1세)

시간	일과내용
7:30~9:00	등원 및 통합보육
9:00~9:15	기저귀 갈기(화장실 다녀오기) 및 손 씻기
9:15~9:45	오전 간식
9:45~10:55	실내 자유놀이활동
10:55~11:05	정리정돈 및 기저귀 갈기(화장실 다녀오기)
11:05~11:40	실외활동
11:40~11:50	손 씻기
11:50~12:50	점심
12:50~13:20	이 닦기 및 기저귀 갈기(화장실 다녀오기)
13:20~15:30	낮잠
15:30~16:00	낮잠 정리 및 기저귀 갈기(화장실 다녀오기)
16:00~16:30	손 씻기 및 오후 간식
16:30~17:40	실외활동
17:40~18:00	기저귀 갈기(화장실 다녀오기) / 귀가 준비
18:00~19:30	귀가 및 통합보육

출처: 2011년 표준보육과정 교육자료(http://central.childcare.go.kr).

2) 2세 영아를 위한 보육계획

2세 영아의 보육계획도 영아의 발달적 특징과 발달적 요구를 바탕으로 마련되어야 한다. 2세 영아의 개인차에 대한 고려, 융통성 있고 개별화된 운영, 초기 적응을 위한 정교한 계획이 중요하다. 0~1세 영아에 비해 신체 조절능력이 우수해지고, 활동의 반경이 넓어지며, 의사 표현능력이 발전하면서 보다 다양한 경험의 기회가 요구된다. 신체적 건강과 활동에 대한 욕구 및 안전을 위한 내용을 기반으로 하여 점차 신체적, 사회적, 정서적, 언어적, 인지적 발달의 요구를 충족시키는 놀이활동을 계획한다.

(1) 연간보육계획

0~1세 영아의 연간계획과 같이 2세 영아의 연간계획도 발달 수준, 흥미와 경험, 어린이집에 대한 적응기간, 계절, 어린이집의 특성을 고려하여 연간의 보육을 계획한다. 연간계획에는 2세 영아의 적응을 위한 계획이 포함되어야 하며, 1세 말부터 진행되어 온 배변훈련이나 기본생활습관 형성 훈련을 계속하고, 2세 영아에게 친숙하고 단순한 주제들로 활동하도록 계획할 필요가 있다.

표 11-5 연간보육계획안의 예(2세)

월	주 제	소주제	관련행사	평가
3	어린이집에 왔어요	• 어린이집에 왔어요 • 우리 선생님 우리 반이에요 • 내 물건과 내 옷장이에요 • 어린이집에는 재미있는 곳이 많아요	• 신체검사 • 부모 개별 면담	• 적응 일지 • 기본생활습관: 체크리스트 1
4	놀잇감 탐색 · 신나는 바깥놀이	• 놀잇감은 재미있어요 • 재미있는 모래놀이 해요 • 미끄럼틀은 신나요 • 안전하게 놀이해요	• 안전교육-소방교육	• 의사소통발달: 체크리스트 1 • VIDEO촬영을 통한 교사, 영아 관찰
5	봄나들이 가요	• 솔솔 바람이 불어요 • 예쁜 꽃들이 피었어요 • 나비가 날아다녀요 • 산책을 가요	• 어린이날 행사 • 근린공원 돌아보기 • 안전교육-길을 잃었을 때의 안전	• 신체 · 운동발달: 체크리스트 1 • 일화기록을 통한 관찰
6	나	• 내 얼굴, 내 몸을 탐색해요 • 몸을 움직이고 느껴 봐요 • 내가 좋아하는 것이 있어요 • 난 할 수 있어요	• 부모워크숍 • 안전교육-내 몸은 소중해요	• 자연탐구 영역: 관찰 1 • VIDEO촬영을 통한 교사, 영아 관찰
7	더워요	• 날씨가 더워졌어요 • 물놀이가 재미있어요 I • 물놀이가 재미있어요 II • 여행을 가요	• 건강검진 • 안전교육-물놀이 안전	• 예술경험 영역: 관찰 1 • 일화기록을 통한 관찰
8	동물	• 여러 가지 동물이 있어요 • 엄마 동물과 아기 동물이 있어요 • 동물처럼 소리를 내요 • 동물처럼 움직여요	• 안전교육-소방안전	• 기본생활습관: 체크리스트 2 • 일화기록을 통한 관찰

9	가족	• 엄마 · 아빠가 좋아요 • 엄마 · 아빠를 흉내 내요 I • 엄마 · 아빠를 흉내 내요 II • 할아버지 · 할머니가 계세요	• 안전교육–보행안전 • 가을나들이	• 의사소통발달: 체크리스트 2 • VIDEO촬영을 통한 교사, 영아 관찰
10	내가 만나는 사람들	• 친구가 좋아요 • 우리를 도와주는 사람이 있어요 • 흉내 내기는 재미있어요 I • 흉내 내기는 재미있어요 II	• 추석 • 안전교육–소방안전 • 가족참여수업	• 신체 · 운동발달: 체크리스트 2 • 일화기록을 통한 관찰
11	탈것	• 자동차 놀이를 해요 • 여러 가지 탈것 놀이를 해요 I • 여러 가지 탈것 놀이를 해요 II • 안전하게 타요	• 안전교육–유괴안전 • 인형극 관람	• 자연탐구 영역: 관찰 2 • 일화기록을 통한 관찰
12	추워요	• 날씨가 추워졌어요 • 옷차림이 달라요 • 추울 때 하는 놀이가 있어요 • 눈이 내려요	• 크리스마스 행사 • 안전교육–약물안전	• 예술경험 영역: 관찰 2 • 일화기록을 통한 관찰
1	재미있는 색깔 놀이 · 모양 놀이	• 여러 가지 색깔이 있어요 • 색깔로 놀이해요 • 여러 가지 모양이 있어요 • 모양 놀이를 해요	• 신체검사 • 부모 개별 면담	• 종합발달 평가
2	형 · 언니가 되어요	• 많이 자랐어요 • 도와줄 수 있어요 • 혼자서도 잘해요	• 민속명절 • 안전교육–소방안전 • 종업식	

출처: http://seoul.childcare.go.kr

(2) 주간보육계획

2세경이면 영아는 교사가 계획한 활동에 참여할 수 있게 되므로 활동주제를 세분화하고 활동계획을 보다 구조화하여 구체적으로 작성한다. 주간에 걸쳐 또는 월간에 걸쳐 언어활동, 표현활동, 탐구활동, 음률동작활동, 대 · 소근육활동 등을 다양하게 경험하도록 계획할 필요가 있다. 주간계획에서는 활동주제, 영아의 요구 및 흥미, 영아의 개인차, 교사의 판단에 따라 좀 더 세분화시키고 구체적인 자료와 준비물까지 계획(보건복지부, 1999)해야 한다. 0~1세 영아에 비해 자기주도적으로 때로는 또래와 짝을 이루어 놀이 및 활동을 전개할 수 있는 활동을 계획해 주어야 한다.

표 11-6 주간보육계획안의 예(2세)

주 제: 내가 만나는 사람들
소주제: 흉내 내기는 재미있어요 I 10월 3주

활동 \ 요일		월	화	수	목	금	토
등원 및 맞이하기		어린이집에 올 때 만난 사람 이야기하기					
실내 자유놀이	신체	풍선이 둥둥!					
	쌓기	큰 레고 블록으로 집 만들기					
	역할	미용실 놀이해요 우리가 만나는 사람들(경찰관, 소방관, 운전기사 등) 흉내 내기					
	언어	머리 모양에 대해 말해 봐요		무슨 일을 하는 사람일까요			
	창의적 표현	꾹 눌러 모양 종이 만들기		도토리	테이프로 상자 연결하기		
	탐색 · 조작	구멍에 공이 데굴데굴~			맛있는 과자 목걸이		
실외활동		다리를 건너가요			꼭꼭 숨어라		
전이활동		〈신체 표현〉 한 살, 두 살, 세 살(기어 다니기, 걷기, 높이뛰기)					
식사 및 간식		식사 및 간식 먹은 후 휴지로 입 닦기					
낮잠 및 휴식		자고 있는 친구 만지지 않기					
기본생활습관		자기 순서 기다리기					
귀가 및 가정과의 연계		영아의 하루 일과 적응상황에 대하여 부모에게 전달하기 영아가 자신의 주변 사람들에게 관심을 갖도록 이야기해 주기					

출처: 여성가족부(2007b). 2세 보육 프로그램.

(3) 일과계획

2세 영아의 일과계획은 하루 일과의 순서가 일정하도록 하여 영아들이 매일 반복되는 일이나 순서를 예측하여 안정감 있게 하루를 지내도록 배려해야 한다. 일과에 일관성이 있어야 영아들이 쉽게 이해할 수 있고 안정감을 가지며 이어지는 다음 활동을 스스로 예측하고 그에 맞추어 적응하고 자신을 조절할 수 있다(이기숙, 2000). 일과활동의 내용과 순서는 균형과 비율을 고려하여 계획해야 한다. 휴식과 놀이, 실내활동과 실외활동, 정적 활동과 동적 활동, 개별 활동과 대 · 소집단 활동, 구조화된 활동과 비구조화된 활동, 대근육활동과 소근육활동, 교사주도 활동과 영유아주도 활동 등으로 구분할 때 다양한 활동들이 상호 균형을 이룰 수 있도록 일과활동의 내용과 순서가 계획되어야 한다

(Decker & Decker, 2001). 교육활동은 영아의 흥미와 관심을 바탕으로 계획하여 진행하되 정해진 시간을 엄격히 지키기보다는 시간을 융통성 있게 운영해야 한다. 또한 영아의 요구와 가족 및 지역사회의 요구, 계절 및 시기에 따라 활동이 대체될 수도 있고 시간이나 장소 등이 조절될 가능성을 충분히 고려해야 한다. 일과를 진행하는 일상생활 속에서 학습경험이 이루어지도록 하며, 하루 활동의 과정과 결과를 평가하여 그 평가결과를 바탕으로 다음 날의 계획을 조정하거나 개선하도록 한다. 일과의 계획은 다음과 같은 일과의 특성(보건복지부, 1999; Decker & Decker, 2001)을 반영한다.

- **등원**- 영아 및 부모와 대화하면서 전날 및 등원 이전의 영아의 심리상태나 건강상태를 확인하는 시간이다. 영아에게 반가움을 표현하는 말이나 표정을 보여 주고 포근하고 안정감을 주는 신체적 접촉을 해 줌으로써 부모와 편안히 헤어지도록 도울 수 있다. 하루 일과를 시작하며 영아가 환영받는 느낌으로 교사와 만나고 사회적 관계를 맺는 기술을 관찰하고 실행해 보는 기회가 될 수 있다.
- **놀이시간**- 영아들의 놀이에 대한 본능적 요구를 학습으로 연결시킬 수 있는 시간이다. 또래와 함께 놀이하는 가운데 자율성과 주도성, 협력과 갈등해결을 경험해 볼 수 있다. 놀이 및 학습활동은 개별적으로 또는 소집단으로 진행될 수 있으며 영아의 개별적 요구나 개인차에 따라 활동시간을 조절할 필요가 있다.
  실외놀이는 영아에게 필수적이다. 가능한 한 매일 실외놀이를 해야 하며, 실내에서와 마찬가지로 안전지도가 매우 중요하다.
- **배변과 씻기**- 영아의 경우 배변훈련 및 기본습관, 위생습관을 형성하기 위한 중요한 시간이다. 간식과 점심 전후, 실외놀이 후, 낮잠 전후에 배변과 씻기 활동 시간을 마련한다. 배변과 씻는 활동을 즐거운 활동으로 경험해야 습관으로 자리 잡기 좋다. 그러므로 영아가 발달적으로 준비가 되었을 때 부모와 협력하여 배변훈련 및 기본생활습관을 형성하도록 계획해야 한다.
- **간식 및 점심**- 점차 일정한 시간에 간식 및 급식을 제공하고 섭취하도록 계획한다. 자율성 및 고집이 생기고 음식에 대한 기호가 뚜렷해지므로 급·간식시간을 통해 먹는 즐거움을 경험하고 바른 식습관을 형성하도록 계획할 필요가 있다.
- **낮잠 및 휴식**- 오랜 시간을 어린이집에서 지내는 영아에게 낮잠과 휴식은 꼭 필요한 시간이다. 일정한 시간대에 낮잠과 휴식시간을 계획하고 운영함으로써 안정감을 느끼게 하고 건강에 도움이 되도록 운영해야 한다. 교사는 각 영아의 낮잠 습관을 관찰하고 낮잠을 돕기 위한 방법을 알아 둘 필요가 있다.
- **하루의 마무리 및 귀가**- 하루 일과를 마치면서 등원 때와 비교하여 영아에게 어떤 변화가 있었는지를 돌아본다. 귀가 시에는 보육일지의 기록과 영아를 관찰했던 내용을 중심으로 영아의 보호자와 정보를 주고받은 뒤 귀가지도한다.

3) 3~5세 유아를 위한 보육계획

유아를 위한 보육계획은 유아들이 점차 일정한 계획과 순서에 맞추어 활동하고 사회적 생활에 적응할 수 있도록 도와야 한다. 영아기 때 형성된 기본생활습관을 공고히 하고 신체적 활동과 안전 위주의 활동에서 나아가 통합적 발달을 도모하는 경험을 갖도록 계획해야 한다. 발달에 적합한 시간 구획 내에서 자율적으로 활동하고 주도성을 경험하게 하는 동시에 유아들의 개인차를 존중하는 개별화된 보육이 이루어지도록 계획해야 한다. 신체 조절능력의 증가로 활동반경이 확대되고 호기심과 탐색 욕구가 증가된 유아들에게 부응하는 다양한 실내 · 외활동과 지역사회로 확대된 활동, 장기적인 또는 단기적인 활동, 대 · 소집단 또는 개별의 활동, 직접 조사하거나 경험하고 탐색하는 활동 등을 계획해야 한다. 유아 후기에는 신체적, 사회적, 정서적, 언어적, 인지적 발달의 요구를 충족시키며 다양한 활동을 통해 통합적 경험이 이루어지도록 계획해야 한다. 이러한 보육계획의 고려점에 기초하여 기간에 따른 유아 보육계획을 살펴보면 다음과 같다.

(1) 연간보육계획

유아를 위한 연간보육계획은 표준보육과정의 내용을 바탕으로 유아의 발달적 특성과 요구, 흥미와 이전의 경험, 계절과 절기, 부모 및 지역사회의 특성, 어린이집의 특성 등을 고려하여 구성되어야 한다. 3세와 4세, 5세 유아가 서로 다른 발달특성과 요구를 가지며 동일 연령 내의 유아 간에도 발달 수준과 흥미, 이전의 경험이 다를 수 있다는 점을 고려해야 한다.

또한 유아의 발달과 학습을 위해 다양한 활동경험이 연간에 걸쳐 균형 있게 안배되도록 고려해야 한다. 예를 들어, 주제의 특성 때문에 탐구활동 또는 언어적 활동이 시간과 활동 면에서 큰 비중을 차지할 수 있다. 그러나 유아의 연간에 걸친 활동은 다양한 활동이 전체적 균형을 이루도록 계획을 수립해야 하며, 동시에 다양한 활동은 보육목표를 지향하여 서로 연계되고 통합되어야 한다. 활동 및 경험의 통합성과 연계성은 연간계획에서뿐 아니라 유아기 전체의 보육계획에도 고려되어야 한다. 교육내용의 내용요소를 한 번의 활동으로 경험하고 그치는 것이 아니라 연간에 걸쳐 반복되고 3세에서 5세의 연간 보육계획에서도 연계성을 갖고 반복되도록 계획해야 할 것이다.

유아를 위한 연간보육계획의 구체적인 주제는 기본적으로 유아가 주변에서 친숙하게 접하고 직접 경험할 수 있는 것을 기본으로 하되 유아의 흥미와 호기심, 교육적 가치, 유아의 일상생활과의 관련성, 유아 발달에의 적합성 및 연관성, 시기 등을 고려하여 선정할 수 있다. 연간보육계획의 예는 다음과 같다.

① **단원 중심 프로그램의 연간계획**

단원 중심 교육과정은 생활주제를 중심으로 이루어지는 통합적 교육과정이다. 생활

표 11-7 단원 중심 프로그램의 연간보육계획안의 예(5세)

연간주제		소주제		연간주제		소주제	
월	주제명	주	소주제명	월	주제명	주	소주제명
3	즐거운 어린이집	1	새로 만난 우리반	9	세계 속의 우리나라	1	우리나라의 생활
		2	새로 꾸민 우리반			2	우리나라의 문화유산
		3	어린이집 탐험			3	세계 여러나라의 사람들
		4	사이좋은 친구			4	세계 여러나라의 생활
4	봄과 동식물	1	봄의 모습			5	함께하는 세계
		2	식물의 봄맞이	10	가을과 자연	1	가을의 변화
		3	동물의 봄나들이			2	가을 곡식과 열매
		4	우리들의 봄 이야기			3	우리들의 가을 이야기-추석
5	소중한 가족	1	소중한 나			4	가을 나무와 숲
		2	나와 우리 가족	11	지구와 환경	1	우리가 사는 지구
		3	함께하는 가족놀이			2	지구의 변화
		4	여러 가족의 모습			3	고마운 지구
		5	사랑하는 우리 가족			4	지구의 보호
6	우리 동네	1	우리 동네 모습	12	겨울과 놀이	1	겨울의 모습
		2	우리 동네 기관 1			2	동식물의 겨울나기
		3	우리 동네 기관 2			3	겨울철 건강과 안전
		4	다양한 직업			4	이웃과 함께하는 겨울
		5	함께하는 우리 이웃			5	새해맞이와 놀이
7	신나는 여름	1	여름의 모습	1	기계와 생활	1	편리한 생활도구
		2	건강하게 여름나기			2	우리 주변의 기계
		3	즐거운 물놀이 1			3	우리는 발명가
		4	즐거운 물놀이 2			4	미래의 생활
8	교통과 안전	1	내가 궁금한 교통수단	2	초등학교에 가요	1	궁금한 초등학교
		2	편리한 교통시설			2	일학년이 되면
		3	미래의 교통수단			3	즐거웠던 어린이집 1
		4	안전한 교통문화			4	즐거웠던 어린이집 2

출처: 보건복지부(2012). 5세 누리과정에 기초한 어린이집 프로그램 1.

주제는 매년 일정하게 고정적으로 계획하고 운영하는 것이 아니라 각 연령 유아들의 특성과 흥미, 관심의 지속 정도, 시설의 상황, 사회적 상황이나 사건 혹은 행사나 세계적인 사건에 따라 해마다 융통성 있게 계획되고 운영된다(이기숙, 2000). 교육내용을 통합하여 유아교육의 전통적인 흥미 영역 활동을 중심으로 교육(이순형 외, 2005)하므로 보육계획에서는 다양한 흥미 영역에서의 자유선택활동을 위해 정교한 계획이 마련된다. 단원 중심 프로그램에서는 자유선택활동 시간이 핵심이므로 흥미 영역에서 유아들이 스스로 계획하고 선택하면서 활동할 수 있도록 계획하는 일이 중요하다. 일과계획에서도 실내 · 외 자유선택활동의 기회가 반복적으로 마련된다. 주제에 대한 심화학습보다는 다양한 주제에 대한 개괄적 인식을 목적으로 하므로 연간계획에서 단원에 따른 교육내용은 유아들이 흥미를 갖는 중요한 사건, 주변의 일상생활과 관련된 폭넓은 주제에 대한 구체적이면서 직접적 활동들로 이루어진다.

단원 중심 또는 생활주제 중심 프로그램에서는 연간 및 월간 교육활동이 사전에 준비, 계획되고 그에 따라 보육이 운영된다. 일 년에 걸친 기간의 교육 주제가 사전에 선정되고 그 주제에 따른 월별계획도 주 단위로 계획된다. 주간교육계획을 통해 실제 보육활동에 필요한 교재교구나 활동의 방법, 환경구성이 결정되므로 사전에 충분히 연구하여 주간계획을 수립한다. 이때 유아의 흥미나 관심에 의해 운영이 변경되기보다 유아의 흥미나 관심, 발달 수준을 교사가 교육계획 단계에서 신중히 고려한다. 유아에 대한 연구를 바탕으로 교사가 사전에 계획하고 준비한 활동, 유아가 알 만한 가치가 있다고 판단되는 내용의 범위에서 유아가 활동하게 된다.

② 주제 중심 프로그램의 연간계획

주제 중심 활동은 유아 또는 교사에 의해 제안된 주제와 관련된 여러 질문에 대한 해답을 발견하고자 하는 의도적 활동이다. 유아의 주도성이 강조되며 주제와 교재의 일상성, 진행의 융통성, 현장 경험성 그리고 가정과 어린이집 간의 연계성, 자기 평가성(이순형 외, 2000)을 특징으로 한다. 주제 중심 프로그램에서 전체적 보육계획은 교육 및 행사에 관한 계획, 영양 · 건강 · 안전관리에 관한 계획, 부모참여 및 교육에 관한 계획, 지역사회봉사 및 교류와 교사장학에 대한 계획으로 구성되며, 그중 교육활동의 계획은 연간에 걸쳐 예상되는 주제를 추출하고 예상 주제에 따라 구체적 계획을 수립한다. 이렇게 교사가 예상 주제를 계획하되 유아의 요구나 흥미에 따라서 주제가 변경될 수 있으며 같은 주제라도 유아의 연령별 반에 따라 달리 전개될 수 있다. 따라서 실제의 교육활동에서는 유아와 교사가 상호 주도적으로 계획과 활동에 참여하고 교사의 계획과 일치되는 활동이 진행될 수도 있지만 유아의 흥미나 관심, 활동의 심화에 의해 계획이 융통성 있게 변경되기도 한다. 따라서 예상 주제에 따라 철저하게 연구하고 계획하고 활동을 준비하면서 대안적 계획도 동시에 마련한다. 또한 영아기에는 전 과정에서 자율적인 주제탐구표현활동이 이루어지기 어려우므로 체계적 교수법과 절충된 교육계획을 마련하는 반면, 유아기 후기일수록 유아 스스로의 탐구표현활동이 더 강화되는 방향으로 활동을 계획한다.

표 11-8 주제 중심 프로그램의 연간보육계획안의 예(3~5세)

<table>
<tr><th>월</th><th>연간교육활동계획(예상 주제)</th><th>관련행사</th><th>비고</th></tr>
<tr><td>3</td><td>즐거운 어린이집
나와 친구</td><td>학부모 교육안내
적응지도(신입원아 중심)
집단 면담</td><td rowspan="14">• 매월 안전교육
• 매월 실내 · 외 방역
• 매일 보육일지, 영양지도, 급식위생
• 연 6회의 부모교육
• 수시상담
• 학기당 1회의 식당봉사, 청소봉사(부모)
• 주제종결행사 참여(부모)
• 부모평가(연 2회)
• 부모대표회의
• 교사교육과 평가
• 지역사회 봉사
• 주제탐구활동
• 특별활동(음악, 미술, 체육, 영어, 과학)</td></tr>
<tr><td>4</td><td>봄(날씨 · 꽃 · 나무 · 새싹 · 개구리)</td><td rowspan="2">공연 관람
소풍
어린이날 행사</td></tr>
<tr><td>5</td><td>우리 가족(집)</td></tr>
<tr><td>6</td><td>우리 이웃
(우리 동네 · 시장 · 지역사회기관 · 직업)</td><td>건강검진</td></tr>
<tr><td>7</td><td rowspan="2">여름
(여름과일 · 물놀이 · 물고기 · 바다)</td><td rowspan="2">물놀이
일일캠프
아동발달기록부(8월)
개별 면담</td></tr>
<tr><td>8</td></tr>
<tr><td>9</td><td>가을
(가을과일 · 추수 · 열매)</td><td>집단 면담</td></tr>
<tr><td>10</td><td>우리나라와 세계
(우리말과 글 · 태극기와 무궁화 · 세계 여러 나라)</td><td rowspan="2">소풍
공연 관람
아나바다장터
가족운동회</td></tr>
<tr><td>11</td><td>교통기관
(운송수단 · 교통규칙)</td></tr>
<tr><td>12</td><td>겨울
(날씨 · 성탄절 · 얼음 · 옷 · 불)</td><td>산타잔치</td></tr>
<tr><td>1</td><td>동물</td><td>민속놀이</td></tr>
<tr><td>2</td><td>우리의 전통놀이
형님이 되었어요</td><td>아동발달기록부
졸업식/수료식</td></tr>
</table>

출처: http://kidshome.snu.ac.kr

(2) 주간보육계획

주간보육계획은 연간보육계획에서 정한 월간 또는 주간 주제에 따라 구성되며 소주제하에서 보육활동, 놀이, 일상양육 내용을 포함한다. 주제에 관한 구체적 활동은 기본적으로 유아의 직접적이고 구체적인 일상 경험에 기초하여 요일별, 하루 시간별, 실내외 공간별, 흥미 영역별로 계획한다. 나아가 주간계획은 현재 유아들의 흥미와 관심, 시사문제, 특별한 사건, 명절과 기념일 등이 반영될 수 있다.

주간보육계획을 통해 실제 보육활동에 필요한 교재교구나 활동의 방법, 환경구성이 결정되므로 사전에 충분히 연구하여 주간계획을 수립해야 한다. 활동은 유아주도적 활동과 교사주도적 활동이 적절히 균형을 이루도록 계획되어야 하며 동적 활동과 정적 활동, 실내활동과 실외활동, 개별 활동과 대 · 소집단 활동이 균형 있게 계획되어야 한다. 활동의 내용도 표현, 언어, 탐구, 신체활동 등으로 표준보육과정의 내용 영역을 포함하도록 다양하게 계획되어야 한다. 보육 프로그램의 성격에 따라 유아주도적 활동이 중심을 이루기도 하고 교사주도적 활동이 중심을 이루기도 하는데, 유아는 스스로 경험하면서 발달하고 배우므로 유아와 교사가 적극적으로 상호작용하고 유아가 능동적으로 참여할 수 있는 활동을 계획하는 것이 중요하다. 한편, 어린이집의 여건상 실내 · 외활동이 불균등한 경우가 매우 많은데, 공간의 제약을 벗어나 유아들이 실외활동을 할 수 있도록 계획단계에서 연구할 필요가 있다.

이러한 활동계획은 유아의 발달적 요구와 특성에 따라서 다소 조절될 필요가 있다. 예를 들어, 유아 전기에는 유아가 직접적, 능동적으로 경험하고 선택하는 기회를 가지는 활동을 더 계획하며, 유아 후기에는 또래 간의 협력과 상호작용을 풍부하게 할 수 있는 활동을 더 계획한다. 또한 주간계획의 활동은 가용 인력, 활동공간이나 여건, 날씨 등을 고려하여 조정될 수 있다. 소주제와 연관된 활동은 하루 또는 한 번 경험하기보다 연속적 · 반복적으로 경험하도록 배치 · 진행한다.

주제 중심 프로그램에서 기본생활습관 형성이나 영양 및 건강과 안전관리 등에 관한 내용은 일주일이나 격주간으로 계획되지만 주제활동은 탐구주제의 성격과 유아들의 관심에 따라 짧게는 일주일 이내, 길게는 여러 주에 걸쳐 지속되므로 고정화된 계획이 엄격하게 마련되거나 그대로 실행되는 것은 아니다. 주제활동에 대한 교사의 예측이 이루어지지만 이는 주제활동에 필요한 교재교구나 활동의 방법, 환경구성 등을 계획하기 위한 자료가 되고 교사가 유아들을 안내하는 참고자료가 될 뿐이다. 주제활동에서는 활동 이전과 진행과정에서 지속적으로 보육계획이 마련되고 수정되며, 마련된 계획은 매우

표 11-9 단원 중심 프로그램의 주간보육계획안의 예(5세)

주　제: 나무와 숲

소주제: 나무와 숲 알기　　　　10월 4주

활동 \ 요일		월	화	수	목	금	토
등원 및 맞이하기		계절 날씨에 알맞은 옷차림하기, 건강관리 안내					
오전 실내 자유 선택 활동	쌓기	여러 가지 나무토막 구성하기					
	역할	나무와 숲 연구소 만들기					
	미술	문자도: 나무와 숲 솔방울 모빌 만들기 '나무' 찰흙 조형하기 나무화가 박수근					
	언어	나무에 대해 궁금한 것 질문목록 만들기 신문 스크랩 '단풍놀이' (글자카드) 우리말 나무 이름 (동시) 나무 타령					
	수·조작	누구의 반쪽일까?(나무와 열매-전체와 부분) (게임) 나뭇잎 모으기 나뭇잎 크기대로 놓기 단풍 지도 만들기					
	과학	나무 열매 관찰하기 나의 나무 일기 기록하기 나무껍질 탁본 뜨기 (컴퓨터) 나무 검색하기					
	음률	은행잎 단풍잎 (전래동요) 나무 타령					
정리정돈 및 전이활동		내가 좋아하는 나무 소개하기					
대·소집단 활동		(이야기 나누기) 나무와 숲 (동화) 은행나무 (음악감상) 비발디 사계 중 '가을'	(이야기 나누기) 가을 동산에서 찾은 것들 (요리) 영양밥	(이야기 나누기) 서로 다른 나뭇잎 (동극) 아이 심심해 (미술) 나무와 숲: 자연물 콜라주	(이야기 나누기) 가을 날씨와 생활 (신체) 나무와 바람	(수·과학) 나무 지도 만들기 (게임) 나뭇잎 뒤집기	(동화) 바쁘다 바빠 (미술) 내 나무 초상화 그리기
실외활동		가을 숲 여행 나무가 말하기를					
점심 및 낮잠		날씨, 계절, 유아 건강상태 등을 고려하여 쉼이나 낮잠시간 갖기					
오후 자유선택활동		• 실내 - (과학) 나뭇가지 모양 비교하기 • 실외 - 사각 틀로 나무 관찰하기					
기본생활습관		쓰레기 버리지 않기					
귀가 및 가정과의 연계		가정통신문을 통하여 나무와 숲에 관련된 책, 그림자료, 비디오자료 등을 요청하기					
참고사항		• 『사계절 생태놀이』: 돌베개 어린이(2006) • 『난 나뭇잎 절대 안 해』: 국민서관(2006) • 『바람과 나뭇잎』: 아동문예사(2005)					

출처: 여성가족부(2007c). 5세 보육 프로그램.

표 11-10 주제 중심 프로그램의 일정(과일 주제탐구표현활동)

1. 1단계: 도입단계

활동 \ 날짜	1	2	3	4	5	6	7
경험 나누기 및 표상활동							
과일 생각 모으기 및 주제망 구성							
과일가게 천막 만들기							
과일 질문목록 만들기							

2. 2단계: 진행단계

활동 \ 날짜	1	2	3	4	5	6	7	8	9	10	11	12	13	14	15	16	17	18	19	20	21	22	23	24	25	26	27	28
과일가게 방문																												
과일 전문가 초빙																												
과일 관찰																												
양팔저울로 무게 비교																												
과일즙 만들기																												
요리(사과잼, 귤잼)																												
과일 생산지																												
귤로 할 수 있어요																												

3. 3단계: 마무리단계

활동 \ 날짜	1	2	3	4	5	6	7	8	9	10	11	12
동화 만들기												
사진 정리하기												
초대장 및 포스터 만들기												
케이크 꾸밀 색종이 만들기												
종결행사(전시 및 과일케이크 만들기)												

융통성 있게 운영된다고 볼 수 있다.

(3) 일과계획

일과계획은 주간계획에 기초하여 유아들이 하루 동안 어떻게 보낼 것인가를 계획하는 것이다. 유아를 위한 일과는 등원, 실내 · 외 놀이활동, 대 · 소집단 활동, 낮잠과 휴식, 급식과 간식, 배변과 씻기, 정리정돈과 평가 등으로 구성된다. 하루 중의 휴식과 놀이, 실내활동과 실외활동, 정적 활동과 동적 활동, 개별 활동과 대 · 소집단 활동, 오전활동과 오후활동 등이 균형을 이루도록 계획하며 일과 중에 다양한 유형의 상호작용이 이

- **등원**-부모 및 유아와 대면하면서 유아의 심리상태나 건강상태를 확인한다. 유아가 환영받는다는 느낌으로 하루 일과를 시작하며 사회적 관계를 맺는 기술을 관찰하고 실행해 보는 기회가 될 수 있다. 보육교사가 기다려 주는 동안 유아 스스로 자기 물건을 관리하고 해야 할 일들을 스스로 하는 기회로 삼을 수 있다.
- **실내 · 외 놀이활동**-유아들의 놀이에 대한 본능적 요구를 학습으로 연결시킬 수 있는 시간으로 일과 중 가장 핵심이 된다. 유아의 자율성과 주도성이 요구되는 시간이며 작은 사회를 경험하는 사회생활 시간이다.
- **정리정돈 및 평가**-유아 스스로 정리할 수 있는 환경으로 구성하여 유아들이 자율적으로 자기 활동을 정리하도록 할 수 있다.
- **배변과 씻기**-유아의 위생습관을 형성하는 시간이 될 수 있다.
- **간식 및 점심**-식사의 즐거움을 경험하고 바른 식습관을 형성하며, 식사예절을 배우는 기회로 계획할 수 있다.
- **낮잠 및 휴식**-활동량이 많은 유아들이 일정시간대에 일정한 시간 휴식함으로써 신체적으로 회복되고 심리적으로 안정감을 느낄 수 있다. 유아들이 신체적으로나 심리적으로 스트레스를 덜 경험하게 하려면 낮잠 및 휴식 시간이 적정하게 일과에 포함되어야 한다.
- **대 · 소집단 활동**-대 · 소집단 활동을 통해 유아들은 동일한 활동을 동일한 속도로 진행하게 된다. 유아들이 상호 협력하고 조정하는 경험을 가질 수 있다.
- **실외놀이**-유아에게 실외놀이는 필수적이다. 오전과 오후에 실내활동과 교차로 배치하며 가능한 한 매일 실외놀이를 해야 한다. 안전 및 자기조절을 배우도록 계획할 수 있다.
- **하루의 마무리 및 귀가**-하루 일과 종료 후 함께 모여 하루 동안 지낸 일을 돌아보고 정리하는 시간을 갖는다. 즐거웠던 일, 속상했던 일, 친구를 칭찬해 주고 싶은 일 등에 대해 이야기를 나누고 전달사항이나 가정통신문을 배부한다. 보호자가 도착하면 유아의 하루 일과에 대해 대화하고 귀가한다.

루어지도록 계획한다. 또한 어린이집에서 유아들이 신체적, 심리적으로 편안하고 자연스럽게 지낼 수 있도록 일과가 일관성 있게 계획 · 운영되어야 한다. 실외활동 및 실외놀이도 중요하다. 움직임에 대한 욕구가 강한 유아들이 자유로이 자연을 접하고 열린 공간을 접할 수 있는 시간계획이 매일의 일과에 포함되어야 한다. 일과계획에 따른 운영 이후에는 활동 전반에 대한 평가가 이루어져야 하며 그 평가결과를 바탕으로 다시 일과계획을 조정하거나 개선함으로써 계획과 운영 및 평가가 순환적으로 이루어지도록 해야 한다(이기숙, 2000).

유아의 일과계획은 일과의 특성을 반영해야 하는데 그 특성을 살펴보면 다음과 같다. 또한 일과계획 및 운영의 예는 〈표 11-11〉과 같다.

표 11-11 일과계획의 예

시간	주요 일과	활동내용
7:30~9:00	등원	• 유아 맞이하기 • 보호자와 간단히 대화 나누기
9:00~10:30	오전 간식 오전 자유선택활동	• 오전 간식은 놀이시간 중에 자유롭게 먹거나 자유선택활동 전에 단체로 먹기 • 만들기/그리기, 역할, 쌓기, 탐색 · 조작, 책보기, 수 · 과학, 음률 영역 등에서 준비된 여러 활동을 혼자 또는 친구들과 함께 유아가 스스로 자유롭게 선택하여 활동하기
10:30~10:50	정리정돈 / 화장실 가기	• 정리정돈 후 화장실 다녀오기
10:50~11:30	대 · 소집단 활동	• 모든 유아가 참여하는 활동으로 이야기 나누기, 미술, 동화, 요리 등의 정적 활동과 게임, 신체 표현하기, 실외놀이, 견학 등의 동적 활동을 주제에 맞추어 다양하게 진행하기
11:30~12:20	오전 실외 자유선택활동	• 줄넘기, 공놀이, 물/모래 등 실외에서 다양한 놀이를 자유롭게 선택하여 활동하기
12:20~13:30	손 씻기 점심식사 / 이 닦기	• 손 씻기 • 점심 먹고 이 닦기
13:30~15:30	낮잠 / 정리 오후 간식	• 조용한 놀이 후 낮잠 준비 • 휴식을 취하거나 낮잠 자기 • 이부자리 정리하기, 화장실 다녀오기 • 오후 간식 먹기

15:30~16:30	오후 실외 자유선택활동	• 날씨에 따라 실외(실내)에서 혼자 또는 친구들과 함께 자유롭게 놀이기구를 선택하거나 게임, 신체 표현 등의 놀이하기
16:30~16:50	정리정돈 / 화장실 가기	• 정리정돈 후 화장실 다녀오기
16:50~18:00	오후 실내 자유선택활동	• 오전에 마치지 못한 개별 활동을 연계, 확장하기
18:00~19:30	조용한 놀이 귀가하기	• 개별적으로 조용한 놀이를 하면서 보호자가 오는 대로 귀가하기 • 보호자와 유아의 하루 일과에 대해 대화 나누기

출처: http://central.childcare.go.kr

주제 중심 프로그램의 일과는 예측 가능성, 균형, 융통성, 변화라는 일반 원칙에 따라 계획한다. 하루 일과를 규칙적으로 구성하여 유아들이 하루 활동의 순서를 예견할 수 있게 하며 다양한 활동을 고루 계획하여 유아의 건강, 영양, 교육적 요구가 충족될 수 있도록 한다. 그러면서도 유아의 개별적 흥미나 관심, 활동의 주제, 날씨와 같은 변수에 따라 융통성 있게 일과를 진행하도록 예상하며, 활동이나 환경의 변화를 통해 유아가 다양한 경험을 할 수 있도록 계획한다. 주제 중심 프로그램에서의 일반적인 일과계획은 등하원 시간, 일상활동시간, 교육활동시간으로 나누어 수립(이순형 외, 2000)할 수 있다.

일과 중 주제활동시간을 마련해 두고 있지만 주제 중심 프로그램에서의 시간계획은 시간적 제약이 강하지 않은 유기적인 시간계획을 특징으로 한다. 주간계획이나 일과계획에서의 시간계획은 고정적이지 않으며 주제활동에 대한 유아의 탐색과 몰입, 관심에 따라 일과 중 많은 시간이 주제활동시간으로 사용될 수 있다.

3. 교구 및 환경 계획

영유아보육 프로그램에서 가장 기본적이고 핵심적인 요소는 프로그램을 지지하는 보육과정이다. 보육과정은 특정 이론이나 철학적 지향성, 영유아의 흥미, 가족의 선호에 근거하여 구성되는 동적인 특성을 가진다. 따라서 양질의 보육 프로그램과 보육과정이 되기 위해서는 이론적 · 철학적 토대가 확고하게 설정되어야 한다(Elgas et al., 1998). 어린이집의 환경 계획 역시 이러한 이론적 · 철학적 관점에 근거하여 이루어질 필요가 있다.

1) 교구 및 환경 계획의 중요성

영유아기는 성장과 발달이 빠르게 이루어지고 이러한 발달은 환경과의 친밀한 상호작용을 통해 가속화되므로 교사가 보육환경을 어떻게 계획하고 조직 · 구성하느냐가 아주 중요하다. 예를 들어, 실내외환경이 구성되고 활용되는 방법에 따라 영유아의 사회성, 독립성, 놀이 참여 정도 및 놀이 확대 수준은 높아지기도 하고 낮아지기도 한다(이영자 외, 2000).

이처럼 어린이집의 물리적 환경은 영유아들이 단순히 활동하는 공간적 의미에서 벗어나 영유아의 신체적, 인지적, 정서적, 사회적 발달 등 전인발달에 영향을 주는 중요한 역할을 하므로 공간구성에 대한 세심한 계획이 요구된다. 또한 영유아의 연령이나 발달수준, 개별 영유아의 독특성 등 영유아의 다양한 특성을 고려하여 환경이 계획되고 구성되어야 한다. 이와 함께 영유아들뿐만 아니라 교사나 성인의 요구와 필요에도 적합하게 환경구성이 이루어져야 한다. 어린이집의 공간은 영유아들에게도 중요한 활동장소지만 교사에게는 직장의 의미를 가지므로, 교사가 어린이집에서 편안하고 효율적으로 활동할 수 있도록 교사의 특성과 요구에도 부합하는 환경을 구성해야 한다.

어린이집의 교구 및 환경 계획의 목적은 보육대상 영유아가 다음과 같은 학습자가 될 수 있는 기회와 가능성을 열어 주는 것이다. 첫째, 자율적이고 독립적인 학습자, 둘째, 지역사회 구성원으로서의 학습자, 셋째, 문제해결자 및 의사결정자로서의 학습자, 넷째, 자신의 세계에 대한 완전한 이해력을 획득한 학습자, 다섯째, 인쇄물의 생산자 및 소비자로서의 학습자(Elgas et al., 1998)다. 이러한 학습자가 되기 위해서는 보육 프로그램의 구성 및 실행과 함께 보육환경의 구성 역시 이러한 기회를 제공해 줄 수 있어야 한다. 따라서 교구 및 환경 계획의 중요성을 고려하여 환경구성계획을 수립해야 한다.

2) 교구 및 환경 계획의 원리

개별 어린이집에서 실행되는 보육 프로그램은 교구와 물리적 환경 그리고 상호작용에 직접적인 영향을 미친다. 예를 들어, 능동적 학습이나 구성주의 관점에 근거한 프로그램을 운영하는 어린이집에서는 영유아가 문제의 탐색, 선택, 발견, 실험, 해결에 직접적으로 참여하기를 권장한다. 따라서 어린이집의 교구 및 환경 계획은 이러한 관점에 따라 차별적으로 실시되어야 한다. 교구 및 환경 계획의 원리는 공간, 교구, 상호작용의 측면에서 고려되어야 한다.

(1) 공간

보육실의 물리적 공간이 어떠한 방식으로 배치되는지에 따라 영유아의 활동 참여를 유도하거나 방해할 수 있다. 보육실에서 영유아의 능동적 참여를 적극적으로 장려하기 위해서는 실내환경이 미적 자극과 시각적 안정감을 갖추어야 한다. 미적 감각이 고려된 실내환경구성은 영유아로 하여금 실내공간의 탐색을 적극적으로 유도한다(Elgas et al., 1998). 예를 들어, 극놀이 영역, 블록 영역, 미술 영역과 같은 실내 흥미 영역은 영역 명칭을 표시하고 시각적 특성을 강조하여 공간을 구성할 필요가 있다. 흥미 영역에서 손쉽게 놀잇감을 선택하고 자율적으로 정리정돈이 이루어지도록 배려하는 것 역시 공간 배치에서 고려해야 할 사항이다. 보육실의 전체적인 공간구성에서 이동 통로와 동선에 대한 고려도 필요하며, 실내디자인과 전체적인 조화도 배려해야 한다.

일반 어린이집에서 장애아 통합보육의 비율이 증가한다는 점을 고려해 볼 때, 보육실의 실내환경에서도 장애 영유아에 대한 편의를 고려하여 구성해야 한다. 예를 들어, 시각장애 영유아를 포함한 보육실에서는 물리적 공간의 변화를 최소화할 필요가 있다. 휠체어를 타고 이동해야 하는 영유아에게는 휠체어의 접근이 용이하도록 보다 넓은 공간

[사진 11-1] 보육실의 물리적 공간구성

과 이동 통로를 확보해 주어야 한다.

(2) 교구

보육실의 흥미 영역을 위한 교구를 선정할 때는 영유아의 흥미와 관심을 유발할 수 있는 잠재성에 근거해야 한다. 또한 다양한 용도를 가진 교구인지, 다양한 수준에서 활용 가능한 교구인지를 판단하여 교구를 선택하는 것이 적절한 교구선택의 기준이다. 또한 그 교구가 영유아의 지식 수준을 향상시킬 수 있는지의 여부도 살펴보아야 한다.

영유아에게 풍부하고 다양한 교구를 제공하는 것은 교구에 대한 선택과 의사결정을 유도하는 데 도움이 된다. 그러나 나이 어린 유아에게 양적으로나 질적으로 과도하게 많은 수의 교구를 제공하는 것은 오히려 선택의 어려움을 가중시킬 수 있으므로 각별한 주의가 요구된다. 특히 쉽게 동요되거나 자기통제력이 미약한 영유아의 경우에는 이러한 교구의 선택 폭을 조절해 줄 필요가 있다.

교구는 교육활동의 주제와 영유아의 흥미에 따라 주기적으로 교체해 주어야 하며, 교구의 교체와 구성 역시 영유아의 현재 발달 수준에 적합하게 이루어져야 한다. 이처럼 주기적인 교구의 변화를 통해 교구의 탐색에 대한 영유아의 호기심을 증대시킬 수 있다. 영유아는 교구 자체의 특성에 대한 탐색이 완료되면 교구의 조작을 통한 활용방법에 관심을 가지게 된다. 지속적인 노력을 통해 영유아는 성공을 경험하고 이러한 성공은 영유

[사진 11-2] 보육실의 영역별 교구 배치

아가 새로운 지식을 획득하는 데 도움을 주는 토대가 된다(Elgas et al., 1998).

(3) 상호작용

보육실에서 이루어지는 영유아의 상호작용은 여러 가지 방식으로 촉진될 수 있는데, 보육실 내 물리적 환경의 구축은 영유아 간의 상호작용을 촉진하는 대표적인 예다. 예컨대, 블록 영역을 넓게 배치함으로써 여러 명의 영유아가 함께 다양한 구조물을 만들어 볼 수 있다. 또한 교사는 개별 영유아의 어려움을 도와주거나 영유아가 새롭게 발견한 내용을 격려해 줌으로써 영유아 간의 상호작용을 언어적으로 조성할 수 있다.

보육실에서 이루어지는 영유아 간의 상호작용뿐만 아니라 교사와 영유아 간의 상호작용 역시 중요하다. 교사는 영유아가 새로운 것을 탐색하고 실험해 보도록 격려하는 질문을 하거나 영유아가 발견한 사실에 대한 견해를 말해 줄 수 있다. 이처럼 교사는 언어를 통해 영유아가 원인과 결과를 예측하고 해결책을 모색할 수 있도록 돕는다.

[사진 11-3] 보육실에서의 영유아 상호작용

이상에서는 교구 및 환경 계획의 원리를 공간, 교구 그리고 상호작용의 관점으로 분리하여 살펴보았다. 다음에서는 보다 포괄적인 측면에서 보육환경의 구성원리를 살펴보고자 한다. 영유아를 위한 양질의 보육 프로그램이 원활하게 운영되기 위해서는 최적의 보육환경이 영유아에게 제공되어야 하므로 발달에 적합한 보육환경, 통합을 위한 보육환경, 균형을 갖춘 보육환경, 연속성과 융통성을 갖춘 보육환경 그리고 안전한 보육환경이라는 구성원리를 준수해야 한다(White & Coleman, 2000).

첫째, 영유아의 발달에 적합한 실제를 위해서는 보육실의 환경구성 역시 발달에 적합해야 한다(Bredekamp & Copple, 1997). 이는 교재 및 교구를 선정하고 실내 흥미 영역을 배정할 때 연령별 차이를 고려함과 동시에 동일 연령 내에서의 개인차 역시 고려해야 함을 의미한다. 즉, 연령별 적합성은 특정 연령집단의 일반적 발달 수준과 흥미에, 개별 적합성은 개별 영유아의 독특한 발달 수준과 흥미에 적절하도록 고려하는 것이다. 실내환경과 더불어 실외환경 역시 연령에 적절한 공간, 시설 및 설비를 갖추어야 한다.

둘째, 발달에 적합한 보육환경이란 발달 수준과 흥미의 차이가 다양한 모든 영유아를 통합적으로 보육할 수 있는 환경을 의미한다. 이에 다양한 능력을 가진 모든 영유아의 발달 수준에 적절히 반응할 수 있는 흥미 영역과 교구의 선정을 위한 배려가 필요하다. 통합보육에서 고려해야 할 또 다른 사항은 영유아의 성별이다. 남아와 여아는 자신의 학습경험과 사회적 기술을 최대화하기 위해 모든 흥미 영역에서 활동하도록 격려받을 필요가 있다. 이를 위해 블록과 인형을 영유아가 함께 가지고 놀이를 할 수 있도록 교사가 도와주어야 한다.

셋째, 교재 및 교구, 흥미 영역, 일과구성의 균형은 영유아의 발달에 적합한 학습환경을 제공해 준다. 구체적으로 정적인 활동과 동적인 활동을 수기적으로 반복함으로써 영유아가 자신의 에너지를 조절할 수 있도록 도울 수 있다. 이 외에도 개별 활동과 집단 활동, 사적 공간과 공적 공간의 균형 역시 보육환경의 구성에서 적절히 이루어져야 한다.

넷째, 균형을 갖춘 보육환경이 되기 위해서는 학습환경에서의 연속성과 융통성이 요구된다. 영유아가 너무 지치거나 무기력해지지 않도록 하나의 활동이 너무 오랫동안 지속되거나, 활동이 너무 자주 변화되어서는 안 된다. 활동의 연속성과 융통성 간에 균형을 이루기 위해서는 보육환경에 대한 영유아의 반응을 계속해서 관찰할 필요가 있다. 영유아가 지루하다는 반응을 보일 경우 새로운 교구를 제시해야 하고, 영유아의 탐구심을 조장하고 흥미를 지속시키기 위해서는 흥미 영역의 배치를 새롭게 변경해야 한다.

다섯째, 안전은 신체적, 인지적, 사회·정서적 안녕을 반영하는 총체적인 개념이다. 부서진 교구는 영유아에게 신체적 해를 입힐 수 있는데, 이러한 물리적 손상은 영유아에게 심리적 손상도 가져올 수 있다. 부서지거나 고장난 장난감은 수리한 후 사용하고, 콘센트는 영유아의 키보다 높은 곳에 설치하고 안전핀을 꽂아 두며, 문틈에 손가락이 끼는 안전사고를 예방하기 위한 장치도 설치해야 한다.

3) 교구 및 환경 계획의 실제

어린이집의 교구 및 환경 계획은 일반적으로 실내 영역과 실외 영역으로 크게 구분된다. 이러한 공간적 특성과 더불어 보육대상 영유아의 연령에 따라 적합한 환경 계획을 수립할 필요가 있다. 또한 최근 들어 일반 영유아뿐만이 아닌 영재아와 장애아에 대한 관심의 증대는 통합보육의 중요성을 강조하고 있으며, 이로 인해 보육환경 역시 특수아에 대한 고려가 필수적으로 요구되고 있다. 따라서 실제적인 교구 및 환경 계획에서 일반아와 특수아, 영아와 유아, 실내 및 실외 환경을 포괄적으로 살펴보고자 한다.

(1) 일반아를 위한 교구 및 환경 계획

일반 영유아를 위한 어린이집의 교구 및 환경 계획은 연령별 특성에 따라 영아와 유아를 위한 계획으로 구분된다.

① 영아를 위한 교구 및 환경 계획

영아기는 생의 초기에 해당하는 아주 중요한 시기로서 유아기와는 차별화된 교구 및 환경 계획이 필요하다. 영아는 교육활동보다는 상대적으로 보호의 관점이 우선시되므로 이에 적절한 교구의 선택과 환경구성을 계획해야 한다.

● 실내환경 계획

영아를 위한 양질의 보육 · 교육 프로그램은 나이 어린 영아의 신체적, 사회 · 정서적, 인지적 요구를 적절하게 고려할 필요가 있다. 이처럼 영아의 발달적 요구에 적합한 프로그램이 되기 위해서는 양질의 보육교사, 적절한 환경구성, 발달에 적합한 프로그램 그리고 적극적인 부모참여가 요구된다.

영아를 위한 적절한 환경구성의 경우, 나이 어린 영아의 발달적 요구에 적합한 물리적 환경을 구성하는 것이 중요하다(Wortham, 2006). 영아를 위한 대부분의 프로그램은 나이 많은 유아에게 보다 적합한 환경을 갖추고 있다. 자유롭게 이동하고 사물을 탐색할 수 있으며 안전하고 놀잇감 선택이 용이한 환경이 영아에게 보다 적합한 환경이다.

다음에서는 신체운동발달, 인지발달, 사회성 발달 영역으로 구분하여 영아를 위한 보

[사진 11-4] 영아를 위한 실내환경 계획

육환경을 제시한다. 먼저 인간의 신체운동발달은 출생과 더불어 시작되는데, 신생아 시기에는 보다 제한된 운동능력을 가진다. 영아는 자신의 신체에 대한 통제력을 발달시켜 감에 따라 손, 발, 다른 신체 부위를 활용한 놀이를 점차 확장시켜 나간다. 영아가 놀잇감을 잡을 수 있게 되면, 영아의 놀이활동은 실내환경에 구비되어 있는 사물들로 확장된다. 따라서 영아의 신체활동의 확장과 사물 활용능력의 확대에 따라 발달된 능력에 적절한 놀잇감을 보육실에 구비하여 영아가 가지고 놀 수 있도록 신체운동발달 영역을 구성해야 한다.

다음으로 인지발달은 영아로 하여금 신체활동의 증가와 세상을 탐색할 수 있는 인지능력을 결합시킬 수 있도록 도와준다. 대물놀이와 환경 탐색은 영아의 인지발달을 촉진하는 역할을 한다. 영아가 놀잇감을 가지고 놀기 위해서는 감각 및 운동 기술의 활용이 가능해야 한다. 전형적으로 영아는 눈과 입을 활용하여 놀잇감을 탐색하며, 이를 통해 놀잇감의 이모저모를 살펴보고 놀잇감을 보다 잘 이해하기 위한 구체적 특성들에 주의를 기울인다. 이러한 과정을 통해 영아는 놀잇감의 다양한 기능을 이해하고 이를 활용하는 능력을 습득한다. 따라서 이러한 영아의 인지발달 특성을 고려하여 영아가 입에 넣어도 유해하지 않은 재질의 놀잇감을 보육실에 준비해 두어야 한다. 예를 들어, 천으로 만들어진 과일이나 그릇은 깨질 위험도 없고 입에 넣어도 특별한 문제가 없으며 자주 세탁만 해 주면 된다.

영아의 사회성 발달에서 놀이는 중요한 역할을 담당한다. 영아가 경험하는 사회적 환경은 주로 어머니와 같은 주 양육자와의 상호작용이다. 까꿍놀이와 같은 사회적 활동을 통해 놀이상대는 영아를 놀이에 참여시킨다. 이처럼 놀이상대와의 상호작용 활동을 통해 영아는 의사소통능력을 획득하며, 주고받기 연습을 한다. 자신의 신체에 주의가 집중되어 있어서 자기중심적 성향을 강하게 보이던 영아는 점차 놀잇감을 자신의 놀이에 포함시키며, 나아가 다른 영아와의 놀이에 참여함으로써 사회적 놀이로 발전시켜 나간다. 이러한 영아의 놀이발달을 고려하여 공동놀이를 촉진할 수 있는 흔들거리는 보트나 모래상자 등의 놀잇감을 실내에 갖출 필요가 있다.

● 실외환경 계획

영아를 위한 실내환경 계획과 마찬가지로 실외환경의 경우에도 영아의 발달과 놀이를 촉진하는 경험을 제공해 주는 것이 중요하다. 즉, 영아의 독특한 발달적 요구를 고려한 환경구성이 필요하다. 영아의 경우 햇빛, 그늘, 바람 등에 따라 분위기 전환이 가능하거나 경치를 감상할 수 있으며 감각적 경험이 가능하도록 실외환경을 조성한다.

이처럼 실외환경은 영아를 위한 프로그램에서 빠뜨릴 수 없는 중요한 부분이다. 영아는 유아에 비해 상대적으로 실외환경에 대한 의존도가 높지는 않지만, 다양한 실외활동에 참여함으로써 영아기 발달의 원활함을 촉진할 수 있는 기회를 제공받는다. 예컨대, 실외활동을 통해 영아는 대근육발달뿐만 아니라 개념학습의 기회, 기술과 사회적 관계의 발달 기회, 창의적 활동에 참여 기회, 놀이활동을 통한 즐거움을 느끼는 기회를 제공받는다(이영자 외, 2000).

② 유아를 위한 교구 및 환경 계획

유아를 위한 교구 및 환경 계획은 영아와 달리 유아의 발달적 특성과 흥미를 고려하여 이러한 요구가 개별 흥미 영역에 적절하게 포함되도록 해야 한다.

● 실내환경 계획

일반적으로 유아를 위한 실내환경은 흥미 영역이나 학습 영역에 따라 구분된다. 개별 흥미 영역에는 교육활동을 지원하기 위한 교재교구가 비치되어 있다. 따라서 개별 흥미 영역에서 이루어지는 영유아 중심 활동들은 자기주도적 학습과 독립심을 촉진할 수 있다. 흥미 영역은 여러 가지 방식으로 배치될 수 있는데 극놀이 영역, 언어 영역, 수 · 과학 영역, 미술 영역, 음률동작 영역 등이 대표적인 예다. 이와 달리 발달 영역을 기준으로 유아를 위한 흥미 영역을 구분해 보면, 신체운동발달 영역, 인지발달 영역, 언어발달 영역, 사회성 발달 영역 등으로 나누어 볼 수 있다. 영아의 경우 흥미 영역으로 구분되기보다는 발달 영역을 기준으로 흥미 영역이 배치되는 경우가 많으므로, 그 연장선상에서 유아의 경우도 발달 영역을 기준으로 실내환경을 구분하여 환경구성의 특징을 살펴보고자 한다.

첫째, 신체운동발달의 경우 남아와 여아 간에도 실내 및 실외 놀이활동에서 차이를 보인다. 남아는 여아보다 실외에서의 신체활동을 더 선호하고, 실외에서 이루어지는 가장놀이에 더 많이 참여한다. 이와 달리 여아는 실내에서의 놀이를 더 선호하며, 남아보다 소근육활동에 참여하기를 좋아한다. 실내와 실외에서 이루어지는 신체발달을 위한 놀이는 서로 다른 유형으로 나타난다. 먼저 구성놀이의 경우에는 실외보다는 실내에서 더 빈번하게 발생하는데, 그 이유는 실내 흥미 영역에 블록이나 조작놀이 교구가 더 많이 준비되어 있기 때문이다.

놀이활동의 질은 신체놀이의 유용성에 영향을 미치므로 놀이공간의 안전성을 먼저 확보할 필요가 있다. 단순히 신체놀이를 위한 교구 디자인과 구성의 안전성을 넘어서, 유아의 놀이활동은 놀이가 발생하는 공간의 유형, 놀이에 활용되는 교구 그리고 놀이공간이 배치되는 방법과도 관련이 있다(Johnson, Christie, & Yawkey, 1999).

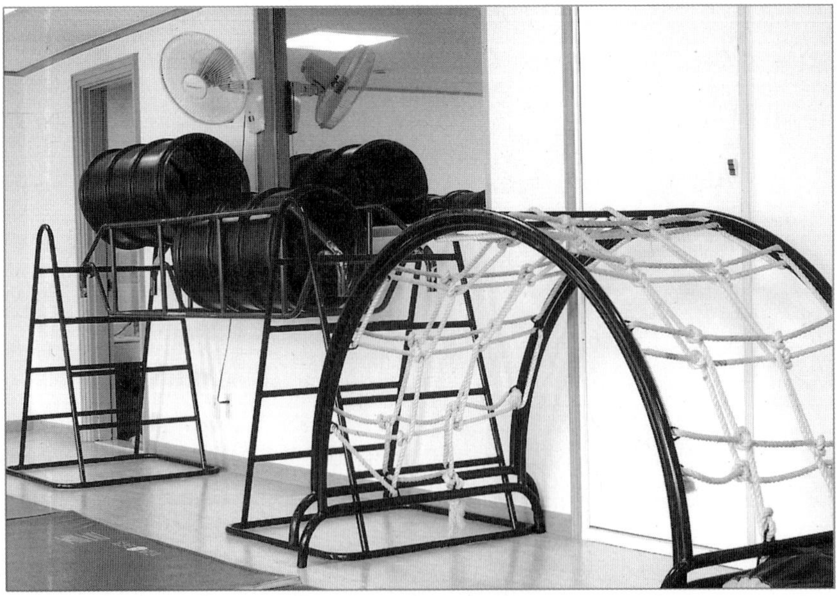

[사진 11-5] 유아를 위한 실내환경 계획(1)

둘째, 유아를 위한 인지발달 영역은 대체적으로 수학 영역과 과학 영역으로 구분된다. 유아가 수 · 과학 영역에서 활발하게 인지적 개념을 탐색하고자 한다면 여러 가지 필수적인 교구들이 준비되어야 한다. 수학 및 과학에 관련된 다양한 교구들이 보육실 내에 갖추어져 있어야 유아의 인지발달을 촉진할 수 있다. 수학 영역은 조용한 곳에 위치되어야 하며, 숫자와 관련된 자료를 다양하게 비치하여 유아가 수학에 관한 기본 개념 형성에 자극받을 수 있도록 해야 한다. 가능한 한 혼잡스럽지 않게 영역을 구성하며, 과학 영역과 인접하게 배치함으로써 유아의 탐구심을 촉진할 수 있어야 한다. 예를 들어, 수세기 개념 형성의 경우, 수세기에 도움이 되는 일상적인 사물들이 다양하게 준비되어야 하는데 단추, 병뚜껑, 땅콩 등이 대표적이다. 수세기, 패턴, 분류, 서열화 등의 수학적 지식을 유아가 습득하는 데 도움이 되도록 자연물을 준비하는 것과 더불어 수학적 지식 획득에 도움이 되는 기존 교구들을 함께 준비함으로써 유아가 수학적 개념에 접근할 수 있는 기회를 보다 폭넓게 제공해 주어야 한다. 또한 수학활동의 결과를 그래프 등으로 표현해야 하는 경우 미술 영역이나 언어 영역과 인접해서 배치하는 것도 도움이 된다.

과학 영역에는 화분, 어항, 자석, 광석, 현미경 등을 구비하여 유아들이 자연스럽게 과학적 지식을 탐색할 수 있도록 해야 한다. 또한 관련 그림책을 언어 영역에 비치함으로써 과학적 정보 탐색도 함께 이루어질 수 있도록 배려해야 한다. 유아는 자신의 주위

[사진 11-6] 유아를 위한 실내환경 계획(2)

표 11-12 수학 · 과학 영역 활동을 위한 교재 및 교구

구분	교재 및 교구
수학 영역	수평저울, 셀 수 있는 물체, 구멍 뚫린 구슬, 숫자카드, 숫자퍼즐, 다양한 형태의 도형, 숫자 일치시키기 카드, 달력, 단추, 나무못 판과 고무밴드, 다양한 색의 입방체와 패턴 카드, 패턴 블록과 패턴 카드, 길이가 다른 막대와 그림, 숫자가 표시된 온도계, 숫자가 표시된 시계, 체중계, 줄자
과학 영역	동물과 동물집, 곤충과 곤충집, 식물과 화분, 물고기와 어항, 새와 새집, 여러 가지 자연물(돌, 조개 등), 다양한 종류의 자석, 측정용 컵과 스푼, 저울, 실내 · 외 온도계, 프리즘, 현미경, 날씨판, 드라이버, 송곳

환경에 대한 호기심이 무한하므로 이러한 유아의 호기심을 충족시킬 수 있는 다양한 생물, 무생물, 과학기구 및 자료 등을 모두 과학 영역에 비치할 필요가 있다. 특히 동식물 기르기 영역은 어린이집의 여건에 따라 실내와 실외에 모두 둘 수 있다. 교사는 과학 영역을 구성할 때 유아의 호기심과 탐구력이 지속될 수 있도록 과학 영역의 자료 및 교재를 다양하게 변화시켜 줄 필요가 있다. 또한 과학 영역에서는 무엇이든지 마음대로 해 볼 수 있으며, 실수에 대해 두려워할 필요가 없음을 인식하도록 해 주어야 한다. 교사 자신이 주위 환경에 대해 끊임없는 흥미와 관심을 보여 줌으로써 역할 모델이 되도록 노력한다(권영례, 1999).

셋째, 영아기와 달리 유아기에는 언어발달 영역이 상대적으로 중요한 비중을 차지한다. 유아를 위한 보육실의 영역구성은 유아를 개별 영역으로 초대할 수 있도록 다양한 교구를 포함하고 있어야 한다. 유아를 위한 흥미 영역은 창의적, 구성적, 극적, 조작적 놀이가 가능해야 한다. 특히 언어발달 영역에서는 손인형의 활용이나 동화구연을 포함하는 활동들이 이루어지도록 실내환경을 구성해야 한다.

언어 영역 중 동화책 읽기 영역은 햇빛이 잘 드는 밝은 곳에 위치하여야 하며, 교실의 다른 시끄러운 영역과는 멀리 떨어져 있도록 배치한다. 바닥에는 카펫을 깔아서 아늑하고 조용한 분위기를 마련하여 유아가 안정된 분위기를 느낄 수 있게 한다. 또한 커다란 쿠션이나 푹신한 소파, 베개를 준비하여 기대거나 누워서 편안한 자세로 책을 볼 수 있도록 준비할 필요가 있다(권영례, 1999). 책표지의 전면이 보이도록 책꽂이에 비치하여 유아가 자신의 흥미에 따라 책을 선택하고 다 읽은 후 제자리에 꽂아 놓을 수 있어야 한다. 너무 많은 양의 책을 동시에 제시하여 유아에게 혼란을 주기보다는 교육활동의 주제

에 따라 주기적으로 책의 종류를 바꿔 가면서 제시해 주는 것이 좋다.

언어와 문해발달을 위한 실내환경을 구성하기 위해서는 특정 영역을 언어 영역으로 구분하여 동화책을 비치하는 것과 더불어, 전체 실내환경에 인쇄물을 많이 배치하여 유아의 언어발달을 자극할 수 있어야 한다. 특히 유아의 문해발달을 촉진하기 위해 사물의 명칭, 기호, 도표, 포스터 등 다량의 인쇄물을 보육실 곳곳에 배치한다. 또한 교육활동의 주제가 변경될 경우 그에 적합한 읽기자료를 극놀이 영역에도 포함시킬 필요가 있다.

언어 영역은 유아의 문해발달을 적극적으로 지원하기 위한 공간이다. 유아를 위한 보육실의 언어 영역은 듣기, 말하기, 읽기, 쓰기의 모든 언어발달 교육과정을 위한 활동자료를 갖추고 있어야 한다. 특히 쓰기 영역에는 종이, 연필, 사인펜, 크레파스, 매직 등의 다양한 필기구가 준비되어 있어서 유아가 자유롭게 쓰기 연습을 할 수 있어야 한다. 읽기 영역에는 개념 설명 그림책, 이야기 그림책, 실생활 관련 그림책, 전래동화책, 시집 등의 다양한 읽기자료가 준비되어서 유아가 동화책을 손쉽게 이용하여 읽을 수 있도록 준비할 필요가 있다.

넷째, 놀이는 유아의 사회성 발달을 위해 중요한 요소이므로 유아반 교실에서는 사회성 발달과 사회생활 교육을 위한 환경구성이 필요하다. 예컨대, 유아들이 사회극놀이 활동에 참여할 수 있도록 활동 공간과 관련 소품들이 준비되어야 한다. 소꿉놀이 또는 역

[사진 11-7] 유아를 위한 실내환경 계획(3)

표 11-13 언어 영역 활동을 위한 교재 및 교구

구 분	교재 및 교구
말하기	이야기 꾸미기 자료와 융판, 여러 가지 손인형, 동물모자, 자석인형과 자석판
듣기	녹음기와 테이프, 비디오와 테이프, CD플레이어와 CD, 프로젝터, 이어폰, 전화기
읽기	여러 재질로 된 글자, 사물 그림, 장소 그림, 동물 그림, 식물 그림, 과일 그림, 다양한 종류의 책과 책꽂이, 여러 종류의 사전, 단어카드
쓰기	다양한 굵기의 연필, 지우개, 다양한 색의 매직, 크레용, 한글과 알파벳으로 된 고무판 · 글자판 · 스탬프 · 잉크, 다양한 색과 크기의 종이, 독서카드, 하드보드지, 모래와 모래상자, 글자쓰기 견본이 제시된 게시판, 개인용 소형 칠판과 다양한 색분필

할극놀이 영역은 가상놀이 주제가 가장 일반적으로 등장하는 영역이다. 그러나 실제적으로는 블록 영역이나 조형 영역과 같이 보육실 내의 다른 영역에서 유아들이 사회극놀이에 많이 참여하게 된다.

사회극놀이 영역에는 가정에서 사용하지 않는 물건들을 가져다 놓으면 유아의 놀이에 도움이 된다. 사회극놀이 영역에 배치된 교구들은 유아의 신체 조건에 적절한 크기여야 하며 견고해야 한다. 넓은 공간을 확보할 수 있다면 소꿉놀이 영역을 따로 분리하여 구성함으로써 가정과 유사한 분위기를 조성하여 유아가 다양한 역할을 체험해 보도록 하는 것이 좋다. 이 영역은 블록 영역과 가까이 위치하여 여러 가지 블록을 소꿉놀이 영역에서 활용하도록 할 필요가 있다(권영례, 1999). 소꿉놀이 영역은 낮은 선반이나 정리장으로 영역을 구분하고, 유아에게 적절한 크기의 가구들과 싱크대, 원형 테이블과 의자, 다양한 블록, 소품 저장 상자, 조절이 자유로운 거울 등을 비치한다.

실내환경의 구성 및 영역의 배치는 유아의 사회적 기술 발달과 사용에 영향을 미친다. 예를 들어, 활동 영역의 공간이 협소하게 배분될 경우 유아들 간에 공간 확보를 위한 다툼이 발생할 수 있다. 따라서 유아들이 긍정적 사회행동을 보다 많이 보일 수 있도록 넓은 공간에서 놀잇감에 쉽게 접근할 수 있는 영역 배치가 필요하다.

● 실외환경 계획

실내에서도 유아를 위한 대근육활동이 부분적으로 계획되고 실행될 수 있지만, 실외에서는 모든 대근육활동이 자연스럽게 이루어질 수 있다는 강점이 있다. 실외 놀이터와 같은 외부환경에서 유아는 마음껏 달리거나 뛸 수 있다. 이처럼 넓은 공간은 다양한 대근육활동을 가능하게 해 준다. 또한 실외 놀이기구는 신체활동의 기회를 보다 폭넓게 제

[사진 11-8] 유아를 위한 실내환경 계획(4)

표 11-14 사회극 영역 활동을 위한 교재 및 교구

구분	교재 및 교구
소꿉놀이	부엌 가구(스토브, 싱크대, 냉장고(모형), 테이블과 의자, 선반), 빈 통, 먼지떨이 · 쓰레받기 · 빗자루, 테이블보 또는 테이블 매트, 전화기(놀이용), 옷장 · 인형 침대, 종이봉투나 쇼핑백, 꽃, 밀가루 점토 용기, 인형과 동물들, 유아용 요리책 · 인형옷 · 담요 · 우유병, 유아의 이름 · 주소 · 전화번호가 적힌 전화번호부, 성인용 의류(모자, 장갑, 재킷, 넥타이, 스카프, 모조 보석류, 여러 종류의 의류), 종이 · 연필 · 봉투 · 작은 메모용 노트, 과일과 채소 모형(플라스틱 또는 종이로 된 것), 벽걸이, 거울, 여러 종류의 접시 · 그릇 · 프라이팬 · 요리도구, 흔들의자
의사놀이	의사복이나 간호원복으로 사용할 헌 흰색 셔츠 · 스커트 · 블라우스, '의사 진료 중'과 '의사 왕진 중' 팻말, 의사 처방전, 청진기와 체온계 · 흰 붕대 · 약솜 · 손전등과 같은 의사놀이용 소품, 연필, 바늘을 돌릴 수 있는 시계모형, 시력차트 그림, 놀이용 전화기, X-Ray 필름, 인형과 인형옷, 인간의 신체 부분을 나타낸 포스터
가게놀이	선반, 낙농품을 위한 하드보드 상자들, 식품이나 가정용품을 위한 다양한 크기의 빈 상자, 모형 과일과 채소(플라스틱이나 종이로 만든 것), 모형 지폐와 동전, 금전등록기(놀이용 또는 실제의 것으로 낡은 것), 숫자 스탬프와 스탬프 물감판(식료품 가격 표시 찍을 것), 식품 판매 포스터, 여러 크기의 갈색 종이봉투, 식품 판매 신문광고, '열었음' '금일 휴업' 팻말, 다른 광고를 적을 종이와 매직펜, 저울, 상점 점원용 낡은 셔츠, 종이와 연필, 자석판과 특별 세일용 팻말 만들 때 사용할 글자들

[사진 11-9] 유아를 위한 실외환경 계획

공해 준다. 유아를 위한 실외환경은 대근육활동뿐만 아니라 소근육활동을 위한 기회 역시 제공해 주어야 한다. 실외에서도 여러 가지 조형활동이 가능한데, 예를 들어 모래와 물놀이 활동은 소근육활동과 대근육활동 모두를 촉진할 수 있다.

실외환경은 실내환경과는 질적으로 다른 종류의 놀이활동을 유아에게 제공해 준다. 일반적으로 실외환경은 그네 타기, 미끄럼틀 타기, 자전거 타기, 올라가기, 뛰기 등의 신체활동을 위한 영역으로만 인식하는 경우가 대부분이다. 그러나 실외환경은 유아가 교육활동으로 인한 긴장을 해소하거나 신체운동이나 도전을 허용할 뿐만 아니라 동물과 식물 등 자연환경을 탐색하고 실험하며 조사하는 활동, 그리고 보다 활동적인 극놀이, 창의적인 구성놀이, 소음이 나는 목공놀이, 물과 모래놀이, 휴식하면서 할 수 있는 조용한 놀이, 책읽기 등 다양한 놀이를 제공할 수 있는 장소로도 활용될 수 있다. 많은 실외활동은 실내활동보다 위험에 노출될 가능성이 많다. 따라서 유아들이 특별한 제약을 받지 않고 자유롭게 탐색하고 활동할 수 있도록 실외환경의 안전에 대한 점검이 정기적으로 이루어질 필요가 있다(양옥승 외, 1999).

(2) 특수아 통합을 위한 교구 및 환경 계획

장애아를 위한 어린이집은 일반적으로 장애아전담 어린이집과 장애아통합 어린이집으로 구분해 볼 수 있다. 장애아전담 어린이집의 경우에는 장애아를 위한 다양한 편의시설이 제공될 가능성이 높지만, 일반 영유아와 장애 영유아를 통합보육하고 있는 어린이집의 경우, 한두 명의 장애아가 다니는 어린이집이라면 이들을 위한 시설이 잘 갖추어지지 않아 불편을 겪을 수 있다. 어린이집에 다니는 장애아들의 편리성을 도모하기 위해 실내환경의 측면에서는 다음과 같은 것을 고려해야 한다. 먼저 보육실과 복도의 문턱을 없애고 문의 폭을 넓혀서 통행이 편리하도록 해야 한다. 또한 보육실 내에서는 세면대와 변기에 휠체어의 접근이 용이하도록 할 필요가 있다.

장애아 통합보육을 위한 실외환경의 구성은 실내환경의 구성과 유사하게 이루어진다. 실외환경에서도 놀이터의 곳곳을 자유롭게 다닐 수 있도록 턱을 없애고 통로를 평평하게 만들어야 한다. 또한 피크닉 테이블에도 휠체어가 접근할 수 있도록 한쪽에는 의자를 비치하지 않아 휠체어가 자리 잡을 수 있도록 해야 한다.

참고문헌

권영례(1999). 유아를 위한 교수-학습방법의 이해. 서울: 양서원.
보건복지부(1999). 유아보육 프로그램.
보건복지부(2012). 5세 누리과정에 기초한 어린이집 프로그램.
서울대학교 생활과학대학 어린이집(2003). 2003년 영아반 교육활동 보고서.
양옥승 · 김영옥 · 김현희 · 신화식 · 위영희 · 이옥 · 이정란 · 이차숙 · 정미라 · 지성애 · 홍혜경(1999). 영유아보육개론. 서울: 학지사.
여성가족부(2007a). 1세 보육 프로그램.
여성가족부(2007b). 2세 보육 프로그램.
여성가족부(2007c). 5세 보육 프로그램.
이기숙(2000). 유아교육과정. 서울: 교문사.
이순형 · 이경화 · 문무경 · 이영미 · 한유진 · 이성옥 · 권혜진 · 김영명 · 권기남 · 김혜라 · 안소영 · 임송미 · 엄성애(2000). 발달 수준별 주제탐구표현활동 · 프로그램의 운영. 서울: 창지사.
이순형 · 이성옥 · 이완정 · 권혜진 · 황혜신 · 이혜승 · 이영미 · 정윤주 · 성미영 · 권기남(2005). 영유아보육 · 교육 프로그램의 이해. 서울: 학지사.
이순형 · 이혜승 · 이성옥 · 황혜신 · 이완정 · 이소은 · 권혜진 · 이영미 · 정윤주 · 한유진 · 성미영(2009). 보육학개론(3판). 서울: 학지사.
이영자 · 이기숙 · 이정욱(2000). 유아교수 · 학습방법. 서울: 창지사.

Bredekamp, S., & Copple, C. (1997). *Developmentally appropriate practice in early childhood programs serving children from birth through age 8* (Revised edition). Washington, DC: National Association for the Education of Young Children.

Decker, C. A., & Decker, J. R. (2001). *Planning and administratering early childhood programs* (7th ed.). Merrill Prentice Hall.

Elgas, P. M., Rioux, K., Struewing, N., & Corkwell, C. (1998). Inquiry learning and curriculum planning. In L. J. Johnson, M. J. LaMontagne, P. M. Elgas, & A. M. Bauer (Ed.), *Early childhood education: Blending theory, blending practice* (pp. 149-171). Baltimore, Maryland: Brookes Publishing Co.

Johnson, J. E., Christie, J. F., & Yawkey, T. D. (1999). *Play and early childhood development*. New York: Longman.

Tyler, B. J. (1999). *A child goes forth: A curriculum guide for preschool children*. Upper Saddle River, New Jersey: Merrill Prentice Hall.

White, C. S., & Coleman, M. (2000). *Early childhood education*. Upper Saddle River, New Jersey: Merrill.

Wortham, S. C. (2006). *Early childhood curriculum* (4th ed.). Upper Saddle River, New Jersey: Merrill.

http://central.childcare.go.kr
http://kidshome.snu.ac.kr
http://seoul.childcare.go.kr

제12장 보육과정의 실제

1. 보육과정과 상호작용

1) 또래 간 상호작용

영유아의 또래관계는 사회성 발달에 매우 중요하며 심리적 적응에도 장기적으로 영향을 미칠 수 있다. 또래에 대한 관심은 영아기부터 나타나는데, 또래와의 상호작용을 통해 영유아는 사회적 기술을 익히고 심리적 지지를 얻으며 기본적인 자아개념을 형성한다. 여기서는 어린이집에서 영유아의 또래 상호작용이 발달단계에 따라 어떤 특성을 보이는지를 살펴보고, 상황에 따라 일어날 수 있는 또래 상호작용 유형을 알아보며, 또래 상호작용을 증진할 수 있는 교사의 지도방안에 대해 제시하고자 한다.

(1) 연령별 또래 간 상호작용의 특성

① 영아기

영아의 또래관계 경험에 대한 최근의 연구에서는 만 1세 미만의 영아도 또래에게 사회적 관심을 보이며 일종의 사회적 상호작용을 한다는 것이 발견되었다. 예를 들면, 생

[사진 12-1] 영아 간의 상호작용

후 2개월 된 영아는 또래 영아가 가까이 있는 데 대해 반응을 보이며, 6~9개월이 되면 서로 응시하고 미소 지으며 옹알이를 하는 등의 사회적 관심을 나타낸다. 그리고 만 1세경이 되면 영아는 서로 바라보는 행동이 더욱 두드러지며, 미소 짓고 서로 손가락으로 가리키거나 소리를 내거나 상대방이 하는 행동에 대해 호응하는 반응을 보이기도 한다. 영아기에 보이는 이러한 행동은 이후에 또래와 협동할 수 있는 능력의 기초가 된다(Eckerman, 1979; Hay, Pederson, & Nash, 1982; Mueller & Brenner, 1977; Vandell, Wilson, & Buchanan, 1980).

만 1세에는 영아의 사회적 능력이 현격하게 발달된다. 스스로 몸을 움직여 이동할 수 있게 되고, 언어를 통해 의사소통을 할 수 있게 되면서 사회적 상호작용은 매우 복잡해진다. 이때 영아는 더욱 오랜 시간 또래와 서로 바라보거나 사회적 행동을 하며 서로 교대로 무엇을 하기도 한다. 이 시기에는 영아가 서로의 행동을 모방하기도 하는데 이것은 이후에 나타나게 될 협력적 가상놀이의 기초가 된다(Howes, 1992). 이 외에도 서로 돕거나 물건을 공유하는 행동도 나타나며 상대방의 특성에 맞게 반응하는 능력도 발달한다. 이러한 사회적 능력으로 인해 또래 간 상호작용은 보다 긍정적이며 효과적일 수 있게 된다. 한편, 이 시기의 또래집단에서도 사회적 역량이 뛰어난 영아가 있어 다른 영아들로부터 관심을 더 많이 받으며 모방대상이 되는 것으로 나타나, 영아기에도 특정 또래를 더 좋아하는 또래 선호가 있는 것을 알 수 있다. 그러나 만 1세 영아기에 긍정적인 또래 상호작용만 있는 것은 아니며 갈등도 빈번히 발생한다.

② 유아기

만 2세 이후부터 5세경까지는 영유아 간 또래 상호작용의 빈도가 증가하며 더욱 복잡해진다. 유아기에는 가상의 상황에서 각자가 맡은 역할을 하는 활동인 사회극놀이도 하는데, 이런 놀이를 하기 위해서는 놀이에 참여한 또래들이 가상적인 상황에 대해 상징적 의미를 공유할 수 있어야 한다. 유아기에 연령이 높아지면서 놀이를 같이하는 유아들은 각자의 역할, 놀이의 규칙, 놀이의 주제에 대해 합의할 수 있는 능력이 커진다. 또한 서로 상대방의 관점을 이해하는 능력이 발달하면서 놀이를 계속 확장시킬 수도 있다(DiLalla & Watson, 1988; Goncu, 1993).

유아기에 발달되는 사회극놀이에서는 유아 간 상호작용의 비중이 점차 커지는데 이러한 과정에서 사회성 발달이 증진될 수 있다(Howes, 1992). 사회극놀이는 의사소통능력을 연습하고 숙달할 수 있는 맥락이 되며, 놀이에서 각자 맡은 역할이나 이야기 내용 등을 참여한 영유아들이 협의하고 타협하면서 사회적 상황에서의 통제와 타협에 대해 학습하게 된다. 또한 사회극놀이는 또래와 서로의 친밀감이나 신뢰에 대해 탐색할 수 있는 안전한 상황이 되기도 한다. 따라서 유아기의 사회극놀이는 의사소통기술 발달, 타협기술 및 다양한 역할에 대한 이해, 조망수용능력 발달을 촉진하는 기능을 한다.

사회극놀이 이외에 유아기에 나타나는 또래 상호작용의 특성으로 긍정적인 사회적 행동이 증가하는 것을 들 수 있다. 연령이 증가하면서 유아는 또래를 인정하고 또래에게 애정을 표현하는 행동을 더 많이 보인다. 또한 유아기 후반으로 갈수록 또래와 대화도 더 많이 주고받는데, 상대 유아에 맞춰 자신의 말을 조절하는 능력도 나타난다. 예를 들면, 대화 상대가 자신보다 어려 보이면 성인이나 또래에게 말할 때보다 단순한 문장을 사용하여 짧게 말한다고 한다(Shatz & Gelman, 1973). 한편, 공격적 행동도 연령 상승에 따라 증가하는 경향이 있지만 긍정적 상호작용보다는 그 증가하는 정도가 작다.

(2) 또래 간 상호작용 지도

어린이집에서 영유아 간의 또래 상호작용을 지도하는 데 관심을 두어야 할 영역을 살펴보면 또래관계 형성 및 유지, 갈등 해결 지도, 협동 촉진 지도, 보육활동 중의 지도 등이 있다.

① 또래관계 형성 및 유지

또래 간의 바람직한 상호작용을 촉진하여 또래관계 형성을 지원할 수 있는 방안들을 제시해 보면 다음과 같다(Kostelnik et al., 2002).

첫째, 영유아가 또래와 이야기하고 놀고 서로 같이 활동하는 것을 즐길 수 있도록 자유롭게 함께 있을 기회를 제공한다. 영유아들이 자유롭게 상호작용할 수 있는 시간을 일과에 정규적으로 포함하는 것이 좋다. 또래와 보내는 구조화되지 않은 시간은 영유아가 사회적 기술을 연습하고 자신을 이해해 나가는 데 많은 도움이 된다.

둘째, 교육활동을 할 때 영유아가 공동작업을 하도록 짝지어 줌으로써 사회적 기술을 연습하고 또래와 친근감을 느낄 수 있는 기회를 제공한다.

셋째, 수줍은 영유아는 사회적 기술이 덜 세련된 어린 영유아와 활동하게 하여 사회적 기술을 연습하고 자신감을 갖게 하며, 점진적으로 같은 연령대의 영유아와 상호작용하도록 한다.

넷째, 영유아가 서로 이름을 외우도록 도와주는 것이 중요하다. 이름을 아는 것은 서로의 존재를 인식하는 데 기본이 되므로 이름을 알면 또래와의 상호작용이 보다 활발해진다.

다섯째, 영유아가 대화기술을 발달시키도록 도와준다. 예를 들면, 대화할 때 서로 한 번씩 교대로 말하도록 연습시킬 수 있다. 말하기를 배우기 시작하는 영아기에는 언어능력이 부족하여 또래 간에 의사소통이 어려울 수 있다. 이때 교사가 부정확한 발음이나 축약한 말을 해석해 주어 의사전달을 도와줄 수 있다.

② 갈등 해결 지도

갈등은 어떤 대인관계에서도 흔히 경험할 수 있는 상황으로서 어린이집에 다니며 매

[사진 12-2] 유아들 간의 갈등상황

일 집단생활을 하는 영유아는 일상적으로 겪는 일이다. 또래관계에서 발생하는 수많은 갈등을 공격적이지 않으면서 사회적으로 수용되는 방식으로 해결할 수 있는 능력은 영유아기뿐만 아니라 평생 원만한 사회생활을 하는 데 기초가 되는 역량이다. 어린이집에서는 또래 간 갈등상황이 자주 발생할 수 있으므로 이러한 상황을 갈등 해결 지도에 활용할 수 있다.

갈등 해결 지도는 영유아가 갈등상황에서의 문제를 이해하고 갈등관계에 있는 영유아가 모두 만족할 수 있는 해결책을 찾는 것을 기본으로 한다(Kostelnik et al., 2002). 이 과정에서 교사는 영유아들에게 해결책을 제시하고 그대로 따르게 하기보다는 영유아 나름대로의 해결방안을 마련하는 데 도움을 주는 중재자 역할을 해야 한다. 우선 갈등이 더 심해지는 것을 중단시키고 영유아 각자의 입장을 들어 본 후, 갈등이 생긴 원인과 해결책이 필요하다는 사실을 영유아들에게 명확히 말해 준다. 그러고는 갈등상황을 일으킨 영유아들이나 같은 반의 다른 영유아들에게 해결방법을 생각하여 말해 보도록 하고, 제시된 방법에 대해 어떻게 생각하는지 의견을 수렴하여 그중 한 가지 방법을 선택하게 한다. 함께 해결책을 마련한 것에 대해 칭찬하고 그대로 행동으로 옮기도록 한다.

③ 협동 촉진 지도

협동도 갈등 해결과 마찬가지로 집단생활을 하는 상황에서 원만한 또래관계를 유지하기 위해 반드시 필요한 능력이다. 영유아가 혼자 해결하기 어려운 문제를 다른 영유아와 협동하여 해결하게 되면, 그 과정에서 영유아들은 집단 환경의 긍정적인 측면을 경험하여 또래와의 협동이 가져다주는 시너지 효과를 확인하고 또래관계를 증진시킬 수 있다. 영유아의 협동을 촉진하기 위해서는 협동의 좋은 점과 중요성에 대해 가르쳐 주는 것만으로는 부족하며 실제로 협동을 통해 무엇인가를 성취하는 경험을 할 수 있도록 해야 한다.

영유아의 협동을 촉진하기 위해서는 먼저 어떤 상황에서 협동이 필요한지를 알도록 해야 한다. 따라서 또래가 혼자서 해내기에 벅찬 일을 해야 하거나 도움이 필요한 상황을 알아챌 수 있도록 지도한다. 이때 다른 영유아에 대한 공감과 조망수용이 협동하고자 하는 동기의 기초가 되므로 이러한 사회적 기술을 연습시킨다(Eisenberg & Fabes, 1998). 또한 평소에 자신을 협동적이라고 생각할수록 자신의 자아상에 맞게 협동적인 행동을 더 많이 하게 되므로(Baron & Bryne, 1993), 영유아가 자신이 한 행동을 또래와 협동하기 위해 했던 것으로 인식하게 하는 것도 하나의 방법이다. 그리고 경쟁적인 환경에서는 영유아의 협동이 촉진되기 어려우므로, 경쟁에서 이긴 영유아에게 보상을 주기보다는 영유아들이 함께 어떤 목표를 이루는 것에 대해 보상을 주는 것도 협동을 촉진하는 방법이다.

④ 보육활동 중의 지도

어린이집의 일과는 다양한 상황으로 이루어지며 영유아 간의 상호작용은 상황에 따라서 다를 수 있다. 영유아가 상황에 맞게 자신의 행동을 조절하여 또래와 적절하게 상호작용하도록 지도해야 한다.

등원 및 하원시간은 다소 어수선하며, 특히 하원시간은 들뜬 분위기다. 등원시간에 또래와 만났을 때, 하원시간에 또래와 헤어질 때 서로 바르게 인사하는 방법을 연습시켜 그대로 실천하도록 한다.

교육활동시간에는 활동에 집중해야 하며 다른 영유아와 활동과 무관한 상호작용을 해서는 안 된다는 것을 하나의 규칙으로 인식하도록 한다. 교육활동 중에는 협동학습이 일어날 수 있도록 짝을 지어 주거나 작은 집단을 구성하여 영유아의 또래 간 상호작용을 촉진하고 협동의 이점을 영유아가 직접 체험하게 한다.

자유놀이시간은 또래 상호작용이 가장 활발하게 일어나는 상황이다. 이는 영유아 간에 협동놀이나 연합놀이가 일어날 수 있는 기회가 되지만, 한편으로는 놀잇감이나 놀이기구를 놓고 다툼이 벌어지거나 신체적 공격행동이 일어날 가능성도 크다. 이때 교사는 영유아를 감독하면서 영유아 스스로 해결할 수 없는 갈등상황이나 다른 영유아에게 해를 입힐 가능성이 있는 상황에서 개입한다. 놀잇감이나 놀이기구를 놓고 다툼이 발생했을 때는 순서 정하기 등의 놀이규칙을 설정하고 지키도록 지도하며, 다른 영유아에 대한 공격적 행동은 저지하고 원인을 알아보아 적절하게 대처한다.

식사 및 간식 시간은 영유아 간에 조용하고 즐거운 대화는 허용하되 지나치게 크게 떠들거나 장난하며 식사 분위기를 흐트리는 행동은 금지하여 식사 중의 바람직한 또래 상호작용에 대해 교육하는 기회로 활용한다.

낮잠 및 휴식 시간에는 영유아 간 상호작용을 자제하도록 지도함으로써 잠을 자거나 휴식을 취하는 다른 사람을 방해하지 않는 것이 바람직한 행동임을 배우게 한다. 또한 낮잠시간 전후에 침구를 준비하거나 정리할 때 어려움이 있는 또래를 도와주도록 하여 친사회적 상호작용 방식에 익숙해질 수 있도록 한다.

2) 교사와 영유아 간 상호작용

보육교사와 영유아 간의 바람직한 상호작용은 교사가 영유아에게 신속하게 반응하고 따뜻하게 대하며, 양방향 의사소통 기회를 다양하게 제공하고 영유아의 감정, 관심사, 원하는 활동을 파악하여 격려하고 지원해 줌으로써 영유아의 발달과 학습에 도움이 되도록 하는 것으로 요약할 수 있다. 여기서는 보육교사가 영유아와 상호작용하는 상황에서 고려해야 할 요인들을 살펴보고자 한다.

(1) 교사와 영유아 간 상호작용의 주요 요인

① 정서적 민감성

보육교사가 영유아와 상호작용할 때 따뜻한 태도를 보이면서 성의를 다하고 정성껏 대하며, 일방적 지시가 아닌 개방적이고 양방향적인 의사소통을 하는 것이 영유아발달에 긍정적인 영향을 미친다. 즉, 보육교사가 영유아의 정서적인 요구에 대하여 민감하게 반응하고 대처할 때 영유아는 안정 애착을 형성하고 또래집단에서의 사회성도 더 높은 것으로 나타났다(Kontos et al., 1995; Whitebook, Howes, & Phillips, 1989). 교사가 영유아를 수용하는 태도로 민감하게 대하는 것은 영유아가 스스로를 가치 있고 소중하며 존중받을 만한 존재로 여기게 함으로써 긍정적 자아개념 형성에 도움이 되며, 대인관계 전반에 대해서도 긍정적인 기대를 가지게 한다.

보육교사는 자신이 보육하는 영유아들을 애정을 가지고 대하고 영유아의 감정에 대해 존중하고 배려하며, 영유아의 의견을 경청하는 자세를 가져야 한다. 교사가 민감하고 수용적인 방식으로 영유아와 상호작용할 때, 교사와 영유아의 관계는 영유아의 발달을 지원할 수 있으며 영유아가 심리적 안정감을 가지고 적극적으로 환경을 탐색하고 학습할 수 있게 한다.

보육교사가 영유아를 정서적으로 민감하고 수용적인 태도로 대하기 위해 실천할 수 있는 구체적 행동은 두 가지 측면에서 생각할 수 있다(Trivette, 2003). 우선 교사는 영유아가 한 행동에 대해 반응을 보여야 한다. 예를 들어, 영유아가 미소를 짓거나 발차기, 손 흔들기 등 신체 동작을 하거나 소리내어 웃거나 말할 때, 물건을 떨어뜨리거나 공을 던졌을 때 교사는 이에 대해 즉각적으로 반응해야 한다. 즉, 영유아가 교사에게 미소를 지으면 미소로 답해 주고 손을 흔들면 같이 손을 흔들어 주어야 한다.

교사가 영유아에게 민감하고 수용적으로 반응하는 데 강도를 적절하게 조절하는 것도 중요하다. 즉, 교사의 반응 강도는 영유아의 발달 수준이나 기분에 부합되어야 한다. 예를 들면, 영유아의 어떤 행동에 교사가 큰 소리로 반응한다면 그 영유아는 놀랄 수 있다. 또한 기분이 좋지 않은 영유아는 토닥여 주고 부드러운 목소리로 진정시키는 방식으로 대해야 한다.

② 언어적 상호작용

교사가 영유아에게 말하는 빈도나 내용 등의 언어적 상호작용도 교사와 영유아의 상호작용에서 큰 비중을 차지한다. 교사와 영유아 간의 언어적 상호작용은 그 유형이 다양한데 영유아를 도와주는 상황에서 말하기, 영유아의 행동에 대해 언급하기, 영유아와 대화하기 위해 말하기, 단순하고 간단한 말을 하거나 영유아의 응답이 어느 정도 정해져 있는 폐쇄적인 질문하기, 어떤 주제에 대해 상세히 말하기, 영유아의 의견이나 창의적인 응답을 묻는 개방적인 질문하기, 영유아와 극놀이에 대해 이야기하기 등이 있다 (Wilcox-Herzog & Ward, 2004). 교사가 영유아와 언어적 상호작용을 하는 방식은 영유아 발달에 영향을 미친다. 예를 들면, 교사가 영유아와의 상호작용에서 제안하는 방식으로 말하거나 개방적 질문을 많이 하거나 영유아가 한 말에 살을 붙여 보다 상세히 말할 수 있게 거들어 주는 것은 영유아의 사회성 발달과 인지발달에 도움이 되는 것으로 나타났다. 이에 반해 영유아를 통제하기 위한 일방적인 말은 언어발달에 부정적인 영향을 미치는 것으로 보고되었다(Clarke-Stewart, 1987; Erwin, Carpenter, & Kontos, 1993; McCartney, 1984; Pellegrini, 1984).

보육교사는 이상과 같은 점에 유의하여 영유아와의 언어적 상호작용에서 일방적 지시나 통제를 가능한 한 자제하고 영유아가 자신의 생각이나 의견을 표현할 수 있는 기회를 충분히 준다. 영유아에게 질문을 할 때는 예, 아니요나 한마디로 간단히 답하게 되는 질문보다는 생각하고 문장을 통해 답할 수 있는 개방형 질문을 하는 것이 영유아 발달에 도움이 된다. 또한 영유아와 함께 어떤 의사결정을 하는 상황에서 영유아의 선택이 현실성이 없거나 바람직하지 않더라도 하나의 대안으로 존중하며 교사가 보다 바람직한 대안을 제안하는 방식으로 제시하도록 한다.

③ 비언어적 상호작용

보육교사와 영유아 간의 비언어적 상호작용에 포함되는 행동은 영유아와 아무런 상호작용을 하지 않는 것, 일상적인 돌보기, 놀이 감독 등의 단순한 상호작용, 놀이에 대해 제안을 하거나 신체 동작을 하거나 영유아가 하는 말에 반응을 보이는 것 등이다. 영유아가 놀이를 할 때 교사가 지켜봐 주는 등의 비언어적 관여가 있으면 영유아는 놀잇감이나 또래와 보다 복잡한 놀이를 하는 경향이 있다고 한다(Howes & Smith, 1995; Howes & Stewart, 1987; Kontos, Hsu, & Dunn, 1993). 비언어적 상호작용은 언어적 상호작용 이상으로 중요하다. 같은 내용을 전달하더라도 말하는 사람의 표정, 몸짓, 어조 등에 따라 전혀 다른 의미로 해석될 수 있다. 이런 점에 유의하여 교사는 영유아에 대해 늘 관심을 가지고 지켜보며 매일 행하는 단순한 상호작용도 소홀히 여겨서는 안 된다.

(2) 영유아의 또래 간 상호작용 지도기법

① 놀이

영유아가 놀이를 하는 상황에서 교사가 해야 할 역할은 적절한 놀이환경을 마련해 주고 놀이를 격려하고 관찰하며, 놀이를 통해 발달과 학습이 증진될 수 있도록 지원해 주는 것이다. 영유아의 놀이를 지도하는 교사의 역할을 구체적으로 살펴보면 다음과 같다(이기숙, 2000; 신은수, 1991, 재인용). 첫째, 교사는 영유아의 놀이를 세심히 관찰하여 놀이 참여에 어려움이 있는 영유아를 놀이로 이끌어 주어야 한다. 교사가 놀이의 방향을 제안하거나 함께 놀이에 참여할 수도 있다. 둘째, 혼자서 놀이를 하는 영유아의 놀이에 교사가 직접 참여하여 또래와의 연합놀이로 발전시킬 수 있게 지도한다. 셋째, 영유아가 하는 놀이를 관찰하면서 놀이의 과정과 결과에 대해 칭찬하고 격려하여 놀이를 하려는 동기를 부여한다. 넷째, 놀이 영역을 필요에 따라 변화시키거나 놀잇감을 적절히 제시하여 놀이에 적합한 환경을 조성한다. 다섯째, 단순한 놀이가 반복되거나 놀이를 변화시킬 필요가 있을 때는 영유아와 의사소통하여 새로운 방향을 제시해 준다.

② 교육활동

교사는 교육활동을 할 때 다양한 방식으로 영유아와 상호작용을 한다. 브레드캠프와 로즈그랜트(Bredekamp & Rosegrant, 1992)는 교사가 교육활동 상황에서 하게 되는 행동을 비지시적-지시적인 정도에 따라 여덟 가지로 구분하고 있다. 비지시적 행동은 영유아가 활동을 주도하도록 하며, 지시적 행동은 교사가 활동을 주도하도록 한다. 영유아에게 활동을 주도하게 하는 교사의 행동부터 차례로 살펴보면 다음과 같다.

인정하기 영유아에게 관심을 보이고 영유아가 하고 있는 활동에 대해 긍정적인 반응을 보이고 격려하여 하고 있는 활동을 계속하게 한다.

행동 모델되기 어떤 기술이나 바람직한 행동양식을 보여 주어 영유아가 모방학습을 하도록 한다. 예를 들면, 바른 식사예절을 교육하기 위해 교사가 바른 자세로 식사하는 모범을 보여 줄 수 있다.

촉진하기 영유아가 어떤 기술을 배우기 위해 연습할 때 교사가 일시적으로 도움을 제공하는 것이다. 예를 들어, 영유아가 자전거 타기를 배울 때 뒤에서 잡아 준다.

지원하기 고정적인 도움을 제공하는 것으로, 교실의 언어 영역에 영유아가 참고할 수 있도록 한글표를 붙여 놓는 것을 예로 들 수 있다.

비계 설정 영유아가 현재 능력으로는 스스로 할 수 없지만 도와주면 할 수 있는 과제를 하도록 하고 도움을 주어 발달을 촉진한다.

공동 구성하기 어떤 문제를 해결하거나 과제를 할 때 영유아와 협력하면서 학습하고 작업하는 것으로, 함께 무엇을 만들거나 블록을 쌓아 어떤 건축물을 만드는 것을 예로

[사진 12-3] 유아대상 교육활동

들 수 있다.

시범 보이기 교사가 어떤 행동을 하거나 활동을 하고 영유아는 그에 따른 결과까지 전 과정을 지켜보게 한다.

지시하기 영유아가 실수할 가능성이 거의 없도록 좁은 범위의 행동에 대해 구체적인 지침을 제공한다.

교육활동 상황에서 교사와 영유아 간의 상호작용은 이처럼 다양한 방식으로 이루어질 수 있는데, 이 중 어느 유형이 가장 바람직한 것은 아니며 교육활동의 특성이나 영유아의 연령, 능력 등에 따라 적절히 선택하여 사용하도록 한다.

③ 생활지도

영유아의 생활지도를 위해 교사가 사용할 수 있는 기법은 다양하다. 그런데 상황이나 영유아의 특성에 따라 같은 방법도 효과가 다르기 때문에 여러 가지 방안을 활용하는 것이 바람직하다. 생활지도 상황에서 교사가 선택할 수 있는 방법을 몇 가지 살펴보면 다음과 같다(Oesterreich, 1995).

모범 보이기 영유아는 성인을 모방한다. 따라서 교사는 영유아에게 모범이 되는 행동을 보여 주고 그 행동에 대해 설명하고 함께 이야기를 나눈다.

칭찬하기 칭찬을 하는 목적은 영유아가 새로운 것을 배우고 바른 습관을 익히며 자기 존중감을 형성하게 하기 위한 것이다. 따라서 영유아가 무엇에 대해 칭찬을 받는지를 알 수 있도록 구체적인 행동을 지칭하여 칭찬을 한다. 예를 들어, 영유아가 바람직한 행동을 했을 때 그저 "착하구나."라고만 하기보다는 "장난감을 제자리에 갖다 두었구나. 정돈을 깔끔하게 잘했다."라고 하는 편이 좋다.

타임아웃 타임아웃은 영유아가 해서는 안 되는 행동을 했거나 통제되지 않을 때 그 상황으로부터 분리되어 마음을 가라앉히고 자신이 했던 행동에 대해 생각할 시간을 갖게 하기 위한 것이다. 만 3세 이상의 유아에게 사용할 수 있는데 시간은 5분이 넘지 않도록 한다. 영유아는 자신의 행동이 문제가 된다는 것을 이해하지 못할 수 있으므로, 교사는 영유아가 했던 옳지 않은 행동에 대해 설명하고 해서는 안 된다는 것을 주지시키며, 그와 같은 상황에서 할 수 있는 행동의 대안을 제시해 주는 대화의 시간을 잠시 갖는다.

적극적 경청 영유아가 기분 상하는 일이 있어 교사에게 그 일을 이야기하는 상황에서 교사는 적극적 경청 방법을 사용할 수 있다. 이때 교사의 역할은 영유아의 기분을 상하게 만든 상황과 영유아가 느끼는 감정을 이해하려고 노력하면서 영유아가 계속 이야기하도록 한다. 교사가 이야기를 들어 주고 이해하려고 노력하는 동안 영유아는 스스로 문제상황에 대해 이해가 깊어지며 해결책을 찾을 수 있다.

관심 돌리기 영유아가 해서는 안 될 행동을 할 때 장난감을 주거나 책을 읽어 주는 등 다른 활동으로 관심을 유도하는 방법을 사용할 수 있다. 이 방법은 주의집중시간이 짧은 영아에게 보다 효과적이다.

무시하기 바람직하지는 않지만 영유아 자신이나 다른 영유아에게 해가 되지 않는 행동에 대해서는 교사가 아무런 반응을 보이지 않는 방법을 사용할 수 있다. 무시하기는 유아에게 보다 효과적인데, 유아는 자신이 바라던 관심을 얻을 수 없으므로 행동을 그만두게 된다. 무시하기는 관심을 얻기 위해 욕설이나 좋지 않은 말을 할 때 특히 효과가 있다.

보상하기 영유아가 바람직한 행동을 했을 때 상을 주는 것은 바람직한 행동을 계속하게 하는 데 효과적이다. 보상에는 사회적 보상과 물질적 보상이 있다. 사회적 보상은 웃어주기, 칭찬하기, 안아주기 등이다. 바람직한 행동을 했을 때 이런 보상을 제공하면 영유아는 자신을 특별하게 느끼며 바람직한 행동을 계속할 가능성이 커진다. 물질적 보상은 영유아가 원하는 유형의 것으로 금전, 사탕, 장난감, 스티커 등이다. 물질적 보상도 영유아의 바람직한 행동을 강화한다. 그런데 영유아가 물질적 보상에 익숙해지면 해야 할 행동을 자율적 동기로는 하지 않게 될 수 있다. 즉, 보상을 너무 자주 사용하면 영유아가 보상에만 관심을 갖고 자신의 행동이나 그 결과에는 관심을 두지 않을 수 있으므로 교사는 영유아에게 주는 보상의 형태나 빈도를 적절히 조절해야 한다.

3) 교사와 부모 간 상호작용

보육교사와 부모 모두 영유아가 좋은 환경에서 즐겁게 생활하며 건강하게 발달하고 학습하기를 바란다는 측면에서는 같지만, 보육교사는 영유아를 집단 수준에서 돌보고 교육해야 하는 반면, 부모는 영유아 개인의 요구에 맞추어 돌보고 교육하기를 원한다는 점에서 서로 입장이 다르다. 그러나 보육교사와 부모는 영유아의 발달과 교육에 가장 중요한 인물들로, 서로 믿으며 정보를 교환하고 협력하는 관계가 바탕이 되어야 영유아에 대한 보육이 계획대로 이루어질 수 있으며 보육이 영유아에게 긍정적으로 작용할 수 있다. 여기서는 보육교사와 부모 간의 상호작용에 관해 알아본다.

(1) 협력관계 형성

보육교사와 부모 간의 협력은 영유아, 부모, 교사 모두에게 긍정적인 영향을 미친다(Gestwicki, 2004). 영유아가 심리적 안정감을 가지고 어린이집에 적응하며 긍정적인 자아개념을 형성하는 데는 영유아를 돌보는 성인들의 역할이 중요하다. 부모는 영유아의 일차적 애착대상으로서 영유아가 환경에 대한 기본적인 신뢰를 형성하는 데 핵심적인 역할을 한다. 영유아가 어린이집에 다니게 되면 부모와의 일차적 애착이 안전기지가 되며, 이를 기반으로 하여 보육교사와도 애착을 형성한다. 따라서 부모가 보육교사와 충분히 의사소통하고 협력하는 것은 영유아가 가정에서 어린이집으로 전이하는 과정에서 연속성을 느끼게 하여 적응에 도움을 준다. 영유아는 부모가 교사와 좋은 관계를 맺고 있을 때 교사를 애착대상으로서 긍정적으로 보게 되며 심리적 안정감을 느낀다. 따라서 보육교사는 부모와 다양한 방식으로 의사소통하며 서로 신뢰하는 협력관계를 형성하도록 최선을 다해야 한다.

영유아의 자아개념은 다른 사람들이 자신을 대하는 방식에 의해서도 영향을 받지만 다른 사람들이 자신의 부모를 대하는 방식에 의해서도 영향을 받는다. 따라서 보육교사가 영유아의 부모를 존중하고 그들과 긍정적인 상호작용을 하는 것을 보는 것은 영유아의 자아개념 형성에도 중요하다.

보육교사와 부모 간의 협력은 영유아를 돌보고 지도하며 교육하는 데 효율성을 높이는 데도 도움이 된다. 교사와 부모는 서로 다른 맥락에서 영유아를 관찰하며 영유아에 대해 서로 다른 정보를 가지고 있을 수도 있다. 따라서 교사와 부모는 영유아에 대한 정보를 서로 교환하고 영유아에 대해 상의함으로써 영유아에 대한 이해를 넓혀 영유아의 특성에 보다 적합하고 민감하게 돌보고 지도할 수 있다.

보육교사와 부모 간의 협력은 영유아뿐만 아니라 부모에게도 바람직하다. 부모로서 역할과 책임을 하는 데 보육교사는 지원자나 상담자의 역할을 할 수 있다. 특히 핵가족이 대다수이고, 한부모 가정이 증가하며, 어머니의 취업률이 높아진 현재의 상황에서 부모들은 자녀양육을 지원받거나 자녀문제에 대해 상의할 만한 대상이 없는 경우가 많아 자녀에 대한 모든 책임을 전적으로 감당해야 하는 부담을 진다. 보육교사는 부모와 마찬가지로 영유아에 대해 관심과 배려의 마음을 가지고 있으며, 영유아를 대하는 전문적 지식 및 기술과 영유아와의 다양한 경험을 바탕으로 부모에게 상담을 제공할 수 있고, 자녀양육에 관해 부모에게 심리적 지원을 할 수 있는 이상적인 협력대상이다.

부모와의 협력은 교사에게도 도움이 된다. 영유아는 저마다 독특성을 가지고 있으며 부모마다 영유아에 대한 기대가 다르다. 교사가 영유아와 그 부모 및 가정에 대해 많은 정보를 가지고 있을수록 영유아 개개인을 돌보고 지도하는 데 효율적인 방안을 쉽게 찾을 수 있고, 그만큼 교사로서의 임무를 수행하는 데 도움을 받는다. 또한 부모로부터 긍정적인 피드백을 받는 것은 교사가 자신의 역할 수행에 대해 자신감을 가지게 한다. 그러기 위해서는 교사가 부모에게 자신이 하는 일에 대해 충분히 알려 주어야 한다.

(2) 협력관계 형성을 위한 기술

① 부모와의 협력관계 형성을 위한 방안

보육교사가 부모와의 협력관계를 형성하기 위해서는 부모의 태도도 중요하지만 어린이집은 교사의 영역이므로 교사의 역할이 우선적으로 중요하다. 교사가 다양한 의사소통 통로를 마련하고 대화 가능한 분위기를 조성하는 것이 중요하다. 우선 교사는 보육을 하는 데 자신이 전적으로 통제하려 하기보다는 부모를 협력자로 받아들이는 태도를 가지고 부모를 신뢰해야 한다. 또한 교사는 영유아 가족의 말을 경청하고 여유를 가지고 대할 수 있어야 한다. 기존의 틀에만 얽매이기보다는 가족의 제안에 대해 수용적인 태도를 가짐으로써 교사와 부모 간의 신뢰가 돈독해질 수 있다. 부모의 관점과 감정을 이해하려는 노력도 부모와의 협력관계 형성을 위해 반드시 필요하다. 교사는 다양한 부모들을 대하는데, 가치관이나 바람직한 행동방식에 대한 믿음이 자신과는 현격히 다른 부모를 겪을 수도 있다. 이때 그들의 입장에서 생각해 보고 차이점에 대해 수용적인 태도를 취하는 것이 부모와의 협력관계를 형성하는 데 중요하다.

② 의사소통 통로 마련 및 개방적 의사소통

보육교사와 부모가 협력관계를 형성하는 데 가장 중요한 요소는 개방적인 의사소통이며 서로에 대한 많은 정보를 주고받는 것이다. 교사와 부모 간의 비형식적인 짧은 대화도 서로에 대한 이해를 넓히고 협력관계를 형성하는 데 긍정적인 영향을 미친다. 그러나 맞벌이를 하는 부모의 경우 교사와 충분히 대화할 수 있는 시간적 여유를 갖기 어려우며, 교사도 자신이 담당하는 다수의 영유아 부모와 매일 시간을 내어 대화를 하는 것이 현실적으로 불가능하다. 따라서 문서를 통해 의사소통하거나 연 1회나 2회 정도 별도로 상담시간을 마련하여 부족한 대화를 보충할 수 있는 기회를 제공하는 것이 바람직하다. 보육교사와 부모가 의사소통할 수 있는 방법을 몇 가지 소개하면 다음과 같다.

등 · 하원 시 대화 영유아가 아침에 어린이집에 도착할 때와 저녁에 귀가할 때 부모와 간단히 대화하는 시간을 가질 수 있다. 아침에는 전날 밤 영유아에게 있었던 특기할 만한 사건이나 경험 등에 대해 부모가 교사에게 전달하여 교사가 영유아를 돌보는 데 참고할 수 있게 한다. 저녁에는 반대로 어린이집에서의 생활에 대해 교사가 부모에게 전달하여 가정에 돌아간 후 부모가 영유아를 돌보는 데 참고할 수 있게 한다. 특히 이 방식은 영유아가 아프거나 집안에 좋지 않은 일이 있어 각별한 관심이 필요할 때 더욱 중요한 의사소통 방식이다.

보육일지 영유아가 어린이집에서 보낸 시간 동안의 생활을 간략하게 기록한 것으로서 부모가 매일 확인하도록 한다. 보육일지에 기록하는 사항은 간식 및 점심 식사량, 용변상황, 건강 및 기분 상태, 특기할 만한 행동 등이다. 보육일지는 교사와 부모가 매일 개인적으로 면대면 대화를 하는 것이 어려운 상황에서 영유아의 어린이집 생활을 부모에게 알리는 데 효과적이다. 단, 교사가 보육일지를 상세하게 기록하기 위해 영유아에게 소홀해질 수 있으므로 짧은 시간에 전달할 내용을 일목요연하게 기록할 수 있는 문서양식을 마련하여 활용하는 것이 바람직하다.

영유아발달기록부 영유아발달기록부는 연 2회 정도 학기말에 교사가 작성하여 부모에게 전달하며 부모는 내용에 대한 소감이나 의견을 적어 다시 교사에게 전달하기도 한다. 영유아발달기록부의 주요 목적은 해당 기간 영유아의 신체 · 언어 · 인지 · 사회 · 정서 발달 상황을 살펴보고 그 결과를 부모에게 알리며, 혹시 영유아에게 발달상의 문제가 있다고 의심될 때 부모와 함께 대처방법을 상의하여 적절한 조치를 취하고자 하는 것이다. 교사는 영유아에 대해 평소 세심하고 객관적인 시각에서 관찰해야 하며, 발달적 변화를 측정하기 위해 간단한 과제를 수행하게 할 수도 있다.

개인상담 부모는 영유아를 양육하는 과정에서 어려움을 느끼거나 영유아에게 어떤 문제가 있다고 느낄 때 교사에게 상담을 요청할 수 있다. 반대로 교사도 영유아가 어린이집에서 적응상 어려움을 겪거나 행동이나 발달에 문제가 있다고 판단될 때 부모에게 상담을 요청하기도 한다. 또는 영유아발달기록부를 부모에게 전달한 후 그 내용을 바탕으로 하여 교사와 부모가 대화하는 시간을 가지고 영유아의 발달과 적응에 도움을 줄 수 있는 방안에 대해 함께 의견을 나누기도 한다.

집단상담 교사가 자신이 담당하고 있는 영유아의 부모를 집단으로 만나 이루어지는 의사소통 방법이다. 특히 학기 초에 교사가 자신의 보육철학이나 반 운영방침 등을 알리고 부모의 협조를 구할 때 효과적이다. 이는 부모 간의 상호작용을 촉진할 수 있는 기회가 되기도 한다.

2. 교수학습방법

영유아는 항상 학습하는데, 진정한 학습은 기본적으로 성숙과 경험의 상호작용을 통해 영유아의 사고나 행동에 지속적인 변화가 일어날 때 이루어진다. 여기서는 영유아 학습의 기본 전제와 학습 원리에 대해 살펴보고, 영유아에게 적절한 교수학습방법에 대해 다룬다.

1) 영유아 학습의 기본 전제

영유아 학습의 기본 전제에 대해 다루고, 그것이 시사하는 제안점에 대해서 다룬다.

(1) 영유아는 능동적인 학습자다

영유아가 적극적이며 능동적이라는 것은 여러 가지 의미를 지닌다. 첫째, 영유아는 적극적인 신체활동을 한다. 손을 뻗고, 서고, 앞으로 가고, 이곳저곳 돌아다니는 등의 움직임을 통해 학습의 기회를 증진시킨다. 둘째, 영유아는 모든 감각기관과 몸 전체를 사용하여 학습한다. 사물의 특성이나 기능을 알기 위해 맛을 보고, 만져 보고, 듣고, 보고, 냄새를 맡아 보는 등의 감각활동을 하며 이를 통해 학습이 이루어진다. 셋째, 영유아는 스스로의 활동을 통해 경험을 쌓아 간다. 다른 사람이 주는 정보나 경험을 통해 수동적으로 학습하는 것이 아니라, 관찰이나 사물을 직접 다루거나 다른 사람과의 상호작용을 통해 적극적으로 자신의 잠재력에 최대한 도달하고자 한다. 이 과정에서 많은 실수를 범하는데, 이는 관계를 이해하고 자신의 경험에 기초하여 개념을 형성하고자 하는 영유아의 시도를 보여 주는 것이다. 넷째, 현재의 접근 수단이 용이하지 않을 때 영유아는 포기하기보다는 다른 만족할 만한 대안을 찾는다. 결과적으로 현재의 방법으로 욕구충족이 가능하지 않은 경우 욕구를 만족시킬 수 있는 다른 방법을 찾는다. 예를 들어, 성인으로부터 지지를 받지 못하는 경우는 또래로부터 지지를 받으려고 한다.

[제안] • 교사는 영유아에게 사물을 직접적으로 탐구하기 위해 여러 감각기관을 이용하는 기회를 제공해 주어야 한다.
• 영유아가 자유롭게 활동할 수 있도록 시간을 잘 계획해야 한다.
• 교사는 영유아가 수동적이 되는 시간을 최대한 줄이고, 활동적인 활동 다음에는 조용한 시간을 갖도록 일정을 계획해야 한다.
• 영유아에게 매일 실내와 실외에서 대근육활동을 할 수 있는 기회를 제공해 주어야 한다.
• 교사는 영유아의 받아들일 수 없는 행동이 자신의 목표가 좌절되었을 때 일어난 것인지를 살펴보아야 하며, 그럴 경우 다른 방법으로 그 욕구를 충족시킬 수 있도록 지도한다.

(2) 영유아의 학습은 성숙의 영향을 받는다

6개월 된 아이를 걷게 하기 위해 연습이나 훈련을 아무리 시켜도 그 아이는 혼자 걸을 수 없다. 왜냐하면 그 아이는 아직 자신의 힘으로 걸을 준비가 되어 있지 않기 때문이다. 6개월 된 아이에게 혼자 걷도록 하는 것이 적절치 않은 것처럼 다른 능력도 성숙을 통해 준비되어야 학습이 가능하다.

한편, 성숙을 통해서 전에는 가능하지 않았던 새로운 학습이 가능해지기도 한다. 예를 들어, 2~5세의 영유아는 드러나는 모습으로만 그 사람의 감정을 판단하지만, 6~7세가 되어 인지적 성숙이 일어나면 상황적 단서를 고려할 수 있다. 성숙의 과정을 통해서 새로운 능력과 지식의 일반적인 출현 시기를 예상할 수 있다. 그러나 환경의 영향으로 그것이 예상보다 앞서 일어나기도 하고 늦게 일어나기도 한다.

[제안] • 교사는 영유아 시기에 영유아가 어떻게 성숙하는지, 어떤 것이 예상되는지에 대하여 이해해야 한다.
• 교사는 영유아의 기능과 이해 수준에 맞추어 활동을 융통성 있게 조절해야 한다.
• 교과과정은 학습목표 안에서 융통성 있게 계획되어야 한다.

(3) 영유아의 학습은 환경의 영향을 받는다

영유아의 학습은 성숙뿐만 아니라 환경의 영향도 받는다. 즉, 물리적 환경, 생물학적 환경, 사회적 환경 등이 학습과정에서 중요한 역할을 한다. 환경적 변수는 영유아의 학습능력을 향상시키기도 하고 퇴보시키기도 한다. 영유아는 심리적으로 안전함을 느끼고 건강할 때 가장 잘 학습할 수 있다(Bredekamp & Copple, 1997). 또한 자신을 이해하고 실수를 받아 주고 지지해 주는 성인의 존재는 영유아가 안전감을 느낄 수 있도록 해 준다. 성인과 긍정적이고 지속적인 관계를 가진 영유아는 그렇지 않은 영유아보다 느긋하고 자신감을 갖는다.

실내 · 외 공간의 설계나 교재교구의 선택도 영유아의 학습에 도움이 되거나 방해가 되기도 하며 영유아의 행동이나 정서에도 영향을 준다. 공간이 충분해서 영유아들이 자유롭게 돌아다닐 수 있을 때 또래와의 긍정적인 상호작용이 일어나고, 교재교구가 영유아의 연령이나 흥미에 적절하고 다양하게 준비되어 있을 때 영유아는 좀 더 나은 문제해결력을 보여 준다.

영유아에게 적합한 학습은 자극적이고 사회적인 환경을 필요로 한다. 어린 영유아는 다른 친구나 성인을 관찰하고 함께 참여함으로써 새로운 지식을 발달시킨다. 따라서 영유아에게는 자극적이면서도 안전한 방법으로 다른 사람과 상호작용할 수 있는 많은 기회가 필요하다.

[제안] • 교사는 학습환경의 중요성에 대하여 알아야 한다.
• 영유아기 프로그램은 영유아의 신체적 · 물리적 요구를 충족할 수 있도록 계획되어야 한다.
• 하루 시간표는 영유아가 안정감을 느끼고 예측 가능하게 짜여야 한다.
• 교사는 활동과 변화 등을 영유아의 집중시간과 신체적 발달, 활동의 필요성, 사회적 상호작용 등을 고려해서 정해야 한다.

• 영유아에게 도움, 안정감, 주의 및 지도를 해 줄 수 있는 성인이 필요하다.
• 영유아는 사회문화적 환경, 문화, 인종, 외모, 가족배경, 행동 등에 상관없이 온정, 존중, 보호를 받아야 한다.
• 영유아의 자존감과 자아통제를 향상시킬 수 있는 효과적인 훈련을 해야 한다.
• 영유아의 능력을 지지해 줄 수 있는 교육환경을 만들어야 한다.

(4) 영유아는 물리적 경험과 사회적 상호작용을 통해 학습한다

영유아는 그들이 직면한 모든 것을 이해하려고 하는 강한 욕구를 가지고 있다. 영유아는 태어날 때부터 직접적인 조작, 듣기, 냄새 맡기, 맛보기 등을 통해 그들의 지식을 구조화하기 위해 노력한다. 이를 통해 사물의 속성에 대한 지식이나 이해를 얻는다. 이러한 지식은 단순히 소극적인 관찰을 통해서 이루어지는 것이 아니라 보다 적극적인 정신활동이나 탐색을 통해 이루어진다.

사물에 대한 이해는 다른 사람과의 상호작용에서도 영향을 받는다. 영유아는 처음에는 다른 사람의 도움을 받을 수 있는 상황에서만 할 수 있던 일을 나중에는 도움 없이 독립적으로 여러 상황에서 스스로 할 수 있게 된다. 이것이 학습의 기본 원리다. 성인과 또래의 지원은 유아로 하여금 독립적인 기능의 수준으로 발전해 갈 수 있도록 필수적인 도움을 제공한다(이기숙, 2003).

영유아는 또한 또래나 성인과 이야기하고 놀고 함께하면서 생각이나 의견을 나누고 비교한다. 때로는 의견이 불일치하거나 갈등상황이 생기기도 하지만 그 속에서 새로운 생각을 끌어내기도 한다. 영유아는 이를 통해 내적으로 지식을 구성하며 정신구조가 계속 형성되고 확장되어 간다. 그리고 사회적 경험을 통해 혼자서는 구성할 수 없는 새로운 사실적 정보를 받아들이기도 한다. 다른 사람과 상호작용을 함으로써 사회의 구성원으로서 성공적으로 기능하는 데 필요한 지식이나 기술을 습득한다.

[제안] • 영유아가 스스로 지식을 습득할 수 있도록 경험과 환경을 제공하여 영유아의 학습을 지지해 준다.
• 영유아의 현재 생각을 촉진할 수 있도록 상호작용하고 질문하고 새로운 것을 소개해 준다.
• 또래와 상호작용할 수 있는 기회를 매일 제공한다.
• 자신이 발견하지 못한 지식과 기술을 습득할 수 있도록 정보를 제공하고 질

문하고 설명해 준다.

- 영유아가 이미 알고 있거나 이해한 지식과 새로운 정보를 연결할 수 있는 경험을 제공한다.
- 자신의 경험을 다시 생각해 보고 전략을 발달시킬 수 있는 기회를 제공한다.

(5) 영유아는 놀이를 통해 학습한다

영유아는 집이나 학교에서 놀이를 하며 또래와 함께 또는 사물을 이용하여 놀이를 한다. 발달의 모든 영역은 놀이활동을 통해 향상될 수 있다. 영유아는 놀이를 통해 정보를 모으고 처리하며, 새로운 기술을 배우고 오래된 기술을 연습한다(Spodek, 1986; Sroufee et al., 1996). 또한 놀이의 맥락 안에서 상징을 이해하며 창조하고 조작한다. 영유아는 다양한 사회역할을 통해 자신과 대조되는 관점을 발견하고, 차이점과 타협하거나 협상하는 등의 사회적 관계에 대해 이해할 수 있다. 놀이를 통해 신체적 기술, 언어와 읽고 쓰는 능력, 창조적인 상상을 넓힐 수 있다.

베르겐(Bergen, 1988)은 놀이와 학습의 정도에 따라 연속선상에서 놀이를 네 가지로 분류하였다. 이 분류는 놀이에서 비놀이의 특징으로, 영유아 중심에서 성인 중심으로, 그리고 발견학습에서 반복학습의 특징으로 전환된다. 영유아 시기에는 가능한 한 자유놀이와 지도놀이를 많이 포함해야 한다.

자유놀이 가장 영유아 중심적인 놀이로, 영유아가 놀이를 선택하고 진행하며 최대한의 발견학습이 이루어진다. 교사는 안전한 환경을 제공하고 놀이가 진행되는 것에 대해 최소한의 제한을 한다.

지도놀이 자유놀이와 많은 부분이 비슷하나 교사가 구조화한 경험과 발견의 가능성이 증가한다. 자유놀이보다 규칙이 더 많고 대안이 적다.

지시놀이 영유아는 몇 개의 놀이 중 하나를 선택하거나 교사가 놀이를 정해 영유아에게 의사를 물어본다. 영유아의 참여는 필수적이며 교사가 영유아의 놀이를 결정하는 경우도 있다.

놀이를 가장한 학습 가장 과업지향적이며 교사주도로 모든 것이 이루어진다. 예를 들어, 받아쓰기 놀이와 같은 것으로 영유아들이 즐거워하더라도 놀이의 기본 요소가 포함되어 있지 않기 때문에 놀이로 간주하지 않는다.

[제안] • 교사는 영유아의 놀이가 얼마나 가치 있으며 놀이가 영유아의 발달 및 학습과 어떤 관련이 있는지를 이해하고 놀이를 지지해 주어야 한다.
• 기관에서는 한 번 이상의 쉬는 시간을 통해 영유아가 놀이에 전념할 수 있도록 해 준다.
• 교실공간과 자료는 영유아가 혼자놀이와 협동놀이를 할 수 있도록 구조화되어야 한다.
• 놀이는 모든 교과과정 속에 통합되어야 한다.
• 놀이를 위한 다양한 소품과 재료가 필요하다.
• 교사는 영유아와 함께하는 것을 즐겨야 하며 모델링, 역할 나누기, 정보 제공하기, 질문하기, 언어로 놀이하기 등을 통해 영유아의 놀이에 자극을 주어야 한다.

(6) 영유아의 학습방식은 다르다

어떤 영유아는 시각적인 학습을, 어떤 영유아는 청각적인 학습을, 또 어떤 영유아는 접촉을 통해 지식을 받아들이고 학습하기를 좋아한다. 가드너(Gardner, 1993)는 언어적 지능, 논리 · 수학적 지능, 음악적 지능, 공간적 지능, 신체감각 지능, 대인 간 지능, 개인 내 지능의 일곱 가지 지능을 제시하며, 모든 영유아는 이들 지능을 통해 독특한 개인의 인지양식을 갖게 된다고 하였다. 이러한 지능은 영유아 학습에 영향을 준다. 예를 들어, 음악적 지능이 높은 사람은 청각적인 학습을 잘하고 잘 받아들이며, 개인 내 지능이 높은 사람은 개별적인 활동이나 혼자 학습하기를 좋아한다.

또한 영유아의 학습방식은 사회 · 문화적 배경에 따라 다르다. 서구문화에서는 장독립적인 학습방식을 강조하여 개인적 성취감이나 경쟁을 즐기게 하는 반면, 비서구문화에서는 장의존적인 학습방식을 선호하여 협동작업이나 함께하는 것을 강조한다.

[제안] • 영유아에게 하나의 개념과 기술에 대해서도 다양한 방법으로 할 수 있는 활동을 제공해야 한다.
• 영유아가 자신의 학습 욕구에 적합한 활동을 선택할 수 있도록 활동이 제공되어야 한다.

- 영유아마다 각기 다른 학습방식을 가지고 있기 때문에 어떤 활동은 강조하고 다른 것은 무시하기보다는 다양한 방법으로 학습할 수 있도록 해야 한다.
- 다양한 인지양식에 맞는 다양한 경험이 제공되어야 한다.

(7) 영유아의 학습은 성향이나 지각의 영향을 받는다

영유아는 지식이나 기술을 습득하는 동안 학습에 대한 성향을 발전시킨다. 성향이란 다양한 생활사건에 대한 전형적인 반응양식이다. 예를 들어, 새로운 아이디어에 직면했을 때 어떤 영유아는 호기심을 갖지만 어떤 영유아는 관심이 없을 수 있다. 또 어떤 영유아는 개방적이지만 어떤 영유아는 폐쇄적일 수 있다. 성향은 영유아기 초기에 나타나며 평생 지속된다. 이는 직접적으로 배우는 것이 아니며 하나의 사건의 결과로 생기는 것도 아니다.

성향은 지속된 경험의 결과로 형성되며 매일 매일의 교육적 경험에 의해 강화되거나 약화될 수 있다. 교사가 영유아의 질문을 무시하거나 수업을 방해하는 것으로 여기는 일이 되풀이되면 영유아의 호기심에 대한 성향은 약화될 수밖에 없다. 반면에 영유아의 질문에 관심을 갖고 대답해 주며 새로운 것에 대한 영유아의 반응을 북돋아 주면 영유아의 호기심에 대한 성향은 강화된다. 그리고 교사가 지나치게 경쟁심을 강조하면 영유아의 협동에 대한 태도는 약화되며, 반면에 공동작업이나 공동보상을 강화하면 협동에 대한 태도가 강화된다.

또한 영유아는 자기 자신이나 어린이집에 대해 나름대로의 인식을 갖게 된다. 이러한 인식은 주관적이고, 개인적인 평가나 경험에 따라 결정되기도 하며, 다른 사람들과의 상호작용이 중요한 영향을 미치기도 한다. 이에 따라 자기 자신을 긍정적이거나 부정적인 존재로 지각하며 우등하거나 열등한 존재로 지각하기도 한다. 또한 어린이집을 즐겁거나 지겨운 곳으로 지각하기도 한다. 자신이나 어린이집에 대한 이러한 인식은 점차적으로 형성되는데, 영유아기는 자신이나 사물에 대한 성향 또는 인식을 형성하는 최적의 기간이다.

[제안]
- 교사나 성인은 긍정적인 성향과 지각을 영유아에게 강화해야 한다.
- 교사는 영유아에게 강화하고자 하는 성향의 모델이 되어야 한다.
- 영유아기의 프로그램은 능력, 온정, 안정과 같은 영유아의 감정을 촉진해야 한다.

(8) 영유아는 신체적 욕구가 충족되고 심리적으로 안전하다고 느낄 때 가장 잘 학습한다

적합한 교육과정은 영유아의 생리적 요구를 무시하기보다는 존중한다. 예를 들어, 바람직한 프로그램에서는 대부분의 시간을 유아가 앉아서 교사의 강의를 듣거나 학습지를 하라고 요구하지 않는다. 그러한 활동은 유아의 신체적 욕구에 적합하지 않기 때문이다(이기숙, 2003). 또한 영유아는 물리적, 정서적 환경이 낯설지 않고 위협적이지 않아 편안함을 느낄 때 자유롭게 놀이활동이나 탐색활동을 하며 학습한다.

2) 교수학습방법의 기본 원리

영유아를 위한 교수학습방법과 전략을 구성할 때 주요 요소는 교사, 유아, 교구 및 기타 환경적 조건에 대한 관점에서 시작된다. 여기서는 영유아보육의 교수방법에 대한 여러 가지 연구결과를 집약하고, 앞서 논의한 학습에 대한 기본 전제를 고려하여 공통적으로 논의되고 있는 기본 원리에 대하여 다룬다.

(1) 학습은 단순한 것에서 복잡한 것으로 진행한다

복잡성이란 항목이나 변인 또는 사건의 수가 증가함을 의미한다. 예를 들어, 범주를 발달시키는 과정에서도 '강아지' 라는 단순한 범주에서 강아지와 고양이를 구별하고 강아지와 고양이의 다른 품종을 나누는 복잡한 범주로 학습한다. 요소를 조합하는 것은 개별적으로 다루는 것보다 더 복잡한 과정이다. 유아들은 5개짜리보다는 10개짜리 그림 맞추기를 더 어려워한다. 교사들은 이 원리를 염두에 두고 새로운 개념을 가르칠 때는 요소의 수를 점차 늘리는 것과 같이 도전할 과제를 단계적으로 제시해 주어야 한다.

(2) 학습은 이미 알고 있는 것에서 모르는 것으로 진행한다

전부 새로운 것을 학습하게 하기보다는 이미 알고 있는 것에 모르는 것을 얼마간 포함하여 학습하게 하는 것이 학습을 훨씬 용이하게 만든다. 영유아는 전에 배운 것이나 친숙한 것에 기반을 두고 새로운 기술을 배운다. 영유아가 이미 가지고 있던 지식과 새로운 경험의 관계를 만들어 낼 수 있을 때 새로운 경험이 의미가 있다. 만약 그렇지 못하면 새로운 경험은 부적절한 것이 된다. 교사는 새로운 개념을 소개하기 전에 먼저 영유아가 이미 무엇을 알고 있고 무엇을 할 수 있는지를 알아야 한다.

(3) 학습은 자신에서 타인으로 진행한다

어린 영유아의 세계는 자기 자신을 중심으로 이루어진다. 새로운 경험도 이 범위 안에서 고려된다. 영유아의 첫 단어는 자기 자신에 대한 것이다. 자신에게 가까운 것에 대해 배우고 자신에게 친숙한 것에서 새로운 경험을 하는 것이 영유아의 방법이며, 점차 다른 사람의 요구, 관계, 경험을 깨닫고 적응하게 된다. 초기에 영유아의 자기 중심적인 해석은 모든 사람의 관점은 자신과 동일하고 서로 같다는 잘못된 가정에서 비롯된 것이다. 그러다가 자기 중심적인 사고가 도전을 받고 인지적 성숙이 일어나면서 점차 자신과는 다른 많은 관점이 존재하고 사람마다 관점이 다를 수 있다는 것을 깨닫는다. 그러면서 점차 다른 사람의 경험이나 반응, 욕구를 깨닫고 수용하게 된다. 영유아의 자기 중심적인 세계는 잘못된 것이 아닌 영유아 발달의 한 과정으로 이해되어야 한다.

(4) 학습은 전체적인 것에서 부분적인 것으로 진행한다

영유아는 통합된 방법으로 세계를 경험하고 지각한다. 전체에서 부분으로, 일반적인 것에서 특별한 것으로 이해하며, 경험의 본질적인 것을 파악한 후 그 세부사항의 의미를 이해하게 된다. 따라서 영유아가 노래가사의 의미를 파악하기 위해서는 먼저 노래를 반복적으로 들어 보아야 한다. 영유아에게 새로운 개념을 소개할 때 맥락과 관계가 없거나 지나치게 빨리 구체적인 것을 소개하는 것은 의미가 없다. 교사는 새로운 것을 학습시킬 때 우선 풍부하고 나양한 경험을 광범위하게 제시해 주고, 활동을 반복하여 영유아들이 스스로 탐색하고 개념화할 수 있는 충분한 시간을 준다. 그리고는 이에 대해 영유아들이 관심이나 이해를 보이면 개념이나 인식을 확장할 수 있도록 부분적이고 자세한 것을 제공해 주어야 한다. 또한 교사들은 영유아들에게 단편적인 사실이나 기술을 부분적으로 가르쳐서는 안 되며 일반적인 것에서 시작하여 세부적인 것으로 가르쳐야 한다.

(5) 학습은 구체적인 것에서 추상적인 것으로 진행한다

영유아의 학습은 구체적인 것에 대한 학습에서 추상적인 것에 대한 학습으로 진행한다. 따라서 학습활동과 자료는 구체적이어야 하고 실제적이며 영유아의 실생활과 관련된 것이어야 한다(이기숙, 2003). '구체적' 이란 현재 보이는 사물과 사건의 세계를 뜻하며, '추상적' 이란 실물에 대한 상징과 사물 및 사건을 표상 또는 제안하는 아이디어를 뜻한다. 대부분의 구체적 경험은 실제 사물을 물리적으로 접촉하는 데서 오는 것이다. 즉, 보고 만지고 냄새 맡고 듣는 등의 활동을 통해 이루어지며, 구체적인 경험에서 추상적인 것으로 발달한다. 영유아가 잎에 대하여 탐색할 경우, 먼저 보고 만지고 냄새 맡는 것 등을 통해 잎에 대한 흥미와 지식을 향상시키고 그다음에는 잎에 대한 사진이나 교사의 설명으로 좀 더 추상적인 것으로 지식을 넓혀 나간다. 따라서 영유아 보육현장에서 영유아에게 구체적인 조작 없이 교육내용을 그대로 제시하는 것은 바람직하지 못하다.

(6) 학습은 실제적인 것에서 상징적인 것으로 진행한다

영유아에게 추상적으로 표현하는 것을 가르치기 전에 실제적으로 표현할 수 있는 충분한 기회를 제공해 주는 것이 발달에 적합하다. 영유아는 처음에 몸을 사용해서 세상을 표현한다. 주로 몸짓, 소리, 단어 등을 사용해서 역할, 사건에 대해 상기하고 이야기를 만든다. 예를 들어, 오리를 보고 온 후 오리 소리를 내거나 뒤뚱뒤뚱 걷고 손으로 오리 입을 흉내 낸다. 이는 태어나서 1년간 나타나는 가장 미숙한 형태다.

18개월경이 되면 좀 더 추상적인 방법으로 본 것이나 생각한 것을 영상이나 3차원의 이미지로 구성한다. 이제는 몸동작으로 오리를 표현하거나 오리 소리를 내는 것에서 벗어나 그림을 그리거나 블록 또는 점토를 이용하여 오리를 표현한다.

유아기에는 가장 추상적인 표현으로 특정한 대상이나 사건에 대해 문자나 숫자와 같은 단어와 상징을 이용하여 설명한다. 따라서 오리를 보고 온 후 오리에 대한 느낌을 글로 표현한다.

(7) 학습은 탐구적인 것에서 목표지향적인 것으로 진행한다

영유아는 정해진 방법으로 사물을 탐색하지 않는다. 자발적으로 사물을 조작해 보고 또래나 성인과의 비공식적인 상호작용을 통해 스스로 발견해 나간다. 이러한 상호작용이 내면화되면서 지식이 형성된다. 새로운 장난감을 처음 접한 영유아는 어떻게 노는지 알 수가 없으며 성인이 원하는 방법대로 놀지 않는다. 스스로 탐색할 시간이 필요하며 그동안 자신의 방법대로 장난감을 다루게 된다. 이때 성인이 지시하는 방법대로 할 것을 고집하면 영유아의 탐구하고자 하는 경향과 맞부딪치게 될 것이다. 영유아나 성인에게 이런 경험은 아무런 도움이 되지 않는다. 영유아에게 경험은 새로운 것이며 친숙하지 못한 것이다.

사물이나 현상에 대해 충분히 탐구한 영유아는 학습의 습득단계로 넘어간다. 이 단계는 앞의 탐구단계에 비해 목적지향적이다. 사물이나 장난감을 자기 방식대로 갖고 놀던 영유아는 이제 "이건 어떻게 노는 거예요?" 라는 질문을 한다. 이때 교사는 다양한 전략을 사용해서 영유아의 질문에 대답해 주어야 한다. 이를 통해 영유아는 사물에 대한 새로운 이해를 하게 된다.

새로운 지식과 기술을 습득한 영유아는 이제 그들이 배운 것을 꾸준히 연습하는 단계로 넘어간다. 그들은 새로운 행동과 지식을 다양한 환경 속에서 반복적으로 사용한다. 영유아의 이러한 연습은 스스로 동기유발이 되며 자기주도적이 된다. 교사는 영유아가 같은 시나리오의 놀이를 반복할 때 연습상황을 다양하게 제공하여 영유아의 연습과정을 촉진해야 한다. 영유아는 연습단계를 거쳐 일반화의 단계에 이른다. 이 단계에서 영유아는 배운 것을 여러 가지 방법으로 적용한다. 그들의 생각을 새로운 환경이나 요구에 맞게 적응시킨다.

영유아의 학습은 모든 영역에서 탐험적인 단계에서 목표지향적인 단계로 발전한다. 그들이 속해 있는 단계는 그들의 경험과 이해, 그들에게 유용한 학습 기회의 영향을 받는다. 개별 영유아의 발달은 각 영역 안에서 다르게 발달한다. 영유아는 어떤 개념이나 기술에 대해 탐구하는 동시에 다른 것을 습득 · 연습 · 일반화할 수 있다. 교사는 영유아의 학습이 어떤 단계에 있느냐에 따라 다른 교육적 전략을 사용하여 활동해야 한다. 피드백, 정보, 적절한 질문을 제공하고 그들이 배운 것을 다른 상황에서 연습할 수 있도록 해 주며 새로운 환경에서 배운 것을 적용할 수 있도록 영유아를 격려해야 한다.

(8) 학습은 부정확한 것에서 정확한 것으로 진행한디

영유아는 세상을 이해하는 데 스스로의 내적인 과정을 통해 지식을 습득하고 구성 및 재구성한다. 영유아의 자연적인 생각과 추론과정은 오류와 잘못된 결론으로 가득 차 있다. 그러나 이러한 실수는 영유아 정신발달의 중심이 된다. 정신세계의 모순을 극복하여 좀 더 정확한 생각으로 발전시킬 수 있다. 이 원리 때문에 교사는 영유아가 올바르게 대답하는 것에도 주의를 기울여야 한다. 정확하게 대답을 한 영유아는 정확한 추론과정을 거쳤다기보다는 단순 암기의 기억이나 정확하지 못한 추론을 가지고 대답했을 가능성이 있기 때문이다. 따라서 영유아가 대답하는 방식에 주의를 기울여야 한다.

(9) 학습은 충동적인 것에서 통제된 것으로 진행한다

어린 영유아는 활동적이고 시끄러운데, 이는 충동을 억제하기 힘들기 때문이다. 기다리거나 억제하는 것은 영유아의 인지적, 신체적, 사회적, 정서적 개념과 활동 안에서 생긴 후천적인 기술이다. 스스로 통제할 수 있는 능력을 갖기 위해 교사는 영유아가 자유롭게 움직일 수 있는 기회를 제공하고, 자신을 자유롭게 표현할 수 있도록 하며, 목적 달성을 위해 대안을 배우고, 만족을 지연할 수 있는 방법을 배울 수 있는 교실환경을 제공해 주어야 한다. 영유아에게 수동적이고 활발하지 않은 상태를 강요하는 것은 영유아의 발달과 학습의 모든 면을 방해하는 것이다.

3) 현장에서 적용 가능한 교수학습방법

영유아들은 다양한 방법으로 학습하기 때문에 학습을 지지해 줄 수 있는 방법 또한 다양하다. 따라서 활동을 계획할 때는 이러한 다양성을 고려하는 것이 중요하다. 교사는 학습목표와 관련하여 영유아의 학습을 촉진하기 위한 교수학습방법을 주의 깊게 고려하여 선택해야 한다.

교수학습방법에서는 직접적인 방법이 더 효과적인지 간접적인 방법이 더 효과적인지에 관심을 가져왔다. 그러나 최근에는 직접적인 방법이나 간접적인 방법이 개별 영유아의 욕구나 활동의 목표에 따라 달라질 수 있다고 본다. 따라서 교육목표와 교육방법 사이에 조화가 이루어질 때 영유아들이 잘 학습하며, 이러한 조화를 창조하기 위해서 교수전략과 활동계획의 전략을 구체화하는 방법이 다양해야 한다. 여기서는 영유아 학습의 기본 전제와 원리를 바탕으로 영유아 보육현장에서 사용할 수 있는 일반적인 교수학습방법에 대해서 다루고자 한다(Kostelnik et al., 1999).

(1) 예비 교수활동

① 감각활동을 통한 직접 경험

영유아는 가능한 한 많은 감각기관을 사용하면서 활동적으로 교육에 참여해야 한다. 모든 학습은 보고 듣고 만지고 맛보고 냄새 맡는 등의 지각활동으로 시작되며, 영유아는 감각기관을 가장 잘 사용하는 것을 배운다. 따라서 모든 활동에서 높은 감각적인 참여가 가능하도록 주의 깊게 계획하는 것이 필요하다.

감각활동에서 가장 효과적인 방법은 직접 경험이다. 영유아는 실제 사물이나 사람, 장소 그리고 사건들을 직접 접할 수 있어야 한다. 직접 경험이 불가능한 활동이라면 그 활동이 연령에 적합한 것인지 고려해 보아야 한다. 어릴수록 직접 경험이 가장 효과적인 학습방법이다.

② 환경적 단서 제공

영유아에게 환경적인 단서를 제공해 주어야 한다. 영유아는 주변 환경에서 단서를 관찰하는 것으로부터 많은 것을 배울 수 있다. 환경적인 단서는 영유아에게 말로 구체화되지 않는 활동이나 학습 영역에 대한 기대 등을 나타낸다. 예를 들어, 테이블에 놓여 있는 4개의 의자는 이 테이블에서 동시에 네 명이 활동할 수 있다는 것을 알려 준다. 이러한 비언어적인 신호는 영유아의 독립심이나 협동감, 자기 규제에 대한 목표를 지지해 준다.

③ 과제 분석

과제 분석 또한 영유아에게 효과적인 교수방법이 된다. 과제를 부분으로 나눔으로써 영유아가 더 쉽게 실행할 수 있다. 이것은 유아계획전략에서 필수적이다. 예를 들어, 네 살 아이가 한 번에 식탁을 차리는 법을 배우는 것은 쉽지 않다. 대신에 교사가 식탁을 차리는 목표를 수행하기 위해 필요한 기술, 과정 등을 나누어서 계획하고 영유아가 이전의 것을 수행함에 따라 새로운 단계의 도입을 계획하는 것처럼 논리적인 순서에 따라 행하는 것이다. 이 방식을 사용함으로써 영유아의 수행능력이 확장되며, 과정을 진행하고 성공을 경험함으로써 효과적인 교육이 될 수 있다.

(2) 실제 교수활동

① 반복을 통한 학습

영유아교육의 기본 전제는 반복을 통해 학습한다는 것이다. 실제 학습은 하나의 에피소드에서 일어나지 않으며, 영유아는 숙달을 위해 많은 개념을 접하고 아이디어를 찾고 기술을 시험할 많은 기회가 필요하다. 즉, 영유아는 학습한 것을 연습하고 배운 것을 새로운 상황에 일반화할 기회를 가져야 한다. 여러 시점에서 다양하게 발생하는 상황을 연습해 보아야 하는 것이다.

② 언어적 유인

언어적 유인은 영유아에게 재료를 탐구하게 하거나 다른 사람들과 상호작용하는 기회를 제공함으로써 활동에 참여하도록 조장하는 것이다. 예를 들어, 유아들에게 "와서 우리가 하는 것을 봐." "읽기 영역에 새로운 책이 있어. 네가 분명히 좋아할 만한 책이야." 등의 유인은 유아들이 주저 없이 새로운 활동이나 새로운 것을 접하도록 도움을 준다.

③ 행동 묘사

행동 묘사는 유아의 행동에 대한 언어적인 묘사다. 이는 유아들이 희미하게 인지하고 있는 경험을 명확하게 이해하게 하며 그들의 경험을 묘사할 만한 단어를 접할 수 있게 한다. 예를 들어, 바깥활동 중에 나뭇잎을 가지고 놀고 있는 유아에게 "빨간색 나뭇잎과 갈색 나뭇잎으로 나누고 있네." 또는 "같은 모양의 나뭇잎끼리 함께 모아 놓고 있네." 등으로 행동에 대한 설명을 해 줄 수 있다. 또한 활동에 끼어드는 일 없이 정보를 제공하는 방식으로 유아들의 행동을 설명해 줄 수 있다. 교사가 유아들의 행동에 신속하게 구체적으로 초점을 맞춤으로써 유아들이 자신의 행동을 내면화하게 한다. 또한 유아들의 자기 인식과 이해를 증가시킬 수 있을 것이다.

④ 의역하여 반영

의역하여 반영하는 것은 유아들이 말한 것을 교사의 말로 재언급하는 것이다. 이러한 언급으로 유아들은 언어적인 발전을 이루며 실제적인 듣기에도 도움이 된다. 다소 다른 단어를 사용하면서 의역하여 반영하는 것은 유아의 어휘와 문법적인 구조를 넓혀 준다. 예를 들어, 바깥활동에서 나뭇잎을 두 가지로 나누면서 "이 나뭇잎들은 뾰족하고 저 나뭇잎들은 둥글어요." 하는 유아에게 교사는 "두 가지 다른 종류의 나뭇잎을 찾았구나." 또는 "나뭇잎의 끝 모양에 따라 다르게 보일 수 있다는 것을 알았구나. 너는 나뭇잎을 모양에 따라 분류하고 있구나." 등으로 재언급해 줄 수 있다. 이때 신속하게 유아가 말한 것을 확장시키는 것이 좋다. 이것은 유아들이 중요한 개념과 메시지를 구별하고 명확하게 하도록 해 준다. 역으로 유아들이 교사의 반영에 응답함으로써 교사는 통찰력을 갖게 되고 이는 활동을 진행하는 방법뿐만 아니라 미래계획의 방향을 설정하는 데도 도움을 준다. 또한 의역하여 반영하는 것은 영유아에게 성인이 자신을 이해하고 돌보고 있다는 신호로 여겨져 유아교실에서 학습환경을 강화할 수 있을 것이다.

⑤ 칭찬

칭찬은 영유아의 적극적인 행동을 증진하고 작업을 계속하도록 격려한다. 그러나 어떤 칭찬은 실제 영유아의 자신감을 낮추고 그들의 성취를 저해할 가능성이 있다. 효과적인 칭찬과 비효과적인 칭찬 사이에는 차이점이 있다. 비효과적인 칭찬은 일반적이고 반복적이며 진실하지 않다. 그것은 영유아를 바람직하지 못한 방법으로 평가하고 그들을 다른 사람과 비교하며 영유아의 성공을 운으로 돌리고 그들의 일과 집중력을 방해한다.

한편, 효과적인 칭찬은 구체적이고 영유아의 활동을 인정하며 그들의 진전을 과거 수행과 비교한다.

⑥ 질문하기

질문은 모든 유아 학급에 공통적으로 사용할 수 있는 기본적인 교수기법이다. 효과적인 질문은 목적적이고(교사가 가리키고자 하는 목적에 직접적으로 연관된), 사고를 하게 하며(더 높은 수준의 사고를 자극하기 위해서 명백하고), 분명하고(이해할 만하게), 간결하다(적절하다). 이러한 기준에 알맞은 질문은 유아들의 주의를 끌고 학습을 용이하게 한다. 질문이 부적절한 시기에 사용되거나 너무 많거나 방해가 될 때 유아들은 활동에 주의를 기울이지 못하게 되고 그들의 응답의 질은 떨어진다. 또한 이전의 경험이 전혀 없거나 교육이 이루어지지 않았을 때 유아들의 지식이나 이해가 부족하다는 것을 증명하기 위해 질문이 사용되어서는 절대 안 된다. 유아들은 전혀 근거를 가지고 있지 않은 질문이 주어졌을 때 침묵을 하거나 실수를 하게 된다. 이 과정에서 유아들은 모든 경우에 정답을 알아야만 하고 그들의 실패가 결정이 된다는 메시지를 받기 때문이다.

⑦ 침묵을 통한 학습

교사는 유아의 학습을 지지하기 위해 때로는 침묵을 사용한다. 특히 주의 깊은 관찰과 병행하여 유아들이 활동하는 환경에서 조용히 있는 것은 더 효과적인 교육방법이 될 수도 있다. 교사가 너무 말을 많이 하거나, 부적절한 말을 하거나, 부적절한 시기에 말을 하는 것은 학습환경에서 유아들의 주의집중을 방해할 수 있다.

또한 유아들에게 응답을 요구할 때도 침묵을 사용할 수 있다. 유아는 정보를 처리하고 응답을 하는 데 적어도 3~5초가 필요하므로 몇 초의 시간을 주는 것은 효율적이다. 또한 유아는 교사가 모든 상호작용의 중심에 있거나 다른 사람과 대화하는 것을 방해할 때 덜 지지적인 학습환경으로 인지하므로 이때 성인의 침묵은 온정과 관심의 표시로 받아들여질 수 있다.

3. 보육활동자료의 개발 및 활용

영유아의 발달과 학습을 돕기 위해서는 보육활동자료의 기능과 역할을 신중히 고려하여 선택하고, 영유아가 그것을 적절히 활용할 수 있게 제시하는 것이 중요하다. 여기서는 보육활동자료의 정의 및 그 중요성을 살펴보고, 이를 토대로 하여 보육활동자료의 개발과 활용을 구체적으로 살펴본다.

1) 보육활동자료의 정의

교수학습과정에서 학습자의 학습효과를 증진시키기 위해 각종 매개체를 활용하게 되는데 이를 교육자료, 교수매체, 교수학습자료, 교재교구 등의 용어로 부른다. 교수매체는 교수학습과정에서 교사와 학습자 간에 서로 정보를 전달하는 모든 물체와 교육환경이라고 할 수 있고, 교재교구는 교사가 학습자의 교육을 위해 학습을 준비하는 과정에서 이를 효과적으로 촉진하고 보조하는 매개물이라고 할 수 있다. 교구는 교육활동에서 제시되는 구체물로서 학습할 내용과 활동을 연결하여 학습목표를 달성하기 위해 내용을 여러 가지 형태로 제시하는 데 사용되는 물품이라고 할 수 있다. 그리고 교재는 교육목표를 달성하기 위해 영유아들이 학습할 내용이며, 각종 정보제시 기기를 통해 제시되는 교수자료라고 볼 수 있다(김정규 외, 1997). 즉, 영유아의 발달을 도모하기 위해 제공되는 놀잇감, 실물자료, 그림자료, 환경구성 자료 등 영유아 보육현장에서 사용되는 모든 것은 영유아의 발달 및 학습의 매개체 역할을 한다(한성희 외, 2005)는 점에서 보육활동자료[1]라고 할 수 있다.

보육활동자료의 선택과 개발은 보육기관의 철학적 기초에 영향을 받는다. 프로그램 운영의 이론적 기초는 보육기관의 보육목적에 반영되고, 실천적 기초는 영유아를 위한 구체적 교육목표, 교육내용 및 교수학습방법, 교육환경 등에 반영된다. 어떤 프로그램 유형을 선택하든 간에 보육활동자료의 선정 및 제작 활용은 필수적이다. 다만, 기관이 선택하는 프로그램 유형에 따라 보육활동자료의 역할, 선정유형, 활용방법이 달라진다.

보육활동자료를 선택하고 개발하기에 앞서 프로그램의 이론적 기초가 무엇인지 명확히 할 필요가 있다(Decker & Decker, 2001). 예를 들어, 프로그램이 직접 교수적 모델이나 몬테소리 모델에 기초한다면 과제지향적이고 자기교정적인 활동자료가 적절할 것이

1) 교수매체 또는 교재교구란 용어는 교사의 직접적 교수활동자료라는 의미가 강하므로 여기서는 교사의 직접적 교수의 보조자료로서의 의미보다 영유아가 탐색하고 세상에 대한 이해를 넓혀 가는 데 도움을 주는 도구의 의미로서 '보육활동자료' 란 용어를 사용하고자 한다. 보육활동자료는 교사의 교수용 자료, 영유아의 탐색활동자료를 모두 포괄하는 개념으로 사용하였다.

다. 반대로 총체적, 발달적 모델에 기초한다면 창의력, 실험, 또래 간 사회적 상호작용을 장려하는 활동자료를 더 많이 사용할 것이다(Decker & Decker, 2001). 또 상대적으로 덜 직접적 교수 모델인 경우 실제를 그대로 모사한 자료들을 덜 사용하고 진흙덩어리, 천 조각 등 자연 그대로의 자료들을 더 많이 사용할 것이다(Edwards, 2002).

전통적인 교육과정에서는 교사주도적 수업활동을 보조하는 제시용 자료가 많았으나, 교육과정에서 영유아의 능동적 학습 및 적극적 탐색을 강조하면서부터는 영유아의 탐색활동 및 직접 체험활동이 가능한 활동자료가 많이 사용되고 있다.

2) 보육활동자료의 기능

영유아를 보육하는 데 적절한 활동자료를 선정하고 개발하여 활용할 수 있는 능력은 교사의 보육활동이 더 효과적이 되도록 돕는 중요한 자원이다. 영유아의 발달 수준에 적합한 활동자료는 그 자체가 영유아의 탐색활동을 촉진함으로써 영유아의 학습을 지원할 수 있으며 교사의 보육활동을 돕는 매개체로서 기능한다.

영유아교육에서 활동자료의 중요성은 영유아의 독특한 학습방식과 활동유형에서 찾아볼 수 있다. 영유아의 발달적 특성과 관련하여 보육활동자료가 갖는 발달적 기능을 살펴보면 다음과 같다.

(1) 감각운동적 경험의 매개체

영유아는 추상적 사고나 문자 활용보다는 직접 보고 듣고 냄새 맡고 만져 보는 등의 감각적이고 직접적인 경험을 통해서 개념을 습득하고 환경에 대한 지식을 구성하며 다른 사람의 생각을 이해하고 자기 자신을 표현해 보는 기회를 갖는다. 보육활동자료는 영유아에게 이러한 감각운동적 경험을 제공하는 매개체가 된다.

(2) 주의집중의 매개체

의도적 주의집중이란 영유아가 의식적으로 정신을 집중할 때를 말한다. 영유아들은 매개체를 사용하여 사물이나 사건 또는 행동에 주의를 집중한다. 매개체는 영유아로 하여금 집중해야 할 필요성을 상기시키고, 동시에 교실에 흩어져 있는 흥미로운 장난감이나 벽에 걸린 그림 또는 다른 유아들로부터의 방해를 무시하도록 도와준다. 예를 들어, 집단활동시간에만 볼 수 있는 봉제완구나 작은 인형, 집단활동시간임을 알리기 위해 교사가 머리에 쓰는 모자, 모임을 시작하는 특별한 노래, 특정 시간에만 앉는 특별한 매트 등은 주의집중의 매개체가 된다(Bodrova & Leong, 1996).

(3) 사고와 추론과정의 매개체

외적 매개체는 사고와 추론의 발달을 촉진할 수 있다. 매개체는 유아들로 하여금 자기 생각을 모니터하고 반성적으로 사고하게 할 뿐만 아니라 초인지능력을 자극한다. 숫자들의 관계, 분류, 서열, 패턴 같은 여러 가지 개념적 관계를 모형화하기 위해 벤다이어그램, 단어지도, 개념 조직망과 같은 매개체를 활용한다. 특히 정신적 과정과 행동을 이끌기 위해 내면적이고 언어적인 매개체를 기본적으로 사용하는 어른과 달리 유아는 좀 더 구체적이고 만질 수 있는 것을 필요로 한다(Bodrova & Leong, 1996).

(4) 사회적 상호작용의 매개체

영유아는 놀이나 탐색활동을 하면서 많은 감각운동적 경험을 하는 동시에 함께 활동하는 또래나 교사와 자연스러운 상호작용을 한다. 이때 영유아에게 제공되는 보육활동자료의 질, 유형, 수량 등에 따라 또래나 교사와의 사회적 상호작용의 양과 질이 달라질 수 있다.

(5) 정서 발산의 매개체

영유아는 놀이나 활동을 통하여 자신이 가지고 있는 에너지와 스트레스를 발산한다. 이때 적절하게 제공된 보육활동자료는 영유아들이 가지고 있는 에너지와 스트레스를 사회적으로 인정되는 방식으로, 발달적으로 유익한 방향으로 발산하도록 이끈다.

3) 보육활동자료의 유형

보육활동자료는 복합적인 기능과 특성을 가지고 있기 때문에 한 가지 기준으로 명확하게 분류하기는 어렵다. 그러나 몇 가지 분류기준에 의해 보육활동자료의 유형을 살펴보는 것은 보육활동자료의 활용과 보관에 유용할 것이다. 교육환경에서 보육활동자료의 유형은 활동자료가 주로 배치되는 활동 영역에 따른 분류, 자료 활용 시 주로 사용되는 감각에 따른 분류, 자료의 구조화된 정도에 따른 분류, 자료의 사용 주체에 따른 분류 등 그 분류방법이 다양하다. 어린이집에서는 편의상 활동 영역에 따라 보육활동자료를 분류하는 방법을 가장 많이 사용한다. 각 분류기준에 따른 보육활동자료는 영유아들이 균형 있게 경험할 수 있도록 제공해야 한다.

(1) 활동 영역별 분류

어린이집에서 사용하는 활동자료는 사용되는 활동 영역 혹은 흥미 영역에 따라 구분될 수 있다. 물론 영유아의 연령이나 발달 수준, 흥미 등에 따라 활동 영역이 조금씩 달라질 수 있지만 대체로 언어 영역, 미술 영역, 수학 영역, 과학 영역, 음률 영역, 조작활동 영역, 대근육활동 영역, 구성놀이 영역, 물놀이 영역, 모래놀이 영역, 목공놀이 영역, 역할놀이 영역, 컴퓨터 영역, 개별 휴식공간, 실외놀이 영역 등으로 구분된다. 각 영역에서 사용하는 활동자료의 예는 11장의 환경계획 부분을 참고한다.

활동 영역별 보육활동자료는 주제 및 영유아의 연령이나 발달 수준에 따라서 다르다. 활동 영역별 보육활동자료에는 기본적인 활동자료와 진행되는 교육활동 주제에 따라 변화되는 주제 관련 활동자료들이 있다(이영자 외, 1999). 예를 들어, 구성놀이 영역의 유니트 블록, 공간 블록, 종이벽돌 블록 등은 항상 비치되는 기본적인 활동자료이지만, 여기에 학급의 활동주제인 '시장놀이'와 관련하여 사람 모형, 상품 모형, 가게 모형, 가게 표지판 등은 주제에 따라 구성놀이 영역에 비치하는 주제 관련 활동자료다. 어린이집의 활동자료 비치 실태에 관한 연구(정선희, 이일주, 2008)에 따르면, 미술 영역과 언어 영역의 활동자료가 상대적으로 충분히 비치되어 있는 반면, 과학 영역의 측정도구, 실험·관찰도구, 구성놀이 영역의 소품류, 조작 영역의 조작자료는 상대적으로 불충분하게 비치되어 있는 것으로 나타났다. 교사는 활동 영역별로 고르게 보육활동자료를 제공하도록 한다.

또한 영유아의 연령이나 발달 수준에 따라서도 필요한 활동 영역별 보육활동자료가 다르다. 연령이 어릴수록 재질이 부드럽고 영유아가 다루기에 안전한 자료가 제공되어야 한다. 장애 영유아가 통합되어 있는 보육환경일 경우에는 장애 영유아의 발달 수준에 맞는 활동자료가 제공되도록 배려해야 한다.

(2) 사용하는 감각에 따른 분류

보육활동자료를 활용할 때 주로 사용되는 감각에 기초하여 시각을 주로 사용하는 것, 청각을 주로 사용하는 것, 시각과 청각을 동시에 사용하는 것으로 분류할 수 있다. 그 밖에도 후각, 미각, 촉각 등을 사용하는 자료도 있다.

① 시각을 주로 사용하는 것: 게시판, 융판, 그림, 만화, 신문, 표본, 사진, 모형, 인형, 그림으로 된 괘도, 그림책, 디오라마(diorama), 실물, 그래프, 지구본, 포스터 등
② 청각을 주로 사용하는 것: 녹음자료, 라디오 방송, 각종 테이프, 여러 가지 악기, 동화 듣기 등
③ 시청각을 겸한 것: 인형극, 그림 이야기, 견학, 텔레비전, 비디오물, 컴퓨터, 실물 화상기, 스마트폰 등 시청각매체는 영유아의 놀이 및 발달, 학습에 매우 영향력이 있는 매체(정미라 외 2002; Lynch & Warner, 2004; Sandberg & Samuelson, 2003)로 바람직하고 적절한 시청각매체의 활용 및 교육이 필요하다.
④ 촉각을 주로 사용하는 것: 촉감 상자, 느낌 상자, 촉감판 등
⑤ 후각을 주로 사용하는 것: 후각병(냄새 분류하기 교구) 등
⑥ 미각을 주로 사용하는 것: 미각병(맛 분류하기 교구), 실제 음식 등

(3) 구조화 정도에 따른 분류

보육활동자료의 구조화 정도에 따라 구조화된 활동자료와 비구조화된 활동자료로 구분할 수 있다. 영유아가 놀이에 사용하는 활동자료의 구조화 정도는 영유아의 놀이유형 및 사고발달에 영향을 미친다(박현경, 2006).

① 구조화된 활동자료: 자동차, 인형, 소꿉놀이용품, 병원놀이용품과 같이 자료의 구성 및 용도, 활용방법 등이 고정되어 있어서 단일한 용도로 활용되는 자료를 말한다.
② 비구조화된 활동자료: 모래, 찰흙, 물, 밀가루반죽, 종이류, 천, 상자, 블록과 같이 자료의 형태나 용도, 구성이 고정되어 있지 않아서 영유아가 놀이 의도에 따라 자료의 형태나 배치, 구성 등을 주도적으로 변형하여 활용할 수 있는 자료를 말한다. 비구조화된 활동자료들은 영유아의 의도에 따라 변형이 가능하므로 영유아에게 전능감을 느낄 수 있도록 해 주고, 영유아의 의도에 따라 구성되므로 상상력, 창의성, 확산적 사고의 발달을 도와주면서 정서적 표현을 발산하게 해 주어 심리적 치유의 효과를 거둘 수 있다.

(4) 사용 주체에 따른 분류

주로 누가 사용하는 활동자료인가에 따라 교사 중심 활동자료, 학습자 중심 활동자료로 나누어 살펴볼 수 있다.

① 교사 중심 자료: 직접적 교수활동에서 사용되는 활동자료로, 교사가 주도적으로 학습자에게 교수내용을 전달하고 영유아는 수동적으로 학습에 임하는 수용자 역할을 하게 되는 자료들이다. 정해진 시간표에 따라 비교적 제한된 시간 안에 지도하며 많은 학습자를 동시에 지도할 때 유용하다. 지식, 개념 전달을 목표로 하는 큰 그림자료나 동화자료 등이 대표적이다.

② 학습자 중심 자료: 교사에게 전적으로 의존하지 않고 영유아가 학습상황을 스스로 주도해 나갈 수 있으며, 능동적 참여가 가능하여 학습의 동기를 높일 수 있다. 개인별 탐색자료나 게임자료, 실험교구 등이 대표적인 학습자 중심 자료라고 할 수 있다. 영유아들이 활용할 충분한 교재교구가 구비되어야 한다.

4) 보육활동자료의 개발

어린이집에서 교사가 활동자료를 제작하여 활용하기 위해서는 사전에 상세한 계획과 검토가 이루어져야 한다. 보육활동자료 개발 시 요구되는 고려사항을 감안하여 필요한 개발절차를 거쳐서 활동자료를 개발하며, 개발한 활동자료는 개발 시 또는 활용 후에 평가하여 이후의 보육활동자료 개발 및 활용에 반영되도록 한다.

(1) 보육활동자료 개발의 의의

기관에서 필요한 보육활동자료는 상품화된 활동자료를 구입해서 사용하기도 하지만 교사가 직접 제작하여 활용하기도 한다. 교사가 제작한 활동자료는 상품화된 활동자료보다 활동상황이나 활동주제, 영유아의 발달 수준, 제시 시기 등에서 더 적절하며, 무엇보다도 교사가 활용방법을 잘 알고 있다는 장점을 가지고 있다. 교사가 직접 제작하는 활동자료는 교사가 도달하고자 하는 보육목표에 가장 가깝게 제작할 수 있기 때문에 더욱 유용하다. 또한 여러 가지 소재나 재활용품을 활용하여 창의적인 방법으로 활동자료를 개발 · 제작함으로써 영유아에게 창의적인 사고와 함께 다양한 교육적 효과를 거둘 수 있다는 장점이 있다.

그러나 교사가 제작한 보육활동자료는 상업화된 활동자료보다 견고하지 못하고 창의적 활동자료의 제작에 많은 시간과 노력이 소요되므로, 보육활동자료의 제작이 반드시 필요한지를 먼저 점검할 필요가 있다.

(2) 보육활동자료 개발의 원리

교사가 개발하는 보육활동자료는 영유아의 발달 수준에 적합하고 교육의 목표를 달성할 수 있어야 하며, 제시되는 내용이나 정보가 정확하고 편견을 전달하지 않도록 계획해야 한다. 또한 보육활동자료 개발에 영유아를 참여시키면 활동에 대한 흥미와 관심을 증가시킬 수 있다

① 영유아 능력의 적합성

활동자료가 영유아의 발달 수준에 적합하고 교육의 목표를 달성할 수 있는 것인지를 검토해야 한다. 영유아가 활동자료에 손쉽게 접근하고 다룰 수 있는 제시방법과 활용방법을 사전에 고안한다.

영아들의 경우 주제접근과 발달적 접근을 병행하는 것이 효과적이다. 통합보육 프로그램으로 운영할 경우, 장애 영유아는 일반 영유아보다 일반적으로 주의집중시간이 짧고 이해력이 떨어지므로 더욱 더 흥미진진하고 시청각적인 자극이 많은 교재를 사용하는 것이 바람직하다.

② 활동계획과의 연계성

보육활동계획에서 해야 할 가장 중요한 결정 중의 하나는 활동계획 실행 시 의사소통과 자극의 수단으로서 어떤 활동자료를 사용할 것인가다. 활동자료는 교수계획과 분리되어 고안되거나 개발될 것이 아니라 보다 넓은 활동계획의 일부로서 선택되어야 한다(Gagn, Briggs, & Wager, 1992). 영유아에게 제시되는 보육활동자료는 영유아가 그것을 경험하는 과정을 통해 활동목표를 성취할 수 있도록 고안되어야 한다.

③ 정보의 정확성 및 참신성

제시되는 자료나 정보는 내용상 오류가 없으며, 제시하는 방법은 진부하지 않고 참신한 내용을 담고 있어야 한다.

④ 반편견적 내용

활동자료가 장애, 외모, 가족, 빈곤, 성별, 문화적 차이 등에 대한 편견적 내용을 전달하지 않도록 주의한다.

⑤ 영유아의 참여

활동자료의 개발에 영유아를 참여시킨다. 활동자료를 교사가 단독으로 제작해야 하는 것도 있지만, 활동주제나 활동내용을 정하는 데 영유아와 함께 만들어 나갈 수도 있다. 생활 속에서 교구가 만들어지고 그 제작과정까지 영유아들과 함께할 경우 영유아의 활동자료에 대한 관심과 몰입은 증가한다. 예를 들면, 인형을 만들 경우 교사가 바느질을 한 후 솜 넣기를 영유아와 함께한다든지, 연령이 높은 반에서는 스스로 만들어서 사용해 볼 수 있도록 한다. 또한 활동자료의 활용과정에서도 영유아의 활발한 상호작용이 일어날 수 있도록 고안한다.

(3) 보육활동자료 개발 시 유의점

활동자료를 교사가 개발하여 사용하고자 할 때는 상품화된 교재교구를 선택할 때와 마찬가지로 개발하고자 하는 활동자료가 영유아의 발달을 지원하고 활동에 대한 흥미를 높일 수 있도록 고안되어야 한다. 또한 활동자료의 크기, 재료, 제시방법, 활용방법 등에 대해서도 그 개발에 앞서 고려해야 한다. 영유아들이 사용하는 자료이므로 안전성에 특히 유의해서 제작한다.

① 흥미와 집중 가능성

활동자료는 영유아의 주의집중 매개체로 기능하므로 색상, 모양, 크기, 질감 등 비적인 측면에도 주의를 기울여 영유아의 흥미를 유발할 수 있어야 한다.

② 소재 및 활동방법의 다양성

반복되는 활동방법보다는 다양한 활동방법을 고안하고 이에 적절한 활동자료를 고안한다. 또한 동일한 소재나 반복되는 소재를 사용할 경우 영유아들의 관심이 낮아지므로 새로운 재료와 다양한 소재를 사용한다. 재활용품뿐만 아니라 천, 나무, 찰흙, 꽃잎이나 나뭇잎 말린 것, 열매 등 자연재료를 활용하여 영유아들이 자연친화적 활동자료를 충분히 경험할 수 있도록 한다.

③ 안전성

영유아가 손으로 만지거나 입에 대었을 때 해가 없는 무독성 재질로 만들어야 하며 모서리, 표면 등이 날카롭지 않게 다듬어져야 한다. 생활용품이나 재활용품을 활용하여 활동자료를 제작할 때는 자원의 재활용이나 경비절감의 측면에서 의미가 있더라도 영유아에게 위험한 요소가 있으면 사용하지 않아야 하고, 꼭 사용해야 한다면 특별한 주의를 기울여야 한다. 교구교재 제작에 사용되는 생활용품이나 재활용품은 재질의 무독성 여부를 반드시 확인하고 깨끗하게 세척한다. 활동자료 제작에 사용되는 접착재료 역시 무독성 여부를 반드시 확인하고 사용한다. 또한 활동자료의 크기가 너무 커서 다루기 어렵거나 영유아가 삼킬 정도로 너무 작지 않도록 주의한다. 이에 더해 세척이나 세탁이 가능하여 위생적으로 제공될 수 있어야 한다.

④ 견고성과 내구성

활동자료는 쉽게 손상되지 않게 견고하게 만들고 파손되더라도 영유아에게 유해하지 않아야 한다. 교사가 교구교재를 제작하기 위해 많은 노력과 시간을 소모하므로 비용과 내구성을 함께 고려하여 경제적이면서도 튼튼한 재료로 만든다.

(4) 보육활동자료 개발 및 제작절차

활동자료의 개발은 교수계획의 실행과정 속에서 이루어진다. 활동자료 개발은 교사가 활동계획에 따라 구체적인 활동자료를 고안하는 과정이다. 점검과정을 통해 활동계획의 적절성을 판단하고 이에 대한 수정을 할 수 있다(Morrison, Ross, & Kemp, 2004).

효과적인 보육활동을 실시하기 위해서는 먼저 보육목표를 명확하게 세우고 이를 달성하기 위한 보육내용을 구성한다. 그리고 교사는 보육목표를 달성하기 위한 보육내용을 어떤 방법으로 영유아에게 전달할 것인가의 문제를 고민하고 그 방법을 선택한다. 즉, 교사가 일방적으로 가르칠 것인지 학습자인 영유아가 스스로 탐구하도록 할 것인지, 아니면 두 방법의 절충형인 유도적 학습방법을 취할 것인지 등의 교수전략을 결정한다. 그다음에는 어떤 도구를 이용하여 영유아의 효과적인 학습과 탐색을 도울 것인지와 관련해서 활동자료를 선택하고 개발하는 것이 중요한 과제가 된다.

보육활동자료 개발 및 제작과정을 도식화하면 [그림 12-1]과 같다.

교사는 활동주제에 맞게 교육활동 계획 및 자유선택활동 계획을 세우고 활동에 필요한 활동자료 계획을 수립한다. 기관의 활동자료 목록 확인을 통해 보유 여부를 확인하여 기관에서 보유하고 있을 경우 기존의 활동자료를 그대로 활용하거나 보수 또는 개작하여 사용하면 된다. 그러나 필요한 활동자료를 기관에서 보유하고 있지 않은 경우는 구입하거나 부모의 협조를 받아 사용하거나 교사가 직접 활동자료를 제작하여 사용한다. 교

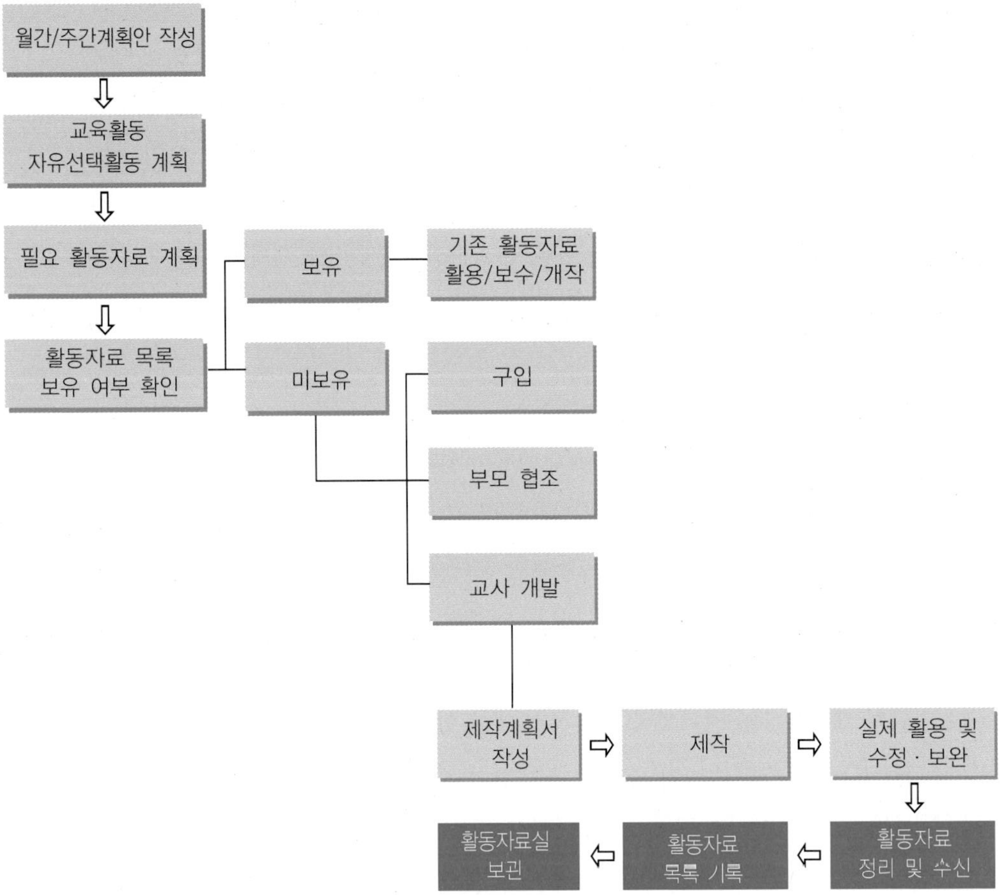

[그림 12-1] 보육활동자료의 개발 및 제작과정

사가 직접 활동자료를 제작하여 사용할 경우 시간과 노력이 많이 든다는 단점이 있지만, 영유아의 발달특성 및 활동목표에 가장 적절한 활동자료를 활용할 수 있다는 큰 장점이 있다. 제작계획서에 따라 보육활동자료를 개발 · 제작하여 활용하면서 수정 · 보완할 사항이 발생하면 수정하여 사용한다. 사용 후에는 수선이나 보수해야 할 사항을 보완하여 지퍼백, 종이상자, 투명상자 등 적절한 보관용기에 활동자료와 그 활용방법 안내문 등을 함께 보관하고 활동자료 목록대장에 기록하여 다른 교사들이 활용할 수 있도록 한다.

교사가 보육활동자료를 제작 · 개발하고자 할 경우, 먼저 제작계획서를 작성해야 한다. 제작계획서의 작성방법 및 사례는 〈표 12-1〉에 제시된 바와 같다.

표 12-1 보육활동자료 제작계획서 작성방법

구 분	작성방법	작성 사례
주제	교재교구가 사용될 주제를 기입한다.	씨앗
활동명 (교구명)	활동명(교구명)을 쓴다.	씨앗이 자라기까지
활동 영역	제작하고자 하는 교재교구가 어떤 영역에서 활용될 수 있는지 그 영역을 쓴다.	수학활동(수세기) 과학활동(식물의 성장)
대상 연령	교재교구의 수준을 고려하여 활용 가능한 영유아의 연령을 명시한다.	만 5세
집단 크기	대집단·소집단, 개별 활동인지를 기입한다.	소집단 활동
활동목표	활동을 통해 얻고자 하는 교육적 효과를 구체적으로 기술한다.	• 1~50까지의 연속 수를 안다. • 씨앗을 심고 새싹이 돋을 때까지의 과정(얼마나 걸리는지)을 안다. • 게임판의 해 그림, 구름 그림, 비 그림 등을 통해 씨앗이 자라는 데 필요한 것을 안다.
준비재료	교재교구 제작에 필요한 모든 재료를 상세하게 기록한다. 색상, 재질 등도 기록하며, 특별한 재료가 사용되었을 경우에는 그 재료의 구입방법 등도 기록한다.	• 게임판: 하드보드지, 색상지, 투명 시트지, 부직포, 본드, 1~50까지의 숫자 • 말 2개: 부직포(빨강, 주황, 검정), 실, 바늘, 모조눈 • 무당벌레 주사위: 하드보드지, 부직포(빨강, 검정), 모조눈, 두꺼운 실, 색점토
제작방법	제작방법, 제작순서, 교재교구의 수량, 크기와 모양, 사용도구 등을 상세히 적는다.	〈게임판〉 ① B4 크기의 종이에 1~50까지의 숫자를 거쳐서 지나가는 길을 그린다. ② 각 지점에 해님, 구름, 비 모양의 날씨 그림을 불규칙적이면서 비슷한 빈도로 그려 준다. 이때 그림의 크기는 그 위를 덮을 숫자카드의 크기보다 작아야 한다. ③ 출발지점에는 씨뿌리는 어린이의 그림을, 끝지점에는 잘 피어난 새싹을 그린다. ④ 숫자카드를 1~50까지 원형으로 만들어 코팅한다. ⑤ 그림판의 각 지점에 1~50까지의 숫자카드를 덮어 둔다.
		〈게임방법〉 • 숫자카드를 1~50까지 순서대로 게임판 각 지점에 밑그림이 안 보이도록 올려 놓는다. • 순서와 말을 정한다.

활용방법	교재교구를 사용하는 방법을 상세하게 기술한다.	• 무당벌레 주사위를 던져서 나온 수만큼 말을 앞으로 옮긴다. • 도착한 지점의 숫자카드를 들어 밑그림의 날씨 표시를 본다. • 해 그림이면 앞으로 1칸, 구름 그림이면 제자리, 비 그림이면 앞으로 2칸 말을 움직인다. • 같은 방법으로 진행하여 말이 끝 지점에 먼저 도착하면 게임이 끝난다.
참고사항	다른 활동 영역에의 적용 가능성, 다른 연령 수준에 대한 적용 가능성, 보관 시 유의점 등을 기록해 두면 교재교구의 활용에 도움이 된다.	• 다양한 주사위를 경험하도록 한다. – 이것은 무엇처럼 생겼니? – 어떻게 사용하면 좋을까? – 이 점들이 무당벌레 등에 올라오도록 부채를 움직여 볼래? – 부채를 어떻게 움직이면 점이 부채 위로 잘 올라올까? • 숫자카드 대신 빈 필름 통을 이용하여 밑면에 날씨 그림을 그리고 윗면에 숫자를 써서 입체로 세워지는 게임판을 만들 수도 있다.
평가	개발한 활동자료는 개발 시 또는 활용 후에 평가하여 이후의 보육활동자료 개발에 반영되도록 한다.	
제작일	제작일은 교재교구 정리 시 폐기할 것인지를 결정하는 데 필요하다.	
제작지	교재교구 수선 시 필요하다.	

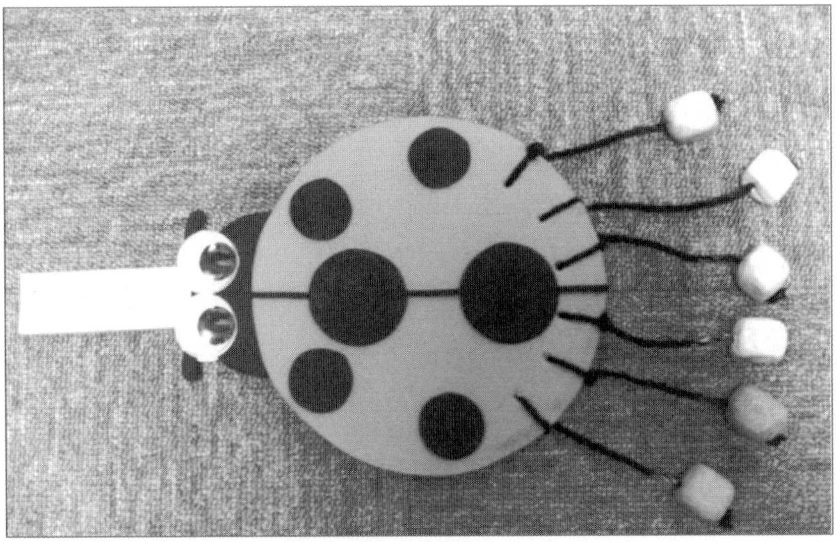

[사진12-4] 무당벌레 주사위

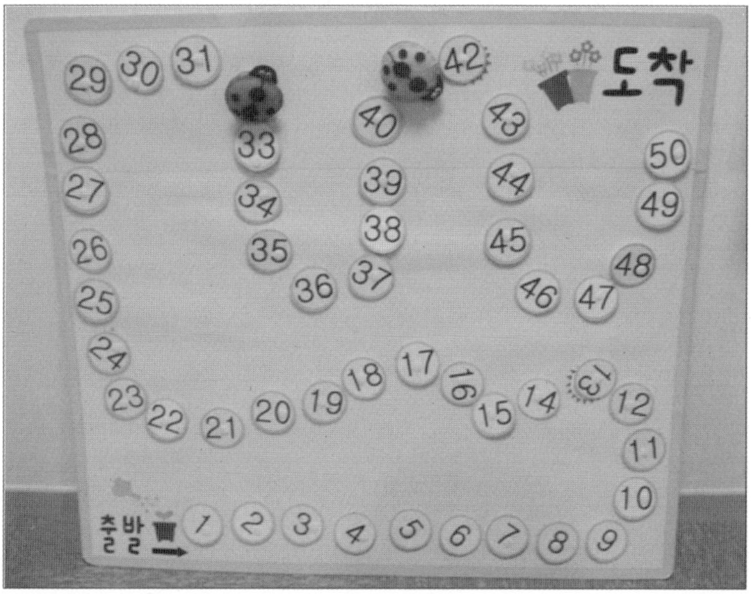

[사진 12-5] 게임판과 말

(5) 보육활동자료의 제작

① 평면자료

● 그림자료

일반적으로 그림자료는 영유아가 이해할 수 있는 부분만을 그려서 효과적인 학습이 일어날 수 있도록 해 주어 명료한 이미지를 연출할 수 있다는 특징이 있다. 또한 영유아가 그림자료의 다양한 색상에 홍미를 느껴 주의집중에 도움이 되며 장기간 보관도 가능하다. 이와 함께 그림자료는 제작이 쉽고 비용이 저렴하며 사용이 간편하다는 장점을 가진다. 그러나 그림자료는 정적인 매체이기 때문에 움직이는 사물이나 변화과정을 관찰할 수 없다는 단점이 있다. 또한 그림자료는 한 장씩 제시되므로 단일매체적 성격을 가진다. 따라서 낱장으로 수집된 자료를 모아 활용할 때에는 전체적인 일관성을 갖추기가 어렵다. 예를 들어, 낱장으로 제시되는 곰과 다람쥐의 그림이 같은 크기로 제시될 경우 영유아가 개념상의 혼란을 보일 우려가 있다.

그림자료의 선택기준은, 첫째, 영유아에게 보여 주고자 하는 것이 어떤 내용인지를 분명하게 나타내 주는 것이 필요하다. 둘째, 명료하고 색상이 분명한 그림을 좋아하는 영유아의 기호에 맞는 그림을 선택하고 시각적으로 매력적이어야 한다. 셋째, 대비가 뚜렷하고 명확한 그림이어야 한다. 특히 그림의 주요 부분은 생생하고 명확할 필요가 있다. 사진을 사용하는 경우에는 노출과 조명이 적절한 선명한 사진이어야 효과적인 그림자료로서의 가치가 있다. 넷째, 그림은 실제와 가까운 것일수록 좋다. 물론 용도에 따라 약화로 제시할 수도 있지만, 영유아에게 어떤 개념을 가르치고자 한다면 실제와 최대한 유사한 그림자료를 제시해야 한다. 그림의 색도 실제에 가까운 채색일수록 영유아들이 좋아한다. 특히 색채는 그림을 보고자 하는 동기유발에 도움을 주므로 그림자료의 채색에 유의해야 하는데, 기존의 그림자료 중에서 선택할 때에도 채색이 잘 되어 있는 그림을 선택한다.

● 융판자료

융판자료는 교사가 자유로이 붙였다 떼었다 하면서 학습 시 자료를 자유롭게 활용할 수 있다. 자료를 떼어 내고 새 자료를 계속 제시할 수 있으므로 영유아의 주의집중에 도움이 된다. 여러 가지 다양한 학습주제 및 다양한 활동에 폭넓게 활용할 수 있다. 그림으로 그린 자료 이외에도 융이나 펠트천에 붙는 털실, 장식용 테이프 등을 사용하여 창의적인 제작을 할 수 있다는 점, 위치 이동이나 인물의 등장 혹은 퇴장 등을 표현할 수 있으므로 이야기의 동적 표현이 가능한 점, 제작과 활용방법이 간단하고 제작 비용과 시간 측면에서도 경제적인 점 등이 장점이다. 그러나 융판자료 역시 평면자료이기 때문에 움직이는 모양을 나타내거나 입체 개념을 학습하기에는 부적절하다. 이런 경우에는 융판자료를 비디오와 같은 다른 활동자료와 함께 활용하는 것이 좋다. 융판자료는 복잡한 그림을 표현할 수 없기 때문에 이야기 전개가 복잡하거나 등장인물이 많은 경우에는 부적절하다. 그리고 자료 보관 시 자료들이 한데 뒤엉킬 염려가 있어 보관할 때 주의해야 한다.

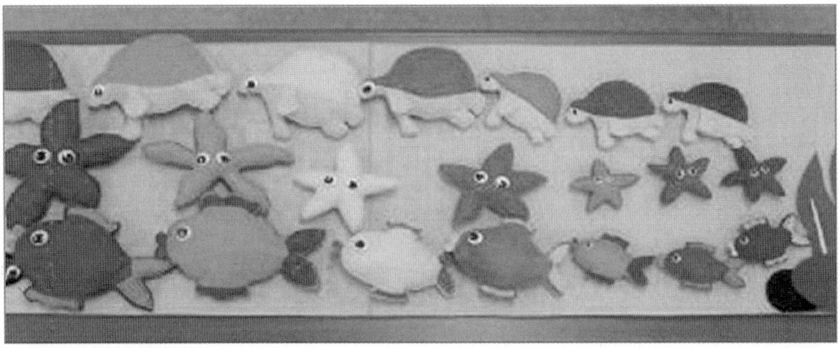

[사진 12-6] 분류, 반복, 서열, 패턴 등 수학활동을 할 수 있는 부직포로 제작한 바다 속 동물인형

● 자석판과 자석자료

자석자료는 자료를 떼었다 붙였다 하는 것 외에도 자료를 붙인 채 밀어서 이동이 가능하므로 부드러운 움직임을 표현하기에 적합하여 동적인 표현을 할 수 있다는 장점이 있다. 또한 자료를 여러 개 겹쳐서 이용할 수 있다. 예를 들어, 잠자리가 쌍을 지어 나는 모습을 두 마리의 잠자리 자석자료를 붙여서 밀어 끌면 그 효과를 나타낼 수 있다.

② **입체자료**

영유아가 활용할 수 있는 입체자료에는 실물, 표본, 모형, 디오라마(diorama) 등이 있다. 실물을 통한 학습은 영유아들에게 실제적이고 구체적인 경험을 제공하며 감각을 통한 직접적인 경험을 제공한다는 점에서 큰 가치가 있다. 주제와 관련된 실물자료를 다른 활동자료와 병행하여 제시하면 효과적이다. 교사는 주제와 관련된 실물자료를 수집하여 활용한다.

표본은 실물의 모습을 그대로 유지하도록 인위적으로 가공한 것이다. 예를 들면, 민들레의 성장과정을 표본으로 제공할 경우 한살이 식물인 민들레에 대한 영유아의 이해를 높일 수 있다. 생명이 있는 자료를 표본으로 만들 경우 생명을 존중하는 태도와 환경을 보호하려는 마음을 우선적으로 갖게 하는 것이 중요하다.

모형은 실물에서 조금만 변화시키거나 가감하여 실제 모양과 흡사하게 만들어 잘 알아볼 수 있도록 입체적으로 제시한 것이다. 이는 실제로 보기 힘든 부분을 보다 자세히 관찰할 수 있다는 장점이 있다. 예를 들면, 집의 내부구조나 개미집의 구조를 모형으로 제시함으로써 실제 관찰하기 어려운 부분을 보다 자세히 관찰하여 이해를 높이는 데 도움을 줄 수 있다. 각종 동물 모형, 식물 모형, 집 모형, 사물 모형, 사람인형 등이 어린이집에서 많이 활용되고 있다.

디오라마란 배경 장면과 모형으로 실제 장면이나 상황을 확대 또는 축소하여 만들어 놓은 것이다. 디오라마는 영유아가 직접 모형이나 소품을 움직이고 조작할 수 있어서 활동에 능동적으로 참여할 수 있다. 이는 언어활동 영역과 극화활동 영역, 조작활동 영역에서 활용의 효과가 높다. 예를 들면, '공룡' 주제의 활동에서 공룡이 사는 곳을 여러 가지 소재를 이용하여 꾸며 극화놀이를 할 수 있다.

③ 영상 및 음성 자료

● 슬라이드 자료

슬라이드는 움직이지 않는 화면을 확대 투영하여 여러 사람이 동시에 볼 수 있도록 해 주는데, 여러 영유아가 사진을 함께 볼 수 있도록 제작한 교구다. 따라서 슬라이드는 영유아에게 시각적인 경험을 제공한다. 슬라이드의 장점은, 첫째, 확대된 영상을 정지된 상태에서 볼 수 있다. 즉, 슬라이드는 사용자가 속도를 조절할 수 있으므로 한 장면을 영유아가 충분히 이해할 수 있을 때까지 제시해서 세부적인 장면까지 상세하게 학습할 수 있다. 또한 정지된 상태에서 교사가 학습하는 영유아의 발달 수준에 적합한 해설을 제공할 수 있고 교사와 영유아 간에 토론도 할 수 있다. 둘째, 이미 본 장면도 되돌려서 다시 볼 수 있다. 슬라이드는 현재의 화면이 이전에 본 화면과 연계성이 있을 때 이미 본 화면을 다시 되돌려 확인할 수 있는 영상매체다. 셋째, 제작하기 쉽고 비용도 저렴하다. 슬라이드는 사진을 찍어 현상소에 의뢰하면 비교적 적은 비용으로 간단하게 제작할 수 있다. 넷째, 보관하기에 편리하다. 슬라이드는 실물이나 그림과 같은 교수매체보다 크기도 작고 부피도 작아서 분류하여 보관하기에 용이하다는 장점이 있다.

슬라이드는 화면을 비추어 사용하는 교수매체인 만큼 햇빛이 차단되는 검은색 커튼과 같은 시설이 있는 방이나 어두운 방에서 사용해야 한다. 그러므로 영유아가 자신이 본 것을 그 자리에서 기록할 수 없다는 단점이 있다. 이 외에도 슬라이드 역시 동적인 매체가 아닌 정적인 매체이기 때문에 움직이는 모습을 보기에는 부적절하다는 단점이 있다.

● OHP(오버헤드 투시기) 자료

교사와 영유아가 마주 보며 앉아서 학습을 진행할 수 있다. 교사와 영유아가 마주 앉은 상태에서 투시기 위에 자료를 올려 놓으면서 학습을 진행하기 때문에 영유아의 반응을 관찰할 수 있으며 그 반응에 따라 융통성 있게 속도를 조절할 수 있다. 어둡지 않아도 투시자료가 잘 보이므로 암막장치가 필요 없고, 조작이 간단하여 누구나 쉽게 이용할 수 있다. 전원을 꽂고 오버헤드 투시기 위의 유리판에 투시자료를 올려 놓은 후 스위치만 켜면 된다. 다양한 방법으로 그림자료를 제시할 수 있다. 두 장 이상을 겹쳐서 보여 주거나 가리면서 보여 주거나 움직이는 효과를 내면서 보여 줄 수 있어 영유아의 관심과 흥미를 끌기에 적당하다. 그리고 영유아가 그린 그림을 투명필름으로 복사한 후 OHP를 이용하여 벽면에 투사하여 벽화나 대형 그림을 그리는 데 활용할 수 있다.

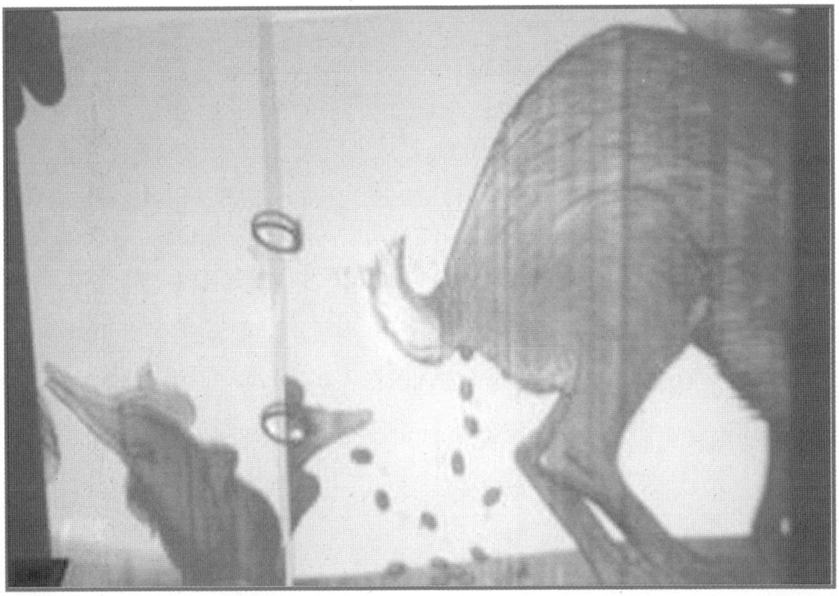

[사진 12-7] 동화책을 OHP 그림동화로 제작하여 큰 그림으로 감상할 수 있도록 만든 활동자료

● 비디오 자료

비디오카메라를 이용하여 동식물, 지역사회의 모습, 특별한 문화행사, 영유아들의 활동모습, 어린이집의 행사 등을 녹화하면 영유아들에게 사용할 좋은 자료를 만들 수 있다. 상품화된 자료나 전문가가 만든 자료에 비하여 화질이나 음질은 떨어지겠지만, 영유아들의 일상생활과 밀접한 모습을 생생하게 전달할 수 있다는 점에서 영유아들에게 새로운 자료로 흥미를 더해 줄 수 있다. 예를 들면, 영유아의 동극활동을 녹화하여 다시 재감상해 봄으로써 영유아들에게 자신의 활동에 대한 반성적 사고와 성취감, 자존감 등을 높일 수 있다.

● 녹음자료

녹음자료는 여러 가지 소리의 탐색, 음악감상, 동화 듣기 등의 활동에서 주 자료로 사용되며 동극활동, 이야기 나누기, 동시 읽기, 슬라이드 동화 보기 등의 활동에서는 보조자료로 폭넓게 사용된다. 교사가 의도한 활동에 적합한 상품화된 녹음자료가 있다면 활용할 수 있으나, 영유아의 연령이나 주제 및 활동특성 등에 부합되는 녹음자료를 찾기 어려운 경우가 많으므로 필요하다면 교사가 직접 녹음자료를 제작한다. 녹음자료는 소리 듣고 변별하기, 동화나 동시 녹음하여 들려주기, 목소리 녹음하고 듣기, 음악감상, 새

노래 지도, 표현활동을 위한 자료, 인형극용 녹음자료, 인터뷰 들려주기 등으로 활용 가능하다.

5) 보육활동자료의 평가기준

보육활동자료의 가치는 영유아들이 사용해 봄으로써 영유아들에 의해 평가되는 것이다. 따라서 보육활동자료 제작과정에서 영유아의 시범 사용을 통해 수정할 사항을 평가하고 재조정하는 것이 필요하다. 보육활동자료는 〈표 12-2〉와 같이 활동적 측면, 자료적 측면, 교사의 입장에서 평가될 수 있다(이영자 외, 1999).

표 12-2 보육활동자료의 평가기준

구분	항목
활동	- 영유아의 발달 수준에 적절하였는가? - 영유아의 활동 수준 및 주제에 적합하였는가? - 영유아의 관심과 흥미 유지에 적절하였는가? - 영유아의 수와 활동자료의 수량이 충분하였는가? - 교사와 영유아, 영유아와 영유아 간에 원활한 상호작용이 가능하였는가? - 반복적인 활용이 가능한가?
자료	- 자료의 크기는 적절하였는가? - 영유아 또는 교사가 사용할 때 불편함은 없었는가? - 활용 중 손상되지 않았는가? - 영유아의 흥미를 불러일으켰는가? - 자료의 계속적인 사용이 영유아의 개념, 아이디어, 기술의 발달에 도움이 되겠는가? - 영유아의 발달 수준에 적절하였는가? - 보완 또는 수정되어야 할 부분이 있는가?
교사	- 적절하게 학습동기를 유발하였는가? - 교수매체의 사용을 잘 안내하였는가? - 영유아와의 상호작용은 적절하였는가? - 영유아들이 활동에 집중할 수 있도록 물리적 환경이나 분위기를 조성하였는가? - 여러 영유아가 관심을 갖고 활동하도록 소개하거나 적절한 장소에 전시 및 배치하였는가? - 활동이 심화 · 확장되도록 격려하였는가? - 필요한 보조자료를 즉시 제공하였는가? - 영유아에게 적절한 질문을 하고 영유아의 질문에 알맞게 반응하였는가? - 능동적이고 적극적인 영유아뿐만 아니라 소극적이고 수동적인 영유아들도 배려하였는가?

평가한 내용을 고려하여 자료를 수정 · 보완하거나 확장 또는 심화된 활동으로 전개해 나가도록 돕는다.

6) 보육활동자료의 제시

보육활동자료란 활동목표를 달성하는 데 도움이 되는 다양한 프로그램이나 매체를 말한다. 같은 활동자료를 제시하더라도 교사의 제시방법이나 제시상황, 영유아의 개입 정도에 따라 활용의 효과가 달라질 수 있다.

활동자료를 제시할 때는 학습내용의 특성에 따라 선정하되, 학습자의 경험과 수준을 고려해야 한다(정용부 외, 2012). 교사가 전 과정을 주도해서는 안 되며 영유아의 적극적인 학습활동을 유도하는 것이 필수적이다. 교사 대 영유아의 상호작용뿐만 아니라 영유아들이 또래 간에 활발한 상호작용을 할 수 있도록 제시방법이나 참여를 유도하는 방법 등을 다양화한다. 활동자료를 제시할 때는 다음과 같은 사항을 고려해야 한다.

① 주제 적합성: 사전에 계획한 교육계획안에 입각하여 활동주제에 적합한 활동자료를 제시한다.
② 발달 적합성: 영유아의 발달 수준에 적합한 활동자료를 제시해야 영유아의 활동에 대한 흥미를 이끌어 낼 수 있다.
③ 활동자료의 특성에 따른 제시방법의 다양성: 활동자료에 따라 제시방법을 달리한다. 사용방법이 복잡하거나 다루는 데 안전성이 요구되는 활동자료는 제시하기 전에 영유아에게 그에 대한 소개 및 간단한 시범을 보여 주는 것이 좋다. 반면, 다루기 쉽거나 개방적 탐색이 요구되는 활동자료는 영유아 스스로 탐색과정 속에서 활용방법을 터득할 수 있다.
④ 접근 가능성: 활동자료는 높이가 낮고 개방된 교구장에 배치하여 영유아들이 자유롭게 선택하여 활동할 수 있도록 접근 가능성을 높인다. 교사와의 활동 이후에 영유아들이 반복하여 활동하고 또래 간의 상호작용이 원활하게 일어날 수 있도록 흥미 영역에 배치하여 둔다.
⑤ 제시과정의 적절성: 영유아의 발달특성과 내용의 난이도에 따라서 적절한 과정을 통해 제시되어야 한다. 초기에는 구체적이고 친숙하며 단순한 것을 제시하고 학기말로 갈수록 추상적이고 생소하며 복합적인 것을 제시해 주는 것이 좋다.

⑥ 활동자료의 양과 종류의 적절성: 활동자료의 양과 종류는 사용하는 영유아의 수와 연령, 활동공간의 크기, 활동방법 등을 고려해서 적절하게 준비한다. 너무 많은 활동자료는 영유아의 주의력을 산만하게 하며, 반대로 너무 적은 활동자료는 소유권 다툼으로 인한 갈등을 일으킬 수 있다.

7) 보육활동자료의 정리 및 보관

활동주제가 바뀌거나 활동자료에 대한 영유아의 흥미가 감소할 때 다음에 사용할 수 있도록 보관·관리하는 일은 활동자료를 개발하여 제작하는 일만큼이나 중요하다. 보관하는 방법은 각 기관의 시설현황에 따라 달라질 수 있는데, 모든 교사가 쉽게 찾아 쓸 수 있도록 보관하는 것이 가장 중요하다. 자료를 계획적이고 조직적으로 분류하여 보관해야 활동주제나 활동내용에 따라 교사들이 다음에도 찾아서 사용할 수 있으므로, 활동자료의 활용도를 높이기 위해서는 체계적인 목록화가 필요하다(Taylor, 2002).

① 활동자료를 보관하기 위한 별도의 공간을 마련한다. 자료실, 교사실 등에 정리장을 설치하는 것이 가장 좋지만 기관의 사정상 독립된 공간 마련이 어려운 경우에는 복도, 계단참 등 기관의 자투리 공간을 잘 활용하여 보관장소를 마련한다.
② 활동자료를 보관하기 전에 부속품은 모두 있는지 확인하고 파손된 것은 수리한 후 보관한다.
③ 활동자료의 형태에 따라 비닐팩, 바구니, 상자 등 적절한 보관용기에 넣어 보관하며, 그 외부에 반드시 교구명과 분류번호, 부속품 내용을 적은 견출지를 붙여 놓아 다음에 활용하기 편하도록 한다.
④ 활동자료의 분류기준을 정하고 그에 따라 보관한다. 주제 또는 흥미 영역, 활동방법에 따라 분류번호를 붙여 둔다.
⑤ 활동자료 목록 및 대출대장을 만들어 비치해 두고 체계적으로 보관·관리한다. 주제, 흥미 영역, 활동자료의 유형을 명시한 활동자료 목록을 만들어서 체계적으로 정리해 놓아 필요한 활동자료를 쉽게 찾을 수 있도록 한다.

4. 영양 · 건강 · 안전관리

보육하는 영유아가 신체적, 심리적으로 건강하고 연령에 맞게 발달할 수 있도록 적절한 영양을 공급하며, 위생적이고 안전한 환경을 제공하며, 이러한 내용을 교육하는 것은 영유아보육의 기본 임무다. 따라서 여기서는 보육과정을 실행하는 데 고려해야 할 영양, 건강, 안전관리의 기본적인 내용을 살펴본다.

1) 영양관리

(1) 영유아기 영양의 중요성

영양은 영유아의 성장 및 발달과 건강에 영향을 미치는 필수적인 요소다. 영유아기에는 성장과 발달이 급격하게 일어나며 활동량도 많은 시기로서 단위체중당 영양소 및 열량 필요량이 성인보다 많고 다양한 영양소가 고르게 필요하다. 필요량에 따른 충분한 영양이 균형 있게 공급되어야 신체 및 두뇌 발달이 적절하게 이루어지며 활발한 신체활동과 지적 활동이 가능하고 질병에 대한 저항력을 유지하여 건강한 생활을 할 수 있다.

과거에는 영유아의 영양관리 책임이 전적으로 가정에 있었으나 영유아 보육 · 교육시설에 다니는 영유아의 수가 늘어나면서 보육 · 교육시설의 책임이 그만큼 증가되었다. 특히 어린이집에 다니는 영유아는 시설에서 하루 중 최소한 1회의 식사를 하고 2회의 간식을 먹게 되므로 영유아의 영양 공급에 대한 어린이집의 책임은 가정 못지않게 중요하다. 따라서 보육교직원은 영양과 건강 및 위생에 대한 전문적 지식을 갖추고 영유아의 발달적 필요에 따른 균형 잡힌 영양을 담고 있는 맛있는 음식을 제공하여, 영유아가 즐거운 분위기에서 음식을 먹고 바르고 건강한 식습관을 형성할 수 있도록 교육할 책임을 지닌다. 이러한 책임을 수행하기 위해서는 영유아 영양 원리에 입각하여 식단을 작성하고 안전한 식품을 선택하여 구매하며 식품의 특성에 맞게 보관하고 조리해야 한다. 또한 영유아가 건강한 식습관을 가질 수 있도록 교육해야 한다.

(2) 급식관리

① 급식관리의 기본 원리

영유아에게 급식을 제공하고 바른 식습관을 지도하기 위해서는 영유아 영양에 대한 기본적인 지식을 갖추어야 한다. 보육교직원이 기본적으로 알고 있어야 할 내용으로는 영유아의 영양섭취기준과 여섯 가지 식품군을 들 수 있다(한국영양학회, 2010).

● 영유아 영양섭취기준

어린이집에서 제공하는 점심과 간식을 계획하는 것은 영유아의 영양섭취기준을 기초로 해야 한다. 이에 따르면, 하루에 필요한 평균 열량이 0~5개월 영아는 550kcal, 6~11개월 영아는 700kcal, 만 1~2세 영아는 1,000kcal, 만 3~6세 유아는 1,400kcal다(한국영양학회, 2010). 영유아는 한 번에 섭취할 수 있는 음식의 양이 적으므로 하루 3회의 식사만으로는 충분한 영양을 섭취하기 어렵다. 따라서 식사와 식사 사이에 간식을 먹도록 하여 지속적으로 영양을 공급해 주어야 한다. 어린이집에서 제공하는 식사와 간식의 열량 배분 시 점심은 영유아 1일 필요 열량의 30%, 오전 간식과 오후 간식을 합쳐서 10~15% 정도가 되도록 한다.

● 여섯 가지 식품군

2010년 한국인 영양섭취기준에서는 우리가 주로 먹는 식품들을 종류, 영양도, 함유량, 기능에 따라 여섯 가지 식품군으로 나누었다. 여섯 가지 식품군은 곡류, 고기 · 생선 · 계란 · 콩류, 과일류, 채소류, 우유 · 유제품류, 유지 · 당류다. 각 식품군의 주요 영양소와 해당 식품의 종류는 〈표 12-3〉에 제시되어 있다.

② 식단 작성

어린이집의 급식은 영유아의 정상적인 발달에 필요한 영양을 섭취할 수 있도록 영양사가 작성한 식단에 의해 제공되어야 한다. 영유아 100인 이상을 보육하는 시설은 영양사 1인을 반드시 두어야 하며, 100인 미만의 영유아를 보육하는 시설은 인근 보육정보센터나 보건소 등에 소속되어 있는 영양사의 지도를 받아 식단을 작성하도록 한다(보건복지부, 2012).

식단 작성은 영유아가 섭취할 열량을 정하고 그 열량을 충족할 수 있는 식품군별 섭취량을 정한 다음 각 식품군에서 식품의 종류와 적절한 양을 정한다. 점심 식단의 기본 구

표 12-3 여섯 가지 식품군의 영양소와 식품 종류

기초식품군	영양소	식품의 종류
곡류	당질	쌀밥, 보리밥, 삶은 면, 냉면, 메밀국수, 흰 떡, 식빵, 콘플레이크, 옥수수, 미숫가루, 감자, 고구마, 당면, 메밀묵, 밤, 절편, 떡류, 면류
고기 · 생선 · 계란 · 콩류 (견과류가 포함되나 식품군명에서는 제외됨)	단백질, 비타민, 무기질	쇠고기, 돼지고기, 닭고기, 햄, 갈치, 삼치, 꽁치, 고등어, 동태, 가자미, 조기, 넙치, 참치, 참치 통조림, 어묵, 오징어, 낙지, 새우, 미꾸라지, 민물장어, 생굴, 조갯살, 꽃게, 건멸치, 건조기, 마른오징어, 메추라기, 달걀, 두부, 콩류, 두유, 생선류, 육류, 검정콩, 대두, 땅콩, 호두, 잣
과일류	비타민	딸기, 수박, 참외, 감, 귤, 바나나, 배, 사과, 키위, 망고, 복숭아, 오렌지, 포도, 포도주스, 파파야, 코코넛, 한라봉
채소류	비타민, 무기질	김치, 당근, 시금치, 버섯, 오이, 콩나물, 호박, 미역, 고구마줄기, 고사리, 깻잎, 근대, 풋고추, 무청, 부추, 미나리, 배추, 상추, 쑥갓, 아욱, 취나물, 애호박, 숙주나물, 무, 양파, 양배추, 가지, 토마토, 늙은 호박, 나박김치, 깍두기, 오이소박이, 열무김치, 갓김치, 우엉, 도라지, 파, 파김치, 마늘, 토마토주스, 다시마, 미역, 파래, 김, 느타리버섯, 팽이버섯, 표고버섯
우유 · 유제품류	칼슘, 단백질	우유, 치즈, 요구르트, 야쿠르트, 아이스크림, 잔멸치, 뱅어포, 멸치볶음, 요플레
유지 · 당류	지질, 단순당류	버터, 마요네즈, 옥수수 기름, 참기름, 콩기름, 들기름, 식물성 기름, 커피 크림, 깨, 깨소금, 유채기름, 마가린, 쇼트닝, 설탕, 꿀, 탄산음료, 사탕, 시럽

성은 한식의 기본 구성에 따라 주식, 국, 주찬, 부찬, 김치로 하고 이들 간의 조화를 고려한다(조경자 · 이현숙, 2010). 간식은 열량, 단백질, 비타민, 무기질에 있어서 당일 점심 식단을 보완할 수 있는 것으로 정한다.

식단을 계획하는 데 적절한 열량과 균형 잡힌 영양을 공급하는 것 외에도 고려해야 할 사항이 있다. 가능한 한 제철에 나는 식품을 사용하고 음식의 맛, 색, 질감, 조리법이 다양하면서 같이 제공되는 음식들 간에 조화가 이루어져야 하며, 특정 식품이 지나치게 반복적으로 사용되지 않아야 하고, 영유아의 기호가 반영되고 영유아가 먹기 쉬워야 한다.

표 12-4 어린이집 주간 식단 예

구분	월	화	수	목	금
오전 간식	통큰팥빵 우유	단감 우유	마들렌 우유	절편 우유	떠 먹는 요구르트
점심	팥밥 쇠고기미역국 두부구이 무갑장과 아몬드멸치볶음 김치	차조밥 버섯된장국 닭강정 취나물된장무침 김구이 깍두기	쇠고기버섯덮밥 무오이생채 단무지 김치	흑미밥 김치어묵국 코다리찜 오이소박이 콩자반 깍두기	발아현미밥 들깨우거짓국 난자완스 깻잎찜 오징어채 볶음 김치
오후 간식	떡볶이 우유	고구마샌드위치 우유	감자크로켓 주스	당근파인애플케이크 우유	약식 우유
열량/단백질	686kcal/19g	678kcal/24g	738kcal/25g	823kcal/26g	693kcal/20g

출처: 서울대학교 생활과학대학 어린이집, 영유아보육기관의 중간식 운영.

〈표 12-4〉는 서울시보육정보센터에서 제공하는 식단을 기초로 작성한 주간 식단표의 예다.

③ 식품 안전

식품에서 유발되는 질병을 방지하는 것은 어린이집의 급식관리에서 가장 기본이 되는 요소다. 식품 안전은 식품 구입, 보관, 다루기가 올바르게 이루어짐으로써 가능하다.

● 식품 구입 및 보관

식품 안전은 식품 구입에서 시작된다. 신선하고 안전한 식품을 선택하여 구입하려면 식품의 유효기간을 확인하고 냉장 보관해야 하는 식품은 반드시 냉장상태에서 구입하도록 한다. 특히 우유 및 유제품, 육류, 생선류 등의 단백질 식품은 부패하기 쉽고 식중독을 일으킬 수 있으므로 구입 시 신선도를 반드시 확인하고 가능한 한 구입 즉시 소비하되, 보관해야 할 경우에는 적절한 온도의 냉장(섭씨 4~5도) 또는 냉동(섭씨 영하 18도 이하) 방법을 사용한다(조경자 · 이현숙, 2010).

한편, 최근에 수입 농수축산물의 국내 유통이 증가하면서 이들 식품의 안전성 문제가 빈번히 제기되고 있다. 따라서 안전성이 확인된 국산 농수축산물을 구입하여 사용하고 가능한 한 유기농 제품을 구입하는 원칙을 세워 실천하도록 한다. 또한 인스턴트 식품이나 가공 냉동식품은 인체에 유해한 첨가물을 함유하고 있을 가능성이 높으므로 사용을 자제하고 가공되지 않은 자연상태의 재료를 사용하도록 한다.

● 식품 다루기

질병이 있거나 손에 감염된 상처가 있는 사람은 식품을 다루지 않도록 한다. 특히 증상이 가볍더라도 전염성 질병에 걸렸을 때는 식품을 다루지 않아야 한다. 식품에 의한 질병 위험을 피하기 위해서 식품을 다룰 때 지켜야 할 사항들은 다음과 같다(Robertson, 2002).

- 항상 손을 씻는다.
- 주방과 주방설비 및 조리도구를 위생적으로 관리한다.
- 머리를 묶거나 모자를 쓴다.
- 냉동식품은 반드시 냉장고에서 해동한다.
- 육류와 생선류용 도마를 별도로 마련하여 사용하고 사용 후에는 반드시 소독한다.
- 조리된 음식을 냉장할 때는 조리 후 2시간 이내에 한다.
- 음식맛을 볼 때 사용한 숟가락을 다시 사용하지 않는다.
- 통조림을 사용할 때는 캔을 깨끗이 닦은 후 뚜껑을 연다.

(3) 식습관 지도

① 식습관 지도의 중요성

영유아가 바른 식습관을 갖도록 지도하는 것은 어린이집에서 영유아의 건강을 증진하기 위한 노력의 일환으로 중요하다. 또한 영유아기는 식습관이 형성되는 시기로서 이때 음식에 대한 기호 및 태도, 식사태도, 식사예절을 배우는 것은 영유아기 이후의 건강과 성격 형성에 영향을 미칠 수 있다(이순형 외, 2008). 따라서 어린이집에서 점심과 간식을 제공하고 음식을 먹는 것이 단지 영유아에게 필요한 영양을 공급하는 데 그쳐서는 안 되며, 영유아가 건강하고 바른 식습관의 기초를 다지도록 교육할 수 있는 기회로 최대한 활용해야 한다.

② 식습관 지도의 내용

어린이집에서 영유아의 식습관 지도는 음식에 대한 기호 및 태도, 식사태도 및 예절과 관련하여 이루어진다(이순형 외, 2008). 음식에 대한 기호 및 태도에 관해서는 영유아의

[사진 12-8] 어린이집의 점심시간

이해 수준에 맞게 고른 영양섭취의 중요성을 알게 하고 편식이나 결식이 건강에 미치는 영향을 이해시킨다. 패스트푸드는 나트륨과 지방 함량이 과다하며 비타민이나 무기질 등의 영양소가 부족하여 과다섭취 시 비만 등의 건강문제를 유발할 수 있음을 알게 하여 영유아가 스스로 섭취를 자제하도록 지도한다. 영유아가 싫어하는 음식이나 낯선 음식을 줄 때는 서두르지 말고 점진적으로 받아들일 수 있게 지도한다.

식사태도 및 예절에 관해서는 음식을 소중히 여기고 감사하는 마음을 갖도록 하며, 음식을 먹기 전에 손을 씻게 하고 바른 자세로 앉아서 먹도록 한다. 식사 중 자리에서 일어나 돌아다니지 않도록 하고 조용한 분위기를 유지하도록 한다. 그릇과 수저를 바르게 사용하도록 지도하고 간식을 먹을 때도 반드시 숟가락이나 포크 등 제공된 음식에 적합한 식사도구를 사용하도록 한다. 음식을 흘리지 않도록 주의시키되 지나치게 통제하는 것은 좋지 않으며, 흘린 음식은 스스로 치우도록 한다. 음식을 먹은 후에는 손이나 얼굴에 묻은 음식물을 닦도록 하며, 먹은 자리를 정리하고 자신이 사용한 식기와 수저를 스스로 치우도록 한다.

영유아에게 식습관을 지도할 때 유의할 점은 교사가 중요한 역할 모델이라는 것이다. 영유아는 관찰을 통해 식습관을 배우기도 하므로 교사는 이를 인식하고 바른 식습관을 보여 주어야 한다.

(4) 특수아를 위한 영양관리

발달장애나 만성질환을 앓고 있는 영유아를 보육하는 시설에서는 특별한 급식 운영 방침이나 식단계획이 필요하다. 다운증후군이나 뇌성마비인 영유아는 스스로 음식을 먹는 것이 어려울 수 있다. 장애 정도가 심하지 않다면 의자나 식탁, 수저 등을 변형하여 음식을 먹을 수 있도록 도울 수 있다. 당뇨병이나 페닐케톤뇨증(Phenylketonuria: PKU)을 앓고 있는 영유아는 식품의 특정 성분을 배제한 식사를 해야 하므로 전문가의 자문을 구하여 식단을 조정한다. 또한 최근에 태어나는 아동의 25% 정도가 아토피 체질이므로 이에 대한 배려도 있어야 한다.

2) 건강관리

(1) 건강관리의 의의와 내용

영유아의 건강을 관리하는 것은 어린이집에서 수행하는 주요 역할 중 하나다. [영유아보육법]에서는 보육을 "영유아를 건강하고 안전하게 보호 · 양육하고 영유아의 발달특성에 맞는 교육을 제공하는 어린이집 및 가정교육 지원에 관한 사회복지서비스"로 정의하고 있다. 그리고 보육교직원은 "어린이집 영유아의 보육, 건강관리 및 보호자와의 상담, 그 밖에 어린이집의 관리 운영 등의 업무를 담당하는 자"로 정의하고 있다. 또한 어린이집 원장의 임무로는 영유아와 보육교직원에 대한 정기적인 건강진단 등의 건강관리를 하고, 질병 · 사고 · 재해 등으로 인한 위급상태 발생 시 응급조치를 할 것과 질병에 감염되었거나 감염될 우려가 있는 영유아에 대하여 보호자와 협의하여 질병의 치료 및 예방에 필요한 조치를 할 것을 규정하고 있다.

이와 같이 보육교직원은 보육하고 있는 영유아에 대한 건강진단을 실시하고 필요할 때 신속히 응급조치를 하며, 질병 예방과 치료를 위한 행동을 취하고 이를 위해 부모와 협력하여 영유아가 가능한 한 최상의 건강상태를 유지할 수 있도록 해야 한다. 예를 들면, 영유아의 응급상황에 대비하여 부모로부터 응급처치동의서를 받아 두어야 하는데 여기에는 응급 시 연락할 보호자 전화번호 및 수송할 의료기관에 대한 부모의 지정내용 등이 명기되어야 한다. 응급처치동의서 양식은 [그림 12-2]에 제시되어 있다.

어린이집에서 영유아의 건강을 관리하는 것은 최근에 어린이집에서 하루의 대부분을 보내는 영유아가 증가하는 추세에 따라 그 의의가 더욱 크다. 어린이집에 다니는 영유아는 깨어 있는 시간 중 부모와 함께 보내는 시간보다 어린이집에서 보내는 시간이 더 길

응급처치동의서 및 비상연락망

◈ 응급처치의 절차

____________ 반 어린이 이름: ________________ 성별: 남 / 여 생년월일: ____________________ 혈액형: ______________ 귀 기관에서 어린이에 대한 사고 시 응급처치가 신속히 이루어지도록 다음의 연락처로 연락을 취해 주시고, 귀 기관에서 다음의 절차에 따라 응급처치를 하는 경우 그 권한을 귀 기관에 위임할 것에 동의합니다. 날짜: ____________________ 부모 이름: (서명 또는 인) ______________

1. 사고 발생 시 가장 먼저 부모님께 연락합니다.

(시 간) (전화번호)

① 어머니와는 ________ 동안에 ☎ ________________ 로 연락할 수 있습니다.

② 아버지와는 ________ 동안에 ☎ ________________ 로 연락할 수 있습니다.

2. 부모님과 신속하게 연락이 되지 않을 경우 부모님이 정해 주신 다음의 사람들에게 연락합니다.

③ ☎ ________ 로 연락 주십시오. 이름 __________ (어린이와의 관계)

④ ☎ ________ 로 연락 주십시오. 이름 __________ (어린이와의 관계)

3. 원하시는 대로 1, 2순위를 체크해 주시고 의료기관 이름을 써 주십시오.

( ) 어린이집에서 지정한 의료기관

( ) 부모님이 정한 의료기관 ____________________

※ 단, 위급한 상황에서는 119 구조대에 연락하여 응급 수송하겠습니다.

○○어린이집

[그림 12-2] 응급처치동의서

출처: 한국어린이육영회 부설어린이집 운영서식.

기 때문에, 이들의 건강상태를 관찰하여 파악하고 적절하게 조치를 취하는 데 보육교직원의 역할은 부모의 역할 이상으로 중요하다.

(2) 건강관리 방안

어린이집에서 영유아의 건강을 관리하기 위하여 사용할 수 있는 방안들을 살펴보면 다음과 같다.

① 건강기록부

어린이집에서는 시설에 입소하는 영유아의 부모에게 건강기록부 양식을 배부하여 작성 · 제출하게 하고 이를 참고하여 영유아의 개인적인 특성을 고려한 건강관리를 하도록 한다. 건강기록부에는 영유아의 이름, 생년월일, 주소, 보호자 전화번호 및 긴급 연락처, 영유아의 전반적인 건강상태, 예방접종 상황, 과거에 앓았던 질병, 자주 앓는 질병, 수술 경험, 사고경험, 장기적으로 복용하고 있는 약, 섭취금지 식품, 투여금지 약품, 체질상 특이사항, 영유아가 다니는 병원에 대한 정보 등을 포함한다. 건강기록부에는 영유아가 어린이집에 입소한 이후의 건강 및 성장에 관하여 지속적으로 기록해 나간다. 특히 어린이집에서 실시한 신체계측 결과 및 각종 건강검진 결과를 빠짐없이 기록한다. 건강기록부 양식은 [그림 12-3]과 같다.

② 일일 건강상태 확인

보육교사는 영유아가 아프지는 않은지, 아프다면 어떤 상태인지, 질병이 다른 영유아에게 전염되는 것은 아닌지를 매일 관찰하고 확인하도록 한다. 보육교사가 영유아의 건강을 매일 확인하는 것은 아픈 영유아가 적절한 치료를 통해 빨리 회복되고 전염성 질환을 앓는 영유아는 격리시켜 영유아 개인은 물론이고 집단에서도 최대한 건강한 생활이 가능하도록 하기 위해 중요하다. 또한 가정에서 발생한 상처를 부모가 인지하지 못한 채 어린이집에 등원할 때 어린이집에서 발생한 것으로 오해하는 경우도 있을 수 있으므로 보육교사는 영유아 등원 시 건강상태를 반드시 확인해야 한다. 보육교사가 일일 건강상태를 확인할 때 살펴볼 사항은 평소와 같이 활발히 활동하는지, 심하게 재채기나 기침을 하는지, 콧물, 눈곱, 호흡, 상처, 멍, 부종, 반점, 기분상태, 안색, 발열, 복통, 설사, 식욕 등이다(Robertson, 2002).

건강기록부

어린이가 자라 온 성장과정과 가정환경을 아는 것은 어린이를 이해하고, 그 어린이의 특별한 요구에 알맞은 개별 지도를 하는 데 필요한 자료가 됩니다. 자세히 기록하여 주시면 많은 도움이 되겠습니다.

어린이 이름	(남 , 여)		
생년월일	년 월 일 (만 세)		
현 주 소			전화번호 :
긴급연락처	이름 :	관계 :	전화번호 :

Ⅰ. 과거력

1. 예방접종

구 분	접종 연령				
	1 차	2 차	3 차	추 가	추 가
결핵(BCG)					
D . P . T					
소아마비					
홍 역					
볼 거 리					
풍 진					
장티푸스					
뇌 염					
간 염					
결핵반응검사					
기 타					

2. 과거에 앓았던 질병

구 분	발생 여부(O,X)	발병 연령	구 분	발생 여부(O,X)	발병 연령
홍 역			볼 거 리		
수 두			백 일 해		
기관지염/폐렴			간 염		
중 이 염			결 핵		
간 질			심장질환		
알레르기	원인:				
기 타 (구체적으로)					

3. 과거에 자주 앓았던 질병

구 분	자주 앓았음	자주 앓지 않았음	발병횟수
감기/편도선염			년 회
위장병/설사			년 회
기타(병명:)			년 회

4. 수술경험

5. 우발사고

화상( ) 차사고( ) 추락( ) 물에 빠졌던 일( )
기타 다친 일( )

6. 장기 복용하고 있는 약: 복용 이유:

7. 영양 · 위생상 주의사항

섭취금지 식품명	
투여금지 약품명	
체질상 특이사항	

8. 어린이가 다니는 병원

9. 건강에 대한 기타사항

소아과 · 내과	치 과
병원이름 : 검진의사 : 전화번호 : 병원위치 :	병원이름 : 검진의사 : 전화번호 : 병원위치 :

II. 가족력

구 분	어린이와의 관계	구 분	어린이와의 관계
결 핵		류머티즘	
간 염		당 뇨 병	
심장장애		천식 및 알레르기 질환	
암		기 타	

- 영유아의 건강관리를 위해서는 입학 전 영유아의 건강상태에 대한 정확한 정보가 필요
- 영유아의 건강과 관련된 정보를 정확히 기술할 수 있도록 부모용 기록지 제시

[그림 12-3] 건강기록부

③ 부모와의 협력

영유아 건강관리는 보육교직원과 부모 간의 긴밀한 협력을 통해 가장 잘 이루어질 수 있다. 따라서 어린이집에서는 건강기록부와 같이 부모가 영유아의 건강에 관련된 정보를 제공할 수 있는 공식적인 통로를 마련해 놓아야 하며, 영유아의 건강상태에 대한 정보를 매일 등하원 시간에 교환해야 한다. 그리고 어린이집에서 생활하는 도중에 영유아가 아플 경우 부모에게 알려서 어떻게 대처할지를 협의하여 신속하게 적절한 치료를 받을 수 있게 한다. 영유아가 어린이집에서 약을 먹어야 할 경우가 많은데, 이에 대비하여 시설에는 반드시 투약 의뢰서 및 보고서 양식([그림 12-4] 참조)을 비치하여 활용함으로써 정확한 투약이 이루어져 영유아의 회복을 지원하고 약물 관련 사고를 방지하도록 해야 한다. 보육교사는 보육일지([그림 12-5] 참조)를 통해 매일 영유아의 식사, 배변, 활동상황, 기분상태 등의 건강상태를 부모에게 알려 건강에 이상이 있을 때 즉시 대처할 수 있는 체계를 마련해야 한다. 또한 영유아의 건강관리는 신체적 건강만을 목적으로 하는 것이 아니므로, 교사와 부모는 영유아의 정신건강에 영향을 미칠 수 있는 사건이나 스트레스를 유발하는 일에 대해서도 서로 충분히 정보를 제공하여 영유아에게 적절한 배려를 해 줄 수 있어야 한다.

④ 건강검진

보육교직원과 영유아를 대상으로 정기적인 건강검진을 실시하는 것은 어린이집의 건강관리에서 매우 중요하다. 정기적으로 건강검진을 받는다면 질병을 조기에 발견하여 치료할 수 있는 가능성이 높아지며, 특정 질병이 발생할 가능성이 있는 경우에는 적절히 대처하여 예방할 수도 있다.

● 영유아 건강검진

영유아 대상 건강검진은 매년 1회 이상 실시해야 하며 신체 계측, 청력검사, 구강검사, 안과검진 등 발달단계에 따라 필요한 항목이 포함되어야 한다. 또한 혈액검사 및 소변검사를 실시하여 다양한 질병 유무 및 발생 가능성을 알아본다. 신체 계측을 통해 영유아의 신체적 발달이 정상적인 범위 안에 있는지를 알아보고, 청력검사를 통해 청력 이상 여부를 알아보며, 구강검사를 통해 충치나 잇몸질환 여부를 알아본다. 또한 안과검진을 하여 시력 이상이나 사시 등 눈의 기능과 질환 여부를 확인한다. 검진 결과 치료가 필요한 것으로 판정된 경우에는 부모와 협의하여 필요한 조치를 취하도록 하고, 전염성 질

투약의뢰서

금일 자녀의 투약을 (양호)선생님께 의뢰합니다.

- 반명:
- 아동명:
- 증상:
- 약의 종류: (보관장소: 실온 · 냉장)
- 투약 용량:
- 투약시간:

년 월 일 요일
의뢰자 (인)

※투약으로 인한 책임은 의뢰자가 집니다.

투약보고서

금일 본 어린이집의 ○○○ 영유아에 대해 의뢰하신 내용대로 투약하였음을 보고합니다.

년 월 일 요일
담당교사 (인)

- 특이사항:

어린이집

[그림 12-4] 투약의뢰서 및 보고서

보육일지

반　　년　　월　일　　요일

번호	활동내용 / 영아명	전달자	도착시간 및 건강강태	아침식사	배변	귀가예정 시간 및 보호자	수유 및 식사		배변		낮잠	투약 시간 및 용량	특이사항 및 전달사항
							수유	식사	소변	대변			
1		보호자											
		교사											
2		보호자											
		교사											
3		보호자											
		교사											
4		보호자											
		교사											
5		보호자											
		교사											
알림													

보호자는
- 도착시간과 아침식사의 양과 종류, 배변시간과 상태를 기록한다.
- 건강상태가 좋은 경우 '양호', 관찰을 필요로 하는 경우에는 '관찰필요' 로 기록한다.
- 귀가예정시간과 귀가 시 영아를 데리고 갈 보호자를 정확하게 기록한다.

교사는
- 수유 및 식사를 한 횟수와 양을 기록한다.
- 배변의 시간과 상태, 횟수를 기록한다.
- 낮잠을 잔 횟수와 시간을 기록한다.

※보호자와 교사는 특이사항 및 전달상황을 기록하여 영아의 하루 생활에 대해 정보를 공유해야 한다.

[그림 12-5] 보육일지

출처: 한국어린이육영회. 영아교육 활동자료집 II. 12～24개월.

환을 앓고 있는 것으로 밝혀진 영유아는 어린이집으로부터 격리시킨다. 어린이집에서 실시하는 대신 [국민건강보험법] 제47조와 동법시행령 제26조 및 [의료급여법] 제14조 규정에 의한 영유아 검진이나 보호자가 별도로 건강검진을 실시해도 무방하다.

● 보육교직원 건강검진

보육교직원에 대한 건강검진은 신규채용 시 공무원채용 신체검사를 반드시 하도록 하고, 매년 1회 이상 정기적으로 건강검진을 실시해야 한다. 가정어린이집의 경우는 시설에서 거주하는 모든 사람들이 직원과 동일하게 건강검진을 받아야 한다. 검진 결과는 직원에게 통보하고 시설에도 검진 결과서를 보관한다. 검진 결과 전염성 질환에 감염된 것으로 밝혀진 보육교직원은 질병이 완치될 때까지 휴직 또는 면직 조치하여 보육업무를 중단하도록 한다(보건복지부, 2012).

⑤ 위생관리 및 개인위생 지도

영유아를 보육하는 건강한 환경을 조성하기 위해 가장 효과적인 방안은 청결하고 위생적인 환경관리와 영유아에 대한 개인위생 지도다. 손 씻기, 기저귀 갈기, 배변, 청소 및 소독을 적절한 시기에 적절한 방법으로 이행하면 바이러스, 박테리아, 기생충에 감염될 위험을 최소화하고 호흡기 질환이나 중이염 등을 예방할 수 있다(Robertson, 2002).

● 손 씻기

손 씻기는 질병 예방과 전염 방지를 위해 실천할 수 있는 가장 중요한 위생관리 행동이라고 할 수 있다. 보육교사는 손을 자주 씻는 습관을 가져야 하는데, 일과가 바쁘다 보면 잊어버리는 경우가 있으므로 손 씻기를 일과의 일부로 만들어 습관화하는 것이 바람직하다. 〈표 12-5〉는 일과 중 손을 씻어야 할 상황을 제시하였고, [그림 12-6]과 〈표 12-6〉은 바르게 손 씻는 순서와 방법을 제시하고 있다. 교사가 바른 방법으로 손을 씻는 것은 영유아에게 바른 손 씻기의 모델을 보여 주는 것으로서 개인위생 지도에서 중요하다.

● 이 닦기

만 2세 미만 영아는 스스로 이를 닦기 어려우므로 교사가 관리해 주어야 한다. 손가락 사이에 젖은 거즈를 끼우고 온수나 1~2% 붕산수를 묻혀 잇몸, 이, 입안을 닦아 주거나

표 12-5 일과 중 손을 씻어야 할 때

영유아	보육교사
등원 직후	출근 직후
간식이나 점심을 먹기 전	간식이나 점심 먹기 전
아픈 영유아와 접촉한 후	아픈 영유아와 접촉한 후
용변 후 또는 기저귀를 간 후	용변 후
놀이 후	용변을 도와주거나 기저귀를 간 후
낮잠 후	영유아의 코를 닦아 준 후

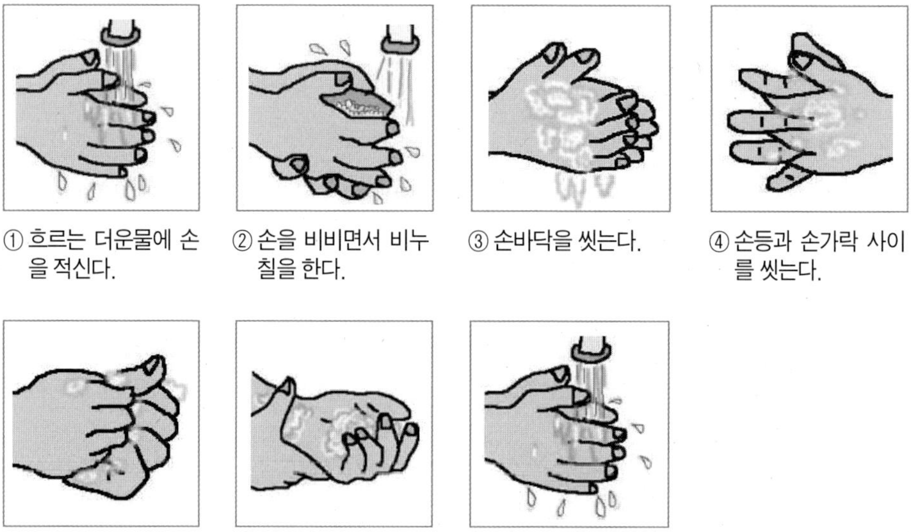

① 흐르는 더운물에 손을 적신다.
② 손을 비비면서 비누칠을 한다.
③ 손바닥을 씻는다.
④ 손등과 손가락 사이를 씻는다.
⑤ 손톱 주변을 잘 비벼 씻는다.
⑥ 손목을 씻는다.
⑦ 비눗기를 씻어 낸다.

[그림 12-6] 바른 손 씻기 순서 및 방법

표 12-6 올바른 손 씻기

- 세면대나 대야에 받아 놓은 물이 아닌 흐르는 물에 손을 씻는다.
- 찬물보다는 더운물을 사용한다.
- 반드시 비누를 사용한다. 고체 비누는 세균 번식 위험이 있으므로 액체 비누가 좋다.
- 손을 잘 문질러 씻어 세균을 제거한다. 손등과 손목 위까지 문지르며, 특히 손가락이나 손톱 주변을 잘 비벼 씻는다.
- 흐르는 물에 비눗기를 철저히 씻어 낸다.
- 물기는 1회용 종이타월이나 전동 손건조기로 제거한다.

실리콘 칫솔을 사용하여 이를 닦아 준다. 만 2~2.5세에는 이 닦는 방법을 배울 수 있다(조경자 · 이현숙, 2010). 어린이집에서는 점심식사 후 이 닦기를 정규적인 일과에 포함하여 이 닦기가 습관화될 수 있는 환경을 조성하고, 사용한 칫솔은 자외선 살균소독기에 넣어 소독하도록 한다.

● 기저귀 갈기

대 · 소변에 의한 오염은 질병과 세균을 퍼뜨릴 수 있으므로 기저귀를 가는 영역을 정해 놓거나 기저귀 갈이대를 설치하여 정해진 위치에서만 기저귀를 갈도록 하고 기저귀 갈이 영역에 필요한 물품을 모두 갖춰 두도록 한다. 기저귀를 갈 때는 일회용 장갑을 끼고 깔개를 깐다. 기저귀를 간 후에는 영유아의 손을 씻기고 기저귀를 간 영역을 치우고 소독하며, 교사도 올바른 방법으로 손을 씻는다(Kendrick, Kaufmann, & Messenger, 1991).

최근에는 편리성 때문에 대부분 일회용 기저귀를 사용하는데 일회용 기저귀는 다량의 쓰레기를 배출하여 환경문제를 유발하므로 가능한 한 천 기저귀를 사용하도록 한다. 천 기저귀를 사용할 때는 사용한 기저귀를 모으는 보관함을 별도로 마련하여 세균이 퍼지지 않도록 한다.

● 화장실 위생

어린이집의 변기는 매일 세척 및 소독해야 한다. 특히 설사 후에는 즉시 세척과 소독이 이루어져야 한다. 영유아와 배변훈련을 할 때는 손 씻기의 중요성과 손 씻는 방법을 동시에 교육하여 손 씻기가 용변 보기의 일부처럼 습관화되도록 지도한다.

● 청소와 소독

세균이 퍼지는 것을 방지하는 최선의 방법은 청소와 소독이다. 청소와 소독은 상호 보완적인 것으로서 두 가지가 함께 이루어져야 효과적이다. 청소는 표면에 있는 먼지와 세균을 제거하는 것이고, 소독은 청소 후에도 남아 있는 세균을 제거하는 것이다. 따라서 청소와 소독을 통해 위생적인 환경을 유지해야 한다. 소독은 어린이집에서 필요에 따라 일상적으로 하기도 하고 전문적인 소독업체에 의뢰하여 실시하기도 한다. 어린이집에서 가장 쉽게 사용할 수 있고 효과적인 소독제는 표백제다. 특히 영유아가 피를 흘렸거나 토한 경우에는 해당 영역을 표백제를 사용하여 소독한다. 전문적인 소독은 월 1회 정도 정기적으로 실시하며 소독실시기록을 보관하도록 한다.

놀잇감도 자주 세척하고 소독해야 한다. 보육실에 비치되어 있는 모든 놀잇감을 정기적으로 소독하며, 물놀이대를 사용하는 경우에는 매일 세척하고 소독하며 담겨 있는 물이 미지근해지면 세균이 번식하므로 찬물로 바꿔 준다. 점토도 세균이 쉽게 번식하는 놀잇감이다. 따라서 점토를 가지고 활동하기 전에 영유아가 손을 씻도록 지도하고 점토 활동 전후에는 테이블을 깨끗이 닦는다.

침구도 자주 세척하고 소독해야 한다. 침구에 영유아의 이름을 써 놓고 서로 바꾸어 사용하지 않도록 하며, 일주일에 한 번씩은 세탁을 하여 위생적으로 관리한다.

⑥ 정신건강

영유아에 대한 건강관리는 정신건강 영역까지 포함해야 한다. 보육교직원은 영유아에게서 나타날 수 있는 정신건강의 위험신호들을 인식하고 있어야 하며, 영유아가 여러 가지 문제행동을 동시에 나타내거나 그런 행동을 나타내는 빈도가 높다면 부모에게 알리고 대처방안을 협의하여 조치하도록 한다. 영유아기 정신건강의 위험신호로 볼 수 있는 행동들을 살펴보면, 자극이 없는 상황에서의 공격적 행동, 사회적 상호작용에 대한 무관심, 불안 애착, 낮은 자기존중감, 쉽게 흥분됨, 애정표현에 대한 무반응, 의존성, 분명한 원인 없는 심한 기분 변화, 주의집중 어려움, 눈 맞춤 회피, 부모에 대한 무관심, 교사와의 분리에 대한 지나친 두려움으로 어디든 따라다님, 다른 사람에 대한 무관심 등을 들 수 있다(Robertson, 2002).

한편, 어린이집에 다니는 영유아의 발달적 시기에 흔히 나타날 수 있는 행동은 예를 들면, 주의를 집중하지 않거나 하라고 한 것을 하지 않거나 쉽게 울거나 가만히 앉아 있지 못하거나 다른 영유아에게 자랑을 하거나 징징거리거나 손가락을 빨거나 담요와 같은 특정 사물에 집착을 보이거나 낯선 사람 또는 상황에 대해 두려워하거나 이야기를 만들어 내어 사실인 것처럼 말하는 것 등이다. 영아의 경우에는 자신이 가지고 놀고 싶은 사물이나 장난감을 가지고 있는 다른 영아를 때리거나 미는 등 공격적인 행동을 하거나 물건을 빼앗는 등의 행동이 나타날 수 있다. 이는 보육교사나 부모는 신경을 쓰게 되지만 정신건강의 문제로 염려하지 않아도 되는 행동이다.

영유아의 정신건강관리에서 빼놓을 수 없는 부분은 조기교육으로 인한 스트레스다. 어린이집에 다니는 영유아에게 귀가 후에 학습지를 하게 하거나 학원을 보내는 등 부모가 과다한 학습을 시키는 경우가 있다. 하루 종일 어린이집에서의 일과로 지친 영유아에게 추가로 학습부담을 주는 것은 상당한 스트레스를 유발하는 상황이 될 수 있다. 교사는 영유아가 이러한 상황에 처해 있는 것은 아닌지 살피고, 영유아의 건강에 부정적 영향을 미칠 것으로 판단된다면 부모와의 협의를 통해 조정해야 한다.

(3) 전염성 질환 대처

① 영유아에게 발병하기 쉬운 전염성 질환

호흡기를 통해 전염되는 질환으로는 가벼운 감기, 독감, 성홍열, 수두, 홍역, 유행성 이하선염, 중이염, 결핵, 뇌막염 등이 있으며, 수인성 전염병으로는 세균성 이질, A형 간염 등이 있다. 환자와의 직접적인 접촉으로 전염되는 질환으로는 결막염, 농가진, 머릿니 등이 있고 혈액을 통해 전염되는 것으로는 B형 간염과 AIDS가 있다.

② 전염성 질환에 대한 대책

어린이집에서 전염성 질환에 대처하는 방법은 우선 위생적인 시설관리와 영유아 및 교직원의 위생적인 습관이며, 예방접종을 철저히 하는 것이다. 그러나 철저한 예방책에도 불구하고 영유아는 전염성 질환에 걸릴 수 있다. 따라서 보육교직원은 영유아에게 발생하기 쉬운 질환의 증상에 대해 숙지하여 질환 발생 시 신속하게 대처해야 한다. 아픈

표 12-7 어린이집에서 영유아 격리가 필요한 질환과 격리기간

질 환	증 상	격리기간
유행성 이하선염 (볼거리)	침선이 부어오름, 발열	침선이 부어오르기 시작한 후 9일까지
A형 간염	발열, 피로감, 식욕부진, 구토, 복통, 황달	증상 발생 후 1주일까지
홍역	발진, 고열, 콧물, 눈 충혈	발진 발생 후 6일까지
풍진	미열, 발진	발진 발생 후 6일까지
농가진	작은 수포	치료 시작 후 24시간까지
수두	발열, 피로감, 발진, 수포	발진 발생 후 6일간 또는 수포가 가라앉을 때까지
수족구병	38도 정도의 고열, 입안, 손바닥, 발바닥에 작은 수포가 생김	주요 증상이 없어질 때까지
머릿니	머리 가려움, 이와 서캐 발견	치료 시작 후 24시간까지 또는 이나 서캐가 사라질 때까지

영유아가 생기면 교사는 영유아를 관찰하고 그 증상을 기록해 둔다. 영유아가 심각한 증상을 보이거나 전염성이 강한 질병의 증상을 보이는 것으로 판단되면 영유아를 격리하고 즉시 부모에게 알리도록 한다. 영유아의 격리가 필요한 질환과 증상은 〈표 12-7〉과 같다.

3) 안전관리

(1) 안전관리의 의의

영유아는 경험과 판단력이 부족하므로 자신의 행동에 따른 결과를 예측하는 데 한계가 있는 한편, 호기심이 많고 활동적이어서 사고로 이어질 수 있는 위험한 행동을 할 가능성이 항상 존재한다. 특히 한국 영유아의 교통사고, 익사사고, 추락사고, 화재사고 등 안전사고 사망률은 OECD 회원국 중 가장 높은 수준에 있는 실정인데, 1~9세 아동의 가장 큰 사망 원인이 사고로서 전체 사망 아동의 74%가 사고에 의해 숨진 것으로 보고되었다(조경자 · 이현숙, 2010). 보육교직원은 다양한 안전사고 원인에 대해 알고, 영유아의 발달단계에 따른 행동특성을 이해하며, 구체적인 사고 예방책을 항상 실천하여 영유아에게 안전한 환경을 제공하고 철저히 보호 · 지도 · 감독하여 사고를 방지해야 한다.

(2) 안전관리 내용

[영유아보육법 시행규칙]에서 규정하고 있는 어린이집의 운영기준 중 안전관리 항목에 따르면, 어린이집의 원장은 안전점검표 양식에 따라 시설설비의 안전상태를 정기적으로 점검하고 위험 요인을 제거해야 한다. 또한 매년 원아를 대상으로 안전교육계획을 수립하여 실시하고 시설의 교직원에 대해서도 안전교육을 실시해야 한다. 만일의 사고에 대비하여 부모로부터 응급처치동의서를 받아 두고 영유아가 사고로 인해 긴급한 의료적 처치를 요할 때 사용하도록 한다.

어린이집에서 차량을 운영하는 경우에는 차량 안전관리도 빼놓을 수 없다. 어린이집에서 차량을 운영하려면 해당 차량을 어린이 통학버스로 관할 경찰서장에게 신고하여 신고필증을 교부받아야 하며, 차량안전점검표에 의해 안전점검을 실시하고 차량 안에 소화기와 구급상자를 비치하고 운행해야 한다. 차량을 운행할 때는 영유아를 보호할 수 있는 성인이 함께 타고 있어야 하며 안전띠 등 보호장구를 사용해야 한다.

(3) 안전한 보육환경 조성

① 어린이집 구조 및 설비기준

[영유아보육법 시행규칙]에서 규정하고 있는 어린이집의 구조 및 설비기준 중에서 안전과 관련된 내용을 살펴보면, 우선 놀이터 면적을 제외하고 영유아 1인당 4.29m² 이상의 공간이 확보되어야 한다. 보육실은 1층에 설치하는 것을 원칙으로 하며 단독건물을 사용하는 경우에는 2층이나 3층에도 보육실 설치가 가능하지만, 영아반 보육실은 반드시 1층에 설치하도록 되어 있다. 보육실 면적은 영유아 1인당 2.64m² 이상이어야 한다. 목욕실과 화장실 바닥은 미끄럼방지장치를 해야 하며, 수도꼭지는 뜨거운 물로 인한 화상을 방지하기 위해 온도 고정장치를 설치해야 한다.

영유아 50인 이상을 보육하는 시설에 설치되어야 하는 실외 놀이터는 바닥을 모래, 천연잔디, 인공잔디, 고무매트, 폐타이어 등 충격을 흡수할 수 있는 재료로 시공하여 영유아의 추락사고에 대비한다. 특히 영유아가 높이 올라가게 되어 있는 놀이시설물 아래에는 추락에 대비한 설비를 갖추어야 한다. 영유아가 걸려 넘어지거나 부딪힐 위험이 있는 방해물이 없어야 하고, 놀이시설물에는 날카롭거나 뾰족한 부분이 없어야 하며, 볼트와 너트가 돌출되어 있어서는 안 된다. 또한 놀이시설물의 도색은 독성이 없는 재료로 처리되어야 하며, 영유아의 몸이 끼어 사고가 발생할 수 있는 구멍이나 틈이 없어

[사진 12-9] 영유아의 안전을 고려한 실외 놀이터

야 한다.

화재에 대비하여 비상구와 비상구 유도등을 설치해야 하며 소화전과 소화기를 설치 및 비치해야 한다. 어린이집이 2층 이상에 있는 경우에는 비상계단이나 비상탈출용 미끄럼대를 설치해야 한다. 또한 조리나 난방 용도로 가스를 사용하는 경우에는 가스누출 경보기 및 자동차단기를 설치해야 하고 정기적으로 점검을 받도록 한다. 비상구를 제외한 출입문이나 창문은 영유아가 안에 갇히는 경우를 대비해 안에서 잠기지 않고 밖에서 쉽게 열 수 있도록 설치되어야 하며, 출입문과 창문 가장자리에 손끼임 방지용 장치를 설치하도록 한다. 그리고 돌출형 방열기가 설치되어 있는 경우에는 영유아가 직접 접촉할 수 없도록 울타리를 설치해야 한다.

보육실에서 사용하는 가구의 모서리는 매끄럽게 처리된 것을 비치하며, 교구장 등은 넘어지지 않도록 바닥에 고정시키고 아래에 무거운 비품을 보관한다. 선반을 설치한다면 지지대를 설치하여 떨어지지 않게 한다. 어린이집 내부 마감재료는 불연재, 준불연재, 난불연재를 사용하고 커튼이나 카펫은 방염 성능이 있는 것으로 설치한다.

② 놀잇감 및 놀이기구의 안전

놀잇감도 영유아 안전사고의 원인이 되므로 안전한 것을 제공하고 수시로 점검하여 위험한 것은 제거한다. 놀잇감에 의한 안전사고를 예방하기 위해서는 영유아의 연령에 적합한 놀잇감을 제공하는 것이 매우 중요하다. 특히 영아에게는 입에 넣었을 때 질식 위험이 있는 3cm 미만의 작은 놀잇감을 주어서는 안 된다. 모서리가 날카롭거나 표면이 거칠거나 쉽게 깨질 수 있어 다칠 위험이 있는 놀잇감은 피하며, 총알이 나오는 총같이 일부분이 튀어나와 사고를 일으킬 수 있는 놀잇감은 제공하지 않는다. 봉제인형의 눈, 코, 입 등은 떨어졌을 때 영유아가 삼킬 위험이 있으므로 부착상태를 매일 점검하며 긴 줄이 달린 끄는 장난감은 교사가 감독할 때만 가지고 놀 수 있게 제한한다(Robertson, 2002).

놀이기구를 이용한 놀이를 할 때도 안전사고 위험에 대비해야 한다. 그네와 관련된 사고로는 타고 있던 영유아가 그네에서 떨어지거나 움직이는 그네 가까이를 지나가던 영유아가 그네와 충돌하는 경우가 있다. 따라서 그네 주위에 울타리를 설치하여 움직이는 그네 가까이에 영유아가 접근하지 못하게 하고, 그네를 탈 때는 앉아서 양손으로 줄을 단단히 잡고 타며, 그네 줄을 꼬거나 그네가 멈추기 전에 내리지 않도록 지도하고 감독한다. 미끄럼틀을 탈 때는 반드시 계단으로 올라가고 앉아서 타며 타기 전에는 앞에 다른 영유아가 없는지 확인하고 탄 후에는 즉시 일어나도록 지도한다. 기어오르는 놀이기구를 이용할 때는 반드시 두 손으로 잡고 올라가며 내려올 때는 아래를 확인하도록 하고, 기구가 젖어 있으면 미끄러져 추락할 위험이 있으므로 사용하지 않도록 지도한다(조경자 · 이현숙, 2010).

③ 독성물질 안전

어린이집에서 미술활동을 할 때 사용하는 재료 중에는 독성물질이 함유된 것이 있을 수 있으므로 선택 시 유의해야 한다. 순간접착제나 본드를 사용할 때 독성물질을 흡입할 수 있으므로 사용하지 않도록 하고, 대신 풀이나 양면 테이프를 사용한다. 또한 미술활동 중 영유아가 물감이나 크레파스 등을 빨거나 먹을 수 있으므로 교사의 세심한 감독이 필요하다.

(4) 안전교육

어린이집에서는 아동복지법령의 안전교육 기준에 따라 매년 안전교육계획을 수립하고 교육을 실시해야 한다. [아동복지법] 제31조 제1항 및 [아동복지법 시행령] 제28조 제1항에 따른 안전교육기준은 〈표 12-8〉에 제시된 바와 같다. 보육교직원에 대해서도 안전교육을 실시하여 안전교육지침을 숙지하고 교육에 적극 참여하게 해야 한다.

안전교육의 목적은 영유아가 스스로 자신을 위험으로부터 보호할 수 있는 지식과 기술을 갖도록 하는 것이 목적이므로(권혜진 외, 2012), 실제 상황에 처했을 때 학습한 대처기술을 활용할 수 있도록 실습을 통한 교육이 이루어져야 한다. 영유아를 대상으로 실시해야 하는 안전교육으로는 교통안전, 화재안전, 놀이안전, 유괴 및 미아 방지, 성폭력 예방, 약물안전 등이 있다. 안전교육은 생활교육으로서 가정과의 연계를 통해 일관성 있게 이루어져야 하므로, 부모에게 필요한 정보를 제공하여 부모와 함께 보내는 시간에도 상황에 맞는 안전교육이 이루어지고 어린이집에서 습득한 지식을 적용할 수 있도록 한다.

① 교통안전 교육

교통안전 교육은 교통수단에 대한 이해, 표지판이나 신호등 등 교통규칙에 대한 이해, 교통사고의 위험성 이해, 교통수단을 안전하게 이용하는 방법, 안전한 보행 및 도로횡단 방법 등을 포함해야 하며, 체험을 통한 학습과 반복훈련이 중요하다. 따라서 교실에서 이루어지는 교육활동 외에도 교통 표지판이나 신호등 모형을 이용하여 실습을 하거나

표 12-8 안전교육기준(초등학교 취학 전)

구분	성폭력 및 아동학대 예방 교육	실종 · 유괴의 예방 · 방지 교육	약물의 오용 · 남용 예방 교육	재난대비 안전교육	교통안전 교육
실시 주기 (총 시간)	6개월에 1회 이상 (연간 8시간 이상)	3개월에 1회 이상 (연간 10시간 이상)	3개월에 1회 이상 (연간 10시간 이상)	6개월에 1회 이상 (연간 6시간 이상)	2개월에 1회 이상 (연간 10시간 이상)
교육 내용	1. 내 몸의 소중함 2. 내 몸의 정확한 명칭 3. 좋은 느낌과 싫은 느낌 4. 성폭력 예방법과 대처법	1. 길을 잃을 수 있는 상황 이해하기 2. 미아 및 유괴 발생 시 대처방법 3. 유괴범에 대한 개념 4. 유인 · 유괴행동에 대한 이해 및 유괴 예방법	1. 몸에 해로운 약물 위험성 알기 2. 생활 주변의 해로운 약물 · 화학제품 그림으로 구별하기 3. 모르면 먼저 어른에게 물어보기 4. 가정용 화학제품 만지거나 먹지 않기 5. 어린이 약도 함부로 많이 먹지 않기	1. 화재의 원인과 예방법 2. 뜨거운 물건 이해하기 3. 옷에 불이 붙었을 때 대처법 4. 화재 시 대처법 5. 자연재난의 개념과 안전한 행동 알기	1. 차도, 보도 및 신호등의 의미 알기 2. 안전한 도로횡단법 3. 안전한 통학버스 이용법 4. 날씨와 보행안전 5. 어른과 손잡고 걷기
교육 방법	1. 전문가 또는 담당자 강의 2. 장소 · 상황별 역할극 실시 3. 시청각 교육 4. 사례 분석	1. 전문가 또는 담당자 강의 2. 장소 · 상황별 역할극 실시 3. 시청각 교육 4. 사례 분석	1. 전문가 또는 담당자 강의 2. 시청각 교육 3. 사례 분석	1. 전문가 또는 담당자 강의 2. 시청각 교육 3. 실습교육 또는 현장학습 4. 사례 분석	1. 전문가 또는 담당자 강의 2. 시청각 교육 3. 실습교육 또는 현장학습 4. 일상생활을 통한 반복 지도 및 부모교육

출처: [아동복지법 시행령] 제28조 제1항 별표 3. 재구성.

어린이 교통공원을 방문하여 길거리보다는 안전한 환경에서 연습하도록 한다. 또한 통학 차량을 이용하는 경우에는 이를 안전교육의 기회로 활용하여 차례대로 천천히 타고 내리기, 차 안에서는 자리에 앉아 있으며 일어서거나 돌아다니지 않기, 안전띠 착용하기, 차창으로 손이나 얼굴 내밀지 않기, 차 안에서 조용히 하기, 차에서 내려 안전하게 길 건너기 등을 교육한다(조경자 · 이현숙, 2010). 어린이집에 다니는 영유아가 견학, 관람, 소풍 등 단체로 외출을 하는 경우도 교통안전 교육내용을 현장에서 실천할 수 있는 좋은 기회로 활용할 수 있다.

② 화재안전 교육

화재안전 교육은 가정이나 어린이집에 화재가 발생했을 때 대피하는 방법을 교육하고 반복적으로 훈련하여 유사시에 신속하게 대응할 수 있도록 하기 위한 것이다. 어린이집에서는 화재 발생 시의 행동요령과 절차, 교직원의 역할분담을 정해 놓고 이에 입각하여 정규적인 훈련을 함으로써 실제 상황에서도 당황하지 않고 필요한 행동을 취할 수 있도록 한다. 화재 대피훈련을 할 때는 먼저 인근 소방서에 의뢰하여 각 어린이집에 적합한 화재 대피 경로 및 방법을 알아본 뒤 화재 대피계획을 세우고 교직원들은 화재 대피 시 맡을 역할을 정하여 문서화해 놓는다. 또한 몸에 불이 붙었을 때나 연기가 있을 때 등 구체적인 상황에서 취해야 할 행동을 실습을 통해 배우도록 하며 교직원은 소화기나 소화전 등 소방기기의 사용방법을 숙지해 둔다. 화재 대피훈련도 반복적인 실시를 통해 몸에 배도록 하는 것이 중요하므로, 한 달에 한 번 정도 훈련을 실시하고 대피상황에 익숙해지면 사전 예고 없이 훈련을 실시한다(조경자 · 이현숙, 2010).

③ 놀이안전 교육

영유아가 가장 많은 시간을 보내는 활동인 놀이를 하는 동안에도 늘 안전사고의 위험이 존재한다. 보육교직원은 영유아에게 최대한 안전한 놀이환경을 확보해 주고 놀이행동을 관찰 · 분석하여 주어진 환경에서 안전하게 놀이를 할 수 있는 방법을 제시해 줌으로써 안전사고 발생 가능성을 최소화해야 한다.

영유아에게 놀이안전 교육을 하는 목적은 안전한 장소를 선택하여 놀이를 하고 다양한 놀잇감이나 놀이시설을 안전하게 사용할 수 있는 데 필요한 지식, 태도, 기술을 길러 주기 위한 것이다. 어린이집에 설치되어 있는 놀이기구를 안전하게 사용하는 방법과 다른 영유아가 놀이기구를 사용하고 있을 때 안전하게 놀이하는 방법을 규칙으로 정하여 지키도록 약속하고, 실제 놀이상황에서 익숙해지도록 지도한다(정미라 외, 2003). 예를 들어, 그네는 반드시 앉아서 양손으로 줄을 잡고 타야 하며, 미끄럼틀은 한 사람씩 앉아서 타되 아래에 다른 아이가 없는지 확인하고 타도록 지도한다. 그리고 다른 아이가 그네를 타고 있을 때는 그네 가까이에서 놀이를 하거나 지나가지 않도록 하고, 자전거 등 승용 완구를 타는 아이가 있을 때 충돌이 일어나지 않도록 놀이공간을 분리하도록 지도한다.

한편, 물놀이 안전규칙이나 영유아들에게 인기를 얻고 있는 킥보드, 인라인스케이트를 탈 때 주의해야 할 점 등을 교육하여, 영유아의 안전에 대한 의식이 어린이집에서만 국한되는 것이 아니라 일상생활의 다양한 놀이상황에서도 적용되어 안전한 생활을 할 수 있도록 한다.

④ 유괴 및 미아 방지 교육

영유아는 경험이나 판단력 부족으로 유괴 범죄의 표적이 되기 쉬우며 낯선 장소에서 보호자를 잃고 미아가 될 가능성도 있다. 그러므로 이러한 일이 발생한 상황에서 영유아가 적절히 대처할 수 있도록 교육해야 한다.

유괴 예방 교육에서는 유괴범이 영유아를 꾀기 위해 흔히 사용하는 수법들을 사례로 제시하며 낯선 사람에 대한 경계의 필요성을 강조한다. 즉, 낯선 사람의 말만 믿고 따라가거나 친절해 보인다고 해서 믿어서는 안 된다는 점 등을 교육하여 영유아가 위험한 상황에서 스스로를 보호할 수 있는 판단력을 갖게 한다.

어린이재단실종아동전문기관(http://www.missingchild.or.kr)의 지침에 따르면, 미아 예방 교육에서는 영유아에게 자신의 이름, 주소, 전화번호 등을 외우도록 하고 혼자서 외출하지 않으며, 외출 중 부모나 교사 및 친구들과 헤어졌을 때는 그 자리에 머물러 있어 교사나 부모가 쉽게 찾을 수 있게 하고, 그래도 만나지 못했을 때는 112로 전화하여 도움을 요청하도록 교육한다. 또한 관련 기관에서 어린이집을 방문하여 영유아를 대상으로 유괴 및 미아 예방 교육을 하는 것도 도움이 될 것이다.

⑤ 성폭력 예방 교육

성폭력 피해 아동의 상당수가 학령기 이전의 영유아로서 이들에 대한 성폭력 피해 예방 교육은 절실히 필요하다. 특히 영유아는 타인이 시도하는 성적 접촉의 의미를 모르거나 단순한 애정표현으로 해석하여 거부하지 못하는 경우가 많으므로 이에 대한 인식을 심어 주어야 하며, 위험한 상황에서는 분명하게 거부의사를 표시하고 피할 수 있도록 교육한다. 성폭력 피해를 예방하기 위한 교육에 포함될 내용은 영유아 자신과 타인의 신체의 소중함에 대한 인식, 타인의 신체접촉 시도 중 적절한 유형과 부적절한 유형에 대한 정보 제공, 타인의 부적절한 행동에 대해 거부의사를 표현할 수 있는 능력 훈련이다. 또한 성폭력 피해를 경험한 경우에는 부모나 교사 등 믿을 수 있는 성인에게 알려서 필요한 도움을 받도록 교육한다(권혜진 외, 2012).

또한 보육교직원은 [아동복지법] 제25조에 의한 영유아학대 신고의무자로서 보육하고 있는 영유아가 가족에 의해 신체적 학대, 정서적 학대, 성학대 및 방임을 당한다고 판단되면 즉시 아동보호전문기관 또는 수사기관에 신고하여, 피해 영유아가 더 이상의 학대를 당하지 않고 학대로 인한 신체적, 정신적 손상을 하루빨리 치유할 수 있는 조치를 받을 수 있도록 한다.

⑥ 약물안전 교육

약물안전 교육은 일반적으로 중독성이 있는 약물의 습관적 사용과 의존의 위험성에 대한 경각심을 심어 주고 약물을 잘못 사용하지 않도록 하는 내용을 포함한다. 그러나 영유아 대상 약물안전 교육은 발달특성상 약물중독보다는 약물 오남용에 대한 내용에 중점을 두어 약물을 일반식품으로 잘못 알고 먹지 않도록 교육하며, 교사 대상으로 영유아에게 흔히 쓰이는 약물의 특성, 안전한 보관법, 투약 시 유의점 등을 교육하는 것이 필요하다.

(5) 응급상황에 대한 대응

① 응급상황의 개념

영유아들은 어린이집에서 생활하는 동안 자신이나 교사의 부주의, 다른 영유아의 실수, 시설환경의 취약점 때문에 다치는 경우가 많다. 안전한 환경을 조성하기 위한 시설과 기구를 설치하고 영유아에 대한 안전교육으로 사고를 어느 정도 예방할 수 있지만 여전히 사고는 발생하고 영유아가 상해를 입는다. 영유아가 상해를 입었을 때는 병원에서 전문적인 치료를 받게 해야 하는데 그때까지 상해가 악화되지 않도록 응급처치를 하는 것이 중요하다(권혜진 외, 2012).

어린이집에서 흔히 일어날 수 있는 사고에 의한 영유아의 상해는 넘어지거나 부딪혀

타박상을 입거나 피부가 찢어지거나 입술이 터진 경우, 팔이나 다리가 부러지거나 뼈에 금이 가거나 삔 경우, 피부에 가시가 박힌 경우, 코 · 귀 · 눈에 이물질이 들어간 경우, 신체의 일부가 좁은 공간에 낀 경우, 이물질이 목에 걸려 호흡이 어려운 경우 등이 있다.

한편, 사고에 의한 것은 아니지만 질병으로 영유아의 신체상태가 갑자기 나빠져 신속한 대처를 요하는 경우도 있다. 고열, 심한 구토, 설사 등이 가장 흔히 나타날 수 있는 증상이다.

② 응급상황 발생 시 대처요령

어린이집에서는 응급상황 발생에 대비하여 체계적인 대처요령을 정립하고 정해진 절차에 따라 신속히 대응해야 한다. 평소에 응급처치에 관한 지식과 기술을 습득해 놓고 인공호흡법 및 심폐소생술 훈련을 정기적으로 받아 실제 상황에서 당황하지 않고 사용할 수 있도록 한다. 또한 필요할 때 의료기관으로 신속히 영유아를 이송할 수 있도록 가까운 의료기관과 협력체계를 마련해 두는 것이 바람직하다. 의료비에 대한 대책도 중요한데, 이 문제는 어린이집 입소 시 모든 영유아가 유아상해보험에 가입하게 함으로써 부담을 줄일 수 있다. 또한 어린이집에는 응급처치를 위한 구급약품을 구비하여 유사시에 대비해야 한다. 어린이집에 구비해 두어야 할 의료용 재료, 약품, 물품을 살펴보면 〈표 12-9〉와 같다. 약품은 구입일자를 반드시 적어 놓아 관리하고 수시로 점검하여 부족한 것을 보충하며, 유효기간이 지난 것은 폐기한다.

표 12-9 응급처치를 위한 약품 및 물품

구분	명칭
의료용 재료	붕대, 거즈, 소독솜, 탄력붕대, 가위, 칼, 핀셋, 족집게, 반창고, 일회용 반창고, 일회용 장갑, 부목
약품	소독약, 항생제 연고, 근육 마사지용 연고, 화상용 바셀린 거즈, 벌레 물린 데 바르는 연고, 생리 식염수, 칼라민 로션, 해열제, 소화제, 제산제
물품	체온계

참고문헌

권민균 · 권희경 · 문혁준 · 성미영 · 신유림 · 안선희 · 안효진 · 이경옥 · 천희영 · 한유미 · 한유진 · 황혜신(2005). 아동발달. 서울: 창지사.

권혜진 · 김혜라 · 전숙영 · 정윤주 · 채진영(2012). 아동안전관리. 서울: 창지사.

김정규 · 이광자 · 조정숙(1997). 교과교재연구 및 지도법(제3판). 서울: 정민사.

박현경(2006). 비구조적 교재교구에 기초한 구성놀이 활동이 유아의 지도읽기 능력에 미치는 영향. 아동교육, 15(4), 141-155.

서영숙 · 김경혜(2003). 영유아보육론. 서울: 양서원.

서울대학교 생활과학대학 보육시설(2008). 영유아보육기관의 급 · 간식운영. 서울대보육시설 무엇을 먹나. 서울: 교문사.

여성부(2005a). 2005년도 보육사업안내.

여성부(2005b). 영유아보육법.

윤애희 · 김온기 · 박정민 · 곽윤숙 · 주영은 · 박정문 · 정정옥 · 임명희 · 정지영(2003). 보육의 이해와 영유아보육 프로그램. 서울: 창지사.

이기숙(2004). 유아교육과정(개정2판). 서울: 교문사.

이순형 · 이성옥 · 민하영 · 이영미 · 한유진 · 장영은 · 최나야 · 김지현 · 김진경 · 정현심(2008). 영유아 건강교육. 서울: 학지사.

이영자 · 박미라 · 최경애(1999). 유아교육 교수매체. 서울: 교문사.

이영자 · 이기숙 · 이정욱(2000). 유아교수 · 학습방법. 서울: 창지사.

임재택(1999). 유아교육기관 운영관리-유치원과 보육시설. 서울: 양서원.

정미라 · 김지영 · 김희진 · 문혁준 · 박선희 · 박정선 · 이경우 · 이춘자 · 이현옥 · 조경자(2002). 어린이와 멀티미디어. 이화여자대학교출판부.

정미라 · 배소연 · 이영미(2003). 유아건강교육. 서울: 양서원.

정선희 · 이일주(2010). 보육시설 유아반 교재교구 기준안 마련을 위한 기초연구. 몬테소리교육연구, 15, 59-83.

정용부 · 오성숙(2012). 교과교재연구 및 지도법(2판). 서울: 학지사.

조경자 · 이현숙(2010). 유아건강교육(3판). 서울: 학지사.

한국영양학회(2010). 한국인영양섭취기준.

한성희 · 임연진(2005). 영유아교재교구연구. 서울: 창지사.

Baron, R. A., & Bryne, D. (1993). *Social psychology: Understanding human interaction* (5th ed.). Newton, MA: Allyn & Bacon.

Bergen, D. (1988). *Play as a medium for learning and development.* Portsmouth, NH: Heineman.

Bodrova, E., & Leong, D. J. (1996). *Tools of Mind. The Vygotskian approach to early childhood eduction.* Eaglewood Cliff, NJ: Merrill.

Bredekamp, S., & Copple, C. (1997). *Developmentally appropriate practice in early childhood programs.* Washington, DC.: National Association for the Education of Young Children.

Bredekamp, S., & Rosegrant, T. (1992). *Reaching potentials: Appropriate curriculum and assessment for young children, Vol. 1.* Washington, DC: NAEYC.

Clarke-Stewart, K. A. (1987). Predicting child development from child care forms and features: The Chicago study. In D. A. Phillips (Ed.), *Quality in child care: What does research tell us?* (pp. 21-41). Washington, DC: National Association for the Education of Young Children.

Decker, C. A., & Decker, J. R. (2001). *Planning and Administering early childhood programs* (7th ed.). Prentice Hall.

DiLalla, L. F., & Watson, M. W. (1988). Differentiation of fantasy and reality: Preschoolers' reactions to disruptions in their play. *Developmental Psychology, 24,* 286-291.

Eckerman, C. O. (1979). The human infant in social interaction. In R. Cairns (Ed.), *The analysis of social interactions: Methods, issues, and illustrations* (pp. 163-178). Hillsdale, NJ: Erlbaum.

Edwards, C. P. (2002). Three approaches from Europe: Waldorf, Montessori, and Reggio Emilia. *Early Childhood Research & Practice, 4*(1).

Eisenberg, N., & Fabes, R. (1998). Prosocial development. In N. Eisengerg (Ed.), *Handbook of child psychology, Vol. 3* (pp. 710-778). New York: Wiley.

Erwin, E. J., Carpenter, E., & Kontos, S. (1993). *What preschool teachers do when children play.* Paper presented at the meeting of the American Educational Research Association, Atlanta, GA.

Gagn., R. E., Briggs, L. J., & Wager, W. W. (1992). *Principles of instructional design* (4th ed.). Wadsworth.

Gardner, H. (1993). *Frames of mind.* New York: Basic Books.

Gestwicki, C. (2003). *Home, school, and community relations* (5th ed.). Clifton Park, NY: Delmar.

Goncu, A. (1993). Development of intersubjectivity in the dyadic play of preschoolers. *Early Childhood Research Quarterly, 8,* 99-116.

Hay, D. F., Pederson, J., & Nash, A. (1982). Dyadic interaction in the first year of life. In K. H. Rubin & H. S. Ross (Eds.), *Peer relationships and social skills in childhood* (pp. 11-40).

New York: Springer-Verlag.

Howes, C. (1992). *The collaborative construction of pretend.* Albany: State University of New York Press.

Howes, C., & Smith, E. W. (1995). Relations among child care quality, teacher behavior, children' s play activities, emotional security, and cognitive activity in child care. *Early Childhood Research Quarterly, 10*, 381-404.

Howes, C., & Stewart, P. (1987). Child' s play with adults, toys, and peers: An examination of family and child-care influences. *Developmental Psychology, 23*, 423-430.

Kendrick, A., Kaufmann, R., & Messenger, K. (Eds.). (1991). *Healthy young children: A manual for programs.* Washington, DC: NAEYC.

Kontos, S., Howes, C., Shinn, M., & Galinsky, E. (1995). *Quality in family child care and relative care.* New York: Teachers College Press.

Kontos, S., Hsu, H. C., & Dunn, L. (1993). Children' s cognitive and social competence in child-care centers and family day-care homes. *Journal of Applied Developmental Psychology, 15*, 87-111.

Kostelnik, M. J., Soderman, A. K., & Whiren, A. P. (1999). *Developmentally appropriatecurriculum-Best practices in early childhood education.* NJ: Macmillan Publishing Company.

Kostelnik, M. J., Whiren, A., Soderman, A. K., Stein, L., & Gregory, K. (2002). *Guiding children' s social development: Theory to practice* (4th ed.). Albany, NY: Delmar.

Lynch, S., & Warner, S. A. (2004). Computer use in preschoolers: directors' reports of the state of the practice. *Early Childhood Research & Practice*, *6*(2).

McCartney, K. (1984). Effect of quality of day care environment on children' s language development. *Developmental Psychology, 20*, 244-260.

Morrison, G. R., Ross, S. M., & Kemp, J. E. (2004). *Designing effective instruction* (4th ed.). John Wiley & Sons, Inc.

Mueller, E., & Brenner, J. (1977). The origins of social skills and interaction among play group toddlers. *Child Development, 48*, 854-861.

Oesterreich, L. (1995). Guidance and discipline. In L. Oesterreich, B. Holt, & S. Karas (Eds.), *Iowa family child care handbook* (pp. 227-234). Ames, IA: Iowa State University Extension.

Pellegrini, A. D. (1984). The effects of exploration and play on young children' s associative fluency: A review and extension of training studies. In T. D. Yawkey & A. D. Pellegrini (Eds.), *Child's play: Developmental and applied* (pp. 237-253). Hillsdale, NJ: Erlbaum.

Robertson, C. (2002). *Safety, Nutrition, & Health in Child Care.* Albany, NY: Delmar.

Shatz, M., & Gelman, R. (1973). The development of communication skills: Modifications in the speech of young children as a function of the listener. *Monographs of the Society for Research in Child Development, 38.*

Spodek, B. (1986). *Today' s kindergarten: Exploring the knowledge base, expanding the curriculum.* New York: Teachers College Press.

Sroufe, L. A., Cooper, R. G., Dehart, G. B., & Marshall, M. E. (1996). *Child development: Its nature and course* (3rd ed.). New York: McGraw-Hill.

Taylor, B. J. (2002). *Early childhood program management* (4th ed.). Merrill Prentice Hall.

Trivette, C. (2003). Influence of caregiver responsiveness on the development of young children with or at risk for developmental disabilities. *Bridges, 1*, 1-13.

Vandell, D. L., Wilson, K. S., & Buchanan, N. R. (1980). Peer interaction in the first year of life: An examination of its structure, content and sensitivity to toys. *Child Development, 51*, 481-488.

Whitebook, M., Howes, C., & Phillips, D. (1989). *Who cares? Child care teachers and the quality of care in America.* Oakland, CA: Child Care Employee Project.

Wilcox-Herzog, A., & Ward, S. L. (2004). Measuring teachers' perceived interactions with children: A tool for assessing beliefs and intentions. *Early Childhood Research & Practice, 6*, 1-16.

제13장 보육과정의 협력체계

1. 부모협력

1) 부모협력의 필요성

가정과 부모는 영유아 양육의 일차적 책임자며 가장 중요한 환경이다. 따라서 영유아의 성장과 발달, 교육에 대해 아무리 훌륭한 어린이집이라 해도 그 역할을 전적으로 감당할 수 없다. 어린이집이 목표로 하는 보육효과를 제대로 달성하기 위해서는 어린이집과 부모가 연계하여 시설의 보육활동에 대해 상호 이해하고 협력하는 것이 중요하다. 부모와의 협력은 영유아의 긍정적인 발달 및 적응을 위해 필수적으로 요구된다. 이를 위해서는 어린이집에서 보육에 대한 부모의 관심을 증가시키고, 그러한 관심을 구체적인 활동으로 이끌어 내어 부모가 적극 참여하도록 유도하는 노력이 필요하다. 부모가 효과적인 교육자-교육동반자로서 영유아의 제 발달과 교육효과를 촉진하고 보다 긍정적으로 바람직한 가정과 지역사회 건설을 이룩하게 하는 부모협력 프로그램은 결과적으로 보육의 질 향상에 기여한다(강문희 외, 2002).

2) 부모협력의 내용

부모협력의 내용은 부모교육과 부모참여로 구분되는데 구체적인 내용은 다음과 같다.

(1) 부모교육

부모교육은 자녀양육과 부모 자신의 개발을 위한 다양한 정보와 지식을 제공하여 부모가 보다 효과적이고 바람직한 자녀양육을 수행하도록 하는 것을 목적으로 하는 교육활동과정을 의미한다.

어린이집에서 실시하는 부모교육은 다음의 목적을 가진다. 첫째, 부모를 대상으로 부모의 역할 수행이 자녀의 발달에 미치는 영향력과 중요성을 인식하게 한다. 둘째, 효율적인 자녀양육에 필요한 지식과 기술을 전달한다. 셋째, 자녀에 대해 배우고 이해할 수 있는 기회를 제공한다. 넷째, 부모가 어린이집의 프로그램에 참여하도록 유도한다. 다섯째, 영유아의 발달에 필요한 정보를 교환한다.

일반적으로 부모교육 프로그램에서 다루는 내용은 다음의 세 가지로 분류된다. 첫째, 부모에게 바르고 효율적인 자녀양육에 필요한 지식을 제공하는 것을 목적으로 영유아 발달에 관한 지식과 자녀양육에 필요한 지식을 제공하는 프로그램이 있다. 둘째, 부모 자신의 발전 및 향상을 통해 자기를 실현해 보는 기회를 제공하는 것을 목적으로, 자녀양육에 대한 내용뿐만 아니라 부모가 평소에 관심을 가지고 알고자 했던 분야에 대한 각종 지식, 정보 및 기술에 대해 살펴보는 프로그램이 있다. 셋째, 가정생활 전반의 효율적인 운영을 목적으로 부모가 가정을 운영하는 데 필요한 지식 및 정보를 다루는 프로그램이 있다(이순형 외, 2000).

부모교육의 실시 시기나 시간, 빈도 등은 영유아의 어린이집 생활에 지장을 주지 않는 동시에 부모들이 참석할 수 있는 시간적 여건을 고려하여 계획되어야 한다. 부모교육은 유형에 따라서 시기와 횟수가 달라지는데, 오리엔테이션의 경우 입소 전 또는 학기 시작 시 연 1～2회 정도 실시하는 것이 적당하다. 강연회는 매월 1회 혹은 연 1～2회 정도 실시하며, 어린이집의 활동 프로젝트가 끝날 때마다 부모와 함께하는 종결행사를 갖는 등 각 어린이집의 사정과 보육과정에 맞추어 적절히 조정된다. 그 외 소식지와 통신문은 매월 정기적으로 또는 필요시 가정으로 배부하며, 홈페이지는 상시 운영할 수 있다.

(2) 부모참여

어린이집의 목적은 영유아에게 최선의 보호와 교육을 제공하는 데 있으므로 이를 위하여 어린이집과 부모의 유대를 강화시킬 필요가 있다. 부모참여의 내용은 크게 두 가지 형태로 나누어 볼 수 있다. 하나는 자원봉사자로서의 참여고, 다른 하나는 정책 결정자로서의 참여다.

자원봉사자로서의 부모참여로는 부모가 순번을 정해 돌아가면서 아이들의 급식 돕기, 보육실 대청소하기, 견학 등의 행사에서 보조인솔자로 아이들 돌보기, 소풍이나 발표회 같은 행사가 있을 때 필요한 교구를 제작하거나 행사에 참여하기가 있다. 전문적인 지식을 가진 부모는 아이들의 수업에 특강 형식으로 참여하여 직접 아이들을 지도하기도 하며, 전문적인 지식이 없더라도 보조교사로 직접 아이들을 돌보거나 아이들에게 도움이 되는 주제로 수업을 진행하는 등 매우 다양한 형태의 부모참여가 가능하다.

정책 결정자로 참여하는 경우는 부모가 운영위원회나 부모협의회 등을 통하여 어린이집 운영에 관한 각종 정책결정권을 행사하거나 어린이집 또는 교사와 가정 간의 통신수단이 되는 보육수첩, 가정통신문, 소식지 등에 관해 피드백을 제공하여 어린이집의 보육 프로그램이나 특별활동, 그밖의 내용 결정에 참여하는 것이다(이순형 외, 2000).

3) 부모협력의 실제

(1) 어린이집의 부모교육 프로그램

① 부모 오리엔테이션

어린이집 신규입소 영유아 또는 재원 영유아의 부모를 대상으로 입소하기 전에 어린이집의 전반적인 운영에 대해 소개하기 위하여 부모 오리엔테이션을 실시한다. 이를 통해 보육교직원과 부모가 서로에 대한 신뢰감과 친숙감을 형성할 수 있으며, 여러 가지 준비사항을 사전에 부모에게 알려 주는 기회가 될 수 있다. 구체적으로는 다음과 같은 내용을 안내한다.

- 어린이집의 설립 취지 및 시설 안내
- 보육 프로그램(보육 목표 및 내용, 하루 일과, 학급구성, 연간교육계획안)
- 건강, 안전, 영양, 위생
- 입소 준비에 대한 안내

표 13-1 연간 부모협력 프로그램의 예

시기	프로그램명	방 법	대 상	내 용
3월	신입원아/재원아 학부모 오리엔테이션	집단 면담	각 반별 학부모	각반 운영 안내 및 학부모 의견 수렴
4월	적응보고서	부모통신	전체 학부모	영유아의 어린이집 적응에 관한 교사의 관찰기록
5월	학부모 주제 강연 및 간담회: 유아반 관련 주제	강연회 및 간담회	유아반 학부모	유아반에 적합한 특정 주제에 관한 강연을 들은 후 학급별 간담회
8월	부모 설문조사	설문	전체 학부모	운영 전반에 관한 의견 수렴
9월	생활보고서	부모통신	전체 학부모	영유아의 어린이집 생활에 관한 교사의 관찰기록
	부모 개별 면담	개별 면담	전체 학부모	영유아의 발달 및 생활에 관한 교사와의 개별 면담
10월	학부모 주제 강연 및 간담회: 영아반 관련 주제	강연회 및 간담회	영아반 학부모	영아반에 적합한 특정 주제에 관한 강연을 들은 후 학급별 간담회
12월	가족잔치	가족참여	전체 원아의 가족	놀이와 공연으로 구성된 가족잔치
2월	부모 설문조사	설문	전체 학부모	운영 전반에 관한 의견 수렴
	생활보고서	부모통신	전체 학부모	영유아의 어린이집 생활에 관한 교사의 관찰기록
	신입원아/재원아 학부모 오리엔테이션	강연회	전체 학부모	어린이집 운영 안내-교육과정 안내, 교사 소개
	졸업식	·	5세아 학부모	4세 동생들이 참여한 가운데 졸업식 실시
홈페이지를 통한 상설	교육상담	개별 면담	원하는 학부모	자녀 양육과 교육에 관한 개별적인 문제를 홈페이지를 통해 교사 및 원장과 상담
	공지사항	부모통신	전체 학부모	어린이집의 행사, 식단, 견학 등의 공지사항을 홈페이지 및 어린이집 게시판을 통해 알림
	주간교육계획안	부모통신	전체 학부모	연령별 주간교육계획안을 제공
	가족생활	정보 제공	전체 학부모 및 지역사회	부모교육 및 가족 지원을 위한 정보 제공
	육아 및 교육 상담	개별 면담	전체 학부모 및 지역사회	자녀 양육과 교육에 관한 개별적인 문제를 홈페이지를 통해 교육 전문가와 상담
	육아 및 교육 정보	정보 제공	전체 학부모 및 지역사회	자녀 양육과 교육에 관한 다양한 정보 제공
	육아 칼럼	정보 제공	전체 학부모 및 지역사회	자녀 양육과 교육에 관한 전문가 칼럼

출처: 서울특별시(2005). 보육시설의 설치와 운영. 발췌 · 수정.

• 부모참여 및 지원 프로그램
• 교직원 소개

② 강연회

강연회는 영유아 보육기관에서 많이 활용하는 형태의 부모교육으로, 부모들이 자녀 양육에 필요한 지식이나 정보를 습득할 수 있도록 그 분야의 전문가나 교육기관 종사자, 관련 인사를 초빙하여 강연하는 것을 말한다.

강연회의 내용으로는 주로 영유아 보육기관의 이해, 영유아 발달에 대한 이해 및 관련 정보 또는 지식, 효과적인 자녀 지도 방법, 그 밖에 해당 어린이집의 부모들이 평소에 관심을 가지고 있던 내용을 다룬다.

강연회는 개별 어린이집의 사정에 따라 매달 1회 혹은 1년에 1～2회 정도 실시되는데, 부모들의 관심 영역과 의견이 반영될 수 있도록 사전에 요구조사를 실시하거나 부모회 임원들과 협의하여 주제와 시기 등을 결정한다. 일단 주제와 강사가 선정되면 행사 2주 전까지는 강사에게 확인 연락을 하고, 1주 전까지는 각 가정에 초청 안내장을 보낸다. 안내장에는 강연 제목과 주제, 일시, 장소, 강사에 대한 소개, 간단한 내용 소개를 적으며 강연회의 원활한 진행을 위해 시작 10분 전까지는 도착하도록 안내한다.

강연회 방식의 부모교육은 의사전달이 용이하고 준비가 비교적 쉬워 자주 활용된다. 그러나 강사가 일방적으로 주입식 교육을 하기 쉽기 때문에, 강사의 강연이 끝난 다음에는 부모들의 의견을 반영할 수 있도록 질문시간이나 토론시간을 함께 마련하는 것이 필요하다(이순형 외, 2000).

③ 워크숍

워크숍은 부모들이 주어진 활동에 실제로 참여하여 배우고 실습해 보는 활동으로서 적극적이고 집중적인 교육 프로그램이다. 워크숍은 자녀가 어린이집에서 하고 있는 활동을 부모가 직접 경험해 봄으로써 자녀를 이해하는 데 도움을 주고, 가정에서도 이와 비슷한 활동을 경험해 보며, 나아가 부모가 가정에서 자녀와 함께 다양한 주제의 학습활동을 할 수 있도록 도와주는 것을 목적으로 한다.

워크숍의 내용은 부모가 직접 교육자료를 제작하거나 부모들의 능력 및 요구에 따른 각종 취미활동, 특기 개발, 자녀의 독서지도를 위한 모임 등 다양하게 구성할 수 있다.

④ 가정통신문, 소식지 및 홈페이지

가정통신문이나 소식지, 어린이집 홈페이지를 통해 자녀양육과 관련된 정보 등의 부모교육 내용을 제공한다.

표 13-2 소식지를 통한 부모교육의 예

어린이를 위한 올바른 식품 구매 요령

어린이를 위한 안전한 먹을거리를 고르는 요령을 살펴보고 제품 구매 시 실천해 보세요!

〈'고카페인 함유' 표시 음료는 구입을 자제하세요!〉

- 카페인은 커피나무, 차 잎 등에 함유된 성분으로 식품 및 의약품의 원료로 많이 사용되고 있습니다. 특히 어린이, 청소년 등이 즐겨먹는 콜라, 초콜릿, 에너지음료 등에 광범위하게 함유되어 있습니다.
- 과도한 카페인 섭취는 불면증, 신경과민 등의 증상이 나타나고, 특히 어린이 및 청소년은 카페인에 대한 민감도가 커 오히려 학업에 부정적인 영향을 끼칠 수 있습니다.
- 현재 카페인 함량이 ml당 0.15mg 이상 함유한 음료제품에는 주표시면에 '고카페인 함유'라고 표시되어 있으며, 2013년 1월 1일부터는 주표시면에 '고카페인 함유' 문구와 함께 총카페인 함량을 표시하여야 하고, 어린이, 임산부 등에 대한 섭취 주의 문구를 기타 표시면에 의무적으로 표시하여야 합니다.
- 어린이의 일일 카페인 섭취 권장량은 몸무게 1kg당 2.5mg으로, 몸무게가 20kg인 어린이의 경우 카페인 섭취 권장량은 50mg에 해당되어 에너지드링크 한 병(62.5mg)만 마셔도 일일 카페인 섭취 권장량을 초과하게 됩니다.
- **카페인 일일 섭취 권장량: 성인 하루 400mg 이하, 임산부 하루 300mg 이하, 어린이 체중 kg당 2.5mg 이하**

〈스마일 마크를 확인하세요!〉

- 어린이 기호식품 중 '안전하고 영양을 고루 갖춘 제품'을 '어린이 기호식품 품질인증제품'이라고 합니다.

〈어린이 기호식품 품질인증 마크〉

※ 어린이 기호식품: 가공식품의 경우 과자(한과류 제외), 캔디류, 빙과류, 빵류, 초콜릿류, 유가공품 중 가공유류, 발효유류(발효버터유 및 발효유 분말 제외), 아이스크림류, 어육소시지, 면류(용기면만 해당) 중 유탕면류 및 국수, 음료류 중 과채주스, 탄산음료, 유산균음료, 혼합음료(주로 성인이 마시는 음료임을 제품에 표시하거나 광고하는 혼합음료는 제외), 즉석 섭취 식품 중 김밥, 햄버거, 샌드위치가 해당

• 품질인증은 식약청에서 직접 전문가 등 13명의 심사반을 구성하여 엄격한 기준(안전에 관한 기준, 영양에 관한 기준, 식품첨가물의 사용에 관한 기준)을 만족한 제품만을 심사하여 인증서를 교부합니다.
• 어린이 기호식품 품질인증은 '간식용'과 '식사대용'이 있습니다.
• 품질인증제품은 2012년 10월 17일 현재 **24개사 70개 제품**이 있습니다(자세한 제품 정보는 www.foodnara.go.kr에서 확인 가능).

〈고열량 · 저영양식품 확인하세요!〉

• **고열량 · 저영양식품**은 어린이 기호식품 중 열량은 높고 영양가가 낮아 어린이 비만 유발과 영양불균형을 초래할 우려가 있는 식품으로 자주 섭취하지 않는 것이 좋습니다.
• 학교 매점 등 우수판매업소에서 판매하거나 스마일 마크가 부착된 식품은 고열량 · 저영양식품이 아니므로 안심하고 구매해도 좋습니다.
  ※ 우수판매업소: 어린이 식품안전 보호구역에서 안전하고 위생적인 시설기준을 갖추고 고열량 · 저영양식품을 판매하지 않는 업소
• 스마트폰 애플리케이션(NEW 고열량 · 저영양 알림-e)을 이용하여 고열량 · 저영양식품 여부를 제품 바코드 스캔만으로 손쉽게 확인할 수 있습니다.

〈미끼상품에 현혹되지 마세요!〉

• 어린이의 상품 구매를 부추기기 위해 어린이 기호식품 중에 장난감, 게임머니 등 미끼상품을 같이 넣어 판매하는 경우가 있으므로, 미끼상품에 현혹되지 않고 제품의 품질 등을 확인하고 구매하는 습관을 기르도록 합니다.
• 현재 장난감이나 기타 어린이의 구매를 부추길 수 있는 물건을 무료로 제공한다는 내용이 담긴 광고(방송, 라디오, 인터넷)는 금지하고 있습니다.

출처: 식품안전정보서비스 식품나라(http://www.foodnara.go.kr) 교육자료관.

(2) 어린이집의 부모참여 프로그램

① 면담

어린이집에서는 비공식적이거나 공식적인 방식으로 면담을 통해 부모참여를 유도한다. 비공식적인 면담은 주로 부모가 자녀를 등 · 하원시키거나 다른 행사에 참여하기 위해 어린이집에 왔을 때 이루어진다. 이러한 비공식적 면담은 그 자체로 어떤 효과를 기대할 수는 없으며, 공식적인 면담의 필요성을 결정하고 계획하는 기회로 활용된다(이순형 외, 2000).

공식적인 면담은 교사와 부모 모두에게 편리한 장소와 시간으로 계획한다. 교사가 필요할 경우 영유아에 관한 기록이나 영유아의 활동 성과물을 볼 수 있는 어린이집 교실이 적당하다. 방해받지 않고 의사소통할 수 있는 분위기여야 하며, 가능하면 부모가 모두

참여하는 것이 좋다. 면담은 학년 초와 학년 말에 각 1회씩 연 2회 정도 정기적으로 가지는 것이 좋다. 특히 학기 초의 면담은 영유아에 대한 정보를 얻는 데 유용하다. 대개 면담시간은 30분 정도가 적합하다.

면담의 규모에 따라서는 개인 면담과 집단 면담이 있다. 개인 면담은 부모와 교사가 일대일로 대면하여 개별 유아의 구체적인 문제나 특수한 행동에 대한 해결책을 모색할 수 있다는 장점이 있다. 그러나 교사의 노력과 시간이 많이 할애되어야 하고 일대일 대면에 대한 부모와 교사의 심리적 부담이 크기 때문에 전화나 서면을 이용한 개인 면담을 실시하기도 한다.

특정한 개인과 관계되지 않는 일반적인 사항에 대해서는 집단 면담을 실시한다. 학급 단위로 교사와 부모들이 만나는 집단 면담은 학기 초와 학기 말에 1회씩 연 2회 실시한다. 학기 초에는 부모로부터 영유아의 발달상태와 또래관계, 습관이나 기타 문제, 어린이집에 바라는 점 등을 듣고, 교사는 어린이집의 보육이념이나 교육과정, 지도방법, 활동내용 등을 소개하는 시간을 갖는다. 학기 말의 면담은 주로 평가하는 시간으로 활용된다. 학기 초와 비교하여 영유아의 발달사항에 대해 이야기를 나누고, 지난 학기의 보육활동을 되돌아보고 평가하는 시간을 갖는다. 집단 면담을 통해서 부모들은 다른 부모들의 자녀교육과정에서의 성공 또는 실패 사례에 대한 이야기를 들음으로써 위안을 받고 자녀 지도에 대한 안목을 넓힐 수 있다(강문희 외, 2002).

② 수업참관 및 참여

부모의 수업참관은 어린이집의 교육철학을 부모에게 알리고 부모가 어린이집에서의 자녀 행동을 직접 관찰할 수 있는 기회를 제공한다. 이를 통해 부모는 가정에서 보이는 영유아의 행동과 어린이집에서 보이는 행동의 차이점이나 다른 또래와의 관계, 또래와의 차이점 등을 파악할 수 있다. 부모는 이러한 기회를 통해 교사와 함께 영유아에게 보다 적절한 보육을 제공할 수 있는 방안을 강구하고 가정에서의 양육활동이 어린이집에서의 경험 및 교육과 일관성을 유지하도록 한다.

수업참관의 방식으로는 특정일을 정하여 한 반의 부모 모두가 한꺼번에 수업을 참관하도록 하는 방식과 부모들을 몇 개의 조로 나누어 일정시간만 참관하게 하는 방식이 있다.

수업참관 시 유의할 점은 다음과 같다(강문희 외, 2002). 수업참관을 실시할 때는 자칫 교실이 소란해지거나 영유아의 활동에 방해가 될 우려가 있으므로, 일단 수업참관계획이 세워지면 수업참관 시 주의사항과 부모들이 유심히 관찰하면 좋을 사항들에 대해 일종의 안내서를 작성하여 가정통신문의 형식으로 전달한다. 수업참관 후에는 부모와 교사가 면담이나 서면을 통해 수업참관 시 느낀 의문점이나 함께 생각해야 할 점에 대해 의견을 나눈다.

③ 부모게시판과 소식지

부모게시판은 어린이집에서 부모들에게 알리는 공지사항을 게시하여 알리는 수단으로서 등·하원 시 모든 부모가 볼 수 있는 곳에 설치한다. 부모는 게시판에 공고된 내용을 보고 준비물 등을 빠뜨리지 않고 챙겨 주어 보육활동이 원활히 진행되는 데 도움을 준다.

이 밖에 가정통신문이나 소식지를 이용할 수도 있다. 어린이집에서는 소식지를 월 1회 등 정기적으로 발간하여 가정으로 보낸다. 소식지에는 어린이집의 행사와 계획, 자녀양육과 관련된 유용한 정보나 자원봉사자 명단, 식단, 특기사항 등을 알려 줌으로써 부모참여를 보다 원활하게 도와준다.

④ 보육일지

보육일지는 하루 동안 영유아의 보육활동을 식사상태, 낮잠, 활동과 건강상태, 특기사항 등으로 나누어 보고하는 일지 형식의 기록이다. 부모는 하원 시 보육일지를 확인하고 사인함으로써 영유아의 어린이집 생활에 대해 파악할 수 있으며, 이를 바탕으로 보육활동을 가정으로도 연계시켜 보육효과의 극대화를 꾀할 수 있다.

⑤ 생활기록부

매 학기 말에 한 번씩 영유아의 신체·인지·언어발달, 정서상태, 건강상태, 또래와의 관계, 교사와의 관계, 특기사항 등을 기록하고 이를 총괄평가하여 부모에게 제공한다. 부모는 생활기록부를 통해 지난 학기 동안 자녀의 발달사항을 쉽게 전체적으로 알아볼 수 있으므로 가정에서의 자녀 양육에 중요한 정보가 된다. 아울러 이는 개별 면담 시 유용한 자료로 사용될 수도 있다.

⑥ 활동보고와 종결행사

특정한 활동 또는 주제별 활동을 마친 후, 부모에게 그 활동의 진행과정과 결과를 보고하거나 종결행사에 부모를 초대하여 영유아들의 작품을 전시하고 발표회를 가진다. 이때 교사는 활동과정에서 나타났던 영유아들의 반응과 태도를 부모에게 알려 주고 부

표 13-3 보육일지 양식

해님반 보육일지

2013년	월 일 요일						담임교사	원장
원아명	등원	간식		점심	투약	낮잠	건강상태 및 활동	보호자 확인
		오전	오후					
김OO								
김OO								
문OO								
박OO								
서OO								
신OO								
이OO								
이OO								
정OO								
최OO								
오늘의 주요 활동								
알림								

모로부터 피드백을 받는다. 아버지나 어머니가 영유아와 함께 참여하여 다양한 교육활동을 경험해 보면서 즐거운 시간을 보낼 수 있다.

⑦ 부모 자원봉사

부모가 교사의 역할을 직·간접적으로 보조해 주는 자원봉사는 여러 측면에서 어린이집에 매우 유용한 인적 자원으로 활용된다. 부모는 자원봉사자로서의 참여경험을 통해 부모교육의 효과까지 얻을 수 있다.

부모가 가진 각각의 전문지식은 지정된 주제를 놓고 영유아들과 함께 특강 형식으로 활동을 진행할 수도 있고, 영유아를 대상으로 각종 검사를 실시할 수도 있다. 예를 들어, 안과 전문의인 부모가 영유아를 대상으로 시력검사를 실시한다거나 수의사인 부모가 영

[사진 13-1] 부모참여 종결행사

유아들에게 동물을 주제로 강연을 할 수 있다. 이 외에도 부모가 보조교사로 참여해서 교사와 함께 영유아의 보육활동을 돕기도 한다. 구체적인 역할로는, 첫째, 간식 및 식사 준비, 간식 및 식사 지도와 같은 소집단 지도활동이 있다. 어린이집의 식사 준비과정에 부모들을 참여시킬 경우, 영유아의 식사 준비과정을 이해하고 식사시간도 직접 체험해 볼 수 있을 뿐더러 부모로서의 책임감을 인식하는 좋은 기회가 된다. 둘째, 자유놀이 시간에 실내 또는 실외에서 많은 유아들을 안전하게 지도하기 위해 놀이 지도를 보조하고 보호 및 안전 지도를 한다. 셋째, 교실에서 이루어지는 교구를 활용한 소집단 학습활동에 보조교사로 참여한다. 넷째, 교실의 환경 정리나 교구 제작을 돕는다. 보육실 대청소의 경우에도 부모들이 번갈아 가며 정기적으로 함께 참여하기도 한다. 그 밖에도 현장학습, 소풍, 운동회 등의 행사에 보조자 역할을 담당하기도 한다(강문희 외, 2002).

교사가 부모에게 특정한 일을 맡길 때에는 부모의 능력에 비해 다소 쉽고 낮은 수준의 일을 맡기는 것이 좋다. 너무 높은 기대 수준은 부모가 불편함을 느낄 우려가 있기 때문이다. 자원한 부모들에게 활동을 직접 선택하게 하는 것도 좋은 방법이다.

이러한 활동에 참여함으로써 부모는 자녀의 어린이집 생활과 보육과정에 대한 이해를 높일 수 있으며 교사와 어린이집의 입장을 보다 잘 이해할 수 있게 된다. 어린이집의 경우에는 부모를 인적 자원으로 활용하여 비용을 절감하고 보육활동의 효과를 극대화할 수 있다.

⑧ 바자회

어린이집에서는 특정한 목적을 위한 기금 마련이나 영유아들에게 새로운 경험을 제공할 수 있는 행사 차원에서 부모들이 바자회를 개최하도록 한다. 이를 통해 부모들 간의 친목을 다지고 정보를 교환하는 장으로 활용할 수 있다. 예를 들어, 오래된 장난감이나 책, 헌 옷 등을 물물교환하는 행사를 개최할 수 있다.

⑨ 기증

영유아 도서나 놀잇감 또는 가정에서는 별로 사용하지 않지만 어린이집에서는 유용하게 사용될 수 있는 물품들, 특정 행사에 필요한 물품에 대해 기증 의사를 묻는 안내문을 가정으로 보내서 필요한 물품을 기증받을 수 있다. 예를 들어, 어린이집에서는 재활용 우유팩을 기증받아 미술재료로 사용하거나 구두, 화장품 용기, 모자 등을 기증받아 역할 놀잇감으로 활용할 수 있다.

⑩ 정책 결정을 위한 부모참여

● 운영위원회

어린이집의 원장은 어린이집 운영의 자율성과 투명성을 높이고 지역사회와의 연계를 강화하여 지역 실정과 특성에 맞는 보육을 실시할 수 있도록 하기 위하여 어린이집 운영위원회를 설치 · 운영할 수 있다. 다만, [영유아보육법] 제26조의 규정에 따른 취약보육을 우선적으로 실시해야 하는 어린이집과 부모협동어린이집을 제외한 모든 어린이집은 어린이집 운영위원회를 설치 · 운영하여야 한다.

어린이집 운영위원회는 당해 어린이집의 장, 보육교사 대표, 학부모 대표 및 지역사회 인사(직장어린이집의 경우에는 당해 직장의 어린이집 업무담당자)를 포함한 5인 이상 10인 이내로 구성한다. 운영위원회의 위원장은 해당 보육교직원이 아닌 위원 중에서 호선한다. 운영위원회의 회의는 가급적 상 · 하반기 각 1회 이상 개최하고, 공개를 원칙으로 하며, 회의록을 작성 · 보관하여야 한다.

운영위원회에서는 어린이집 운영규정 제 · 개정에 관한 사항, 어린이집의 예산 및 결산의 보고에 관한 사항, 영유아의 건강 · 영양 및 안전에 관한 사항, 보육시간 · 보육과정의 운영방법 등 어린이집의 운영에 관한 사항, 보육교직원의 근무환경 개선에 관한 사항, 영유아의 보육환경 개선에 관한 사항, 어린이집과 지역사회의 협력에 관한 사항, 그 밖에 어린이집 운영에 대한 제안 및 건의사항을 심의한다.

운영위원회에서 부모는 어린이집 운영 전반의 문제들을 놓고 원장 및 교사, 지역사회 인사들과 함께 토론하고 건의하며 의사결정을 한다. 이를 통해 보다 효율적이고 투명한 어린이집의 정책 수립과 실행이 이루어질 수 있다.

● 부모협의회

상시 구성되어 있는 운영위원회와 달리 임시로 부모협의회를 구성하여 보육활동에 참여하게 하는 경우가 있다. 부모협의회는 특정 사안이 있을 경우에만 구성되고 그 사안을 처리한 후에는 해산된다. 특정 사안에 따라 이와 관련된 전문적인 지식을 가진 부모들로 모임을 구성할 경우 그 효율성을 더욱 높일 수 있다. 어린이집의 활동에 장기간 참여할 수 없는 부모가 단기간 참여하는 데 적합한 형태다(이순형 외, 2000).

2. 지역사회 협력

1) 지역사회 협력의 필요성

지역사회란 지리적 · 물리적 · 심리적 조건을 포함한 크고 작은 사회환경을 말한다. 어린이집과 지역사회는 영유아를 둘러싼 생태학적 환경이며, 끊임없는 상호작용을 통해 상호보완적 협력관계를 형성한다. 지역사회는 어린이집에 자원을 제공하면서 영유아에게 편안하고 유익한 보육환경으로 변화하며, 어린이집도 지역사회의 특성과 요구, 지지 및 지원에 따라 운영체계 전반에 영향을 받는다. 어린이집과 지역사회가 보육에 대한 연대의식을 갖고 긴밀한 협력을 취한다면 지역사회에서는 어린이집의 아동에게 보다 질 높은 보육환경을 제공할 수 있으며 어린이집은 지역주민의 복지 향상과 지역사회의 발전에 기여할 수 있다.

어린이집이 위치하고 있는 지역사회는 그 특성에 따라 다양한 자원을 보유하고 있다. 어린이집 자체의 자원만으로는 영유아를 위한 다양한 활동을 전개하는 데 어려움이 있으므로 지역사회가 보유하고 있는 다양한 인적 · 물적 자원을 활용함으로써 보육 프로그램을 보다 풍요롭게 진행시켜 나갈 수 있을 것이다(이순형 외, 2000).

이를 위하여 어린이집에서는 지역조사를 실시하여 지역사회 자원의 활용 가능성 등을 살펴보고, 지역사회 단체 및 주민들과 원만한 관계를 형성하며, 보육과 관련된 지역사회의 특성과 요구를 이해하여 시설운영에 반영하고, 지역사회와 인적·물적 자원을 교류하는 등 다양한 지역사회 연계 프로그램을 개발하고 활용해야 한다.

2) 지역사회 협력의 실제

(1) 지역사회 물적 자원의 활용

지역사회 내의 각종 기관이나 시설들은 영유아들의 현장학습에 효과적으로 이용될 수 있는 물적 자원이다. 어린이집에서는 견학활동을 통해 지역사회에 위치한 각종 기관과 시설을 직접 방문하여 영유아들이 여러 기관과 시설이 담당하고 있는 역할을 직접 체험해 보고 자신이 살고 있는 지역사회에 대해 이해하도록 할 수 있다.

견학의 목적은 실제로 보고 듣고 느낌으로써 풍부한 경험을 갖게 하고, 개념학습을 강화시켜 줄 뿐만 아니라 과학적으로 해결하는 방법을 배우며, 상호 협조의 사회, 생산, 소비, 대인관계 등을 이해함으로써 수고하는 이웃에게 감사하는 마음을 갖게 하는 것이다

표 13-4 연간 견학 일정의 예

월	내 용
1	어린이 서점 견학
2	인근 초등학교 견학
3	박물관 견학
4	지역 내 놀이시설, 문화시설로 야외학습
5	실제 체험이 가능한 안전교육장 견학
6	파출소 견학
7	은행 견학
8	보건소 견학: 구강 교육 및 검진, 건강검진, 보건소 건강교육, 기생충검사
9	가까운 산 또는 공원 견학
10	인근 문화유적지 견학
11	소방서 견학
12	자선봉사단체 또는 노인정 방문

[사진 13-2] 식물원 견학

(서영숙 외, 1999).

영유아들이 어린이집이라는 한정된 공간에서만 생활할 경우 실제 생활환경에 대해 제한된 이해와 경험만을 가지게 될 가능성을 고려할 때 다양한 내용의 실제적인 경험을 제공해 주는 견학활동의 중요성이 강조된다. 따라서 교사는 평소에 영유아가 견학하기에 좋은 장소나 영유아에게 특별히 흥미를 줄 만한 지역 프로그램에 관심을 가질 필요가 있다.

문화유적지, 박물관, 은행, 시장, 경찰서, 소방서, 우체국, 동물원, 식물원, 병원, 도서관 등이 대표적인 견학기관이다. 예를 들어, 도서관에서 주최하는 동화책 전시회에 참가할 수도 있고, 초등학교 입학 전 5세 유아들의 초등학교 생활에 대한 궁금증을 풀기 위해 초등학교를 방문하는 프로그램을 실시할 수도 있다.

한편, 견학을 위해서는 사전에 부모의 동의를 받을 필요가 있으며, 가급적이면 한 달 동안의 견학 일정을 미리 정해서 부모에게 알려 주어 원활하게 진행되도록 한다.

(2) 지역사회 인적 자원의 활용

① 자원봉사자 활용

자원봉사활동은 말 그대로 '스스로 원해서 하는 활동' 으로 인간의 가치와 존엄성에 대한 신념을 강화시켜 주고 이웃, 지역사회, 나아가 전체 사회와 한묶음이라는 공동체의

식을 체험할 기회를 제공해 준다(성영혜 외, 1997). 어린이집에서는 다양한 지역사회의 인사를 자원봉사자로 활용함으로써 영유아에게 더욱 다양한 경험을 제공하는 기회를 가질 수 있다.

자원봉사자는 다음과 같은 역할을 수행한다(이순형 외, 2000).

첫째, 보육서비스를 제공하는 보조교사의 역할을 수행한다. 자원봉사자가 보조교사로 참여할 경우 교사의 부담이 감소되며 보육의 질도 향상될 수 있다. 특히 개별화된 보육이 요구되는 영아반의 경우에는 자원봉사자가 기저귀를 갈고 목욕을 시켜 주거나 수유를 해 주는 일을 분담하는 것이 교사에게 큰 도움이 된다.

둘째, 자원봉사자가 특별활동교사로 참여할 수 있다. 미술, 음악, 체육활동을 전문가가 담당하여 보다 질 높은 프로그램을 운영할 수 있다. 또한 동화 읽어 주기, 미술, 색종이 접기, 영어교육, 악기연주 들려주기, 요리하기, 박물관 견학, 산에 대해 가르쳐 주기, 나들이 때 사진 촬영해 주기 등의 보육 프로그램 지원활동도 가능하다.

셋째, 자원봉사자는 어린이집의 행정업무를 도와주는 역할을 수행할 수 있다. 상부기관에 제출해야 하는 각종 서류를 분류하고 정리하거나 어린이집의 활동내용을 기록해서 정리해 주는 일, 어린이집의 도서목록을 정리하거나 각종 비품을 정리하는 일, 전화응답이나 우편업무 처리 등의 잡무를 도와주는 것이 가능하다.

넷째, 지역사회 인사를 일일교사나 특별강사로 초빙해서 활용한다. 예를 들어, 인근 소방서의 소방관을 어린이집으로 초대해서 소방안전교육과 대피훈련교육을 받거나 경찰관이 방문하여 교통안전교육을 실시할 수 있다.

② 지역사회기관 활용

어린이집에서는 지역사회기관인 보건소, 병원, 아동상담소, 보육정보센터, 건강가정지원센터, 사회복지관 등과 연계하여 다양한 전문 서비스를 제공받을 수 있다.

영유아의 건강검진을 위해 인근 보건소 또는 의료기관과 연계를 맺고, 정기적인 예방접종과 건강검진 및 위생교육을 실시한다. 이러한 협력은 어린이집 영유아의 건강을 지키는 데 큰 도움이 된다.

구체적으로 영아기와 유아기에 각각 필요한 예방접종을 받으며, 정기적인 구충제 복용과 정기적인 치과검진이 필요하다. 영유아의 발달이 제대로 이루어지고 있는지 알아보기 위해 신체 계측을 실시하고 안과의 협조를 얻어 시력검사를 실시한다.

아동상담소에서는 어린이집에서 부적응적 행동이나 발달상의 어려움을 겪고 있는 영유아를 파악하여 상담 및 치료, 아동학대에 관한 일시보호 및 관련 교사교육, 부모상담 등을 지원할 수 있다.

보육정보센터에서는 보육 관련 최신 정보, 교사교육, 견학 정보 등을 제공하고 있으며, 건강가정지원센터에서는 가족상담, 자녀 양육과 관련된 정보 제공, 부모교육 등을 지원하고 있다.

사회복지관에서는 노인들을 특별활동 강사로 파견하여 예절 및 다도 교육, 도자기 굽기, 한자 배우기 활동 등을 지도하고 있다. 이를 통해 영유아들은 어른에 대한 예절과 공경심도 함께 배우는 기회를 가질 수 있다.

(3) 어린이집과 지역사회의 교류 프로그램

흔히 지역사회 연계를 언급할 때 어린이집의 입장에서 활용할 수 있는 지역사회 자원에 대해서만 관심을 가지는 경향이 있으나 진정한 지역사회 연계는 건전한 양육환경 조성을 위해 지역사회와 어린이집이 함께 협력한다는 측면과 함께 어린이집과 보육아동이 지역사회 구성원으로서 지역사회복지에 기여한다는 의미를 포함해야 한다. 즉, 어린이집은 지역사회의 참여를 통해 보다 전문적인 서비스와 풍부한 자원을 확보하고, 지역사회는 어린이집을 통해 보다 다양한 서비스를 제공받고 지역주민과 영유아를 위한 바람직한 환경으로 변화될 수 있어야 한다(이종신, 2003).

① 자원봉사

영유아가 다양한 지역주민과 접촉하도록 함으로써 대인경험을 풍부하게 하고 인간관계에 대한 이해를 도울 수 있다. 영유아는 지역 청소활동, 양로원 및 경로당 재롱잔치, 모금활동, 지역주민 축제 등을 통해 지역사회에 봉사할 수 있다. 다양한 봉사활동을 영유아들이 제안하도록 하고 자발적으로 즐겁게 봉사활동을 하도록 유도한다.

② 어린이집 개방

어린이집이 가진 자원을 지역사회의 한 구성요소로 생각하여 지역사회 주민들을 위해 시설을 개방할 수 있다. 특히 농촌이나 저소득층 지역 등 지역사회가 가진 자원이 희박한 지역에서 더욱 필요하다. 놀잇감이나 교구, 책 등을 어린이집에서 대여해 주거나 바자회를 통해 바꿔서 이용할 수도 있다.

표 13-5 지역사회 협력의 예 1

서울대학교 생활과학대학 여름캠프

- 대상: 초등학교 1~4학년(서울대학교 교직원, 동문 및 관악구 지역주민의 자녀)
- 장소: 서울대학교 생활과학대학 느티나무 어린이집
- 일시: 2012년 8월 11일(토) 오후 1:00 ~ 12일(일) 오후 4:00
- 주제: 2012 SNU 올림픽
- 신청: 신청서 작성 후 어린이집 e-mail 접수(접수기간: 7월 4일~8월 1일 선착순 접수)

제14회 서울대학교 생활과학대학 여름캠프에 참가하시게 된 것을 환영합니다. 서울대학교 생활과학대학 여름캠프는 미래를 책임질 우리 아이들이 갖추어야 할 덕성과 자질을 함양하기 위해 알찬 활동으로 진행됩니다. 올해에는 '2012 SNU OLYMPIC'을 주제로 진행합니다. 구체적인 일정과 캠프에 필요한 준비물을 다음과 같이 알려드립니다.

❒ 일정

✿ 8월 11일(토)

13:00~13:30	캠프 열기, 여는 글
13:30~14:00	조 배정 및 모둠별 모임(친구들아 반갑다!) & 조별 레크리에이션
14:00~14:30	세계인의 축제! 올림픽! 올림픽의 역사와 의미에 관한 강의 및 캠프 소개
14:30~18:00	우리가 만드는 올림픽 1. 우리들의 올림픽 준비하기 우리가 만드는 올림픽 2. 각 조에서 진행할 경기종목 준비하기
18:00~19:00	정성이 가득한 저녁식사
19:00~19:30	☆2012 SNU OLYMPIC 개막식
19:30~21:00	제1경기. 올림픽 OX 퀴즈~!! & 제2경기. 양궁
21:00~22:30	제3경기. 태권도 & 신나는 레크리에이션
22:30~23:00	취침 준비 및 취침

✿ 8월 12일(일)

08:00~08:30	힘차게 시작하는 하루, 상쾌하게 씻기
08:30~09:20	따뜻한 아침식사
09:20~10:30	제4경기. 마라톤(어린이집 주변 코스를 따라 마라톤하기)
10:30~11:00	휴식
11:00~12:00	제5경기. 볼링 & 제6경기. 올림픽 명장면을 맞춰라!
12:00~13:30	정성이 가득한 점심식사
13:30~14:30	폐막식 준비(올림픽 신문 만들기)
14:30~15:00	☆2012 SNU OLYMPIC 폐막식
15:00~15:30	정리
15:30~16:00	캠프 닫기(다음에 또 만나요~!)

❐ 준비물 (물품에 이름 기입해 주세요!)
- 편한 옷을 입혀 보내 주세요.
- 간단한 침구 – 작은 개인 요, 덮고 잘 수 있는 작은 이불, 베개(꼭 준비해 주세요.)
- 갈아입을 옷(+ 밤에 입을 긴 옷도 있으면 좋습니다.)
- 우비(우천 시), 세면도구, 필기도구
- 개인 복용약(언제 어떻게 먹어야 하는지 적어서 보내 주시고 아동에게도 알려 주세요.)

출처: 2012년 서울대학교 생활과학대학 여름캠프 안내문 내용 중 발췌.

③ 지역사회 교육 및 상담

홈페이지 등을 통해 지역주민들에게 영유아 발달과 육아에 대한 정보를 제공하거나 어린이집에서 개최하는 강연회나 워크숍 등에 지역주민을 초청할 수 있다. 또한 지역주민을 대상으로 육아상담을 실시할 수 있다.

④ 주민참여 행사

지역주민과 지역영유아를 대상으로 캠프나 창작교실, 그림대회, 노래자랑, 전통놀이나 민속놀이 등의 여러 행사를 계획하여 실행한다. 지역 특성에 맞고 다양한 지역주민이 호응할 수 있는 행사를 계획하는 것이 효과적이다.

표 13-6 지역사회 협력의 예 2

제과점 연계 프로그램

우리 주변의 지역사회에서 흔히 볼 수 있는 제과점이나 빵집을 어린이집과 연계해 여러 가지 활동을 계획하여 진행할 수 있다.

첫째, 어린이집 인근 제과점과 연계하여 진행

① 보육교사는 프로그램을 실시하기 전에 인근 제과점을 방문하여 제과, 제빵과정의 견학 여부를 알아본 뒤 섭외한다.

② 만일 제과점 견학이 어려우면 요리사를 직접 어린이집에 초빙하여 다양한 과자굽기를 직접 시연한다.

둘째, 어린이집의 제과점 연계 프로그램에 대한 구체적인 활동

교사가 다양한 방법으로 프로그램을 실시할 수 있다.

① 요리활동: 과자 만들기 ② 과학활동: 과자 관찰하기

③ 역할활동: 제과점 놀이 하기 ④ 미술활동: 과자봉투 만들기, 사탕모빌 만들기
⑤ 음률활동: 빵집 노래 부르기
⑥ 언어활동: 제과점 음식책 만들기, 『구리와 구라의 빵 만들기』(동화)를 읽고 이야기 나누기

셋째, 양로원(노인정)을 방문하여 과자 전달하기
① 교사는 과자 만들기 활동을 한 후에 유아들과 함께 어린이집 근처의 노인정이나 양로원을 방문하여 과자를 직접 전달한다.
② 만일 양로원이나 노인정의 직접 방문이 어려우면 가까운 푸드뱅크로 연결하여 교사와 유아가 함께 직접 택배로 배송한다.

출처: 서울특별시보육정보센터(http://seoul.childcare.go.kr).

참고문헌

강문희 · 문미옥 · 박경자 · 서영숙 · 우남희 · 이강이 · 이숙재 · 이순형 · 이영 · 이옥(2002). 21세기 유아교육. 서울: 학지사.

서영숙 · 김경혜(1999). 보육학개론. 서울: 양서원.

서울특별시(2005). 보육시설의 설치와 운영. 서울: 서울특별시.

성영혜 · 김연진(1997). 아동복지. 서울: 동문사.

이순형 · 성미영 · 이성옥 · 권혜진 · 김미정 · 권기남 · 소은주 · 임송미(2000). 보육교사 보수교육. 서울: 보건복지부.

이순형 · 이강이 · 한미현 · 이경화 · 이정숙 · 이지선 · 서주현(2000). 보육교사 승급교육. 서울: 보건복지부.

이순형 · 이소은 · 민하영 · 황혜신 · 이영미 · 이옥경 · 문진명(2000). 시설장 보수교육. 서울: 보건복지부.

이순형 · 이소은 · 이완정 · 이혜승 · 이영미 · 성미영 · 권기남(2002). 21세기 방과후 아동보육. 서울: 교문사.

이종신(2003). 아동보육의 지역사회서비스 프로그램 실천에 관한 연구. 가톨릭대학교 사회복지대학원 석사학위논문.

http://seoul.childcare.go.kr

http://www.foodnara.go.kr

제14장 보육평가

보육과정평가는 보육과정을 보육현장에서 운영하고 그 운영의 결과를 확인해 보는 과정이다. 즉, 보육과정의 구성-운영-평가의 마지막 단계다. 이 장에서는 보육과정평가의 개념 및 목적, 보육과정의 질 평가, 영유아평가를 중심으로 보육과정평가를 살펴보고 최근 들어 활성화되고 있는 '평가인증제' 를 소개하고자 한다.

1. 보육과정평가의 개념 및 목적

여기서는 보육과정평가의 개념, 보육과정평가의 필요성 및 목적에 대해 알아본다.

1) 보육과정평가의 개념

평가(evaluation)라는 용어는 라틴어 'Ex-valera' 에서 나온 말로서 가치 유무를 알아본다는 뜻이다. 그러므로 평가는 일정한 준거에 의해 어떤 자료와 방법이 목적을 위해 가치가 있는가를 판단하는 활동(한국유아교육학회, 1997) 혹은 성장을 위한 영역과 방향을 결정하기 위해 비교하는 과정(Wychoff, 1962)을 의미한다. 어린이집이든 유치원이든 영유아교육기관에는 달성하고자 하는 목표가 있다. 적절한 환경과 프로그램의 제시, 영유아의 발달과정, 창의력 개발과 잠재력 신장 등의 실현과정을 살펴보고 목표가 어느 정도 성취되었는가를 알아보기 위해서는 평가가 필요하다.

과정평가에 대한 연구가 보다 축적되어 있는 유아교육에서 유아교육과정평가는 '유아교육과정 혹은 유아교육 프로그램의 질이나 효과의 평가' 라고 규정된다. 즉, 유아교육과정이나 유아교육 프로그램이 얼마나 적절하며 수업과정을 통해 어느 정도 실현되고 달성되었는지를 알아보고 판단하는 절차가 과정평가다. 그러므로 유아교육과정평가는 유아교육이 실행되는 가정과 기관의 현장에서 유아의 전인적인 성장과 발달을 돕기 위해 이루어지는 모든 교육활동의 과정과 결과에 대한 가치판단 및 의사결정의 과정이라 할 수 있다. 유아교육의 경우 교육과정의 질 관리를 위해 국가적 차원에서 제6차 교육과정 이후 주기적으로 교육과정 편성 운영에 관한 평가를 실시할 수 있도록 다양한 평가방법, 절차, 도구를 유아교육 현장에 제공하고 있다(이종연, 2004).

한편, 보육과정이란 생명을 위협하는 모든 위험으로부터 영유아를 지키고, 보다 나은 인간으로 성장, 발달시키기 위한 모든 수단(행위)을 체계적으로 선정, 조직, 관리하는 데 필요한 보육의 기본 설계도(변용찬 외, 2002)라고 정의된다. 즉, 보육과정이란 최적 상태로의 발달을 돕는 보육의 방향과 방법을 제시하는 것이며, 보육과정을 계획할 때는 영유아 발달특성 및 보육대상 영유아의 특성, 사회적 요청, 보육현장의 요구 등이 반영되어야 한다. 따라서 보육과정평가에는 보육과정 내에서 이루어지는 모든 보육내용에 대한 활동과 환경 및 상호작용에 대한 평가가 포함되어야 하며, 이러한 평가는 보육에 참여하는 대상의 연령과 발달상의 특성이 고려되어 이루어져야 한다.

2) 보육과정평가의 필요성 및 목적

보육과정의 질적 향상을 도모하기 위해서는 반드시 보육과정에 대한 평가가 실시되어야 한다. 보육과정에 대한 평가의 필요성은 다음과 같이 요약할 수 있다.

첫째, 평가를 통하여 영유아들의 현 발달상황을 제대로 이해하고 바람직한 지식, 성격, 태도 등을 형성하는 데 필요한 정확한 정보를 얻는 과정으로서 필요하다. 둘째, 보육의 목표가 제대로 성취되었는지를 검증하고 보육 프로그램의 전반적인 과정을 발전시키기 위해 필요하다. 보육목표의 성취 정도를 측정하기 위해서는 그 목표에 의해 선정된 보육내용, 보육계획과 방법, 환경구성, 교사와 영유아의 상호작용 형태 등 보육 프로그램의 전반적인 영역이 평가되어야 한다. 셋째, 보육교사뿐 아니라 부모도 영유아들의 발달상황에 대해 인지하고 있어야 하는데 이는 어린이집과 가정을 연계해 보육의 질을 높이는 데 기여한다. 따라서 영유아들의 발달상황에 대한 체계적, 객관적 자료의 수집을 위해 과정평가가 필요하다.

보육과정평가의 목적은 보육과정의 가치를 판단하고 보육과정에 관한 정책 결정을 책임지고 있는 의사결정자들에게 충분한 자료를 제공함으로써 보육과정의 질과 효율성을 증대시키는 데 있다. 참고로 데커와 데커(Decker & Decker, 1976)는 유아교육과정평가의 목적을, 첫째, 유아교육과정 혹은 유아교육 프로그램의 철학이나 기본 가정의 변화를 결정하고, 둘째, 유아교육과정 혹은 유아교육 프로그램에 대한 유아들과 교사들의 요구를 확인하며, 셋째, 유아교육과정 혹은 유아교육 프로그램의 수정, 보완의 방향과 내용을 파악하고, 넷째, 지역사회와 관계 인사 및 기관에 유아교육과정 혹은 유아교육 프로그램의 현황과 문제를 홍보하는 등 일련의 활동을 통해 장차 보다 질 높은 유아교육과정 혹은 유아교육 프로그램을 구성, 운영하는 데 있다고 하였다. 또한 유아교육과정평가의 목적과 관련하여 교육과학기술부 고시 '유치원 교육과정'(2012)에서는 평가 결과는 "유아에 대한 이해와 누리과정 운영 개선 및 부모면담 자료로 활용할 수 있다."라고 명시하고 있다.

이상을 종합하면, 보육과정평가는 보육과정의 운영실태를 평가하고 그 결과를 효율적인 보육과정 운영의 기초 자료로 활용함으로써 보육과정의 질을 개선하고 효율성을 높이는 것을 목적으로 하고 있다. 특히 만 3세 미만의 영유아를 포함하는 보육과정에 대한 평가는 연령에 따른 발달상의 차이를 반영해야 하며, 통합교육이 강조되는 현 보육상황에서 보육과정평가는 일반아뿐 아니라 특수아까지 포괄할 수 있는 보육과정이 실행되는지의 여부를 포함해야 한다.

2. 보육과정의 질 평가

여기서는 보육활동평가, 보육 프로그램 평가, 보육환경평가를 중심으로 보육과정의 질 평가에 관해 알아본다.

1) 보육활동평가

보육활동을 평가하기 위해서는 보육활동이 해당 어린이집을 이용하는 영유아의 발달단계를 고려하여 구성되고, 보육과정을 준수하면서 진행되는지를 평가하며, 보육활동 내에서 이루어지는 다양한 형태의 상호작용을 평가해야 한다.

(1) 보육활동의 계획, 구성 및 진행

[영유아보육법 시행규칙]에서는 어린이집은 보육계획을 문서화하여 보육내용의 선정과 실시과정이 적절하였는지를 정기적으로 평가해야 한다고 규정하고 있다. 보육활동의 계획은 장기계획과 단기계획으로 구분된다. 장기계획에는 보육 프로그램이 지향하는 목적과 철학적 관점이 반영되고, 단기계획에는 실제적인 교수계획인 연간, 월간, 주간, 일일계획이 포함된다(최미현 외, 2000). 연간계획은 영유아의 흥미와 발달 수준, 어린이집의 특성을 고려하여 융통성 있게 계획하고 그들의 발달에 맞추어 수정, 변경한다. 월간계획은 연간계획을 토대로 한 달간의 교육내용을 실천하기 위한 구체적인 지도방법을 계획한다. 주간계획은 장기계획에 기초를 두고 그 목표를 달성하기 위한 구체적인 내용을 계획하는 것으로 일주일 동안의 준비사항이나 활동계획의 윤곽을 제시한다.

한편, 보육활동의 계획은 보육대상의 연령에 따라 달라진다. 2013년 개정된 표준보육과정에서는 우선 0~1세 영아, 2세 영아로 구분하여 보육활동의 구성을 제시하고 있으며, 발달 정도 및 개인차를 기본으로 0~1세의 경우 4수준, 2세는 2수준으로 세분화해 제시하고 있다. 내용체계는 기본생활, 신체운동, 사회관계, 의사소통, 자연탐구, 예술경험의 총 6개 영역으로 구성되어 있다. 한편, 3~5세 연령별 누리과정은 발달특성을 고려하여 연령별로 세분화하여 제시하고 있으며, 0~2세 표준보육과정 및 초등교육과정과의 연계를 강조하고 있다. 구체적인 체계는 신체운동 · 건강, 의사소통, 사회관계, 예술경험, 자연탐구의 총 5개 영역으로 구성되어 있다. 따라서 보육활동의 계획, 구성 및 진행의 평가 시에는 누리과정이 포함된 표준보육과정의 목표와 내용에 근거하여 편성 · 운영되었는지, 운영내용이 영유아의 발달 수준과 흥미 · 요구에 적합한지, 운영환경이 영유아의 발달특성과 활동의 주제, 내용 및 효율성 등을 고려하여 구성되었는지가 평가되어야 한다.

(2) 상호작용

보육과정에서 상호작용 평가는 크게 교사-유아, 유아-유아, 교사-부모의 세 가지로 나누어 살펴볼 수 있다. 보육활동에서 상호작용을 평가하기 위한 척도는 이제 개발되는 단계로, 현재는 유아교육활동평가를 위한 척도가 같이 사용되고 있다.

먼저 교사와 유아 간의 상호작용 평가척도는 교사의 자기보고와 관찰로 구분할 수 있다. 질문지를 통한 교사의 자기보고식 교사-유아의 상호작용활동 평가도구로는 김복희(2004)가 개발한 '교육환경과 교사-유아 상호작용' 척도가 있다. 이 척도는 교사-유아의 긍정적인 상호작용, 반응적인 교사, 긍정적인 행동 지도, 즐거운 분위기 속에서의 활동경험, 사회적 상호작용의 5개 영역 20문항으로 구성되어 있으며, 교사가 설문지에 응답함으로써 교사-유아의 상호작용을 평가한다. 또한 애보트-심과 시블리(Abbott-Shim & Sibley, 1987)가 개발한 APECP의 척도를 참고로 강숙현(1993)이 개발한 '한국판 유아교육 프로그램 평가척도'를 통해서도 교사-유아의 상호작용 평가가 가능하다. 이 척도는 교육환경과 교사-유아 상호작용을 측정하는 도구로, 교사와 유아 간의 상호작용을 반응적인 교사, 긍정적인 행동 지도, 즐거운 분위기 속에서의 활동경험, 사회적 상호작용의 4개 영역 20문항으로 측정하도록 구성되어 있다. 2005년부터 시행된 어린이집 평가인증에 사용되는 평가인증지표(이은해 외, 2005)의 상호작용 영역은 2010년 2차 평가인증지표부터 '상호작용과 교수법' 영역으로 변경되었으며 일상적 양육, 교사의 상호작용, 교수법 항목을 평가한다. 구체적으로 즐거운 식사 및 간식, 편안한 낮잠, 자연스러운 배변경험, 영유아의 요구와 질문에 대한 교사의 반응, 영유아에 대한 교사의 평등한 대우, 긍정적 상호작용의 격려, 영유아의 자유놀이에 대한 교사참여, 자유놀이에 대한 교사참여 및 영유아 간 다툼이나 문제상황 개입, 교수법의 효과적인 사용, 동기유발과 호기심의 장려에 대해 적절히 반응하는지를 평가한다.

한편, 여러 연구자들(박화문, 2001; 윤은미, 1999)이 보육현장에서 이루어지는 교사-유아 상호작용에 대한 관찰척도를 제시하고 있다. 윤은미(1999)는 브레트캠프와 로젠그랜트(Bredekamp & Rosengrant, 1992)가 제시한 여덟 가지 유형의 교사 상호작용 관찰척도를 국내에 소개하였다. 이것은 교사-유아의 상호작용을 비지시-중재-지시의 연속선상에서 분류한 척도로 비지시적 상호작용(인정하기, 모델 보이기), 중재적 상호작용(조성하기, 지지하기, 비계 설정하기, 함께 구성하기), 지시적 상호작용(시범 보이기, 지시하기)의 3개 범주 8영역으로 구분된다. 박화문(2001)은 윤은미의 연구 결과를 토대로 중재적 상호작용의 하위 영역 조성하기, 지지하기, 비계 설정하기, 함께 구성하기로 구분하여 보육과정 속에서 이루어지는 교사-유아의 행동을 관찰할 수 있는 척도를 개발하였다.

유아 간 상호작용 측정도구로는 할러웨이와 리카르트-에릭슨(Holloway & Rechhart-Erickson, 1988)의 상호작용 행동의 관찰범주를 토대로 조윤정(1997)이 개발한 척도가 있다. 이 척도는 또래 간 상호작용을 긍정적 상호작용, 의존적 상호작용, 부정적 상호작용의 3개 범주로 나누어 관찰하도록 구성되어 있다. 강인숙(2003)도 할러웨이와 리카르트-에릭슨(1988)의 상호작용 행동의 관찰범주를 토대로 유아의 사회적 상호작용 관찰도구를 개발하였다. 이 도구는 비사회적 행동, 또래와의 상호작용 행동, 교사와의 상호작용 행동의 3개 범주로 구성되어 있다.

교사와 부모 간의 상호작용 측정을 위해서는 2010년 2차 평가인증지표의 운영관리 영역 중 '가족과의 협력' 을 사용할 수 있다. 이 항목은 40인 이상, 장애아전담 어린이집에서 평가하며, 신입원아 부모를 위한 오리엔테이션, 어린이집과 가정 간의 의사소통, 어린이집에서의 부모참여, 어린이집 운영위원회의 구성과 활동을 포함한다.

2) 보육 프로그램 평가

보육 프로그램에 대한 평가는 프로그램의 운영과 결과에 대한 정보를 수집하기 위한 것으로 프로그램의 필요성 및 계획성 그리고 프로그램이 영유아 발달에 적합하게 구성되어 있는지 등을 살펴보기 위해 실시된다. 이러한 평가는 보육 프로그램의 효과 및 목표달성 정도에 대한 유용한 정보를 제공해 주며, 이에 의거한 효과적인 의사결정을 가능케 하므로 어린이집을 운영하는 데 많은 도움이 된다. 따라서 보육 프로그램의 평가는 보육관계자의 전문성을 고양하고 프로그램이 갖는 취약점을 개선하여 질적 수준의 향상을 모색하는 것이 궁극적인 목적이 되며, 이를 위해 프로그램 전 과정의 타당성, 적절성, 효율성이 평가되어야 한다(곽미영, 2003).

일반적으로 프로그램 평가기준은 프로그램이 가치를 두고 추구하는 목표, 프로그램 실행과정의 실용성, 프로그램이 목표한 바에 대한 성취도, 기대하지 않았던 부가적 효과(이은해, 1995) 등을 고려하여 설정되며, 이 밖에 프로그램의 구성요소와 효율성, 지역사회에 대한 기여도 등을 평가기준으로 설정하기도 한다.

보육 프로그램에 대한 평가자료는 보육 프로그램 운영, 영유아의 생활 변화나 발달, 교사 · 영유아 자체에 대한 평가 등 전반적인 분야에 걸쳐 수집된다. 평가를 통한 자료수집은 현장의 교사나 원장, 정책입안자, 부모 등이 실시할 수 있다. 그러나 평가가 어렵고 복잡하여 실시하기에 어려움이 많다고 여겨 이를 등한시하는 경향이 있다. 수집된 평가자료는 보육 프로그램의 질을 향상시키고 영유아의 전인적 발달이라는 보육의 목적을 달성하는 데 도움이 되므로 보육 프로그램에 대한 평가는 활성화되어야 한다.

(1) 보육 프로그램 평가유형

보육과정 계획에 따라 보육 프로그램을 실행하면서 활동 전, 활동 중, 활동 후에 나타나는 영유아의 발달상황에 대한 계속적인 평가가 실시된다. 타당하고 신뢰성 있는 정보를 획득해 평가 결과를 적절히 활용하기 위해서는 다양한 방법으로 평가가 이루어져야 한다.

보육 프로그램에 대한 평가는 평가의 형식, 목적 및 시기 그리고 방식에 따라 구분할 수 있다(이숙희 · 김숙령, 1996; 이은해, 1995; 최미현 외, 1996). 다음에는 각 평가유형에 따른 분류의 구체적 내용이 제시되어 있다.

① 평가형식에 따른 분류

보육 프로그램 평가는 평가형식에 따라 크게 형식적 평가와 비형식적 평가로 나누어진다. 형식적 평가란 일정한 틀에 맞추어 정해진 시기에 실시되는 평가를 의미한다. 형식적인 평가는 정해진 관찰항목을 중심으로 영유아가 일상적으로 받는 자극이나 환경구성 또는 교사 행동을 관찰하는 방법이다. 나이가 어린 유아일수록 교사의 역할이 더욱 중요하므로 교사의 행동을 평가하는 일은 매우 의미 있는 일로 간주된다.

반면, 비형식적 평가는 비정기적으로 정해진 틀이 없이 실시되는 평가로서 평가자의 내적 인지도에 따라 보육과정을 수시로 검토하거나 매일의 환경구성이나 교육계획안 및 활동을 중심으로 관찰, 기록한 후 분석하는 것이다. 비형식적 평가에는 평가자의 주관성이 개입될 수 있는 여지가 다분하기에 직관적 평가라고 칭해지기도 한다.

② 평가목적 및 시기에 따른 분류

평가하고자 하는 목적과 시기를 고려해 평가유형을 분류해 보면 진단평가, 형성평가 및 총괄평가로 구분할 수 있다. 진단평가는 학기 초나 새로운 단원이 시작되기 전에 실시하는 평가로, 어떤 어린이집과 보육과정에 영유아를 배치할 것인가에 관한 결정을 포함하여 영유아의 현행 수준을 파악해서 프로그램의 방향과 활동목적의 틀을 안내하는 역할을 한다. 영유아를 대상으로 한 진단평가는 부모가 제출한 입원원서, 가정생활 조사서, 어린이집 현황조사, 학습 준비도 검사 및 다양한 표준화된 검사도구를 통해 실시된다. 진단평가의 결과는 영유아 개인의 발달상의 문제점과 보육 프로그램 자체의 문제점 발견을 가능하게 하며, 영유아의 발달상태 및 특징, 가정환경, 부모의 양육방식 등 다양한 사전정보를 인지하게 함으로써 영유아에 대한 보육교사의 이해를 촉발하고 보육활동의 구체적 계획의 토대를 마련한다.

형성평가는 보육 프로그램이 진행되는 과정에 실시하는 평가로 각 프로그램이 진행되는 동안 수시로 실시함으로써 투입된 프로그램에 대한 영유아의 이해 정도를 파악하고, 프로그램이 계획한 바가 제대로 수행되는지를 평가, 분석함으로써 의도한 교육적 성과를 달성하는 것을 목적으로 한다. 형성평가는 교사와 같은 내부인에 의해 수행되며 일화기록, 행동목록표, 유아의 표현활동자료, 교사-부모 면담자료, 표준화 검사, 교사가 제작한 비형식적 검사, 포트폴리오 등이 평가방법으로 사용된다. 형성평가를 통해 보육교사는 보육 프로그램에 대한 영유아의 적합성 여부를 파악하고 지속적인 피드백을 받으며, 이에 따라 지도방법을 수정하여 초기에 설정한 교육목표 달성을 위한 더 나은 활동을 계획하게 된다.

총괄평가는 주로 보육 프로그램의 최종 사정을 위하여 어린이집 단위로 학년 말에 실시하는 평가로, 일정기간의 보육과정이나 내용 및 방법의 적절성을 판단하고자 학기 말에 실시하거나 한 단원을 끝낸 후 실시한다. 즉, 총괄평가는 프로그램의 전체적인 성과를 평가하거나 목표충족 정도를 사정하는 평가로 보육의 결과가 의도했던 방향으로 이루어졌는가에 대한 총체적인 평가다. 총괄평가 결과는 영유아의 행동 변화를 최종적으로 검토하여 보육활동의 효율성과 영유아의 성취 수준 파악을 위한 자료로 활용되며, 이후에 실시될 보육 프로그램의 수정 및 보완에 대한 안내자료로도 활용된다.

이러한 총괄평가는 교사에 의해 행해지기도 하지만, 영유아를 대상으로 하는 프로그램에서는 모델의 전반적인 성과를 보다 객관적으로 비교, 검토하기 위해 전문가에 의한 체계적인 수행이 이루어지기도 한다.

③ 평가방식에 따른 분류

평가방식에 따라서는 양적 평가와 질적 평가로 나눌 수 있다. 양적 평가는 사전에 의도된 보육목표가 어느 정도 달성되었는지를 수량화하여 평가하는 방법이다. 이를 위해 절대평가와 상대평가를 사용한다. 절대평가는 교사가 선정하고 조직한 학습경험이 실제로 의도한 만큼의 성과를 얻었는지, 즉 학습자의 행동 변화에 얼마만큼 영향이 있었는지를 알아보는 평가방식으로 교수목표를 준거로 하여 평가 결과를 점수화하고 해석한다. 상대평가는 표준화된 검사를 통해 개인의 위치를 전체 집단의 평균치와 관련지어 점수화하고 해석한다(조성연 외, 2004). 양적 평가에 활용되는 도구로는 표준화된 지능검사, 운동능력검사, 사회성 검사 등이 있다.

이와 달리 질적 평가는 원래 의도했던 목표에 집착하지 않고 프로그램에 참여한 교사나 학습자가 보여 주는 자연적인 교수-학습 상황에서의 고유한 반응에 주목한다. 즉, 교육목표 달성 여부보다는 교수와 학습의 과정이나 유아의 문제 파악에 초점을 맞춘다. 따라서 질적 평가는 수량화된 자료보다는 관찰이나 영유아의 작품 및 포트폴리오, 심층면접 등의 자료를 통하여 이루어진다.

(2) 보육 프로그램 평가척도

최근 정부는 방과 후 보육, 24시간 보육, 휴일 보육 등 다양한 보육현장에서 사용될 수 있는 표준보육과정의 개발 및 보급에 관심을 기울이고 있다. 그러한 노력의 일환으로 제3차 표준보육과정이 개발되어 보급되었고 어린이집은 신고제에서 인가제로 설치기준을 강화하고, 어린이집 시설설비기준 개선방안을 수립·시행하며, 연령이나 장애 등 보육대상 영유아의 특성을 고려한 시설설치기준을 마련하였다. 그러나 지역과 계층, 영유아의 발달단계 및 발달의 특수성을 고려한 다양한 특수보육 프로그램의 개발은 미비한 실정이다. 따라서 앞으로는 보육 프로그램의 개발이 활성화되어야 하며, 동시에 각 프로그램의 효과를 측정할 수 있는 적절한 평가척도 역시 구비되어야 한다. 보육 프로그램에 대한 평가기준과 대표적인 평가척도는 다음과 같다.

① 평가기준

보육 프로그램에 대한 평가는 평가의 관점, 평가 주관자에 따라 달라질 것이다. 그러므로 보육 프로그램의 평가도구는 활용대상의 연령 폭을 고려하고 평가목적과 관점에 따른 자료를 수집하며 부모와 영유아, 보육교사와 운영자, 전문가와 관찰자를 위한 각각의 평정척도가 필요하다(강달금, 2002).

이제까지 연구자들이 제시한 보육 프로그램의 평가기준은 다양하나 공통적으로 포함되는 내용으로는 보육일지를 통해 일간·주간·월간·연간계획안을 실제 실행한 결과와 비교, 분석하는 학급운영평가와 보육교직원에 의해 연간 1~2회 실시되는 프로그램 운영평가가 있다. 또한 실내활동 프로그램 평가와 실외활동 프로그램 평가로 구분할 수 있다. 구체적으로 살펴보면 강달금(2002)은, 첫째, 프로그램의 이론적 배경에 대한 이해 여부, 둘째, 연령의 적합성, 개인의 적합성, 사회문화적 적합성을 고려한 보육계획 수립 및 실천 여부, 셋째, 실내·외활동의 균형 여부, 넷째, 집단 규모별 활동 프로그램의 균형성, 다섯째, 동적 활동과 정적 활동의 균형성, 여섯째, 교사주도적 혹은 아동주도적 활동의 균형성, 일곱째, 실내·외 프로그램의 다양성을 평가기준으로 제시하고 있다.

표준화된 척도의 활용 외에도 보육 프로그램에 대한 평가에는 전문가의 판단, 교사·학부모·지역사회 등의 의견 청취, 관찰법, 검사법, 실험법 등이 활용된다(황해익 외, 1997). 이러한 평가방법은 보육현장의 질적 개선을 목적으로 한 다양한 준거를 제시하고 있다.

② 평가척도

보육 프로그램 평가에는 국내·외 유아교육 프로그램 평가척도가 공동으로 사용되었으며 국내 실정에 맞는 보육 프로그램 척도가 개발되고 있는 실정이다. 보육 프로그램을 평가하기 위한 국내·외 척도는 〈표 14-1〉과 같다.

초기에 영유아의 연령을 고려하지 않은 평가와 달리 최근에는 보육대상의 연령을 고려하여 영아와 유아로 이원화된 보육 프로그램 평가척도의 개발이 이루어지고 있고, 방과 후 보육 프로그램 평가에 대한 접근도 이루어지고 있다. 몇몇 척도의 내용을 구체적으로 살펴보면 다음과 같다.

이순형, 최일섭, 신영화, 이옥경(1998)은 보육대상의 연령에 따라 영아, 유아 및 방과 후로 구분하여 보육 프로그램의 평가척도를 개발하였다. 영아기 프로그램은 건강과 안전, 영양, 학습환경, 교사-영아 상호작용, 개별화의 5개 영역 65문항, 유아기 프로그램은 건강과 안전, 학습환경, 교육과정, 교사-유아 상호작용, 개별화의 5개 영역 59문항 그리고 방과 후 프로그램은 이 5개 영역에 일과계획이 추가된 6개 영역 35문항으로 평가하도록 구성되어 있다. 이에 더해 시설·설비 관리, 영양 및 급식봉사, 교육과정 운용, 인사관리, 프로그램 발전의 5개 영역 90문항으로 어린이집의 운영관리 영역을 평가하도록 되어 있다.

이은해(2002)는 1～5세의 영유아를 보육하는 기관 중심의 어린이집을 자체적으로 평가할 수 있는 세 가지 어린이집 평가척도(어린이집 운영관리 평가척도, 어린이집 영아반 평가척도, 어린이집 유아반 평가척도), 외부 관찰자나 전문가가 사용할 관찰척도(어린이집 프로그램 관찰척도), 보육 프로그램과 보육서비스에 대해 부모 관점에서 평가할 수 있는 부

표 14-1 국내 · 외 보육 프로그램 평가척도[1)]

평가도구	개발자(연도)	평가 영역 및 내용
APECP (유아교육 프로그램 평가척도)	Abbot-Shim & Slibley(1987), 강숙현 역(1991)	• 운영관리 측면: 시설설비, 영양 및 급식, 프로그램 운영, 인사관리, 프로그램 발전 • 영아기 프로그램: 건강과 안전, 영양, 학습환경, 상호작용, 개별화 • 유아기 프로그램: 건강과 안전, 학습환경, 일과계획, 교육과정, 상호작용, 개별화 • 학령기 프로그램: 건강과 안전, 학습환경, 교육과정, 상호작용, 일과계획
PQA (유아교육 프로그램 질 평가척도)	High/Scope 연구소(1998), 정혜영 역(2002)	학습환경, 일과계획 및 운영, 성인-유아 상호작용, 교육과정 계획 및 평가, 부모참여 및 가족 서비스, 교직원 자격 및 전문성 개발, 프로그램 관리
NAEYC의 우수한 유아교육 프로그램의 준거	NAEYC (1984, 1998)	교사-유아 상호작용, 교육과정, 교사-부모 상호작용, 교사자격 및 전문성 발달, 운영관리, 교사편제, 물리적 환경, 건강 및 안전, 영양 및 급식 서비스, 평가(1988년 개정된 기준)
유아교육 프로그램 평가척도	이은해, 이기숙 (1994)	일과계획, 교육과정, 상호작용, 물리적 환경, 교재 · 교구, 영양 · 건강 · 안전, 운영관리, 교직원, 가정 및 지역사회와의 관계, 평가활동
보육 프로그램 진단평가척도	임재택, 조희숙, 황해익(1996)	물리적 환경, 종사자, 운영관리, 교육과정, 영양 · 건강 · 안전, 가정 및 지역사회와의 연계
어린이집 및 프로그램 평가척도	이순형, 최일섭, 신영화, 이옥경 (1998)	• 운영관리 영역: 시설 · 설비관리, 영양 및 급식봉사, 교육과정 운용, 인사관리, 프로그램 발전 • 영아기 프로그램: 건강과 안전, 영양, 학습환경, 교사-영아 상호작용, 개별화 • 유아기 프로그램: 건강과 안전, 학습환경, 교육과정, 교사-유아 상호작용, 개별화 • 방과 후 프로그램: 건강과 안전, 학습환경, 교육과정, 교사-아동 상호작용, 개별화, 일과계획
보육 프로그램 평가	보건복지부(2000)	보육계획, 보육진행 및 보육의 물리적 환경구성
어린이집 운영관리 평가척도	이은해(2002)	물리적 환경, 건강 · 안전 · 영양, 교직원, 가정 및 지역사회 연계, 전반적인 교육과정 운영
어린이집 영아반 평가척도(1~2세용)		놀이환경, 놀이활동, 일상적 양육, 건강과 안전, 교사-영아 상호작용
어린이집 유아반 평가척도(3~5세용)		학습환경, 교육과정계획, 교육과정 운영, 건강과 안전, 교사-유아 상호작용
어린이집 프로그램 관찰척도		물리적 환경, 건강 · 안전 · 영양, 학습환경, 교육경험 및 활동, 교사-영유아 상호작용
부모용 평가설문지		어린이집과 가정 간의 의사소통, 기관 안내 및 정보 제공, 부모참여 정도, 자녀의 어린이집에 대한 반응, 부모의 프로그램에 대한 평가

1) 현재 사용되고 있는 평가척도 중 보육 프로그램만을 평가하는 척도는 없으며 대부분의 척도가 물리적 환경이나 운영관리 부분을 포함하고 있다. 이 표에 소개된 척도는 프로그램 평가에 보다 치중하고 있어 보육 프로그램 평가척도로 분류 · 소개하였으나 시설설비나 운영관리에 대한 문항도 포함하고 있어 전반적인 어린이집 평가에도 사용될 수 있음을 밝혀 둔다.

모용 평가설문지로 구성된 '어린이집 프로그램 평가도구' 세트를 개발하였다. 척도의 세부내용을 살펴보면, '어린이집 운영관리 평가척도'는 물리적 환경, 건강 · 안전 · 영양, 교직원, 가정 및 지역사회 연계, 전반적인 교육과정 운영의 5개 하위 영역 84문항, '영아반 평가척도'는 놀이환경, 놀이활동, 일상적 양육, 건강과 안전, 교사-영아 상호작용의 5개 하위 영역 60문항, '유아반 평가척도'는 학습환경, 교육과정계획, 교육과정 운영, 건강과 안전, 교사-유아 상호작용의 5개 하위 영역 80문항으로 구성되어 있다. 그리고 '어린이집 프로그램 관찰척도'는 물리적 환경, 건강 · 안전 · 영양, 학습환경, 교육경험 및 활동, 교사-영유아 상호작용의 5개 하위 영역 73문항, '부모용 평가설문지'는 어린이집과 가정 간의 의사소통, 기관 안내 및 정보 제공, 부모참여 정도, 자녀의 어린이집에 대한 반응, 부모의 프로그램에 대한 평가의 5개 하위 영역 49문항으로 구성되어 있다.

3) 보육환경평가

영유아가 생활하는 기관의 인적 · 물적 환경은 이들의 발달에 영향을 미치므로 이에 대한 평가가 정기적으로 이루어져야 한다. 보육환경평가에는 실내 · 외환경, 보육인력, 운영관리, 건강과 영양 및 안전에 대한 평가가 포함된다.

(1) 실내 · 외환경

보육환경 조사를 위해 [영유아보육법]에서는 3년마다 보육실태 조사를 법적으로 명시하고 있다. 조사내용으로는 어린이집의 환경 및 설비, 보육교직원의 실태, 어린이집의 지역별 · 유형별 분포, 어린이집의 정 · 현원에 관한 사항, 보육내용 및 보육비용, 어린이집 영유아의 건강, 영양 및 안전관리 등을 포함하고 있다. 어린이집 실내 · 외 환경평가는 법적으로 명시된 설비와 환경이 영유아의 발달에 저해되지 않도록 적절히 비치되고 관리되고 있는지가 평가대상이 된다.

어린이집의 실내 · 외환경의 기본 평가사항을 보면, 어린이집의 위치는 해당 어린이집 영유아의 대상과 유형에 관계없이 건물의 실제 층수를 기준으로 1층이 기본이다. 어린이집 내부의 마감재료는 [건축법 시행령] 제2조에 따른 불연재료, 준불연재료 또는 난연재료를 사용해야 하며, 피난시설 및 방화시설을 폐쇄하거나 훼손하는 행위 및 물건을 쌓아 두거나 장애물을 설치하는 행위 그리고 피난시설 및 방화시설 용도에 장애를 주거나 소방활동에 지장을 주는 행위 및 이들 시설의 용도변경 행위를 금하고 있다. 비상시각층별로 양방향 대피가 가능해야 하며, 2층 이상의 어린이집에는 비상대피용 계단이나 불연소재의 영유아용 미끄럼대를 설치해야 하는데, [소방시설설치유지 및 안전관리에 관한 법률 시행령]에서 규정하는 스프링클러(간이형 스프링클러)가 건물 전체에 걸쳐 유효하게 설치되고, 피난기구의 화재안전기준(NFSC)에서 정한 피난기구를 설치한 경우, 비상계단 및 미끄럼대를 설치하지 않을 수 있다. 비상계단은 주 출입구와 일정 거리를 유지하며 비상시 영유아가 보행에 지장이 없도록 한다. 비상재해 대비를 위해서는 소화용 기구를 비치하고 유도등이 부착된 비상구를 설치한다. 또한 응급조치를 위한 비상약품 및 간이 의료기구를 안전한 곳에 비치한다. 출입문과 창문 가장자리는 손끼임 방지 고무 패킹이나 완충장치를, 돌출형 방열기에는 안전장치를, 책 · 걸상 및 가구의 모서리는 다듬거나 보호장치를 설치하여 영유아를 보호한다.

장애아전담 어린이집과 장애아통합 어린이집의 경우 휠체어의 접근성이 용이하도록 턱을 없애고, 경사로 설치, 복도와 계단에 손잡이 설치, 복도 · 문 · 화장실이 휠체어 출입에 장애가 없도록 하며, 2층 이상의 시설에는 엘리베이터를 설치해야 한다. 또한 재난대피를 위해 출입구는 복도나 넓은 공간과 연결하여 비상시 대피를 쉽게 유도할 수 있도록 한다. 그리고 시각장애아를 위해 점자블록이나 유도장치를 갖추어야 하며, 옥외 피난계단의 유효폭은 0.9m 이상 확보하여야 한다. 자동문의 경우 개폐시간은 3초 이상 유지되어야 하고, 휠체어에 앉은 영유아가 문의 손잡이를 잡을 수 있어야 하며, 시설 내의 복도 폭은 유아용 휠체어의 교행을 고려하여 130cm를 유지하도록 한다. 특히 장애아통합 어린이집이 2층 이상에 위치한 경우 층간 이동을 위해 수직형 휠체어 리프트를 설치하는 것을 원칙으로 하고, 설치가 불가능할 경우 이동형 휠체어 리프트를 사용하는 것으로 설계하며, 엘리베이터와 기울기 1/12 이하의 경사로를 설치하여 휠체어 이동에 불편함이 없도록 한다.

보육실의 공간은 영아, 유아, 장애아 순으로 넓어진다. 이는 유아의 활동 폭을 고려한 결과다. 보육실의 적정한 면적은 영아는 1인당 3.90㎡, 유아는 3.00㎡(최경숙, 1998) 정도이나 상당수의 어린이집이 소규모, 소자본의 민간에 의해 운영되고 있는 현실을 고려해 개정된 [영유아보육법 시행규칙]에는 영유아 1인당 보육실의 면적은 최소 2.64㎡ 이상, 어린이집 면적은 4.29㎡ 이상으로 명시하고 있다. 보육실에는 놀이기구 및 쌓기놀이 활동, 소꿉놀이 활동, 미술활동, 언어활동, 수 · 과학활동, 음률활동 등에 필요한 교재교구 그리고 침구를 갖추고 환기, 채광, 조명, 온 · 습도를 적절히 유지하며, 바닥난방을 해야 한다.

영유아의 먹거리를 책임지는 조리실은 채광이 잘 되고, 창문에 방충망이 설치되어야 하며, 식기를 소독하고 위생적으로 취사 · 조리할 수 있는 설비가 갖추어 있어야 한다. 목욕실은 보육실과 인접한 곳에 있어야 하며, 난방을 하고, 미끄럼방지 바닥재를 사용한다. 그리고 샤워 및 세면 설비를 갖추고, 냉 · 온수가 공급되어야 하며, 화상 위험방지용 온수고정장치가 설치되어야 한다. 화장실은 보육실과 같은 층의 인접한 공간에 미끄럼 방지 바닥재를 사용하여 설치하고, 변기는 유아용 수세식 변기를 유아 10~15명당 1개 이상 설치한다.

(2) 보육인력

[영유아보육법]에 명시된 보육인력으로는 원장, 보육교사, 간호사(조무사), 영양사, 취사부, 운전기사, 사무원 등이 있고, 장애아통합 어린이집과 장애아전담 어린이집에는 특수교사와 치료사 등이 배치된다. 정부는 보육인력의 전문성 제고 및 처우개선을 위해 보육인력의 자격기준 강화, 보육교사 양성체계의 재정립, 보육교사의 처우개선이란 세 가지 안건을 제시하고 2006년부터 실행하고 있다. 이에 따라 [영유아보육법 시행규칙]에는 보육인력의 자격기준 강화를 위한 보육교사의 국가공인 자격증제도 실시와 자격증 취득에 요구되는 이수과목 확대가 명시되어 있다. 또한 보육교사의 전문성 제고를 위한 보수교육체계의 재정비, 그리고 보육교사의 처우개선을 위한 단일호봉체계 마련 및 보수 수준 상향조정, 국가 및 지방자치단체의 보수교육 비용보조, 출산휴가 시 대체교사 배치 등이 명시되어 있다.

어린이집의 주요 직원인 원장과 교사에 대한 평가를 보다 구체적으로 살펴보면 다음과 같다.

① 원장평가

어린이집 원장의 주요 임무는 기관을 합리적으로 운영하여 영유아보육의 목표를 달성하는 데 있다. 이를 위해 원장은 교직원 인사관리, 재정관리, 보육 프로그램의 효율적인 운영, 대외관계 유지 등에서 충분한 능력과 기술을 갖추어야 하며, 어린이집 운영과 관련된 중앙부처나 지방자치단체의 정책 방향 및 관계법령이나 규정에 대해서도 충분히 이해하고 있는 등 자질을 갖추고 있어야 한다. 따라서 원장은 영유아보육의 이론과 실제에 대한 충분한 지식과 능력을 터득하기 위해 재교육을 통하여 끊임없이 노력해야 하며, 보육서비스의 실제 운영과 관련된 제반 사항과 원장의 의식이나 전문성에 대해 지속적인 평가가 이루어져야 한다.

원장의 자기평가를 위해 개발된 척도로는 신민경과 황해익(2004)의 유치원 원장의 자기평가척도를 들 수 있다. 이 척도는 원장의 특성을 일반적 특성, 전문적 특성, 관리적 특성의 3개 영역으로 구분하고 있다. 일반적 특성에는 신체, 인성, 지도력, 교육 및 지적 능력이, 전문적 특성에는 교직에 대한 태도, 전문적 지식, 장학능력이, 그리고 관리적 특성에는 행정실무능력과 안전관리능력이 하위 영역으로 포함되어 있으며, 총 88문항으로 이루어져 있다.

② 교사평가

아무리 좋은 어린이집과 보육 프로그램을 가지고 있다 하더라고 우수한 자질이나 자격을 갖춘 교사가 없다면 보육의 질이 저하되므로, 영유아와 상호작용을 통해 영유아에게 가장 직접적인 영향을 미치는 교사에 대한 평가는 보육평가의 중요 부분이다. 교사를 평가하는 목적은 승진이나 봉급 등의 행정적인 문제와 관련된 결정을 하기 위한 것보다는 양질의 보육 프로그램을 운영하기 위한 교사의 자질을 함양하고 자기계발에 도움을 주고자 하는 것이다. 교사평가에는 교사의 자기평가, 동료 및 주임교사나 원장에 의한 평가, 부모에 의한 평가 등 다양한 방법이 사용된다.

교사의 자기평가는 교사 스스로 자신의 교수활동을 평가하는 방법으로, 교사 개인의 성장을 촉진하고 교수방법을 향상시키며 자율성과 전문성을 신장해 보육교사의 질적 향상을 도모할 수 있다. 그뿐 아니라 자기평가는 교사의 자발적이고 적극적인 참여를 통한 자율장학의 성격을 띠기도 하며, 궁극적으로는 프로그램을 개선하는 데도 도움이 된다(양옥승 외, 1999; 이은해, 1995). 보육교사의 자기평가는 일반적으로 학기 말에 1회씩 1년에 2회 실시하며 매번 그 실시 결과를 비교 · 분석하여 자기발전의 계기로 삼는다.

한편, 원장에 의한 교사평가방법으로는 한국어린이육영회(1999)에서 개발한 교사평정표가 있다. 이 평정표에서는 교사의 근무태도, 자질, 보육능력, 연구조사활동, 학급경영 및 사무처리능력의 5개 하위 영역을 연 2회 100점 만점으로 평가한다.

교사평가는 교사들의 사기와 동기유발에 관계가 깊고, 영유아 및 어린이집에 미치는 영향이 크므로 교사들이 어떤 준거로, 어떤 방법에 의해 평가되는지를 분명히 알 수 있도록 해야 한다. 유아교사의 자질을 종합적으로 제시하여 교사평가에 사용될 수 있는 준거를 데커와 데커(Decker & Decker, 1984)는 다음과 같이 제시하고 있다.

첫째, 신체적 특징으로 건강, 효과적인 역할 수행에 필요한 생동감이 포함된다.

둘째, 정신적 능력으로 프로그램의 철학을 개념화하고 영유아와 교사의 욕구 및 역할에 대한 인식능력이 포함된다.

셋째, 전문가적 자질로 교사역할에 필요한 교수방법 및 교육자료에 대한 지식이 포함된다.

넷째, 개인적 속성으로 열성, 동료와 협동하고 좌절에 적응하는 능력이 포함된다.

이 외에도 안전하고 건강한 환경의 유지, 대인관계의 민감성, 영유아 발달을 위한 교육계획과 평가능력, 학급의 운영능력, 부모 및 지역사회와의 원만한 관계유지 등이 교사평가의 준거가 될 수 있다.

(3) 운영관리

어린이집의 운영관리는 효과적인 보육서비스 제공이라는 목표 아래 이를 위해 필요한 인적 · 물적 자원과 프로그램 및 기타 필요한 조건 등을 계획 · 조직 · 실행 · 평가하는 일련의 순환과정(이원선 · 유미숙, 2003)을 말한다. 운영관리에 대해 연구된 평가척도로는 이원선과 유미숙(2003)의 '어린이집의 효율적인 운영관리 방안' 척도가 있다. 이 척도는 어린이집의 운영관리 · 업무처리 현황(20문항), 운영관리체계에 대한 인식 및 의견(6문항), 직무만족(15문항)을 평가하도록 구성되어 있다.

2010년 2차 평가인증지표에 명시된 어린이집의 운영관리평가는 어린이집 운영관리(3, 4항목)와 보육인력(3항목)으로 양분되어 있으며, 이 항목은 40인 이상, 장애아전담 어린이집에서 평가하도록 구성되어 있다. 구체적으로 어린이집의 운영철학 및 보육목표, 운영내용 등을 포함하는 운영방침이 체계적으로 수립되어 있고 이를 안내하고 있는지, 신입 원아의 적응을 위한 과정이 체계적으로 진행되고 모든 원아에 관한 문서를 지속적으로 관리하고 있는지, 모든 반에서 보육실의 교사 대 영유아 법정 비율을 지키고 있는지, 근로계약서와 복무규정이 문서화되어 있고 원장이 모든 보육교직원에게 알려 주는지, 원장과 보육교사가 업무 분장된 내용을 파악하고 있고 교사회의를 월 2회 이상 하는지, 새로운 보육인력에 대한 오리엔테이션을 실시하며 어린이집의 원장과 보육교사가 다양한 재교육을 받는지를 평가하도록 구성되어 있다.

이 외에 보다 효율적인 어린이집의 운영관리를 위해 어린이집 원장은 보육교직원, 보호자 대표 및 지역사회 인사 등으로 구성된 어린이집 운영위원회를 구성하여 어린이집 운영규정의 제 · 개정, 어린이집의 예산 및 결산, 영유아의 건강 · 영양 · 안전, 보육시간과 같은 어린이집 운영에 관한 사항 등 행정적인 측면의 심의와 부모의견 수렴의 역할을 관리해야 한다.

(4) 건강과 영양 및 안전

[영유아보육법 시행규칙] 제33조에 따르면 영유아의 건강관리를 위해서는 신체 계측, 시력검사, 구강검사 등 발달단계에 따른 건강진단을 연 1회 이상 실시하는데, 보호자가 별도로 실시하여 건강검진 결과 통보서를 제출한 영유아에 대해서는 건강진단을 생략할 수 있다. 또한 보육교직원의 전염성 질환을 진단해야 하는데, 결핵 등 전염성 질환이 포함되어야 한다. 영유아가 질병, 사고, 재해 등으로 위급상태에 빠진 경우에는 즉시 응급의료기관에 이송하고, 질병에 감염되었거나 감염의 위험성이 있는 경우에는 보호자와의 협의를 통해 질병 치료 및 예방에 필요한 조치를 취한다. 특히 전염성 질환에 걸린 영유아는 어린이집으로부터 격리시키고, 보육교직원에 대해서는 휴직이나 면직 등 적절한 조치가 이루어졌는지를 평가한다.

영유아의 건강관리는 건강기록부 작성을 통해 체계적으로 관리하도록 되어 있다. 건강기록부에는 연령별로 입소 시 점검할 사항, 정기 신체검사의 실시 횟수, 일일점검, 건강증진방법 등이 기록된다. 또한 응급상황에 대비하기 위해 응급처치용 구급약품을 비치한다. 응급처치를 위한 구급약품은 의료용 재료, 외용재, 내용재, 구급물품으로 영역을 나누어 항목별로 필요한 내용물을 비치한다. 특히 구급약품은 음용용도 있으므로 영유아의 특성을 고려하여 물약, 가루약, 알약 등으로 나누어 구비하고 유통기한이 경과하기 전에 항상 교체해야 한다.

영유아의 건강과 안전을 위해서는 조리사가 조리 시 유의사항과 용모에 대한 사항을 준수하고, 안전하게 간식과 식사를 준비하여 질병으로부터 유아를 안전하게 지켜주는지를 면밀히 평가한다. 균형 있고 위생적이며 안전한 급식을 위해서 조리사는 영양사가 작성한 식단에 따라 어린이집에서 직접 조리하여 식사를 공급한다. 특히 1세 미만의 영아와 특별식이 필요한 영유아는 보호자의 의견을 식단에 반영하여 섭취가 이루어지도록 한다.

위생관리를 위해 조리실과 화장실은 주 3회 이상 소독을 실시하고, 침구류는 매일 햇빛에 건조시키며, 월 2회 이상 정기세탁을 권하고 있다. 실내 청결을 위해서는 조리실의 환기, 주방비품의 청결, 식기류 건조 보관, 유효기간 내 음식의 청결한 냉장 보관, 우유의 냉장 보관 및 남은 우유의 폐기, 매회 우유병 소독, 잔반과 쓰레기의 당일 폐기, 조리사의 청결, 조리실에 외부인 출입금지 등 10개 항목에 대한 위생점검이 매일 실시되어야 하며, 이를 통해 영유아에게 보다 안전한 환경을 제공하도록 하고 있다. 화장실의 위생과 관련해서는 변기, 세면대, 이동식 변기의 청결성, 환기, 화장실과 세면장 바닥의 청결 및 물기 제거, 칫솔의 개별 보관, 쓰레기통이 비워졌는가 등을 매일 점검한다.

시설 안전점검은 실내 · 외 안전점검과 소방대피훈련, 방화관리 등으로 구분되며, 안전점검부를 작성하여 어린이집의 안전관리를 정기적으로 실시해야 한다. 영유아의 안전을 위해서는 기본적으로 보육실 시설설비와 놀잇감이 안전점검표의 기준에 의해 매일 점검되는지를 평가한다. 보육실 외 실내시설설비 안전점검은 18개 항목에 걸쳐, 실외시설설비 안전점검은 21개 항목에 걸쳐 관련 규정에 따라 시설과 설비가 안전한지, 정기 안전점검을 통해 적절히 보수되고 있는지를 평가해야 한다.

소방대피훈련은 정부주도의 민방위훈련이 월 1회, 15일에 실시(민방위기본법, 제25조)되는 것에 준해 월 1회 실시하여 사전 안전교육이 실시되는지를 평가한다. 중앙보육정보센터(2008)에서 제공하고 있는 소방대피훈련 평가항목으로는 훈련 실시내용으로 제시되고 있는 비상벨 소리의 청음가능 정도, 대피경로의 효율성, 대피장소의 안전성, 재입실 경로의 효율성, 조직적인 직원 역할 수행, 신속한 연락체계, 모든 직원의 소화기 조작 여부, 모의실시결과 문제점 및 개선방안이 포함되어 있다. 또한 미흡한 부분은 개선하여 안전에 만전을 기하는지를 양호와 불량으로 체크하고, 사진자료를 첨부하며, 불량으로 평가된 항목에 대하여 필요한 조치를 취하는지를 살피고 있다.

차량 안전점검은 연간, 월간, 주간 및 일일 점검으로 나누어 실시한다. 연간점검으로는 자동차보험의 가입 여부, 차량 안전점검표에 따른 안전검사 실시 여부, 9인 이상 승합자동차의 경우 [도로교통법] 제52조의 규정에 의해 관할 경찰서장에게 신고된 어린이통학버스 신고필증 교부(영유아보육법 시행규칙) 여부를 점검한다. 매월마다 점검할 사항으로는 운행 중인 모든 차량의 안전수칙 부착, 차량용 소화기와 구급상자의 비치, 6개월에 1회 이상 안전점검 및 수리, 운전자의 적격한 차량면허 소지 여부를 점검한다. 주간 점검사항으로는 차량 내에서 안전수칙이 잘 지켜지고 있는지, 영유아용 안전벨트와 보호장구가 잘 갖추어져 있는지, 어린이집 및 외부에 연락할 수 있는 무전기나 카폰의 이상 여부, 원활한 냉난방 장치의 가동 여부를 점검한다. 일일 점검사항으로는 차량운행 시작 전 안전설비를 확인하고, 차량운행 시 영유아를 보호할 수 있는 성인의 동승 여부, 운행 시작 전 모든 탑승자의 안전벨트 착용 및 운행 중 차 문 잠금확인 후 서행, 운전 판단능력에 영향을 미치는 휴대전화, 이어폰의 사용 금지, 운행 12시간 전부터 음주 약물 복용 금지, 금연 등의 준수와 퇴원차량 운행 시 보호자에게 영유아를 안전하게 인도했는지 여부가 포함된다.

방화관리를 위해서는 방화관리 점검표를 난방이 실시되는 시기부터 종료하는 시점까지 매일 작성해야 한다. 방화관리는 방화관리, 전기, 가스, 위험물로 나누어 안전점검 여부를 평가한다.

3. 영유아평가

어린이집의 주요 대상인 영유아에 대한 평가가 필요한 이유는 다음과 같다(조성연 외 2004). 첫째, 영유아가 어린이집에 입소하기 전에 이들의 현재 발달상황이나 특성 등을 살펴보기 위해, 즉 진단평가를 목적으로 실시할 필요가 있다. 이 경우 간단한 부모용 가정환경검사를 통해 영유아의 질병상태, 연령에 적합한 예방접종 유무, 알레르기 유무와 종류, 좋아하는 놀이 등 영유아와 관련된 인적 · 물적 환경 등을 포함하는 다양한 측면에 대해 조사한다. 둘째, 어린이집에서 영유아가 교사나 다른 영유아와 상호작용하는 동안 교사 및 원장이 관찰한 자료를 통해 개별 보육 프로그램에 적용하거나 개인의 특성 등을 파악하기 위하여 현 발달상황을 수시로 평가할 필요가 있다. 이는 후에 부모면담용 자료로 활용할 수 있다. 셋째, 영유아의 학교 준비도, 지능, 또래와의 관계 및 제 발달상황 등을 표준화된 검사도구를 이용하여 객관적으로 타당하게 측정해 볼 필요가 있다. 이에 따른 결과는 후에 초등학교에 보낼 생활기록부의 자료로 활용할 수 있다.

한편, 영유아를 평가할 때 유의할 사항을 다음과 같이 제시하고 있다. 첫째, 부모와의 면접, 일화기록, 체크리스트, 작품분석, 자기평가 등의 방법을 통해 영유아의 행동이나 발달을 객관적으로 평가해야 한다. 둘째, 영유아의 개인 간 차이보다는 개인 내 차이에 대한 평가를 실시함으로써 영유아의 과거보다 현재의 발달이 어떻게 진전되었는지를 평가해야 한다. 셋째, 영유아에 대한 평가는 활동 결과보다 과정에 초점을 두도록 하며, 영유아의 건강, 기본생활습관, 정서적 안정감, 대인관계, 의사소통능력 및 탐구심 등에 초점을 두어야 한다.

보육현장에서 보육활동과정 중에 활용되는 영유아평가법은 부모면담, 관찰(일화기록법, 평정척도법, 행동목록법 또는 체크리스트), 작품분석 및 포트폴리오, 그 외의 면접, 비디오 · 오디오 · 컴퓨터 기록, 일기 또는 저널 등을 포함하는 직접적 자료수집법 그리고 표준화 검사도구를 이용한 평가방법으로 나누어진다. 이를 구체적으로 살펴보면 다음과 같다.

1) 부모와의 면담

일반적으로 부모와의 면담은 교사가 영유아를 단시간에 평가하거나 부모의 요구 혹은 가정의 특수한 사정을 파악해 영유아를 지도하는 데 도움을 준다. 부모와의 면담은 정기적 또는 특별한 문제가 발생했을 때 수시로 시행한다.

프로그램 운영 초기에는 영유아를 어린이집에 보내게 된 동기, 보육 프로그램에서 중요하다고 생각되는 점, 특별한 요구사항, 자녀 양육관 및 가치관 등을 알아보기 위해 '가정환경조사서' 를 작성하게 한다. 가정환경조사서에는 영유아의 출생, 수유, 성장발달 상태, 과거 병력, 식습관에 대한 정보, 영유아에 대한 가족의 태도 등을 기록하게 한다. 또한 '기본생활습관조사지' 를 통해 영유아의 운동발달상황, 치아발육 상태, 예방접종, 병력, 수유 및 이유의 방법과 양, 식사와 간식 습관, 배변 및 수면, 기타 기본생활습관을 조사할 수 있다.

부모와의 면담을 통해 수집된 자료는 프로그램 구성 및 운영의 참고자료로 활용될 수 있으며, 프로그램이 종료된 후에도 부모를 대상으로 프로그램 운영과 유아 및 부모 자신의 변화 정도를 평가하여 프로그램의 효과를 조사할 수 있다.

2) 관찰

급격한 발달적 변화 및 의사소통의 어려움으로 신뢰할 수 있고 타당한 평가를 위한 자료수집이 어려운 영유아평가에는 직접적이고 지속적인 관찰평가가 요구된다. 영유아에 대한 관찰은 다음의 체계적인 절차를 통해 이루어져야 한다. 첫째, 관찰하고자 하는 행동 영역을 먼저 정한 후 그에 따라 직접 관찰할 수 있는 하위 행동들을 결정한다. 둘째, 특정한 행동이나 활동에 대한 정보를 기록하기 위해 관찰자 나름의 양식을 준비한다. 셋째, 영유아를 관찰할 시간과 장소, 관찰기록방법을 결정하여 관찰한다.

체계적으로 영유아를 관찰하기 위해 사용하는 방법으로는 일화기록법, 평정척도법, 행동목록법 등이 있다. 일화기록법은 현장에서 빈번하게 사용되는 방법으로 특별하게 정해진 양식 없이 어떤 한순간에 발생한 영유아의 행동을 순서대로 사실적이고 객관적으로 관찰하여 기록하는 방법이다. 평정척도법은 어떤 행동의 질적인 특성을 관찰자의 판단에 따라 평정하는 것으로, 영유아의 행동을 모두 관찰한 이후나 관찰과 동시에 기록하는 방법이다. 이는 전적으로 관찰자의 판단에 의해 이루어지므로 여타의 관찰에 비해 융통성이 있는 방법이지만 관찰자의 주관적 편견이 개입되지 않도록 주의해야 한다. 행동목록법은 흔히 체크리스트(checklist)로 불리기도 하는데, 이는 사전에 만들어진 행동목록을 가지고 관찰하는 행동이 나타나는지를 체크한다. 이 방법은 특정 행동의 발생 여부를 빠르고 효과적으로 기록할 수 있지만 행동의 질적 수준에 대한 정보를 제공해 주지 못한다는 단점이 있다.

3) 작품분석 및 포트폴리오

영유아의 작품을 분석하는 것은 영유아의 행동특성과 발달 수준을 평가할 수 있는 좋은 방법이다. 일부러 평가에 대한 계획을 세우지 않아도 쉽게 수집할 수 있다는 것이 작품평가의 장점이며, 작품들 간의 시간 간격이 클수록 변화의 증거도 확실해진다. 부모면담 시 교사는 작품을 이용해 부모에게 구체적인 증거를 제시하여 영유아의 발달에 관한 이해를 도울 수 있으며, 작품을 가정으로 보내서 부모의 견해나 요구사항을 기록한 후 되돌려 받아 영유아를 지도할 때 참고할 수 있다.

포트폴리오 평가는 작품분석 중 최근에 가장 빈번히 사용되는 방식이다. 포트폴리오라는 명칭이 사용되면서 영유아를 평가하기 위한 교사의 작품수집의 형식이 보다 구체화되었다. 포트폴리오는 영유아가 무엇을 배웠는지, 어떻게 그 학습을 이루어 냈는지, 어떻게 생각하고 질문하고 분석하고 창조해 냈는지, 타인과의 지적 · 정서적 · 사회적 상호작용은 어떠했는지 등 영유아의 학습과정 전반에 대한 기록을 말한다. 포트폴리오 수집은 포트폴리오라고 불릴 수 있는 것들을 영유아 개개인의 파일에 모으는 것으로, 영유아의 학습 및 수행력을 향상시키거나 모니터하기 위해 고안된 평가유형이다(최미현 외, 2000). 수집된 작품에는 날짜와 작품에 대한 설명 및 활동 배경, 영유아의 특정 행동, 동기유발, 또래와의 관계 등을 간단하게 적어 놓는다.

포트폴리오 평가를 할 때에는 다음과 같은 몇 가지 요소에 유의해야 한다(Shaklee et al., 1997). 첫째, 명백하고 구체적인 평가기준이 있어야 한다. 이러한 평가기준은 영유아의 발달 영역에 따라 달라지며, 교사, 부모, 영유아가 이해할 수 있는 관찰 가능한 구체적인 행동들로 기술되어야 한다. 둘째, 다양한 평가원으로부터 평가자료가 수집되어야 한다. 어린이집에서 다양한 평가원이란 보통 담임교사와 같은 반 친구들을 말한다. 그

외에도 영유아를 잘 아는 사람들, 예를 들면 부모, 지역사회 구성원, 다른 교사와 원장, 또래들이 될 수 있다. 이러한 다양한 사람들을 통해 평가정보를 수집하는 것이 바람직하다. 셋째, 다양한 정보 수집 방법이 동원되어야 한다. 포트폴리오 평가에는 인쇄된 자료뿐 아니라 비디오나 오디오 녹화기록, 관찰기록, 자기평가 보고서, 또래들의 평가기록서 등이 포함되어야 한다. 넷째, 다양한 자료가 수집되어야 한다. 이를 위해서는 정보가 수집되는 장소 및 시간이 다양해야 하므로 여러 상황에서 1년에 걸쳐 지속적으로, 규칙적으로 자료가 수집되어야 한다.

4) 표준화된 검사

영유아평가에서 표준화된 검사를 사용하는 것은 다음과 같은 장점을 가지고 있다. 첫째, 표준화 과정을 거친 검사는 표집된 대집단의 규준이 있기 때문에 이에 비추어 개별 영유아의 행동이나 성취도를 비교하는 것이 가능하다. 둘째, 대부분의 표준화된 검사는 전문가가 만든 것이기 때문에 주의 깊게 실시하고 정확하게 해석한다면 진단도구로서의 역할을 할 수 있다. 셋째, 표준화된 검사는 이미 그 검사의 신뢰도와 타당도가 검증된 것이므로 이를 통하여 객관적인 자료를 얻을 수 있다(이연섭, 1995).

표준화 검사의 종류로는 지능검사, 학업적성검사, 성격검사, 학업성취도 검사, 운동기능검사, 사회성숙도 검사 등이 있으나, 현재 우리나라 영유아들에게 적합한 표준화된 검사도구는 지능검사를 제외하고는 제한되어 있다. 〈표 14-2〉에는 영유아를 대상으로 한 표준화된 검사도구가 소개되어 있다. 영유아에 대한 표준화된 검사도구의 결과는 검사도구가 측정하는 측면, 검사를 실시하는 당일 영유아의 건강상태나 기분, 검사를 실시하는 사람 등 다양한 요인에 의해 영향을 받을 수 있다. 그러므로 교사나 부모는 검사도구로 산출된 결과를 지나치게 과신하지 않도록 주의해야 한다.

한편, 공교육 내로 편입되고 있는 특수아의 진단을 위해 사용되는 도구로는 자폐증척도, 이화-자폐아동 행동발달평가, 한국자폐증진단검사, 학습준비도 검사, 그림자음검사, 한국표준어음검사, 취학전 아동 언어검사, ECC, 그림어휘력검사, 한국주의력결핍과잉행동장애 진단검사, 집중력검사와 표준화된 지능검사 등이 있다.

표 14-2 영유아용 표준화 검사도구

용도	명 칭	대 상	특 징
인지검사	아동용 웩슬러 지능검사 (K-WISC-Ⅳ)	만 6세 이상	• 언어이해, 지각추론, 작업기억, 처리속도 측정
	유아용 웩슬러 지능검사 (K-WPPSI)	만 3세~ 7세 3개월	• 동작성, 언어성 소검사로 지능 측정
	고대-비네 지능검사 (Kodae-Binet Scale)	만 4~15세	• 여러 가지 질문을 통하여 지적 능력을 측정하는 개인용 지능검사로 측정내용이 연령별로 다양
	인물화 지능검사	만 3~10세	• 아동이 그린 사람 그림에 점수를 부여함으로써 지적 성숙을 측정
	유아지능검사	만 4세~ 7세 6개월	• 언어의미, 지각속도, 양화능력, 운동조절, 공간능력의 5개 항목으로 구성
	K-Raven(한국 레이븐 지능검사)	만 5~11세	• 도형검사 자극으로 아동의 추론능력을 검사하는 비언어적 검사
	KISE-KIT	만 5~17세	• 한국형 인지검사도구로 동작성과 언어성으로 지능 측정
	Fagan 영아 지능검사(Fagan Test of Infant Intelligence)	6~12개월	• 그림자극을 통해 영아의 지능 측정
	카우프만 아동용 개별지능검사 K-ABC	2세 6개월~ 12세 5개월	• 16개 하위검사로 구성되어 있으며 아동의 인지처리능력과 습득도로 지능 측정
	유아 종합창의성 검사(K-CCTYC)	만 4~6세	• 언어 · 도형 · 신체 영역의 창의성 수준 측정
	유아 도형창의성 검사 (K-FCTYC)	만 4~6세	• 도형 영역의 창의성 측정
	유아 창의적 특성검사(K-CTC)	만 4~6세	• 유아의 인지적, 정의적 요인에 걸친 창의적 특성 평가
	그림지능검사 (Pictorial Testing of Intelligence)	만 3~8세	• 말이나 동작 반응 없이 아동의 지능 측정 • 어휘능력, 형태변별, 상식 및 이해, 유사성 찾기, 크기와 수 개념, 회상능력의 6개 영역으로 구성
	종합인지능력검사(MCAT-C)	만 4~7세	• 다차원적인 방법으로 인간의 지능 측정을 시도한 검사 • 지각력, 분류능력, 공간인지력, 추리력, 기억력, 창의력으로 구성
운동능력검사	Oseresky 운동능력검사 (Oseresky Motor Skill Test)	만 4~16세	• 운동량 측정과 협응력, 속도, 자발동작, 단일동작, 수행능력 측정
	Milani-Comparetti 운동발달 선별검사 (Milani-Comparetti Motor Development Screening Test)	생후 2년까지	• 운동지체와 비정상적인 동작문제 판별을 위한 신경발달적 검사
	지각-운동발달 진단검사 (Perceptual-Motor Development Test: PMDT)	만 3~11세 아동 및 지각-운동능력 발달지체아	• 지각검사, 운동검사, 시각-운동 통합검사의 세 가지 하위검사로 구성되어 지각검사와 운동검사로 검사 실시

발달검사	사회성숙도 검사 (Vineland Social Maturity Scale: VSMS)	0~30세	• 자조능력(일반적 자조능력, 식사 자조능력, 옷 입기 · 벗기 및 청결 자조능력), 이동능력, 작업능력, 언어능력, 자기지향성, 사회화의 6개 항목 측정
	Battelle 발달검사(Battelle Development Inventory)	출생~ 만 8세	• 적응, 운동능력, 의사소통, 개인 일상생활, 사회-인지 적응의 5개 영역에 대한 발달평가
	KISE-KHOS 정신발달검사 (KISE-KHOS)	만 3세~5세 11개월 및 정신지체 아동	• 4개의 입방체를 배열하도록 하는 수행검사도구
	한국판 덴버 발달선별검사 (Korean Denver Developmental Screening Test)	0~만 6세	• 발달장애 아동 선별 목적으로 사용
	Gesell 발달검사	출생~ 60개월	• 적응행동, 대근육운동, 소근육운동, 언어, 개인-사회적 행동 측정
	Cattell 영아척도	2~30개월	• 지능측정도구 • Gesell 척도와 유사하나 개인-사회적 행동 문항과 대근육운동 문항이 제외됨
	BSID-II(Bayley scales of infant development)	1~42개월	• 언어, 운동, 인지, 사회성, 감각발달이 아이의 연령에 적절한 수준에 이르렀는지 알아보기 위한 검사
적응행동검사	종합적응능력 진단검사	유치원~ 중학생	• 생활 속에서 부딪히는 다양한 어려움을 적절히 잘 극복하면서 자신의 목표를 달성하고, 심리적으로 건강한 삶을 유지해 나갈 수 있는 적응능력을 측정하는 도구 • 유아용, 초등학교 저학년용 · 고학년용, 중학생용으로 구분
	K-CBCL(행동평가)	만 4~17세	• 아동 및 청소년의 사회적 적응 및 문제행동 평가
	Neonatal 행동평가척도 (Neonatal Behavioral Assessment Scale)	37~44주 영아	• 신생아 행동의 개인차 설명을 위한 임상적 도구로 28가지 행동적 항목을 포함한 20가지 반사측정을 통해 생리, 운동, 상태조절, 상태조직, 습관화, 반사, 사회적 상호작용의 7개 기능 영역을 측정
	Preterm 영아행동평가 (Assessment of the Preterm Infant's Behavior)	조산아 및 생후 44주 까지 영아	• 자율신경, 운동, 상태, 주의력 및 자기조절체계에 대한 조산아의 차이 측정이 목적. 결과는 개별적인 활동과 환경적 양육계획을 개발하기 위한 개입에 활용
기초학습기능검사	기초학습기능검사 (KEDI-Individual Basic Learning Skills Test)	유치원~ 초등학교 6학년	• 장애아동, 유치원 및 초등학교 일반아동의 기초학습기능 또는 기초능력을 평가하는 학년규준과 연령규준을 갖춘 개인용 학력검사로 정보처리, 셈하기, 읽기, 쓰기 등을 평가
	교육진단검사	생활연령 1~12세 정신연령 1~5세	• 학습에 문제를 갖고 있는 아동의 행동과 능력 평가 • 발달진단 및 병리진단: 정신지체, 자폐, 발달장애 평가
	개인별 산수능력 평가도구 (First Grade Screening Test)	취학전~ 초등학교 1학년 아동	• 아동의 수량 개념 지체 발견

기초학습기능검사	읽기진단 평가도구	초등학교 1~ 고등학교 1학년 수준	• 학습부진, 학습장애 읽기 수준평가를 위한 진단도구 • 20단계로 위계화되어 입으로 읽기, 눈으로 읽기, 듣기, 이해, 단어파악 등으로 구성
	종합학습능력 진단검사	유아~ 초등학생	• 학습과 관련된 기본능력 및 성취한 학습결과를 측정 • 지각능력, 주의집중능력, 기억능력, 언어능력, 수리능력, 추리능력, 사회성숙도, 정서성 등으로 구성
장애평정	학습준비도 검사	유치원 및 초등학교 1학년	• 1학년 아동을 대상으로 성공적인 학교생활을 영위하도록 돕기 위해 특별히 주의를 요하는 아동을 미리 선별하기 위한 도구로 도시와 지방으로 규준이 이원화됨 • 축적된 지식, 신체 개념 발달, 정서적 성숙에 대한 지각, 부모상에 대한 지각의 정확성, 적절한 놀이에 대한 지각, 시간-운동협응 등으로 구성
	자폐증 평정척도 (Childhood Autism Rating Scale: CARS)	자폐성을 지닌 아동이나 자폐아동, 정서 · 행동 장애 아동	• 15개 항목에 걸쳐 자폐 측정
	이화-자폐아동 행동발달평가 (EWHA-Check List for Autistic Children: E-CLAC)		• 일본에서 개발된 척도를 수정 · 보완하여 국내용으로 개발한 도구로 부모나 부모대리자를 통해 아동의 행동발달 상태를 객관적으로 평가하는 시간적, 경제적 손실을 최소화하는 도구 • 면접용 자폐아동 행동발달 평가도구로 초기 면접 시 저항, 주의산만 등으로 검사 실시가 불가능한 자폐아를 대상으로 실시 가능
	한국자폐증진단검사(Korean Autism Diagnostic Scale: KADS)	2~21세	• 자폐아동을 조기 판별하고 적절한 중재방안을 제공하기 위한 표준화 진단검사도구
	학습준비도 검사(First Grade Screening Test: FGST)	특수교육 및 취학전 아동	• 지능발달 부진, 정서장애나 학습장애 문제가 있는 아동의 조기 선별
	그림자음검사	만 3세 이상	• 21개의 그림카드를 통해 아동이 발화한 내용을 전사하여 분석: 25개 단어 유도를 통해 19개 음소를 3개 조음위치에서 평가
	한국 표준어음검사	만 4~17세 청각장애 아동, 일반아동, 기타장애 아동	• 청각장애 아동과 일반아동의 어음청력검사가 목적 • 최적가청치, 최고가청치, 어음가청치, 어음변별력, 어음명료도 검사 실시 • 활용: 언어장애 진단 및 판별, 구개파열 아동의 수술 전후 검사자료, 언어훈련 및 지도의 기초자료
	취학전 아동 언어검사 (Preschool Language Screening Test: PLS)	1~7세 아동	• 수용언어력(청각적 이해능력)과 표현언어력, 조음평가를 통해 수용언어력과 표현언어력 수준 측정
	ECC(Evaluating Communicative Competence)	9~17세 아동	• 21가지 과제를 통해 의사소통능력 평가

장애평정	그림어휘력검사(PPVT)	2세~ 8세 11개월	• 수용어휘능력 측정 • 일반아동, 정신지체, 청각장애, 뇌손상, 자폐장애, 행동장애, 뇌성마비 등으로 야기되는 아동의 수용어휘능력 평가에 활용
	한국주의력결핍과잉행동장애 진단검사(Korean Attention Deficit Hyperactivity Disorder Diagnostic Scale: KADHDDS)	3~23세	• ADHD 아동의 조기발견 진단도구
	집중력검사(ADS)	만 5~12세	• 주의집중력과 주의산만의 원인을 알아보기 위해 전산화된 자료로 시각적 자극과 청각적 자극을 통해 검사
언어능력검사	영유아 언어발달검사(SELSI)	5~36개월	• 유아 및 아동의 언어능력 평가 • 언어장애 아동의 언어발달지표로 사용 가능
	언어문제해결력 검사	5~12세	• 아동의 논리적인 사고과정을 언어화하는 상위 언어기술 측정검사도구
	언어이해 · 인지력 검사	3~5세	• 학령전 아동의 언어이해력 및 인지력 측정도구
	언어학습능력 진단검사(ITPA)	3~8세	• 언어학습능력에 장애를 지닌 아동 진단용 검사도구로 아동의 언어학습능력 측정 및 치료를 위한 교육과정의 지침이 되는 정보 제공
성격검사	유아성격검사	4~7세	• 카드 형식으로 제작된 검사로 학문성, 사회성, 가족성, 정서성, 타당성을 측정
	BGT 성격진단법	아동 및 성인 5~18세	• 9개의 도형이 그려진 카드를 통해 개인의 심리적 과정을 분석하는 검사도구
	아동용 회화통각검사		• 아동의 내면세계를 각각 도판화시켜 아동의 욕구체계 및 갈등과 상황처리 같은 성격적 특징을 진단
시지각능력검사	한국판 시지각발달검사(Korean Developmental Test of Visual Perception: K-DTVP-2)	4~8세	• 문자학습 준비기능 유무 선별, 학습곤란아를 위한 임상적 평가도구 및 뇌일혈이나 뇌손상을 당한 성인의 시지각능력 평가 • 지각적 내용으로만 구성된 도구로 탈문화적 성격을 띰 • 눈-손 협응, 공간위치, 따라 그리기, 도형-배경, 공간관계, 시각통합, 시각-운동 속도, 형태항상성의 8개 영역으로 구성
	시각-운동 통합발달검사(VMI)	4~14세	• 교차적인 사고와 행동이 감각력과 운동활동 간의 통합을 필요로 한다는 점에서 아동의 감각운동 발달을 아동이 모사하는 기하학 도형을 통해 판단

4. 보육평가인증제

여기서는 외국의 보육평가인증제에 대해 소개하고, 최근에 활성화되고 있는 평가인증을 위한 척도와 절차에 대해 알아본다.

1) 외국의 보육평가인증제

어린이집 평가인증제(Assessment Accreditation System)란 보육계와 일반사회에서 공히 인정을 받는 대표기관에 의하여 보육서비스의 표준을 수립하고, 개별 어린이집이 자발적으로 지원하여 서비스의 질을 평가받으며, 인증기관이 설정한 표준이 요구하는 수준을 충족하거나 그 이상의 수준에 있으면 그 사실을 인정하는 증서를 부여하는 제도를 말한다(이옥, 2002; Doherty-Derkowski, 1995). 어린이집 평가인증제의 목적은 어린이집의 질적 수준에 대한 평가를 통해 보육서비스의 질을 향상시키는 것이다.

평가인증제가 시행되는 외국의 대표적인 사례로는 미국과 호주의 인증제를 들 수 있다. 미국에서는 전국유아교육협의회(National Association for Education of Young Children: NAEYC)가 1981년부터 유아 프로그램에 대한 인증제를 처음 실시하였다. 이들은 인증제도의 목적을, 첫째, 유아 프로그램 제공자가 어린이집의 질을 실질적으로 그리고 지속적으로 개선하는 과정을 거치도록 하고, 둘째, 양질의 수준에 도달한 어린이집을 인증해 줌으로써 지역사회 부모가 어린이집을 선택하는 데 도움을 주기 위한 것에 두고 있다.

NAEYC의 인증절차는 3단계 과정으로 구성된다. 1단계에서는 원장, 교사, 부모에 의한 자체평가가 실시된다. 먼저 인증을 희망하는 시설에서는 NAEYC의 인증사무국에 등록을 하고 인증과정에 필요한 모든 지침서를 제공받은 후 이 지침서에 따라 자체평가를 실시한다. 어린이집에서 프로그램의 질이 제시된 평가기준에 도달하였다고 판단하고 나면 자체평가보고서를 제출하고 인증을 신청한다.

2단계에서는 인증사무국으로부터 검증자가 어린이집을 직접 방문하여 관찰 및 면접 등을 통해 시설에서 제출한 자체평가보고서의 정확성 및 타당성을 검사하는 단계다. 현장 방문조사 완료 후 원장은 검증자와 논의한 내용이 정확하고 검증자가 지침서에 따라 검증하였음을 증명하는 서명을 한다. 만일 원장이 검증자가 공정하지 않다고 생각되면 인증사무국에 이의를 제기하고 사무국에서는 이에 대해 조사를 해야 한다.

3단계에서는 인증위원회의 결정이 내려진다. 위원회에서는 점수보다는 기본적인 필수문항의 충족 여부와 전문가의 판단으로 인증 여부를 결정짓는다. 시설의 수준이 일정 기준에 미치지 못하는 경우 위원회에서는 인증유예를 내리기도 한다. 결정에 대해 승복하기 어려운 어린이집에서는 30일 이내에 이의신청을 할 수 있다.

호주에서는 1994년부터 국립보육인증위원회(National Childcare Accreditation Council: NCAC)를 설치하고 정부 차원에서 인증을 실시하고 있다. 호주는 정부주도로 어린이집 인증제도를 실시하면서 아동에게 제공되는 보육지원료(Child Care Benefit: 일명 CCB라고 함)를 연계시켜 강력한 질 관리 시스템을 유지한다. 즉, 자녀양육지원료인 CCB는 부모가 집에서 자녀를 직접 키울 때는 부모에게 주지만, 부모가 자녀를 어린이집에 보낼 때는 어린이집에 준다. 이때 어린이집은 인증을 받은 시설이어야 한다. 만약 부모가 인증을 받지 않은 어린이집에 자녀를 보낼 때는 CCB를 지원하지 않기 때문에 부모는 보육료를 전액 부담해야 한다. 그 비용 차이가 매우 크기 때문에 대부분의 부모는 인증을 받은 어린이집을 선택하게 되고, 그 결과 인증을 받는 것이 강제가 아니어도 모든 어린이집은 인증에 적극 참여하고자 한다.

호주의 인증제도 목적 역시 양질의 어린이집을 만드는 것이다. NCAC에서 정의하는 양질의 어린이집이란, 첫째, 어린이집과 부모들의 합의에 의해 시설의 모든 활동을 결정하고 명확한 철학과 목표를 가지며, 둘째, 모든 영유아의 개별성을 인정하고 증진시키며, 셋째, 모든 활동구성과 실행에서 영유아의 발달 수준상 적절성을 고려하고, 넷째, 부모와 교사가 상호 보완적인 역할을 잘 수행할 수 있도록 이들의 관계를 증진시키고 부모의 참여를 이끌어 내는 시설이다.

호주의 인증절차는 5단계로 이루어져 있다. 1단계는 등록단계로 희망하는 어린이집이 NCAC에 등록을 하고 평가기준에 대한 지표와 지침서 등 필요한 서류를 받는 과정이다.

2단계는 자체점검단계로 어린이집에서 원장, 교사, 부모로 자체평가위원회를 구성하고 지표와 지침서를 참조하여 시설의 수준에 대해 자체점검을 거치는 단계다. 인증을 받을 준비가 되었다고 판단되면, 어린이집에서는 자체평가보고서를 작성하여 NCAC에 제출한다. 시설의 질적 수준을 점검하고 향상시키는 것이 인증의 가장 핵심적인 목적이기 때문에 이 단계는 인증과정에서 가장 중요시된다. 시설에서는 필요할 경우 다양한 조력 프로그램의 도움을 받을 수 있다.

3단계는 검증자가 어린이집을 직접 방문하여 자체평가보고서에 대한 타당성 검사를 실시하고 검증보고서를 작성하는 단계다. 원장은 검증자가 작성한 검증보고서의 내용에 대해 함께 논의하면서 이를 납득할 수 있어야 한다. 검증자와 시설 간에 이 과정에서 갈등이 생기면 NCAC에서는 검증자를 교체해야 한다.

4단계는 조정자가 자체평가보고서, 검증보고서, 어린이집 종사자 및 부모로부터 수거된 설문평가지 등의 시설에 대한 조사서류를 종합하여 해당 시설의 질적 수준에 대한 종합평가를 내리고 이 보고서를 NCAC에 제출한다.

5단계는 인증결정단계로 인증심의위원회에서 점수 배정 원칙에 따라 결과를 종합하여 인증 여부를 결정한다. 인증을 받으려면 모든 영역과 요소가 '만족' 이상이어야 하고, 인증 탈락 시 6개월 내 추가 자체평가보고서를 제출해야 한다. 인증 2회 탈락 시 어린이집은 경고를 받게 되며, 3회 탈락 시 CCB 지원을 받을 수 없다.

2) 우리나라의 보육평가인증제

우리나라에서는 2004년 1월 29일에 전면 개정된 [영유아보육법]에서 인증평가제를 실시할 수 있다는 조항이 신설되었다. 여성가족부에서는 2003년 인증제도 모형을 개발하고 2005년부터 평가인증제도를 시범·운영하고 있다. 평가인증의 목적은 어린이집의 질적 수준을 향상시키기 위한 것이다. 여기서는 평가인증척도와 평가인증의 절차를 중심으로 평가인증제를 살펴보기로 한다.

(1) 평가인증척도

2003년에 처음 개발된 평가인증척도는 2005년 시범운영을 통해 제기된 미흡한 사항에 대해 학계 및 현장 전문가의 자문과 공청회(2006. 2.)를 거쳐 수정·보완되었다. 2006년 어린이집 평가인증 운영체계 및 지표가 확정되었으며, 2005년에 21인 이상, 21인 미만, 영아전담, 장애아전담으로 구분되었던 어린이집 평가인증척도는 2006년부터 영아전담 지표가 규모에 따라 통합되어 21인 이상, 21인 미만, 장애아전담 어린이집 평가인증척도로 수정되었다.

2008년에는 효율적인 평가인증 운영을 위하여 평가주기가 4년으로 확정(인증유효기간 3년 경과 후 4년째 시점부터 신청)되었고, 인증과정 소요기간이 약 6~7개월로 단축되었다. 이와 더불어 평가인증 활성화를 위한 개선방안의 일환으로 지표유형을 구분하는 정원 기준을 21인에서 40인으로 변경하여 2008년 4기부터 적용하였다. 1차 평가인증

(2005~2009) 시행에 이어 2010년부터 2차 평가인증을 시행하고 있는데, 1차에 비해 2차의 지표는 수정·보완되었고 참여대상을 확대하기 위해 '신규인가 후 1년 이상' 이어야 한다는 참여자격 제한을 완화하였다. 평가인증지표의 적절성을 보완하여 40인 이상, 장애아전담 지표의 운영관리 영역과 가족 및 지역사회와의 협력 영역을 통합하고, 전체 문항을 축소하였다. 세부적으로는 유사항목을 통합하고, 달성도 높은 항목의 기준을 다소 상향조정하였으며, 1차 시행 시 반영하지 못했던 교수법에 관한 항목을 추가 신설하였다. 제2차 어린이집 평가인증이 시행된 첫 해인 2010년부터 평가인증과정은 신규인증과 재인증으로 나누어 진행되고 있다.

2010년부터 적용된 2차 시행 평가인증척도의 항목구성을 구체적으로 살펴보면, 40인 이상 어린이집의 평가인증지표는 보육환경, 운영관리, 보육과정, 상호작용과 교수법, 건강과 영양, 안전의 6개 영역 70항목으로 구성되어 있다(〈표 14-3〉 참조). 39인 이하 어린이집의 평가인증지표는 보육환경 및 운영관리, 보육과정, 상호작용과 교수법, 건강과 영양, 안전의 5개 영역 55항목으로 구성되어 있다(〈표 14-4〉 참조). 한편, 장애아전담 어린이집은 보육환경, 운영관리, 보육과정, 상호작용과 교수법, 건강과 영양, 안전의 6개

표 14-3 40인 이상 어린이집 평가인증지표(6개 영역 70항목)

영역	하위 영역
영역 1. 보육환경(11항목)	가. 어린이집 환경(3항목) 나. 보육활동 자료(5항목) 다. 보육지원 환경(3항목)
영역 2. 운영관리(12항목)	가. 어린이집 운영관리(3항목) 나. 보육인력(3항목) 다. 가족과의 협력(4항목) 라. 지역사회와의 협조(2항목)
영역 3. 보육과정(14항목)	가. 보육활동 계획과 구성(7항목) 나. 보육활동(7항목)
영역 4. 상호작용과 교수법(11항목)	가. 일상적 양육(3항목) 나. 교사의 상호작용(6항목) 다. 교수법(2항목)
영역 5. 건강과 영양(12항목)	가. 청결과 위생(8항목) 나. 질병관리(2항목) 다. 급식과 간식(2항목)
영역 6. 안전(10항목)	가. 실내외 시설의 안전 나. 영유아의 안전보호(5항목)

영역 75항목으로 구성되어 있다(〈표 14-5〉 참조). 지표별 평가는 3단계 기술평정척도에 의해 평정되며 총점과 모든 영역이 기준점수[2]를 통과해야 인증을 받고, 그렇지 않은 경우는 인증유보를 받는다.

표 14-4 39인 이하 어린이집 평가인증지표(5개 영역 55항목)

영역	하위 영역
영역 1. 보육환경 및 운영관리(11항목)	가. 어린이집 환경(3항목) 나. 어린이집 운영관리(3항목) 다. 보육인력(3항목) 라. 가족과의 협력(2항목)
영역 2. 보육과정(11항목)	가. 보육활동 계획과 구성(4항목) 나. 보육활동과 자료(7항목)
영역 3. 상호작용과 교수법(11항목)	가. 일상적 양육(3항목) 나. 교사의 상호작용(6항목) 다. 교수법(2항목)
영역 4. 건강과 영양(12항목)	가. 청결과 위생(8항목) 나. 질병관리(2항목) 다. 급식과 간식(2항목)
영역 5. 안전(10항목)	가. 실내외 시설의 안전(5항목) 나. 영유아의 안전보호(5항목)

표 14-5 장애아전담 어린이집 평가인증지표(6개 영역 75항목)

영역	하위 영역
영역 1. 보육환경(14항목)	가. 어린이집 환경(4항목) 나. 보육활동 자료(7항목) 다. 보육지원 환경(3항목)
영역 2. 운영관리(13항목)	가. 어린이집 운영관리(4항목) 나. 보육인력(3항목) 다. 가족과의 협력(4항목) 라. 지역사회와의 협조(2항목)
영역 3. 보육과정(15항목)	가. 보육활동 계획과 구성(7항목) 나. 보육활동(8항목)

2) 평가영역별 점수 프로파일에서 2.25 이상(3.00만점)인 경우에 인증을 받으며 총점 또는 영역별 점수가 기준점수를 통과하지 못한 경우에는 인증유보된다.

영역 4. 상호작용과 교수법(10항목)	가. 일상적 양육(3항목) 나. 교사의 상호작용(6항목) 다. 교수법(1항목)
영역 5. 건강과 영양(13항목)	가. 청결과 위생(8항목) 나. 질병관리(3항목) 다. 급식과 간식(2항목)
영역 6. 안전(10항목)	가. 실내외 시설의 안전(5항목) 나. 장애 영유아의 안전보호(5항목)

(2) 평가인증절차

우리나라 평가인증제는 모두 4단계와 사후관리로 이루어져 있다. [그림 14-1]을 보면 1단계는 신청단계다. 희망하는 어린이집이 인증사무국에 신청을 하고, 평가인증제도 설명회에 참석하여 인증지표와 지침서를 포함한 관련 자료를 수령한다.

2단계는 자체점검단계다. 어린이집에서는 원장, 교사, 학부모 등으로 구성된 자체점검위원회를 구성하여 인증지표와 지침서를 토대로 자체점검을 해 본 후 부족한 부분을 개선하기 위해 노력한다. 인증지표의 수준을 충족시킨다고 판단되면, 자제점검보고서를 작성하여 그 결과를 인증사무국 홈페이지에 입력 및 제출하고 평가자를 요청한다. 자체점검 기간은 신규인증의 경우 3개월이며, 재인증의 경우 1개월이다.

3단계는 평가단계다. 인증사무국에서 훈련시켜 파견한 2명의 평가자들이 사전에 협의된 날짜에 어린이집을 방문한다. 이들은 하루 종일 시설에 머물면서 관찰, 면접, 서류검토 등의 방법으로 어린이집의 질적 수준을 평가한다.

4단계는 심의단계다. 현장관찰이 완료되면 인증심의위원회가 제출된 모든 자료를 토대로 해당 어린이집에 대한 인증 여부를 결정한다. 인증심의의 결과는 인증과 인증유보로 나뉜다.

사후관리는 평가인증 결정 후 인증시설에 대한 사후관리와 인증유보 시설에 대한 사후관리로 나누어 진행된다. 인증은 인증이 결정된 이후 익월 1일부터 3년간 유효하며, 인증결과에 이의가 있을 경우에는 인증결과를 통보받은 날로부터 15일 이내에 1회에 한하여 평가인증사무국 홈페이지에서 재참여를 신청할 수 있다. 보건복지부는 이의신청이 들어오면 이의신청 심의위원회를 개최하여 인증 여부를 결정하여 통보한다. 인증 어린이집은 매년 자체점검위원회를 구성하여 연차보고서를 작성하고 어린이집 평가인증사무국 홈페이지에 인증 결정시기에 따른 자체점검보고서 제출시기에 입력한다.

⊙평가인증은 다음과 같은 단계로 진행되며, 약 9~10개월의 기간이 소요됩니다.

[그림 14-1] 평가인증과정

출처: 어린이집평가인증(http://kca.childcare.go.kr).

지금까지 살펴본 바와 같이 나라마다 구체적인 절차는 달라도 보육평가인증제의 목적은 공히 보육의 질적 수준을 높이기 위한 것이다. 그렇기 때문에 인증제에서 가장 중요하게 인식되는 과정은 자체평가과정이다. 이 과정을 통하여 보육현장의 종사자들은 스스로 프로그램의 질을 향상시키기 위해 노력한다. 즉, 평가도구와 지침서를 이용해 보육현장의 종사자들은 때로는 지역전문가와 함께, 때로는 학부모와 함께 자신들의 프로그램을 점검하고 함께 논의하며, 공동의 목표를 수립하고 자신의 보육 프로그램에 대한 주인의식을 공유하게 된다(이옥, 2002).

참고문헌

강달금(2002). 보육 Service 질적 향상과 평가인증제도입. 충남보육활성화를 위한 정책 세미나 발표자료.

강숙현(1993). 유아교육 프로그램 평가척도 타당화 연구. 유아교육연구, 13(1), 1-28.

강인숙(2003). 교사의 반응성 프로그램이 교사 및 유아의 상호작용에 미치는 효과. 동아대학교 대학원 박사학위논문.

곽미영(2003). 평가인증제 도입을 위한 기초연구: 국·공립 보육시설 중심으로. 성균관대학교 생활과학대학원 석사학위논문.

교육인적자원부(1993). 종일반 운영지도 자료. 교육인적자원부.

교육인적자원부(1998). 유치원 교육과정. 교육인적자원부.

김복희(2004). 유치원 교육환경의 질적 수준에 따른 교사-유아 상호작용에 관한 연구. 숭실대학교 교육대학원 석사학위논문.

박화문(2001). 쌓기놀이영역에서 교사-유아간의 상호작용이 유아의 창의성에 미치는 영향. 계명대학교 대학원 석사학위논문.

변용찬·유희정·임유경·김용희·김일옥·백선희·백혜리·이옥·이영애·장미경(2002). 표준보육과정. 서울: 보건복지부.

신민경·황해익(2004). 유치원 원장 자기평가 척도 개발을 위한 기초연구. 부산유아교육학회, 13, 43-66.

양옥승·김영옥·김현희·신화식·위영희·이옥·이정란·이차숙·정미라·지성애·홍혜경(1999). 영유아보육개론. 서울: 학지사.

유희정·이은해·황영자·이옥·김명순·이완정·백혜리·전해순·박금희·강정희·이윤경·이미화(2003). 보육시설 인증제도 실시모형 개발 연구. 한국여성개발원.

윤은미(1999). 교사의 상호작용 유형이 유아의 블록구성에 미치는 영향에 관한 연구. 덕성여자대학교 대학원 석사학위논문.

이숙희·김숙령(1996). 아동의 부모에 대한 애착과 사회적 능력과의 관계. 한국아동학회지, 17(1), 87-101.

이순형·최일섭·신영화·이옥경(1998). 보육시설의 환경운영관리 및 프로그램 평가. 보육시설 확충 3개년 계획 평가에 관한 연구. 보건사회연구원, 403-546.

이연섭(1995). 유아교육과정. 서울: 창지사.

이 옥(2002). 보육시설 평가인증제 도입과 보육의 질. 사회과학연구, 8, 213-229.

이원선·유미숙(2003). 국공립보육시설 시설장의 운영관리 역수행 실태 및 직무만족도에 관한 연구. 아동연구, 16(2), 117-141.

이은해(1995). 아동발달의 평가 및 측정. 서울: 교문사.
이은해(2002). 보육시설 프로그램 평가도구의 개발과 타당화. 이화여자대학교 BK21 핵심사업팀.
이은해 · 이옥 · 김명순 · 이완경 · 유희정 · 이윤경(2005). 평가지표 및 지침서 개발. 여성부 보육지원과.
이종연(2004). 기독교 유아교육기관 교육과정 평가도구 개발을 위한 기초연구. 총신대학교 대학원 석사학위논문.
조성연 · 이정희 · 김온기 · 황혜정 · 나유미 · 박진재 · 송혜린 · 임연진 · 나종혜 · 권연희(2004). 영유아보육론. 서울: 학지사.
조윤정(1997). 유아의 자아개념과 유아 간 상호작용과의 관계 연구. 한국교원대학교 석사학위논문.
최경숙(1998). 보육시설 유아보육공간의 계획기준에 관한 연구. 국민대학교 대학원 박사학위논문.
최미현 · 박명화 · 박성미 · 이지희 · 최양미 · 김애자 · 김정신(1996). 영유아보육론. 서울: 창지사.
최미현 · 박명화 · 박성미 · 최양미 · 김애자 · 김정신(2000). 영유아보육의 이해. 서울: 창지사.
한국어린이육영회(1999). 보육시설 운영을 위한 서식집 II권-사무절차, 가정과 기관의 연계, 기타. 서울: 사단법인 한국어린이육영회.
한국유아교육학회(1997). 유아교육사전. 한국유아교육학회.
황해익 · 임재택(1997). 영유아 관찰 및 평가. 서울: 양서원.

Abbott-Shim, M., & Sibley, A. (1987). *Assessment Profile for Early childhood Programs.* Atlanta, GA: Quality Assist, Inc.
Bredekamp, S., & Rosengrant, T. (1992). *Appropriate curriculum and assessment for young children.* ED 352160.
Decker, C. A., & Decker, J. R. (1976). *Planning and administering early childhood programs.* Columbus. OH: Merrill Publishing Company.
Decker, C. A., & Decker, J. R. (1984). *Planning and administering early childhood programs* (3rd Ed.). Columbus, OH: Merrill Publishing Company.
Doherty-Derkowski, G. (1995). *Quality Matters: Excellence in Early Childhood Programs.* Don Mills, Ontario: Addison-Wesley Publishers Limited.
Holloway, S. D., & Rechhart-Erickson, M. (1988). The relationship of day care quality to children' s free-play behavior and social problem-solving skills. *Early Childhood Research Quarterly, 3,* 39-53.
Shaklee, B. D., Barbour, N. E., Ambrose, R., & Hansford, S. J. (1997). *Designing and Using Portfolio.* Allyn and Bacon.
Wychoff, D. C. (1962). *How to Evaluation Your Christian Education Program.* Philadelphia: Westminster Press.

찾아보기

인 명

내 용

저자 소개

• 이순형
서울대학교 대학원 아동학 박사
한국아동학회 회장
인간발달학회 회장
현 서울대학교 어린이보육지원센터 센터장
서울대학교 아동가족학과 교수

• 이성옥
서울대학교 대학원 아동학 박사
서울대학교 생활과학대학 어린이집 부원장
울산시 보육정보센터 소장
현 서울대학교 아동가족학과 강사

• 권혜진
서울대학교 대학원 아동학 박사
하이닉스어린이집 원장
서울대학교 생활과학대학 어린이집 부원장
현 나사렛대학교 아동학과 교수

• 이소은
서울대학교 대학원 아동학 석사
미국 노스캐롤라이나대학교 아동학 박사
충북대학교 아동복지학과 교수
현 한국방송통신대학교 유아교육과 교수

• 황혜신
서울대학교 대학원 아동학 석사
미국 위스콘신대학교 아동학 박사
서울대학교 생활과학대학 어린이집 부원장
현 상명대학교 가족복지학과 교수
용산구다문화가족지원센터 센터장

• 이혜승
미국 시러큐스대학교 아동학 박사
서울대학교 생활과학연구소 연수연구원
국민체육진흥공단 어린이집 원장
현 서울대학교 아동가족학과 강사

• 한유진
서울대학교 대학원 아동학 박사
서울대학교 생활과학연구소 연수연구원
나사렛대학교 아동학과 교수
현 명지대학교 아동학과 교수

• 정윤주
서울대학교 대학원 아동학 석사
미국 펜실베이니아주립대학교 아동학 박사
서울법원어린이집 원장
현 인천대학교 소비자아동학과 교수

• 이영미
서울대학교 대학원 아동학 박사
과천시립문원어린이집 원장
현 백석대학교 사회복지학부 조교수

• 이옥경
서울대학교 대학원 아동학 박사
서울대학교 생활과학연구소 연수연구원
서울법원어린이집 원장
현 상명대학교 가족복지학과 강사

• 성미영
서울대학교 대학원 아동학 박사
서울법원어린이집 원장
현 서경대학교 아동학과 교수

• 권기남
서울대학교 대학원 아동학 박사
하이닉스어린이집 원장
국민체육진흥공단 어린이집 원장
서울대학교 생활과학대학 어린이집 부원장
현 울산과학대학교 교수

• 김지현
서울대학교 대학원 아동학 박사
하이닉스어린이집 원장
국민체육진흥공단어린이집 원장
서울대학교 생활과학대학 어린이집 원장
현 대구가톨릭대학교 아동학과 교수